창조성의 발명

Die Erfindung der Kreativität:
Zum Prozess gesellschaftlicher
Ästhetisierung

Die
Erfindung
der

창조성의 발명

창조적 천재에서 창조성-장치로,
그리고 인공지능의 챗GPT

안드레아스 레크비츠
박진우, 조형준 옮김

새물결

Die Erfindung der Kreativität: Zum Prozess gesellschaftlicher Ästhetisierung
© Suhrkamp Verlag Berlin 2017

Korean translation copyright © Saemulgyul Publishing House 2023
This Korean edition is published by arrangement with Suhrkamp Verlag Berlin though Bestun Korea

옮긴이 박진우
서울대학교 언론정보학과 학사 및 석사를 졸업하고, 프랑스 파리5대학교에서 사회학 박사학위를 받았다. 현재 건국대학교 신문방송학과 교수로 재직 중이다. 저널리즘과 미디어문화 연구에 대한 다수의 (공)저서 및 연구논문을 발표했다. 역서로는 조르조 아감벤의 『호모 사케르』와 『왕국과 영광』 등이 있다.

옮긴이 조형준
서울대학교 영어영문학과를 졸업하고 동 대학원을 수료했다.
역서로 스티글러의 『자동화사회』, 허욱의 『중국에서의 기술에 관한 물음』, 『재귀성과 우연성』 등이 있다.

창조성의 발명
창조적 천재에서 창조성-장치로, 그리고 인공지능의 챗GPT

저자 | 안드레아스 레크비츠
옮긴이 | 박진우, 조형준
펴낸이 | 조형준
펴낸곳 | 새물결
1판 인쇄 | 2025년 2월 11일
1판 발행 | 2025년 2월 25일
등록 | 서울 제15-52호(1989.11.9)
주소 | 서울시 은평구 연서로 37가길 6
전화 | (편집부) 02-3141-8696 (영업부) 02-3141-8697
이메일 | saemulgyul@gmail.com
ISBN 978-89-5559-445-4

이 책의 저작권은 새물결에 있습니다.
신저작권법에 의해 보호를 받는 저작물이므로 무단 전재와 복제를 금합니다.

일러두기
1. 본문 중 볼드는 필자의 강조이다. 고유한 개념어나 특정한 사건 등은 중고딕으로 처리했다.
2. 단행본이나 학술지, 잡지는 『 』로, 논문과 시, 단편소설은 「 」로 표시했다.

contents

옮긴이 서문　　21세기의 새로운 자본주의에 오신 것을 환영합니다.
　　　　　　　미학자본주의와 정동자본주의
　　　　　　　잡스, 머스크, AI: 인공'지능'에는 인간의 '창조성'으로? 11
　　　　　　　창조성-장치가 된 21세기의 창조자본주의: '착취'(마르크스)와
　　　　　　　'윤리와 정신'(베버), '혁신'(슘페터)을 넘어 15
　　　　　　　미학=자본주의? '가까이 하기엔 너무 먼 ⋯⋯' 17
　　　　　　　미학자본주의, 정동자본주의, 감정자본주의라고? 22
　　　　　　　'필이 꽂히고' '킹 받는' 사회의 정신의 식민지, 감정 23
　　　　　　　미학자본주의를 새롭게 읽는 21세기적 사유의 새로운 툴 키트 25

영어판 서문 29

서론　　　　　창조적인 것의 불가피함 39

1장　　　　　미학적 실천 60
미학화와 창조성-장치:　탈미학화와 현대(성) 73
미학적 새로움의　　새로움의 사회체제 83
사회체제　　　장치로서의 창조성 96

2장　　　　　사회적 형태로서의 예술 105
예술 창조,　　예술에서의 새로움의 체제 112
천재-주체와 대중:　예술가-창조자 112
현대의 예술-장의 형성　미학에서의 수용자 120
　　　　　　　새로움의 증명의 역설 128

　　　　　　　경계 허물기와 예술성의 탈정통화 132
　　　　　　　예술의 수용자 132
　　　　　　　창조성의 보편화 프로그램 136
　　　　　　　예술가의 병리(학)화 141

　　　　　　　부르주아 예술-장과 이 장의 정동의 작도법 144

3장
원심적 예술:
예술 실천의
자기-경계 허물기

나무트 감독의 〈폴록〉 155
예술-장의 안팎의 경계 허물기 161
아방가르드적 창조성 167
    절차와 오토마티즘 167
    물질화와 기법화 172
    수용자의 활성화 178
포스트모던 미술에서의 창조성 182
    전유 기법: 상대적 새로움 182
    작품에서 이벤트로: 설치와 퍼포먼스의 미학 184
포스트모던 미술가-주체 189
    배치자[편곡자]로서의 예술가 189
    퍼포머로서의 예술가 194
후기현대의 전형적 포맷으로서의 예술 199

4장
미학경제의 등장:
영구혁신, 창조산업
그리고 디자인경제

새로움의 이중적 역설과 그것의 해소 215
조직화된 현대(성)에 맞선 부르주아적
저항의 틈새들 231
    '예술과 수공예' 운동 231
    혁신자로서의 '점쟁이 같은' 기업가 235
경영 문제로서의 영구혁신 242
    '인사'와 동기부여 문제 242
    혁신경제와 환경 문제 248
창조산업의 수립 254
    패션 256 | 광고 265 | 디자인 272
'디자인 경영' 280
경제적인 것의 미학화와 정동자본주의 288

5장
창조성의 심리(학)적 전환: 병리(학)적 천재로부터 자아의 정상화로 — '내'가 모든 것의 원천이다

로르샤흐잉크반점 검사 301
'천재'의 정신병리(학)화 306
아카데미심리학 주변부에서의 창조성 313
  정신분석과 창조: 승화와 단절 사이에서 313
  게슈탈트심리학과 '생산적 사고' 319
심리학적 필연성으로서의 창조성 324
  자아실현과 '자아성장심리학' 324
  창조성과 지능검사 333
규범으로서의 창조성: 창조적 실천의 심리학 이론들 341
자아규율에서 창조지향규율로 348

6장
스타시스템의 생성: 표현적 개(체)성의 매스미디어적 구성

매스미디어의 주목체제 359
퍼포머적 자아로서의 예술가 스타 368
창조적 퍼포먼스 375
  영화스타 377
  팝스타 380
스타시스템의 확장 387

7장
창조도시: 도시의 문화화

'로프트에서 살기' 399

기능도시와 문화지향도시 406

비판적 도시계획: 감각적 텅 빔에 대한 저항 414

문화지향도시의 특징적 면모 423
- 미학적 도시구역 424
- '창조클러스터' 432
- 소비공간과 여행자 시선 436
- 미술관화 440

문화지향 통치성 444
- 차이 및 분위기의 계획화 444
- 문화적 계획의 한계 450

8장
미학화 사회: 구조, 불협화음, 대안

현대(성)에서의 정동의 결여 459

창조성-장치의 기본 구조 468
- 미학적 사회성 471
- 미학적 동원 475
- 새로움에 주목하는 문화 480

구조적 프레이밍의 조건: 경제화, 미디어화, 합리화 484
- 경제화와 미학화 486
- 미디어화와 미학화 489
- 합리화와 미학화 492
- 식민화가 아니라 제한 494

창조적 삶의 영위에서 나타나는 불협화음 496
창조성의 성취 강요 및 격상 강요 499
창조적 성취와 창조적 성공의 불일치 503
주목의 분산 506
미학화의 과도화 508

미학적인 것의 대안적 형태들? 510
예술비판과 사회비판 511
세속적 창조성 514
반복의 일상적 미학 520

찾아보기 528

옮긴이 서문[1]

21세기의 새로운 자본주의, 미학자본주의, 정동자본주의에 오신 것을 환영합니다

잡스, 머스크, AI: 인공'지능'에는 인간의 '창조성'으로?

시중에 널리 회자되는 '대중의 영웅'을 살펴보면 시대 변화를 제법 정확하게 잡아낼 수 있다. 아마 21세기 대중의 영웅이 잡스Steve Jobs와 머스크Elon Musk라는 데는 모두 동의할 것이다. 둘 모두 20세기의 수많은 정치 영웅이나 철학 영웅과 달리 '테크 영웅'인 변별성을 가진 점이 제일 먼저 눈에 띤다. 그리고 21세기는 시대의 너무 급격한 변화로 인해 정치나 철학 분야에서 영웅은 태어나기 어려운 시대가 아닌가 하는

---

1 이 책에 대한 일종의 배경막이나 아페리티프로 시도해본 글이다. 몇몇 부분에서는 과한 비유도 종종 보인다. 다만 책의 제목부터가 너무 낯설고 의외의 것으로 보일 수 있지 않을까 하는 노파심에서 작성해 보았다. 일종의 포전인옥拋磚引玉, 즉 '졸렬하고 성숙되지 않은 의견으로 다른 사람의 고견을 끌어내기' 위한 시론인 셈이다. 또한 두 역자 중 조형준 개인 의견임도 첨부한다.

우려가 전 지구적으로 확산 중인 지금이기도 하다.

아무튼 두 '인간적' 영웅에 최근 챗GPT라는 '머신적'(미신적?) 영웅이 추가되었다. '스마트'폰과 '자율'주행을 거쳐 (인간 같은 또는 인간을 능가하는) '지능'을 가진 기계까지, 이 셋을 둘러싼 쟁점을 하나로 정리하자면 단연코 '창조성'을 꼽을 수 있을 것이다. 시중에 회자되는 대학 무용론은 물론 아이들의 미래 꿈이 콘텐츠 '크리에이터', 즉 유튜버인 것만 보아도 말이다.

하지만 이 책은 창조성의 '발명'이라는 기이한 제목을 갖고 있다. '창조'란 세상에 없던 것을 발명하거나 발견하는 것을 말할 텐데, 오히려 창조성이 '발명'되었다고 말한다. 20세기에 창조성의 신화를 본격적으로 쓰기 시작한 에디슨 하면 누구나 금방 전구의 '발명'을 떠올리듯이 '창조성'='발명'은 거의 일란성쌍둥이에 가깝다. 그러나 이 책에서는 창조성이 발명의 주어나 동의어가 아니라 목적어이다. 게다가 하이픈으로 '장치'라는 개념과 연결되어 논의된다.[2] 즉 '창조성'이라는 것이 머릿속의 관념이나 아이디어로, 추상적으로 머무는 것이 아니라 가장 넓은 의미에서의 담론적·실천적 — 벤담이 착안하고 푸코가 일반화해 유명해진 — '판옵티콘' 장치로 배치되어 우리의 모든 말과 행동을 추동하고 있다는 것이다.

'장치'라는 용어는 푸코 것이며, 그것은 하이데거의 세계상Weltbild[3]

---

2 'dispositif of creativity'를 번역한 용어로, 본문에서 저자가 밝히고 있듯이 '창조성'은 '번뜩', '문뜩', '갑자기' 떠오르는 일시적이거나 잡스 같은 '천재'에게만 속하는 것이 아니라 경제적·사회적·문화적 장치가 되었다는 의미에서 소유 관계가 포함된 '창조성의 장치'보다 '창조성-장치'로 번역한다.
3 내가 주체적으로 세계를 보는 것(세계관)이 아니라 내가 세계를 특정한 방식으로 보도록

에서 유래한다. 그리고 장치라는 말을 반드시 물리적인 것으로만 이해하는 것은 심각한 오독일 것이다. 오히려 '산타할아버지는 ······ 누가 착한 앤지 나쁜 앤지 ······ 모든 것을 알고 계신대'라는 〈캐럴〉의 논리가 '장치'의 본질에 가깝다. '우는 아이', 즉 '나쁜' 아이, 그러니까 우리 맥락에서는 '창조적이지 않은 아이'에게는 '선물', 즉 보너스와 승진 등을 주지 않으니 산타할아버지가 호통 치기 전에 모두 자발적으로 창조적으로 되기 위해 필사적으로 노력해야 한다는 논리다. 의식적으로보다는 무의식적으로. 즉 '창조성'의 자발적 노예로.

'창조성'이 일종의 판옵티콘적 장치가 된 것은 21세기 자본주의가 미학자본주의, 정동affect, 情動4 또는 감정자본주의가 되었기 때문이라는 것이 저자 진단이다. 즉 21세기 자본주의는 이전까지의 자본주의, 기본적으로는 ratio, 즉 이성과 합리화에 기반했던 자본주의와 근본적으로 구분된다는 것이다. 즉 '기계화', '합리화', '혁신', '가속화'와 말이다. ― 따라서 그것은 한국에서 한때 유행한 '창조경제' 류의 담론과

만들어져 있다. 불교의 아상我相과 비슷하게 나는 '본디 나'를 잃고 나에 대한 상을 통해 나를 본다.
4 스피노자 용어이다. 동사형인 affectus는 '상태에 있는', '준비 된', '(······할) 마음이 생긴', '어떤 마음가짐이 된', '마음이 내키게 된' 등 일견 수동태를 나타내지만 그것을 일종의 능동태로 전환시키는 것이 스피노자의 필생의 기획이라고 할 수 있을 것이다. 아마 자본주의=합리주의라는 등식에서처럼 근대 철학에서는 (동양철학의 한 용어를 빌리자면) '4단'만 주로 논의될 뿐 희노애락 ······ 등의 '7정'은 거의 철학적으로 주제화되지 않았다. 영국 경험론에서도 마찬가지인데, 아마 유일한 예외가 스피노자일 것이다.
'정동'이라는 일본식 한자어로 번역되는 affect라는 스피노자 용어를 어떻게 할까 계속 고민하다가 '정동'이라는 기왕의 용어를 그대로 쓰기로 한다. 우리말이 아닌 한계가 있지만 동시에 정-동으로 분철하면 저자가 전하려는 본의(마음의 움직임과 신체의 변용)를 다른 어떤 단어보다 더 잘 전달한다는 판단에서이다.

애초부터 무관하다. 아마 affectus 대 ratio라는 라틴어로 두 자본주의 간의 차이를 변별적으로 표시할 수 있을 것이다.

제법 만만치 않은 개념이 여럿 동원되고 있다. 자본은 (가령 셰익스피어와 디킨스에게서 전형적으로 볼 수 있듯이) '피도 눈물'도 없다고 알려져 있는데, 감정자본주의라니? 그리고 '대량생산 대량소비'라는 자본주의의 금과옥조에서 알 수 있듯 자본주의는 '창조성'에 적대적이지 않은가? 자본주의와 동의어인 합리화, 기계화, 가속화는 '창조성'과는 '불구대천의 적'이지 않은가? 가령 ('관료주의의 폐해'에 대한 무수한 지적에도 불구하고) 정부와 기업 모두 철저하게 관료주의 정신으로 채워지며, '시키는 대로 해!' '매뉴얼대로, 규정대로!'라는 말의 노예가 아닌가? 가령 공부가 여전히 사지선다형으로 축소되는 사회에서 '창조성'은 그것과 물과 기름 관계일 수밖에 없지 않은가?

하지만 저자는 21세기 자본주의는 창조성(-장치)의 자본주의, 미학자본주의, 감정자본주의 또는 정동자본주의가 되었다고 주장한다. 그리고 이 세 자본주의를 하나로 꿰는 아리아드네의 실이 '창조성의 발명'이다.

* * *

아래서는 몇몇 용어나 규정이 일반 독자에게는 낯설게 느껴지지 않을까 하는 노파심에서 이 책의 일반적 배경에 대한 해설로 역자 몫을 더해보려고 한다. 이 책이 수백 년에 이르는 자본주의 역사를 기존 상식과는 전혀 다른 독창적이고 독특한 눈으로 조명하기 때문이다.

먼저 창조자본주의에 대해. 앞에서 21세기의 '천재 혹은 대중의 영웅'을 대표하는 키워드로 '스마트', '자율', '창조성'을 들었다. 하지만 너무나 매혹적이고 유혹적인 그것들 앞에서 우리는 종종 막상 '인간'이 얼마나 '힙'하지 못하고, 운전을 차에게 맡길 정도로 비자율적이며, 남의 '추천'에 끊임없이 의존하는 등 얼마나 비창조적인지는 망각한다. 즉 창조의 주체가 자본인데도 그것이 우리인 듯한 환상 속에서 착각의 삶을 산다. 하지만 자본도 20세기까지는 앞의 세 가지 것과는 전혀 무관했다. 따라서 우리는 이렇게 물어야 한다. 20세기까지만 해도 완전히 반자본주의적인 것으로 치부되던 그것들이 어떻게 21세기 자본주의를 이끄는 삼두마차가 되었을까? 두 번째로는 과연 누가 또는 무엇이 스마트해지고, 자율적 존재가 되고, 백 명을 먹여 살리는 한 명의 창조적 천재가 될까? 첫 번째 질문은 이 책 전체가 그에 대한 대답인 만큼 논외로 하고 두 번째 질문에 대해서만 답해보자. 그와 관련해 '창조성'과 '창조성-장치'를 구분하는 저자 논의가 핵심적 의미를 갖고 있음을 항상 염두에 두자.

창조성-장치가 된 21세기의 창조자본주의: '착취'(마르크스)와 '윤리와 정신'(베버), '혁신'(슘페터)을 넘어

앞서 말한 대로 자본주의와 '창조성'은 이율배반, 형용모순 관계였다. '창조'가 핵심인 예술이 자본주의와 맺어온 기나긴 애증의 역사를 보라. 그리고 그것과 관련해 사회주의를 코뮌+전기화(電氣化)로 바라본 레닌과 달리 사회주의를 소외된 분업의 극복 및 창조적 노동화 그리고 삶의 예술화로 바라본 마르크스가 이 맥락에서 떠오르는 것은 역사의 비극적 아이러니이다.

저자는 마르크스, 베버, 슘페터 같은 자본주의의 주류 경제학자뿐만 아니라 예술과 디자인, 패션 등 자본주의 주변부의 반자본주의적 흐름을 종횡으로 살피면서 19세기 이래 창조성이 주변부에서 어떻게 중심부로 진입하는지를 추적한다. 그리하여 20세기 말에 그것이 하나의 장치로 어떻게 자본주의 속에 내장되는지를, 그러니까 사회와 경제와 담론 속에 배치되는지를 계보학적으로 탐사한다.

앞의 추상적 논의를 떠나 이 책을 읽다보면 가령 최근의 명품 열풍이 왜 허영심이나 졸부 근성 같은 일과적·일시적 유행이 아닌지를 알 수 있다. 또 단순히 '가수'라는 전통적 범위에 국한되기보다는 '(집단) 퍼포먼스'와 '(종교 집회 같은) 공연', '팬덤'으로 구성되는 K-문화가, 미학자본주의로 상징되는 창조성의 전형적 사례가 아닐까 하는 질문에도 절로 고개를 끄덕이게 된다.

하지만 그와 같은 창조성의 주체가 '인간'이 아니라 '기계'로 옮겨가고 있는 점에서 — 비록 저자가 본격적으로 논하지는 않지만 — '창조성-장치'는 한층 더 완벽해지고 있는 것처럼 보인다. 물론 자본가는 소비자가 '창조적'이라고 주장하고, 광고하고, 세뇌시킨다. 사람들 또한 '내가 타는 자동차가 나의 인격'이라는 낯익은 공식대로 내가 '스마트'하다고 느낀다. 그리고 과거의 구식 기계는 쳐다보지도 않는다. — 어제까지만 해도 '최첨단 스마트' 기계였는데 말이다. 부르디외가 말하는 '취향'과 '문화'에 의한 '구별짓기'가 이제는 '머신'에 의한 구별짓기로 장場을 옮기는 중이다.

따라서 흔히 말하는 대로 '바보야, 문제는 창조성'이다. 즉 저자 지적대로 왜 모두가 '창조적'이기를 원하고, 사회는 모두에게 왜 창조적이기를 요구할까? 창조성이 한 개인의 바람이 아니라 사회와 경제 전체의 '강박증'을 넘어 '장치'가 될 정도로 말이다.

챗GPT라는 '머신적' 영웅의 등장은 앞의 대중의 신화가 환상임을 여지없이 폭로한다. '지능'을 갖춘 기계에 맞설 수 있는 '창조적 인간'이라는 담론이 뜬금없이 등장한 것이 그것을 여실히 보여준다. '뜬금없다'고 한 것은, 정말 아무 근거 없이 '인간은 창조적'이라고 (부당)전제되기 때문이다. 앞서 말한 대로 자본주의는 철저하게 반창조적이며, 지금까지 '창조적인 것'은 (서양 문화와 역사에서는) 오직 하느님과 예술가뿐이지 않았는가? 그것은 그리스나 로마 같은 귀족사회의 예술적 천재에서나 찾아볼 수 있는 과거의 가치일 뿐이다. 인간의 노동력 착취와 단순 반복 기계에 기반한 자본주의경제에서 '창조성'이 발붙일 여지는 전혀 없었다. ('지도자 동지'의 전폭적 후원 아래) '축구공정'이라는 창조성-장치를 통해 메시를 2천 명이나 육성한다는 '축구굴기'가 어떻게 '소림축구'라는 '굴욕'으로 전락했는지를 보면 챗GPT를 둘러싼 인간의 창조성 운운이 얼마나 허망한지를 잘 알 수 있지 않은가?

미학=자본주의? '가까이 하기엔 너무 먼 ……'

이어 '미학자본주의'라는 다소 생소한 개념에 대해. 여기서는 칸트와의 유비가 불가피하고 또 유용해 보인다.

흔히 이전의 모든 사조가 그에게로 흘러 들어가고 이후의 모든 사조가 그에게서 흘러나왔다는 평대로 그는 서양철학사의 이정표적 인물이다. 영역은 다르지만 잡스를 그와 동일하게 21세기 자본주의의 칸트로 간주할 수 있지 않을까? 즉 20세기까지의 모든 것이 그에게로 흘러 들어간 소실점이자 21세기의 모든 것이 연원하는 출발점으로, 즉 '미학'자본주의의 '창시자'로 말이다.

칸트는 우주의 필연적 법칙을 따르는 뉴턴의 '사과'의 객관적 (낙하)운동보다는 그것을 인식하는 주체의 가능성과 한계 쪽으로 사유 방향을 (코페르니쿠스적으로) '전회'시켰다. 그런데 21세기 사과 ― 그것을 한 입 베어 문 사람이 제2차세계대전이라는 전시 중에 시작한 인공지능은 21세기에 '우리 삶의 모든 앱이 총총한 하늘'이 되고 있다 ― 의 창조자 또한 '이성'과 '논리'(가령 성능과 화소, 기능의 다양성) 중심의 대상(물건, 상품)보다는 주체의 감성과 창조성 쪽으로 자본주의의 가능성과 한계를 재정위시켰다. 'stay hungry, stay foolish'라는 그의 정언 명령은 모든 것을 이성의 '한계'(『순수이성비판』)와 '요청'(『실천이성비판』) 안에 제한하려는 칸트적 사고, 즉 근대의 합리주의적 사고를 철저하게 반시대적으로 거스른다. 그와 함께 '미학자본주의'와 '감성자본주의' 시대가 본격 개막되었다고 말할 수 있을 것이다.[5]

잡스가 역사에 한두 번 나올까 말까 하는 천재라는 일회적 '해프닝'으로 그치는 것이 아니라 최근의 머스크에 이르기까지 21세기 자본주의 운동의 일반 법칙처럼 보이는 점에서 우리 시대를 얼마든지 '미학자본주의' 시대라고 규정할 수 있을 것이다.

그와 관련해 자본주의를 '착취'와 함께 (부정적 의미에서의) 무한한

---

[5] 정치에서도 20세기가 이데올로기, 즉 머리의 시대라면 21세기는 '팬덤', '개딸', '앵그리 화이트' 등 '감정정치', 즉 가슴의 시대이다. 칸트의 '순수이성'보다는 오스틴의 '오만과 편견', 즉 정동과 감정이 정치적 열정의 주인이다.

창조(적 파괴) 체계로 묘사한 마르크스나 슘페터 또한 유령으로서라도 영원히 자취를 감춘 것 같다. 즉 그들이 비판하는 역사적 자본주의는 이제 '라떼', 즉 '꼰대'자본주의가 된 것 같다. '피와 눈물도 없이', '고혈을 짜는' '착취' 체제로서의 반미학자본주의 말이다. 그와 같은 '라떼자본주의'는 시대가 공유하는 자본주의 상으로 20세기 말까지도 계속 '장기지속'되었다. 마르크스의 『자본』 말고도 19세기 중반에 사람 피를 빼는 드라큘라가 사방에 암약하고, 그에 대한 처방으로 '구두쇠와 욕심쟁이'가 피와 눈물을 되찾는 과정을 그린 디킨스의 스크루지 영감이 대중의 뇌리를 사로잡았던 것을 보라.

하지만 21세기의 '미학자본주의'와 함께 그와 같은 '자본주의 상상계' — 인민의 피를 빼는 흡혈귀, '구두쇠 영감', 위선적 부르주아, 배불뚝이 사업가 — 는 역사 속으로 사라져 신화가 되어버린 듯하다. 아니 '꼰대'를 넘어 호랑이 담배 피던 시대 이야기처럼 들릴 정도이다.

앞의 논리적 서술은, 칸트와 유비해 다소 추상적으로 들리지만 우리가 일상적으로 접하는 대상 하나만 살펴보아도, 현실적임을 금방 확인할 수 있다. — 한국의 대표적 글로벌 기업 그리고 '애플'이 생산하는 두 모바일폰을 둘러싼 시대적 담론과 대중의 반응이 그것이다. 전자는 대체로 '전자'('5만전자'라는 대중의 용어가 그것을 확인해준다)와 '(첨단) 기계' 범주를 벗어나지 못하고 있다. 반면 후자는 '(애플)빠'라는 종교 그리고 시대의 '구루'라는 반시대적=반기계적=반자본주의적(?) 이미지 — 앞의 정언명령을 참조하라 — 로 시대 위에 군림 중이다. 다시 칸트 말을 가져오자면, 후자는 '내 머리 위의 앱이 총총한 하늘'이라는 디지털 생태계와 함께 '내 마음속의 자율적 구매 법칙'으로 대중을 '빠'로 만들지만 전자는 '전자'와 '회장님'이라는 라떼자본주의 이미지를 좀체 벗지 못하고 있다. 신앙의 대상 대 첨단기계 그리고 구루 대 회장님.

다시 칸트로 돌아가자면, '화소 기능의 획기적 개선'과 '자동번역 AI 탑재' 등 여전히 '기계적 첨단화'를 '내 마음속의 경영법칙'으로 삼은 한국 재벌은, 결국 여전히 '순수이성'과 '실천이성'의 장 안에 머문다. 즉 그것이, '소비자'가 아니라 '욕망의 인간'에게 줄 수 있는 것은 — 탄탈루스 같은 허기증을 충족시켜주는 헛된 — '쾌락pleasure'으로 제한된다. '미학'과 '감성'을 주 내용으로 하는 '판단력'에 대해서는 깜깜 무지인 셈이다.

반면 인간의 능력에는 세 가지 상이한 능력이 존재하며, '판단력', 즉 '미학'이 '순수이성'과 '실천이성'을 잇는 다리임을 진즉 (칸트처럼) 간파한 애플의 '사과'는 인식 주체에게 ('기능'이나 '합목적성'과는 다른 — 하이데거적 의미에서의 — '세계상'과 관련된) '주이상스'를 제공한다. 즉 칸트가 말하는 무이해관심적, 무목적적 쾌락을. 자본주의 속의 외딴 섬, 작은 유토피아를? 아무튼 이제 이 작은 유토피아 속의 '애플'은 고삐 풀린 자본주의의 폭력적 욕망의 진정제로 무욕적으로(?) 욕망하는 대상이 된다. 『성경』에서는 사과를 먹으면 낙원에서 추방되지만 이제는 그것을 손에 들어야 주이상스적 소비라는 파라다이스에 입성할 수 있다. 그것을 손에 쥐는 것은 '싸구려' 상품과 기계가 넘쳐나는 죄 많은 욕망의 인공낙원을 벗어나 자연의 낙원에서 진정한 주이상스를 얻기 위한 '면죄부'로 쓰이는 듯하다.

'애플'과 '삼○' 간의 차이에 대해, 벤야민 용어를 빌려, '체험Erlebnis'과 '경험Erfahrung' 간의 차이에 대해 말해볼 수 있을 것이다. 최근 한 빼어난 사회학자는 라캉의 S/s 도식을 빌려 대문자 S 자리에 '관광'을, 소문자 s 자리에 여행을 놓을 것을 제안하며(하이데거라면 존재자/존재), 앞의 공식을 "관광이라는 형식 속에서 여전히 숨 쉬는 의미를 향한 충동으로서의 여행"6으로 읽을 것을 제안한다. 이 도식을 빌리자면 벤야민의 체험은 '여행'에 해당되고, 경험은 '관광'에 해당된다. 이 유비가 단지 관광/여행이라는 도식에만 그치는 것이 아니라 우리 삶 전체에 해당된다는 것이 하이데거의 기본 철학이다. 즉 소쉬르에게서 길게 그어지는 /는 여행과 관광이 횡단선을 가로질러 의미를 형성하는 것을 표시하는 반면 라캉[하이데거]에게서 짧게 그어지는 /는 두 항 간의 의미 형성을 막는 저항선인 데서 알 수 있듯이 우리는 삶을 관광하지 즉 소비하지, 여행하지는, 즉 존재-물음을 묻지는 않는다. 그래서인지 「여행에의 초대」에서 랭보는 '말도 않으리, 생각도 않으리'라는 말로 관광과 여행을 준별한다. 레비-스트로스는 『슬픈 열대』를 '나는 여행을 증오한다'는 말로 열며 관광/여행의 친연 관계에 대해 불편함을 토로한다.

이 측면에서 애플은 우리에게 체험, 여행의 대상인 반면 삼○은 경험, 관광 대상이다. '체험'은 '체험학습'이라는 말과 반대로 무매개적인(즉 어떤 매체도 거치지 않고 '몸Leb'을 통한), 대상과 합일된 코스모스적 '그립'을 의미한다. 그와 정반대되는 것이 경험이다(경험에서는 '미디

---

6 김종엽, 『타오르는 시간 — 여행자의 인문학』, 창비, 13페이지.

어'가 핵심적이다). 가령 전통사회에서는 체험만 가능하지 경험은 드물게만 존재할 뿐이다. 둘의 분열이 근대를 낳았음을 가장 잘 보여주는 문헌으로는 짐멜의 「대도시와 정신적 삶」을 들 수 있다. (나와 세계가, 나와 대상이 분리되지 않고 합일된) 코스모스cosmos의 (계산 가능하고, 그리하여 합리적으로 이해 가능하고 손익적인) 우주universe로의 탈주술화를 근대의 도래를 가르는 경계선으로 설정하는 테일러Charles Taylor의 논의를 빌리자면, 애플은 (자본주의 시대에!) '코스모스적 체험과 여행의 상상계'를 창조 중이다.

미학자본주의, 정동자본주의, 감정자본주의라고?

마지막으로 감정자본주의와 정동자본주의에 대해.

푸코는 '영혼은 육체의 감옥'이라는 말로 서양 철학이 육체를 백안시하고, 등한시하고, '감시와 처벌'의 대상으로 삼아 '호모 사케르'로 만들어온 과정을 요약한다. 그때 육체는 감정과 감각, 감성 등과 동의어라고 할 수 있다. 앞서 말한 대로 스피노자를 예외로 하면 서구의 많은 철학은 희로애락 같은 인간의 정동 또는 감정을 극복 대상으로만 간주해 부정적으로 묘사하거나 논외로 치부한다. 가령 산스크리트 문헌과 스토아학파 문헌 모두 아랫사람에게 화를 내는 것을 귀족의 가장 수치스런 행동으로 터부시한다. 울음 또한 마찬가지이다(유교문화권에서 '남자는 태어나 세 번 운다'). 인간의 쾌락과 관련해서도 폼페이에 그렇게 유곽이 많은 것 또한 그와 비슷한 윤리적 태도에서 비롯된 것일 터이다.

하지만 21세기를 창조성=미학자본주의 시대로 보는 저자는 또한 우리 시대가 감정자본주의 시대라는 놀라운 진단을 내린다. 하지만 그것이 그리 놀라운 것이 아닌 것은 굳이 그의 섬세한 논리를 빌리지 않더라도 은행에 전화만 걸기만 해도 금방 확인된다. 기계음으로 '감정노동자'에 대한 배려를 부탁받으니 말이다. 또 맘에 드는 것을 보고 '죽인다'는 말로 최고의 만족감을 토로한다. 그보다 조금 더한 것에는 '필이 꽂힌다.' 그리고 큰 깨달음에 대해서는 '유레카'보다는 '골 때린다'라는 감성의 언어를 내뱉는다. 앞서 말한 대로 노동에서도 '피와 땀'보다는 '감정'이 중시된다.

'필이 꽂히고' '킹 받는' 사회의 정신의 식민지, 감정

'피와 눈물'의 경우 21세기 자본주의는 노동자에게서 고혈을 짜내기는커녕 '감동'과 '감사'를 돌려주려고 하며, 그것을 위해 '창조성'이라는 마술을 사회에 걸어놓은 상태이다. 지나친 호기심7, 즉 창조성은 자본주의 초기의 『파우스트』에서만 해도 인간적 천재를 망치는 '악마적인 것'으로 터부시되지만 최근 출간된 21세기의 천재 테슬라 전기는 '천재는 악마적이다'는 명제를 매우 설득력 있게 제시한다. 그와 같은 창조성 숭배와 함께 선악, 인간/기계의 경계마저 흐릿해지고 있다('인공+지능'). 잡스는 자본가와 발명가가 아니라 거의 예술가, 심지어 시대의 구루로 숭배되며, 머스크는 파우스트보다는 메피스토펠레스로 찬

---

7 독일 철학자 블루멘베르크Hans Blumenberg는 『근대의 정낭성』에서 '이론적 호기심'을 근대와 중세를 가르는 기본적인 태도의 차이로 지적한다. 단테의 『신곡』에 따르면 귀향한 오뒷세우스/율리시즈는 다시 '미지의 땅'을 향해 나서는데, 이 점에서 '이단적', 즉 근대적이다.

양되는 중이다.

　최근 『재귀성과 우연성』을 졸역하면서 기본적으로는 감각적 지각을 의미하는 aestasis라는 말이 '미학'이라는 말로 번역되는 데서 오는 절망감에 대해 말한 바 있다.[8] 일전에 한 고승에게서 인식론이 특히 발달한 인도의 불교 문헌 등에서 '앎'과 관련된 60~70개의 섬세한 언어가 중국 불교로 번역되는 과정에서 지(知), 인(認), 식(識), 각(覺) 등 10여 개의 언어로 축소된 것이 우리 사유를 근본적으로 제한하고 있다는 고견을 전해 들었는데, 특히 감정이나 감성 관련 언어에서 그렇다는 것이었다. 그와 같은 사실을 넘어 감정과 감성은 거의 모든 언어에서 '다스림'과 '극복' 대상인 점도 추가해야 할 것이다.

　이처럼 자본주의 초기만 해도 기계와 자연, 인간=노동력을 숭배했던 자본 그리고 미학=감정=천재=창조성은 상극이었지만 지금 후자는 자본이 가장 숭배하는 신화이자 영웅이 되었다. 특히 인간을 추월한다는 챗GPT로 상징되는 인공지능 시대의 본격 개막과 함께 '창조성'이 모두의 상상계를 사로잡는 희망과 공포의 상징이 되었다. 우리 사회에서도 한국을 대표하는 그룹 회장의 2002년 발언과 함께 그것은 우리 사회를 사로잡는 유령, 즉 정체불명이지만 모두를 강박적으로 사로잡는 이데올로기가 된 지 오래다.

　즉 '21세기는 탁월한 한 명의 천재가 10~20만 명을 먹여 살린다'는 것이다. 2002년의 발언 속에 들어 있던 이 유령이 2007년의 잡스의 '아이폰 쇼크'를 통해 현실의 리바이어던으로 변해서인지 박근혜 정부

---

[8] 즉 감(수)성에 대한 논의가 미'학'으로 초월되는 바람에 의미의 간극이 도저히 메꿀 길 없이 멀어진다(허욱, 졸역, 『재귀성과 우연성』, 새물결출판사, 13페이지).

는 '창조경제'를 국정지표로 선언하고, 적극 추진하기도 했다. 그와 함께 우리 사회도 ('대량생산-대량소비'라는 경제 논리에 기초한) '국민교육' 이후 뚜렷한 지침 없이 그저 '초등학교'에 머물던 교육 지표가 '창의, 융합 인재 육성'을 목표로 '창조성'이라는 유령을 추적하는 〈고스트버스터즈〉를 본격 연출 중인지 오래다. 즉 창조성 신화가 한밤중의 유령이 아니라 대낮에 백일몽처럼 우리 사회를 '히스테릭하게' 사로잡고 있다.

그리하여 자본주의는 이제 '창조성'을 중심으로 하나의 원환운동을 마무리하며 헤겔식의 정반합을 완성하고 있는 듯하다. 즉 자본주의가 출발할 때 가장 적대시한 '창조성'이 이제 자본주의를 다시 잡아먹고 있는 중이다. 즉 자기를 철저하게 서자 취급하고 백안시한 아버지를 잡아먹고 이제 시대의 '아버지의 이름'이 되는 중이다.

* * *

미학자본주의를 새롭게 읽는 21세기적 사유의 새로운 툴 키트

각각의 장은 — 가령 미술(사)과 창조도시, 경영학과 심리학 등 — 상이한 분야를 다루고 있어 따로 읽어도 무방하다. 즉 얼마든지 다양한 방식으로, 각각 독립적으로 읽을 수 있다. 기본적으로는 '인문서' 범주에 들지만 얼마든지 경제사나 '경제경영서'로 읽어도 무방하다. 가령 3장의 '원심적 예술'은 예술사의 '정치경제학'으로 읽어도 전혀 무방할 텐데, 곰브리치 등의 전문 미술사와는 전혀 다른 독서의 즐거움을 안겨줄 것이다. 그것은 예술에서의 창조성과 관련해 21세기 미학과 예술사가 '천재=예술가'와는 완전히 다른 회로를 돌고 있음을 흥미진진하게 보여준다.

20세기에 창조성이 자아심리학과 맺어온 역사적 관계를 추적하는 5장은 심리상담 왕국이 된 우리 사회에서 특별한 읽을거리가 될 것이다. 최근 한 여론조사에서 '금쪽이'의 '정신건강' 수호자인 한 여성 심리상담사가 지상파와 레거시 미디어의 모든 주도적 인물을 제치고 '한국 사회에서 가장 영향력이 큰 인물 1위'로 선정되어 큰 화제를 모았다. 그와 관련해 자아성장self growth심리학, 자아실현심리학 등 온갖 '창조심리학'이 20세기에 어떤 궤적을 그려왔는지에 대한 저자의 논증은, 우리의 내밀한 마음과 심리까지 어린 시절부터 사회적 관리 대상으로 포획되도록 만드는 '창조성'의 슬픈 이면을 보여준다(보들레르가 말하는 '시대의 우울'이 완성된 듯하다). '"나"가 모든 것의 출발점이다'와 '"나"는 할 수 있다'를 핵심 신조로 하는 창조성-강박증의 심리학에 주술이 걸린 사회는 동시에 '정신'과 '심리' 강박 사회이기도 하다. '"나"는 창조적일 수 있다[또는 이어야 한다]'는 조언을 빙자한 상담 그리고 '마음을 항상 "닦고, 조이고, 기름 쳐야"' 하는 강박적 실천 간의 무한루프를 반복하며 인간을 (하이데거 식으로) '닦달'하니 말이다.

물론 그 밖에도 시장市長이 바뀔 때마다 시의 상징물을 비롯해 모든 것을 바꾸어버리는 진풍경을 연출하는 악습과 관련해, 즉 '창조도시'가 '파괴도시'로 이어지는 관료주의적 악순환과 관련해 6장은 도시의 창조성의 계보학에 대해 전혀 다른 시각을 제공할 것이다.

물론 모두 마르크스 노선이건 베버 노선이건 지금까지의 '정통' 경제학과 경영학 관점에서 보면 상당히 낯선 이야기일 것이다. 하지만 완독하고 나면 자본주의의 역동성과 역사에 대해 지금까지와는 전혀 다른 시각을 갖게 될 것이다. 특히 앞서 말한 대로 지금까지 알아온 자본주의와는 확연히 다른 21세기 자본주의, 즉 '창조성'과 '정동/감성'을 중심축으로 하는 '미학=자본주의'로의 이행에 대한 상술은 우리 앞에 어떤 신세계가 펼쳐지고 있는지에 대해 전혀 다른 경제적·경영학적 시야를 열어줄 것이다. 또한 그것을 통해 가령 인공'지능' 못지않게 지금 전 지구를 휩쓸고 있는 K-문화가 어떤 '정동/감정'을 동원 중인지를, 그리고 역으로 그것을 통해 21세기를 어떻게 과거와는 발본적으로 다른 방식으로 이해해야 하는지를 간파할 수 있을 것이다.

이 책은 우리 사회에서 다소 신화화되고 신비화된 형태로 수용되고 있는 '창조성'에 대한 '고스트 버스터' 격의 책이다. '뭐 좀 더 좋은 아이디어 없어?' 같은 일상어부터 '인공지능의 창조성' 같은 얼토당토않은 담론에 이르기까지 창조성에 강박적으로 매달려 있지만 정치부터 인문학에 이르기까지 전혀 창조적이지 못한 것이 우리 사회이다.

'엉큼한 독자여, 내 동포, 내 형제여'라는 보들레르의 헌사를 곁들여 졸고를 마친다.

2024년 10월
역자를 대표해 조형준

영어판
서문

　이 책의 독일어 초판은 2012년에 출판되었다. 영역본 출간을 계기로 '창조성과 사회'를 둘러싸고 21세기 초 이후 영미권에서 진행되어 온 논의의 맥락에서 졸저를 재평가해볼까 한다. 그것에 대한 재평가의 여러 측면 중 하나로 이 책이 과연 어느 정도나 독일에 특수한 맥락을 반영하는가 하는 물음을 꼽을 수 있을 것이다.

　후기현대사회 형성에서 창조성이 문화적 청사진이자 경제적 요소로 어떤 역할을 하는가 하는 질문이 2000년경에, 특히 영국과 북미, 호주에서 최초로 연구 대상으로 등장했다. 이후 보다 포괄적인 지적·정치적 담론뿐만 아니라 사회학 논의에서 여전히 중요한 자리를 차지하고 있다. 여기서는 그중 두 가지 맥락을 특히 지적할 만하다. 먼저 우리 시대의 사회, 지역, 도시의 경제번영 그리고 생산자와 소비자로 이루어진 '창조계급creative class'의 등장에 '창조성'이 관련되어 있음이 주로 아카데미즘 내부뿐만 아니라 대중 담론 속에서 널리 수용되어왔다. 해당 논의는 또한 정치 컨설팅과 도시계획Urbanismus으로까지 옮겨 가게 되었다.1 두 번째로, 사회학과 문화연구에서 소위 '창조산업' — 그것이 최근의 경제적·사회적 변형을 진두지휘해왔다 — 을 다루는 여러 연구 영역이 발달해왔다. 이 산업은 예술과 수공업, 영화, 디자인, 음악, 건축, 광고뿐만 아니라 시청각미디어, 인쇄미디어, 디지털미디어를 포괄한다. 이 장과 관련해 이루어진 풍부한 연구는 창조노동과 문화시장, 소비구조의 변형, 창조산업의 글로벌한 확산에 대한 상세한 분석에 주로 관심을 갖는다. 또 창조산업에 국가가 보조금을 지급하는 현상이 점점 더 글로벌화되는 사실도 비판적으로 연구되어왔다.2

이 책에서 나는 현재의 창조경제에 대한 그와 같은 사회학적·경제학적 분석에서 한발 뒤로 물러나 사회 전체를 보다 역사적·이론적 관점에서 살펴보고 있다. 오늘날의 창조산업을 말하자면 빙산의 일각, 즉 현대 서구사회에 보다 근본적이며, 역사적으로 광범위한 영향을 미친 변형을 표면 아래 감춘 훨씬 더 큰 빙산의 일각으로 간주한다. 나의 주요 주장은 이렇다. 즉 후기현대사회는 '창조적이어야 한다'는 기대 그리고 그렇게 되고 싶은 바람에 의해 철저하게 변형되어왔다는 것이다. 이 책에서 말하는 창조성이란 문화적·미학적 새로움을 만들어낼

---

1 Richard Florida, *The Rise of the Creative Class: And How It's Transforming Work, Leisure, Community and Everyday Life*, New York: Basic Books, 2002; John Hawkins, *The Creative Economy*, London: Penguin, 2002.

2 Angela McRobbie, *Be Creative: Making a Living in the New Culture Industries*, Cambridge: Polity, 2016; Terry Flew, *The Creative Industries: Culture and Policy*, LA: Sage, 2012; John Hartley(ed.), *Key Concepts in Creative Industries*, London: Sage, 2013; David Hesmondhalgh and Sarah Baker, *Creative Labour: Media Work in Three Cultural Industries*, London and NY: Routledge, 2011.

[생산할]production 수 있는 능력을 의미한다. 현대사회는 문화적 새로움을 지속적으로 생산, 수용하는 쪽으로 정향되어왔다. 경제, 예술, 라이프스타일, 자아, 미디어, 도시개발 모두 마찬가지이다. 우리는 내가 창조성-장치라고 불러온 것이 결정화結晶化되는 것을 목격 중인데, 그것이 후기현대사회 형태를 점점 더 크게 규정 중이다.

장치라는 용어는 푸코에게서 유래하는 모종의 영향을 암시한다. 이 책에서는 그에 따른 계보학적 분석이 수행된다. 나는 현재로부터 과거로, 20세기를 거쳐 18세기 말까지 멀리 돌아간다. 창조성은, 섹슈얼리티가 푸코에게 그런 것과 마찬가지로, 주어진 것이 아니라 오히려 수수께끼로 간주된다. 창조성은 어떻게 바람직한 규범으로 수용되었을까? 창조성-장치는 어떤 이질적인 실천 및 담론 복합체 속에서 점차 발달해왔을까? 계보학적 접근은 경제적 환원론을 피한다. 경제는 분명히 새로움의 문화가 발달하는 장소 중 하나이다. — 그와 같은 복합체를 나는 이 책에서 미학자본주의라고 부른다. 하지만 창조성-장치의 범위는 경제 영역 너머까지 미친다. 그것은 또한 미디어테크놀로지와 인문학, 무엇보다 먼저 자아의 테크놀로지를 중심으로 하는 심리학 내부의 동역학을 흡수한다. 1980년대 이래 이 장치는 또한 내가 문화적 통치성cultural governmentality이라고 불렀던 형태의 국가 통제에 의해 떠받쳐져왔는데, 도시계획이 그것의 가장 두드러진 사례 중 하나이다. 하지만 정치적 환원론 또한 피해야 한다. 이 책에서 수행된 연구는 그 자체로는 정통 푸코적이지 않다. 나의 연구는 창조성-장치를 새로운 지배체계로 드러내기보다는 창조성사회라고 부를 수 있는 것의 내부 동역학 및 내적 모순을 도출하는 것과 관련되어 있다. 나의 연구 노선에서는 아래 사실이 핵심적이다. 즉 현대문화의 창조성 지향은 낭만주의 시기에 예술의 주변부화된 틈새에서 시작되었다. 이후 사회의 점점 더 많은 부분으로 확산되었다. 따라서 사회학은 예술-장$^{champ, 場}$을 과거보다 진지하게 고려해야 한다. 예술은 그저 옆에서 지켜보기만 하지 않는다. 대신 후기현대사회 전체를 위한 구조적 청사진이 되었다.

이 과정에서 창조성에 대한 반제도적 욕망^{desire} 그리고 '창조적이어야 한다'는 제도화된 요구^{demand} 간의 긴장은 오늘날까지 계속 증가해왔으며, 이제는 날카로워졌다. 이 이유로 창조성-장치의 정동적 차원, 우리 사회에서의 미학적 실천의 중요성, 내가 미학적 사회성이라는 용어로 불러온 것의 존재, 그리고 해당 장치가 대중의 감각적·정동적 주목을 정향시키는 방식을 진지하게 고려하는 것이 중요하다. 앞의 측면들은 푸코적 전통에서는 거의 연구되지 않은 채이다. 하지만 창조성-사회에 대해 비판적 자세를 취할 수 있으려면 조명할 필요가 있다.

하지만 우리는 '이 책은 특히 독일적 관점에 의해 영향을 받고 있는가 그렇지 않은가?'라는 질문에는 여전히 대답하지 않았다. 이 책을 집필할 때는 앞의 질문이 떠오르지 않았으나 영미권 독자에게 졸저를 소개하려는 지금에야 생각해보게 된다. 1990년대에 영국에서 본 연구의 일부를 완성했는데, 이후 나의 접근법은 사회이론과 문화사회학에서의 국제적 논의 즉 영미권과 프랑스어권에서의 논의에 의해 강하게 영향을 받아왔다. 게다가 창조성-장치는 국제적 차원을 띠어왔으며, 런던, 뉴욕, 코펜하겐, 암스테르담, 멜버른, 베를린에서 사회를 형성한 주요한 힘이 된 다양한 현상을 포함한다. 그와 같은 국제성은 이 책의 특히 독일적 억양을 완전히 침묵시키는 경향이 있다. 그럼에도 불구하고 마찬가지로 중요한 세 가지 원천을 가진 독일 고유의 음색은 여전히 남아 있다.

먼저 독일 사회학의 강력한 특징이라면 **현대(성)의 이론화**에 대한 근본적 관심이라고 할 수 있을 것이다. 그것은 막스 베버, 짐멜부터 하버마스의 『현대성의 철학적 담론』과 벡의 『위험사회』에까지 이른다. 현대(성)의 이론화는 또한 이 책의 핵심적 관심사이기도 하다. 이 전통의 특징은 이렇다. 즉 현대(성)를 선험적으로 자본주의로 부르는 것이 아니라 오히려 그것을 소위 '형식합리화'와 '사회분화'와 등치시키는 것이 그것이다. 이 책의 기저에는 아래의 두 개념을 재정비하려는 의도가 깔려있다. 즉 후기현대의 창조성-장치는 현대(성)의 최적화라는 정언명령을 극단으로 내모는 동시에 철저하게 반합리적 정동성에 의해 추동된다. 더 나아가 창조성의 사회성은 예술부터 경제학, 인문학과 매스미디어에 이르는 이질적인, 종종 자율적인 사회 영역의 광범위한 스펙트럼 속에서 드러난다. 각각이 상이한 방식으로, 하지만 항상 하나의 전반적 구조의 일부로 말이다.

두 번째, 철학과 인문학 또는 정신과학Geisteswissenschaften에서의 미학 담론 또한 이 책에 영향을 미쳤다. 칸트와 실러 이래 독일 철학은 사회적 실천의 자율적 영역으로서의 미학에 점점 더 큰 관심을 기울여 왔다. 보다 중요하게는, 1980년대 이래 독일어권의 다학제간 인문학은 앞의 관념론 미학의 좁은 한계를 벗어나왔다. 그리고 미학적 실천과 그것의 미디어적 성격을 조명해왔다. 뿐만 아니라 그와 같은 실천이 지각과 정동을 구조화하는 방식, 그리하여 후기현대 또는 포스트모더니즘이 미학화하는 힘을 갖게 되는 방식도 함께 추적해왔다.3 이 맥락에서도 독일의 미디어 이론의 뛰어남은 주목할 만하다. 그처럼 다학제적인 독일 인문학에 새로 등장한 여러 연구 분야(영미권에서 일반적으로 문화연구로 이해되는 것과는 구분된다)가 창조성-장치를 미학화의 특수한 발현 방식으로 설명하는 저자 입장에 큰 영향을 미쳤다. 그에 따른 영향이 낳은 결과 중 하나로 사회적 현대(성)와 미학적 현대(성) 간의 관계-물음을 재구성할 수 있을 것이다.

이 책의 기원에 배경으로 깔린 세 번째의 독일적 맥락은 전적으로 우리 시대 것이어서 개요를 제시하기가 좀 더 어렵다. 2000년대 중반부터 독일의 사회이론과 문화이론의 신세대 구성원들은 서로 독립적으로 연구를 진행해왔다. 그러던 중 후기현대사회 및 문화에 대한 비판적 검토와 관련해 새로운 접근법을 택한 일련의 연구서를 연달아 내놓게 되었다. 2000년 이후 독일영화에서 〈베를린파〉가 등장해 우리 시대의 삶의 복합성에 대한 독특한 사회학적·미시적 조사를 수행해온 바 있다. 그것과 동일하게4 사회이론과 문화이론에서도 '독일적인 새로운 비판적 분석'의 윤곽이 등장해 후기현대문화를 미시적으로 들여다보고 있다. 브뢰클링의 『기업가적 자아』*Das unternehmerische Selbst: Soziologie einer Subjektivierungsform*』, 로자의 『가속화』*Beschleunigung: Die Veränderung*

---

3 Erika Fischer-Lichte, *The Transformative Power of Performance: A New Aesthetics*, NY: Routledge, 2008: Hans Ulrich Gumbrecht, *Production of Presence: What Meaning Cannot Convey*, Stanford. CA: Stanford University Press, 2004: Gernot Böhme, "Atmosphere as the Fundamental Concept of a New Aesthetics", *Thesis Eleven*, 36(1993): 113-126.
4 Rajendra Roy, Anke Leweke et al, *The Berlin School: Films from the Berliner Schule*, NY: Museum of Modern Art, 2013.

der Zeitstrukturen in der Moderne』, 포글의 『자본의 유령Das Gespenst des Kapitals』을 이 운동의 중요한 성과로 꼽을 수 있을 것이다. 나는 이 책 또한 그것 내부에 위치시킬 수 있다고 생각한다.5 앞의 저서들은 주제와 방법론에서 분명히 서로 구분된다. 하지만 후기현대문화 및 사회의 심층 구조에 비판적으로 파고들려는 관심사는 공유하는데, 그와 같은 과제는 역사적·이론적으로 박식한 광학光學을 요구한다. 2000년대 말의 전 지구적 금융위기의 여파로 독일은 유럽 한가운데서 정치적·경제적으로 점점 더 지도자 역할을 떠맡도록 떠밀려져왔다. 독일은 주저주저하며, 마지못해 그것을 받아들였다. 거의 동시에 독일 지식인들이 서구의 후기현대 전체의 위기와 모순에 대한 철저한 성찰에 착수하기 시작한 것은 아마 우연이 아닐 것이다.

이번 기회를 빌려 꼼꼼하고 섬세한 번역에 대해 블랙Stenven Black에게 감사드린다. 또한 서지목록을 작성하는 세세한 작업과 함께 인용문을 꼼꼼히 확인해준 펠셔Daniel Felscher의 지원에 큰 도움을 받았다. 마지막으로 〈Geisteswissenschaften International〉에게 감사드리고 싶은데, 이 기관의 너그러운 지원이 없었더라면 이 책의 출판은 불가능했을 것이다.

베를린, 2016년 여름

---

5 브뢰클링, 김주호, 역, 『기업가적 자아』, 한울; Hartmut Rosa, *Social Acceleration: A New Theory of Modernity*, NY: Columbia University Press, 2013; Joseph Vogl, *The Specter of Capital*, Stanford CA: Stanford University Press, 2015.

그림으로 그려 볼 수 있을 거야. 가령 말馬을 말이지. …… 아냐, 전에 이미 누가 그렇게 했어. …… 또한 조각으로 해볼 수 있을 거야. …… 오! 하지만 점토나 청동으로 빚는 것은? …… 하지만 전에 누군가 그렇게 했다는 인상이야. …… 심지어 우리를 죽일 수 있을 것이다. 하지만 심지어 그것도 전에 누군가 그렇게 했어. …… 글쎄, 우리가 관여하지 않고도 어떤 일을 꾸며낼 수 있으리라고 생각했어. 아~니지. 그것도 전에 누군가 했었지. …… 뭔가를 말해보는 건 어때? ……그렇게 했다. …… 만들기도 전에 팔아버리는 것은? ……누군가 이미 그렇게 했다. 했다고? 그래도 그냥 다시 한 번 팔면 어떨까? 그것 또한 이미 누군가 했다고. 이미 했다고?
두 번씩이나?

아조로Grupa Azorro, 『모든 것을 누군가 했다 I/II*Everything has Been Done I/II*』, 2003(바르샤바의 라스터 화랑 제공).

서론

창조적인 것의 불가피함

I

 지금 어떻게든 이해해보려고 하지만 도무지 이해 불가능한 바람이 하나 있다면, '창조적이지 않으려는 태도'일 것이다. 개인뿐만 아니라 제도에도 똑같이 해당되는 이야기이다. 창조적이지 **못한** 것은 문제가 있지만 끈질긴 훈련으로 충분히 치유해 극복 가능한 약점이다. 하지만 창조적이기를 원치 **않는** 것, 창조잠재력을 의식적으로 사용하지 않은 채 방치하는 것 그리고 새로움을 창조적으로 만들어내는 것을 어떻게든 피하려는 것은 황당한 바람처럼 보인다. 마치 다른 시대에 도덕적이거나 정상적이거나 자율적이기를 원치 않는 것처럼 말이다. 어떻게 개인, 제도, 실로 사회 전체가 외견상 선천적으로 자기 안에 들어 있는 것, 즉 어떤 것을 이루기 위해 열심히 또는 선천적으로 애쓰지 않고, 창조적 자기변신을 원하지 않을 수 있을까?

 개인뿐만 아니라 사회와 관련해서도 창조성에 예외적 중요성이 부여되는 것이 우리 시대의 새로운 현상이 되었다. 그것의 일종의 강령을 담은 플로리다의 『창조계급의 등장』(2002년)[1]이 그것을 전형적으로 보여준다. 그에 따르면 제2차세계대전 종전 이후 지금까지 서구사회에서 일어난 핵심적 변형은 기술적이기보다는 문화적이다. 그것은 1970년대 이후 계속 진행 중이며, '창조적 에토스'의 등장과 확산이 핵심을 이룬다. 그것의 담지자가 지금 급속히 확산 중이며 문화를 지배 중인 새로운 전문직업집단, '창조계급'이다. 그들을 특징짓는 활동은 아이디어와 상징을 만들어내는 것이며, 주요 무대는 광고부터 소프트웨어개발에, 디자인부터 컨설팅과 여행업에 걸쳐 있다. 그의 설명에 따르면 창조성이라는 말은 자기계발이라는 사적 모델만 가리키지 않는다. 그것은 또한 지난 30년 동안 노동과 직업세계에 편재하는 경제적 요구가 되었다.

그런데 그의 연구는 중립적 설명과는 한참 거리가 멀다. 오히려 논하는 현상 자체를 촉진하려고 시도한다. 그 결과 그의 견해는 선택적이다. 하지만 실제로 많은 지표가 그렇게 말하고 있다. 창조성이라는 규범적 모델 그리고 그에 상응하는 실천 — 외견상 한순간 폭발하고는 그만일 것 같은 창조에너지의 제도화를 목표로 한다 — 이 적어도 1980년대에 서구문화의 핵심 속에 진입했으며, 이후 그것을 완강하게 장악하고 있다고 말이다.[2] 그와 관련해 후기현대 시대에 창조성은 창조적이기를 원하는 **바람**과 창조적이어야 한다는 **정언명령**의, 즉 주체

---

[1] Richard Florida, *The Rise of the Creative Class. And How It's Transforming Work, Leisure, Community, and Everyday Life*(2000), New York 2005.
[2] 이 주제에 대해서는 또한 Gerald Raunig/Ulf Wuggenig(Hg.), *Kritik der Kreativität*, Wien 2007; Peter Spillmann/Marion von Osten(Hg.), *Be Creative! — Der kreative Imperativ*, Zürich 2003; Ulrich Bröckling, *Das unternehmerische Selbst*, Frankfurt/M. 2007, S. 152 이하를 참조하라.

적 욕망과 사회적 기대의 이중성을 포괄한다. 우리는 창조적이기를 원하고 또 창조적이어야 한다.

이 맥락에서 창조성은 무엇을 의미할까? 창조성은 먼저 이중적 의미를 가진다. 한편으로 역동적 새로움을 만들어낼 수 있는 능력과 행위를 가리킨다. 창조성은 낡음보다는 새로움을, 표준보다는 일탈을, 같음보다는 다름을 선호한다. 그리고 새로움의 생산은 딱 한 번만의 행위보다는 오히려 재삼재사, 영구적으로 일어나는 것으로 간주된다. 두 번째로 창조성은 '독창적 것schöpferisch'을 가리키는데, 그것은 창조성을 예술가, 예술적인 것 그리고 미학적인 것 일반이라는 현대적 형상과 다시 연결시킨다.3 즉 혁신의 순수한 기술적 생산 이상의 문제로, 생산된 새로움을 통해 감각적·정동적 자극을 촉발하는 것이 중요하다. 미학적 새로움은 생기 그리고 실험의 즐거움과 결합되며, 그것을 만들어내는 사람은 예술가 비슷한 창조적 자아로 보인다. 따라서 창조적인 것이라는 의미에서 새로운 종류의 것은 기술적 성취처럼 단지 수동적으로 주어지기만 하지 않는다. 관찰자에 의해, 또한 그것을 세상에 내놓는 사람에 의해 자기목적으로서 감각적으로 지각되고, 체험되고 향유된다.

그런데 사회학적 관점에서 볼 때 창조성은 결코 단순히 피상적인 의미론적 현상이 아니라 오히려 지난 30여 년 동안 점점 더 강하게 서

---

3 창조성 개념에 대한 개관으로는 Günter Blamberger, *Das Geheimnis des Schöpferischen oder: Ingenium est ineffabile?*, Stuttgart 1991; Hans-Ulrich Gumbrecht(Hg.), *Kreativität — ein verbrauchter Begriff?*, München 1988을 참조하라. 상상력으로서의 창조성의 이념사에 대해서는 James Engell, *The Creative Imagination*, Cambridge 1981을 참조하라.

구사회를 조직해온 핵심 원리였다. 그와 같은 사태전개는 먼저 자본주의사회의 경제와 기술의 핵심인 노동과 직업 영역에서 특히 현저하게 나타났다. 여기서 내가 오늘날의 '미학자본주의'라고 부르려는 것은 가장 선진적인 형태에서는 우리에게 오랫동안 익숙해져온 모델을 훌쩍 벗어난 노동양식에 기반한다. 지금까지 우리는 노동자와 사무원이 되어 정해진 틀에 따라 이런저런 일을 수행하는 가운데 표준화되고 사무적인[실무적인] 태도로 대상을 처리하고 사람을 대해왔다. 그러다가 독창성과 놀라움surprise에 관심을 가진 대중을 상대로 새로운 종류의 것, 특히 기호와 상징 — 텍스트, 이미지, 커뮤니케이션, 절차, 미학적 오브제object[소재. 종종 '대상'으로도 번역된다], 성형 — 의 지속적 생산이 가장 중요한 요구가 되는 여러 활동이 앞의 노동방식을 대체해왔다. 미디어, 디자인, 교육 그리고 컨설팅, 패션과 건축에서 말이다. 소비자 문화는 그처럼 미학적으로 매력적이며, 혁신적 제품을 기대하며, 창조산업은 그것을 공급하려고 애쓴다. 그러던 중 창조경제의 특정 직업에서 일하며 창조성을 발휘하는 사람은 또한 보다 좁은 의미의 직업 전체를 넘어 상당한 문화적 매력을 가진 사회적 분파로 대접받게 되었다.[4] 하지만 창조성 지향은 단지 노동의 실천에만 국한되지 않으며 또한 조직과 제도 자체에게까지 확대되고 있다. 그것들은 영구혁신이라는 정언명령에 복종해왔다. 특히 비즈니스 조직이 그러했는데, 그러던

---

[4] Angela McRobbie, "'Jeder ist kreativ'. Künstler als Pioniere der New Economy?", in: Jörg Huber(Hg.), *Singularitäten—Allianzen. Interventionen 11*, Wien, New York 2002, S. 37-59; Cornelia Koppetsch, *Das Ethos der Kreativen. Eine Studie zum Wandel von Arbeit und Identität am Beispiel der Werbeberufe*, Konstanz 2006을 참조하라.

중 다른 (정치적·과학적) 제도 또한 구조가 너무 크게 바뀌어 매번 새로운 제품을 영구히 만들어낼 뿐만 아니라 내부 구조와 절차를 영구히 갱신해 그와 함께 지속적으로 변하는 조직의 외부환경에 "신속하게 대응할"5 수 있게 되었다.

1970년대 이래 창조적이기를 원하는 바람 그리고 창조적이어야 한다는 정언명령 양쪽에서의 전진은 직업, 노동, 조직 세계를 넘어 포스트-물질주의적인 중간계급의 사생활의 라이프스타일을 둘러싼 문화논리 속으로 점점 더 깊이 스며들었다. ― 그리고 거기서 멈추지 않았다. 그와 같은 계급의 후기현대적 자아는 본질적으로 개(체)화[개성화]Individualisierung를 추구한다는 가정만으로는 그와 같은 사태를 거의 제대로 파악할 수 없을 것이다. 그것은 특수한 형태를 띤다. 즉 주체성의 창조적 형성을 목적으로 한다. 여기서 창조성은 어떤 물건의 제조보다는 개인 자체의 형성과 관련된다. 로티가 "자아창조self-creation"6 문화로 묘사해온 것이 그것이다. 자아창조를 위해 애쓰는 후기현대적 주체가 추구하는 그와 같은 자기계발과 자아실현이 보편적인 것으로 오해되어서는 안 된다는 점은 아무리 강조해도 지나치지 않을 것이다. 그것들은 오히려 자아와 관련해 '자아성장'심리학의 권역에 속하는 역사적으로 독특한 어휘에서 유래한다. 그리고 이 심리학은 다시 낭만주의의 유산을 보존하고 있다. 자아는 오직 그것을 배경으로 해서만 모

---

5 유연전문화에 대해서는 이미 Micheal J. Piore/Charles F. Sabel, *The Second Industrial Divide, Possibilities for Prosperity*, New York 1984이 나와 있다. 조직혁신에 대해서는 Andrew H. van de Ven, *The Innovation Journey*, New York 1999를 보라.
6 로티Richard Rorty, 김동식 외 역, 『우연성, 아이러니, 연대』, 사월의 책, 207페이지 이하를 참조하라.

든 면모에서, 즉 개인적 관계, 레저활동, 소비 스타일, 신체 및 영혼의 자아의 테크놀로지에서 예술가 비슷하게 실험적으로 한층 더 자아를 발전시키게 된다. 그와 함께 자아의 창조성을 지향하는 것은 종종 나의 독창성, 독특함에 대한 추구와 결합된다.7

마지막으로 사회적으로 창조성을 지향하는 추세가 훨씬 더 넓은 범위에서 눈에 띄는데, 도시의 변형 속에서, 서구의 대도시의 건축된 공간의 개조 속에서 그것을 찾아볼 수 있다. 1980년대 이래 바르셀로나부터 시애틀에 이르는, 코펜하겐부터 보스턴에 이르는 많은 거대도시는 장관을 이루는 건축, 시의 여러 구역의 복원, 각종 문화기구 신설, 매력적인 환경조성작업 등의 도움으로 미학적으로 새로운 도시의 면모를 창조하기 위해 애써왔다. 도시의 경우 이제 고전적 산업사회에서처럼 주거공간과 근로 장소를 제공하는 기본 기능을 수행하는 것만으로는 더 이상 충분하지 않다. 오히려 영구적인 **미학적** 자기-쇄신이 기대되는데, 거주자와 방문자 모두의 주목Attention을 지속적으로 사로잡아야 하기 때문이다. ― '창조도시'가 되고자 하며, 또 되어야 한다.8 ― 창조노동, 혁신조직, 자기계발적 개인, 창조도시 모두 영구적으로 새로움을 생산하며, 새로운 종류의 독창적 대상, 이벤트, 정체성의 창조와 그것의 지각이 주는 매력을 키워주는 문화 전체의 전반적 노력에 동참한다.

7 Paul Leinberger/Bruce Tucker, *The New Individualists. The Generation after the Organization Man*, New York 1991; Daniel Yankelovich, *New Rules. Searching for Self-Fulfillment in a World Turned Upside Down*, New York 1981을 참조하라.
8 이 개념에 대해서는 랜드리Charles Landry, 임상오 역, 『창조도시』, 해남을 참조하라.

기본적으로 이 모든 것이 극히 주목을 요할 만하다. 역사적으로 그저 한발만 뒤로 물러나도 지금 창조성이 보편화되고, 사회적인 것 및 자아와 관련해 외견상 다른 대안이 없는 보편타당한 구조로 확고하게 굳어지고 있지만 너무나 가볍게 은폐되는 것이 얼마나 기묘한 일인지를 의식할 수 있을 것이다. 창조성이라는 생각은 분명히 21세기의 포스트-모더니티나 후기현대에 의해 발명된 것이 결코 아니다. 하지만 현대(성) 전체의 발생에 관한 사회학적 관점에서 볼 때 그것은 18세기의 3/3분기부터 1970년대 무렵까지는 본질적으로 문화적·사회적 틈새에 국한되어 있었다.9 세계와 자아 모두 창조적·독창적으로 형성되어야 한다는 확신을 강요한 것은 '질풍노도$^{Strum\ und\ Drang}$' 및 낭만주의와 함께 시작된 연속적 물결의 예술운동과 미학운동이었다. 부르주아와 후기-부르주아적 기존질서에 맞서, 그것의 도덕에 맞서, 그것의 합목적적 합리성과 사회통제에 맞서 두 운동은 소외되지 않은 존재를 새로움의 창조적 발명의 영원한 상태로 규정하고 찬양했다. 19세기 초의 낭만주의, 1900년경의 미학적 아방가르드, 라이프스타일 개혁의 생기론 운동 그리고 마지막으로 물병자리 시대$^{Age\ of\ Aquarius}$(1960년대에 시작되어 2000년간 지속된다는 새로운 자유의 시대)를 창조성의 시대로 선언한 1960년대의 반문화운동에 대해 그렇게 말할 수 있다. 예술적·반문화적인 그와 같은 틈새에서 창조성은 해방의 약속으로, 부르주아적

---

9 '현대(성)Moderne' 개념은 18세기 하반기부터 처음에는 서구에서, 이어 전 지구적으로 형성되고 재생산된 사회구성체를 가리킨다. '후기현대Spätmoderne'는 1980년대 이후 부각된 버전의 현대(성)를 가리킨다. 하지만 '후기Spät[post]'라는 접두사를 '현대(성)'가 곧 끝나야 한다는 의미로 이해해서는 안 된다. 두 개념에 대해서는 또한 Peter Wagner, *Sociology of Modernity*, London 1994를 참조하라.

인 임금노동, 가족, 교육 등 억압적으로 보이는 서구의 합리주의를 극복할 수 있는 대안으로 간주되었다.10 19세기와 20세기를 지배한 일상의 합리주의 — 창조적이기를 바라는 앞의 소수파 운동은 그것에 맞섰다 — 로서는 모든 사람이 창조적이어야 한다는 정언명령 같은 것을 결코 떠올려볼 수 없었을 것이다.

그런데 1970년대 이래, 후기현대문화에서 일어난 일은 사태의 주목할 만한 전도를 대변한다. 이전의 저항문화와 하위문화에서 유래한 아이디어와 실천이 헤게모니를 장악하는 식으로 사태가 뒤집힌 것이다. 외견상 희망 없고, 미학적·예술적으로 주변적이던 저항운동이 내세워온 창조성이라는 이상이 우리 시대 문화의 지배적 부문, 즉 노동과 소비와 인간관계 형태 속에까지 스며든 다음 거기서 머물지 않고 변화를 거듭하고 있다. 따라서 기능주의 관점에서 볼 때 현대(성)에 등장한 미학적·예술적 하위문화는 파슨스가 고대 그리스와 이스라엘, 그리스 철학과 유대 종교에서 찾아낸 "묘판Seedbed"11 문화를 닮은 것처럼 보인다. — 즉 시간적으로 뒤늦게 주류에 혁명적 효과를 미치는 대안적이고, 처음에는 주변적인 문화적 코드의 온상이 그것이다. 벨은 통찰력 넘치는 연구서 『자본주의의 문화적 모순』(1976년)을 통해 예

---

10 이 미학적 저항운동에 대해서는 Andreas Reckwitz, *Das hybride Subjekt. Eine Theorie der Subjektkulturen von der bürgerlichen Moderne zur Postmoderne*, Weilerswist 2006, S. 204 이하와 S. 289 이하, S. 452 이하를 참조하라. 반문화 개념에 대해서는 또한 Theodore Roszak, *The Making of a Counter Culture. Reflections on the Technocratic Society and on Its Youthful Opposition*, New York 1969를 참조하라.
11 Talcott Parsons, *Gesellschaften. Evolutionäre und komparative Perspektiven*(1966), Frankfurt/M. 1986, S. 149 이하를 참조하라.

술적 저항운동이 의도치 않게 현재의, 특히 우리 시대의 소비주의적 쾌락주의에 미친 영향을 이미 조명한 바 있다. 볼탄스키와 키아펠로는 몇 년 전에 노동 및 조직 세계와 관련해 『자본주의의 새로운 정신』(1999년)에서 경영학 담론을 분석하면서 현재의 네트워크경제의 '새로운 정신' 쪽으로 쏟아져 들어온 예술적 반문화의 아이디어를 추적한 바 있다. 1800~1968년까지, 전에는 반자본주의적이던 '예술비판', 즉 자아실현과 협동과 진정성이라는 이름 아래 이루어진 소외비판은 모두 현재의 프로젝트기반 노동, 수평적 조직문화 속에 이미 장착되었다. 그리하여 예술비판 전통은 경제 전반에 걸쳐 실현됨으로써 쓸데없는 것이 된 것처럼 보인다.[12]

하지만 창조적이기를 **원하는** 바람과 창조적으로 되라는 **정언명령**으로 이루어진 이 두 쌍은 노동과 소비의 장을 훌쩍 넘어선다. 그것은 현대사회의 사회적인 것과 자아의 구조 전체를 포괄한다. 우리는 심지어 전에는 소수파 생각일 뿐이던 창조성이 의무적인 사회적 요구로 격상되어 점차 다양한 사회-장 속에서 제도화되는 과정을 정확하게 이해하기 시작조차 하지 못하고 있다. 그와 같은 일이 어떻게 일어났는가가 이 책의 출발-물음이다. 나의 기본 명제는 이렇다. 즉 20세기 말부터 벌어져온 일을 실제로 살펴보면, 이질적인 만큼이나 막강한 영향을 미치는 **창조성장치**의 형성으로 그것을 요약할 수 있다는 것이다. 이 장치는 교육부터 소비까지, 스포츠부터 직업과 섹슈얼리티에까지 이르는 사회의 극히 다양한 부문에 영향을 미치며, 그것들의 실천을

---

[12] 벨Daniel Bell, 박형신 역, 『자본주의의 문화적 모순』, 한길사와 Luc Boltanski/Ève Chiapello, *Der neue Geist des Kapitalismus*(1999), Konstanz 2003.

조건 짓는다. 이 모든 부문은 지금 창조적이어야 한다는 정언명령에 따라 구조 변경 중이다. 나는 이 책을 통해 창조성-복합체의 계보학, 그리고 그것의 비순수하고 불균등한 전시佛史에 대한 해명에 기여해보려고 할 것이다. 그와 관련해 이 책은 창조성-관념의 이념사가 아니다. 오히려 상이한 사회-장에서 기술과 담론 — 사회적 실천 그리고 그것의 주체를 점점 더 외견상 본성화되고 보편화된 것처럼 보이는 창조성 정향 쪽으로 유인하고, 형성한다. 예술에서, 경제의 개별 부문에서, 인문학의 많은 부분에서, 매스미디어에서, 도시공간의 정치적 계획에서 — 이 동일한 간격으로 등장하는 모순적 과정을 재구성하려고 해볼 생각이다. 창조성 지향은 한때 엘리트주의적·저항문화적이었지만 마침내 모두에게 추구할 만한 가치가 있는 것이 되는 동시에 의무적인 것이 되었다.

후기현대문화의 창조적 에토스라고 부를 수 있는 것에 대한 그와 같은 시각은 그것을 개인과 제도가 억압에서 해방되고, 그리하여 마침내 창조적일 수 있게 되면서 나타난 결과로 이해하지 않을 것을 전제한다. 사회적인 것에 대한 포스트구조주의의 일반 존재론 관점에서 사회구조, 심리구조, 유기적 구조는 매우 일반적으로 지속적으로 등장했다 사라지고, 새롭게 결합되고 해소되는 과정에 사로잡혀 있다는 가정에서 출발하는 것이 올바를 것이다.[13] 심지어 개인 그리고 그의 일상

[13] 그와 같은 포스트구조주의 존재론에 대해서는 특히 라투르Bruno Latour, *Eine neue Soziologie für eine neue Gesellschaft*(2005), Frankfurt/M. 2007; 들뢰즈Gilles Deleuze/가타리Félix Guattari, 김재인 역, 『천 개의 고원』, 새물결출판사를 참조하라. 반대쪽 설명으로는 인간의 창조성의 철학적 인류학을 발전시키려는 요아스의 시도를 참조하라. Hans Joas, *Die Kreativität des Handelns*, Frankfurt/M. 1992; 비슷한 기조를 따르는 Heinrich Po-

적 실천에 대해 논의할 때도 그의 행동 속에는 온갖 습관적 행동에도 불구하고 항상 이미 예측 불가능하고 즉흥적으로 만들어진 요소가 끼워져있다고 매우 일반적으로 가정할 수 있을 것이다. 하지만 사회적 형태의 생성과 소멸을, 그리고 개인적 행위의 계산 불가능성을 창조성으로 특징짓는 것과 관련해 그것을 하나의 특수한 문화적 어휘로 사용하기에는 이른 감이다. 이 책에서는 그와 같은 생성과 소멸이라는 존재론적 수준, 세계 속에서의 새로움 자체의 지속적 등장이 아니라 오히려 우리 시대를 특징짓는 훨씬 더 특수한 문화현상에 관심을 갖고 있다. 즉 18세기 말부터 준비되었으며, 특히 20세기 초 이래 뚜렷하게 가속화되어오다 20세기의 3/3분기에 본격 등장한, 역사적으로 예외적인 현상으로서의 사회적 창조성-복합체에 대해 말이다. 이 다지적多枝的 복합체는 많은 전제조건이 따르는 개념의 도움으로 우리 시대의 창조성을 성찰할 필요가 있음을 암시한다. 그것은 우리에게 그것을 원하고, 상응하는 기술을 통해 훈련하고, 우리 자신을 창조적 주체의 방향으로 형성할 것을 권한다. 사회현상과 문화현상으로서의 창조성은 이 맥락에서는 어느 정도는 발명된 것이다.14 그와 관련해 창조성-장치는 단지 새로움의 성립만 기록하지 않는다. 그것은 가능한 모든 영역에서 새로움 — 그것도 미학이벤트로서의 새로움 — 의 역동적 생산과 수용

pitz, *Wege der Kreativität*, Tübingen 1997을 참조하라.
14 창조성에 대한 그와 같은 관심은 현대(성)의 계보학에 대한 푸코 시각에서 영감을 얻은 것이다. 물론 푸코 본인은 미학적 현상에 대한 우리 시각을 절대 받아들이지 않을 것이다. 그는 대신 미학적인 것을, 고대의 존재[실존] 미학을 모델로 현대(성)의 장치의 타자 또는 대안으로 보는 경향이 있다. 미학 및 창조성에 대한 그의 이해에 대한 비판적 관점으로는 Fabian Heubel, *Das Dispositiv der Kreativität*, Darmstadt 2002를 참조하라.

을 체계적으로 촉진한다. 그것은 창조적 실천과 자아의 경쟁력을 유발하며, 사회적 구경꾼에게 도처에서 미학적 새로움과 창조적 성취를 주시할 것을 권한다. 창조성은 자연적[본성적] 잠재력으로는 항상 이미 내내 존재하는 것 같지만 동시에 우리는 그것을 발전시키도록 체계적으로 독촉받고, 동시에 우리도 창조적이기를 열렬히 바라게 된다.

그와 관련해 사회학적 분석은 창조성-장치의 생성에 핵심적 의미를 가진 한 특수한 사회-장을 기꺼이 주변부로 밀어내는 경향을 보여 왔다. 예술, 예술적인 것, 예술가의 장이 그것이다. 미학적인 창조성-복합체의 등장은 분명히 예술-장의 단순한 확대의 결과가 아니다. 또한 하나의 문화 모델로서의 창조성은 역사적으로 얼핏 예술에 국한된 것이 아니라 다른 곳에서도, 무엇보다 먼저 과학과 기술 영역에서도 발전해온 것처럼 보인다.15 하지만 현재의 우리 상황이라는 관점에서 볼 때, 바로 예술이 장기간 효율적인 페이스메이커 역할을 맡아왔으며, 그것의 구조적 청사진이 — 분명히 현대(성)에서 예술가가 가슴 속에 품어온 의도 및 희망과는 여러모로 상충되는 방식으로 — 창조성-장치 속에 각인된다는 것이 밝혀진다. 결국 발명가의 기술혁신이 아니라 예술가의 미학적 창조가 창조성을 위한 사회적 모델을 제공한다. 예술가가 그렇게 롤모델 역할을 하는 것이 사회적 미학화 과정에 기여한다.

창조성-장치가 부각되는 과정은 냉정하게 관찰, 부검될 수 있을 것이다. 하지만 현대(성)문화의 맥락에서 창조성과 미학은 규범적 판

---

15 현대(성) 초기에 또한 예술 바깥에서 찾아볼 수 있던 각양각색의 사회적 창조성의 모델에 대해서는 Joas, *Die Kreativität des Handelns*, 2장 참조하라. 미학적 표현 모델 외에도 여기서 생산, 혁명, 삶 그리고 지능 모델을 지적할 수 있을 것이다.

단과 정동으로 너무나 많이 충전되어 있어 실제로는 가치로부터 자유로운 판단을 허용하지 않는다. 지난 200년 동안 인간의 창조성이라는 고갈되지 않는 잠재력에 대한 새로운 이해는 문화비판과 사회비판에서 현재 통용 중인 척도를 하나 제공했다. 그 결과 이 책을 관류하는 기본적인 태도도 매료되기와 거리두기 사이에서 동요하게 되었다. 한편으로 개인적인 자아창조에 대한 이전의 반문화적 희망이 새로운 제도 형태로 실현된 것처럼 보이는 것, 즉 이전의 미학적 유토피아의 요소들이 온갖 저항에도 불구하고 사회적 실천으로 전환된 것처럼 보이는 것에 대해서는 매료되었다. 하지만 그와 같은 매료는 급속하게 불편함Unbehagen으로 전도되었다. 그처럼 오래된, 심지어 또한 해방적이기까지 한 희망이 창조적이어야 한다는 정언명령으로 바뀌면서 새로운 종류의 억압, 즉 영구적인 미학적 혁신을 위해 적극 노력해야 한다는 억압을 초래한 데 대해 말이다. 또 주체의 주목이 창조 행위의 무한한, 결코 충족될 수 없는 순환 속에서 어쩔 수 없이 산만해지는 것에 대해서도.

졸저에서 이루어진 작업을 이끈 기본적인 방법론적 생각은 이렇다. 즉 사회이론에 대한 숙고를 상세한 계보학적 분석과 상호 맞물리도록 하자는 것이었다. 한편으로는 창조성 지향을 중심에 놓게 된 사회구성체 구조를 일반적으로 드러내려고 한다. 그와 같은 창조성-장치를 사회적인 것의 미학화의 특수한 형태로 체계적으로 분석하는 것은 1장과 8장에서 집중적으로 이루어진다. 그리하여 둘이 이 책을 하나로 묶는 한 쌍의 이론적 집게발을 이룬다. 동시에 실천과 담론의 특히 중요한 몇몇 복합체에 대한 상세한 탐구를 통해 창조성-장치의 계보학을 추적하려고 시도해볼 것이다. 2~7장의 관심사는 매우 다양하며, 각각의 특수한 맥락과 생성에 대해 다룬다. 예술적 실천의 발달(2~3장), 경제경영기법[경영학]과 '창조산업'(4장), 심리학(5장), 매스미디어와 스타시스템의 발달(6장), 그리고 마지막으로 도시공간의 디자인과 도시계획에서 나타난 변화(7장)가 그것이다. 각각의 장에서는 앞서 언급한 사태전개의 가장 중요한 진행 단계를 조명함으로써 각 장에 고유한 모순과 갈등으로 이루어진 성좌 속에서 문화의 창조성 지향, 그에 상응하는 미학화 과정이 어떻게 점차 작동하는지를 보여주려고 한다. 우리 분석은 시간적으로 18세기까지 소급되는 예술-장을 체계적으로 탐구하는 2장을 제외하고는 20세기를 포괄한다. 상이한 사회-장들은 사회 현실에서는 결코 솔기 하나 없이 상호 조정되어 있지는 않다. 각각의 장은 자체에 고유한 역동성을 갖고 있으며, 모두 서로 연결되어 있지는 않다. 그리고 — 상호 네트워크로 연결되어 있더라도 — 그때그때마다 자체에 고유한 역동성을 보여준다. 따라서 우리 논의는 연속적인 논리적 진행을 따르기보다는 창조성 문화의 성장을 다양한 각도에서 모종의 '협공 방식으로' 접근하는 일련의 개별적 연구가 상호 결합된 형태를 띤다. 그처럼 별도로 이루어진 공격이 다 함께 합쳐져 개별적 요소들로 직조된 하나의 모자이크를 짜는데, 그것을 통해 개별적 요소들의 온갖 색다름에도 불구하고 전체를 아우르는 창조성-장치의 윤곽이 서서히 드러날 것이다.16

16 이 책의 집필 작업은 결코 고독한 과정이 아니었다. 많은 이의 도움을 받았다. 특히 프랑크푸르트(오데르)대학교에서 원고 교정 작업을 도와준 부르마이스터Christoph Burmeister, 펠셰Daniel Felscher, 그레페Anne Gräfe에게 감사드린다. 또한 그보다 전에 이

미 콘스탄츠대학교에서부터 저술 작업을 도와준 뵈커Arne Böker, 헤르만Florian Hermann, 오버펠Stefan Oberfell, 라이흘레Gabi Reichle와 스타리Hendrik Stary에게 감사드린다. 여러 가지 조언과 비판에 대해 콘스탄츠대학교와 프랑크푸르트(오데르)대학교의 문화사회학과 교수인 클라우스Mareike Clauss, 프린츠Sophia Prinz, 셰퍼Hilmar Schäfer, 크레머 Hannes Krämer와 뮐러Anna-Lisa Müller에게 감사드린다. 맨 뒤의 두 사람과 함께 나는 콘스탄츠대학교에서 '창조적 주체의 계보학과 실천'이라는 연구프로젝트를 수행한 바 있다. 한 학기를 Kulturwissenschaftlichen Kolleg des Exzellenzclusters에서 보낼 수 있는 기회를 마련해준 콘스탄츠대학교에 감사드린다. 원고 전체를 매우 꼼꼼하게 검토해준 주어캄프출판사의 길머Eva Gilmer와 슈트라세Jan-Erik Strasser에게 감사드린다. 지난 몇 년 동안 이 책에서 다루는 많은 생각을 여러 곳에서 토론할 수 있는 귀중한 기회를 가질 수 있었다. 여러 가지 조언으로 나의 생각을 키울 수 있도록 도와준 모든 분께 깊이 감사드린다.

1장

미학화와 창조성-장치:
미학적 새로움의 사회체제

창조성-장치는 사회의 미학화 과정과 긴밀하게 관련되어 있지만 동일하지는 않다. 미학적 실천과 미학화 과정은 현대(성)뿐만 아니라 매우 상이한 버전과 상이한 경향으로 이전 시대와 다른 곳에서도 발견된다. 창조성-장치는 미학화의 특수한 방식 중 하나로, 미학화를 특수한, 비미학적 **포맷** 또는 (경제화, 합리화, 미디어화의 맥락 속에서 진행되는 것과 같은) 실천의 복합체와 결합시키며, 그와 함께 그것들에게 매우 특수한, 한 측면에 의해서만 지배되는 구조를 강요한다. 그리하여 미학적인 것은 여기서 하나의 매체로 파악되며, 그것의 틀 속에서 창조성-장치는 미학적인 것의 하나의 특수한 형식으로 표시된다.[1] 또는 다른 식으로 정식화해보자면, 창조성의 사회적 복합체는 자체에 고유한 특수한 유형에 따라 미학적인 것의 유동적 과정을 영토화한다. 그것은 그처럼 이미 진행 중인 과정 속에서 움직이며, 앞의 과정을 자체에 고

[1] 틀/형식 구분에 대해서는 루만, 장춘익 역, 『사회의 사회 1』, 새물결출판사, 229페이지 이하를 참조하라.

1 미학화와 창조성-장치: 미학적 새로움의 사회체제 59

유한 특수한 방식으로, 즉 과거부터 존재해왔으며 아마 미래에도 계속 존재할 다른 궤적 및 미학화 양식과는 구분되는 방식으로 변형시킨다. 창조성-장치의 특수성은 **새로운** 미학이벤트 생산과 수용을 겨냥한 미학화 과정의 강화에 있다. 그런데 현대사회는 처음부터 미학뿐만 아니라 정치와 기술 차원에서도 새로움을 촉진하도록 조직되어왔다. 차이는 이렇다. 즉 창조성-장치는 미학적인 것을 새로움 쪽으로 재정향시키는 동시에 새로움의 체제는 미학적인 것 쪽으로 정향시킨다. 그리하여 미학화 그리고 새로움의 사회체제 간의 교집합을 구성한다.

1 미학적 실천

미학적인 것이란 무엇이고, 또 미학화란 무엇인가? 현대(성) 그리고 창조성-장치는 어떤 관계인가? '미학적ästhetisch'이라는 형용사는 사회에서의 예술-장의 형성과 병행해 18세기 중반에 철학적 담론 속에 들어왔으며, 이후 계속 진로를 수정해왔다. 그리하여 여러모로 너무 다의적이고 너무 규범적 의미로 가득 차게 되어 적잖은 저술가가 사용을 포기하는 쪽이 더 나으리라고 권해왔을 정도다. 드 만Paul de Man은 ─ 특히 독일에서의 ─"미학[이라는] 이데올로기"[2]의 존재를 지적한 바 있다. 심지어 사회학적 관점에서 볼 때는 '미학적'이라는 개념의 사용을 피해야 할 훨씬 더 많은 이유가 존재하는 듯하다. 분명히 의미가

---

2 Paul de Man, *Aesthetic Ideology*, Minneapolis 1996을 참조하라

모호하고 사회적인 모든 것으로부터 거리가 너무 머니 말이다. 하지만 그렇게 삼가는 태도로는 창조성-장치에 대한 사회적·역사적 분석을 제대로 수행할 수 없을 텐데, 왜냐하면 미학화 과정이 등장하려면 이 장치가 작동해야 하기 때문이다. 후기현대사회는 자체에 고유한 방식으로 미학화된 사회이다. 그러나 미학화라는 용어는 증가Steigerung와 강화Intensivierung 등 역사의 움직임을 가리키기 위한 보다 관습적·전통적인 사회학 용어(합리화, 분화, 개체화 등)와 마찬가지로 어떤 것이 확대되고, 복잡성이 증가함을 가리킨다. 이 어떤 것이 '미학적인 것'이다. 따라서 미학화에 대해 말한다는 것은 적어도 '미학적인 것'이라는 최소개념을 사용함을 전제한다. 그리고 여기서는 그것을 사회학적 의미로 사용한다.

'미학'이라는 개념은 바움가르텐Alexander Baumgarten과 버크Edmund Burtk 이래 철학에서 발전해왔다. 그것은 단호하게 반합리주의적 방향을 향했으며, 감수성, 상상력, 불가해한 것, 느낌, 취향, 신체성, 창조성, 무목적성, 숭고한 것과 아름다운 것을 포괄하는 다채로운 의미론적 장을 낳았다.3 여기서 우리는 담론 현상을 자체로 다루는데, 그것을 현대(성)에서의 예술-장의 형성과 관련해 한층 더 상세히 살펴보아야 할 것이다. 미학적인 것이라는 용어는 20세기 말로 가면서 인문학에서 종종 관념론 미학 이해에서와는 다른 의미로 재활성화되었으며, 그와 함

---

3 그것을 둘러싼 포괄적 논의로는 특히 이글턴Terry Eagleton, 방대원 역, 『미학사상』, 한신문화사와 Wolfgang Welsch, *Grenzgänge der Ästhetik*, Stuttgart 1996; Karlheinz Barck u. a., "Ästhetik/ästhetisch", in: ders. u. a.(Hg.), *Ästhetische Grundbegriffe*, Bd. 1, Stuttgart, Weimar 2000, S. 308-383을 참조하라.

께 의미가 확장되거나 기능을 바꾸게 되었다. 가령 퍼포먼스적인 것 Performativ의 미학, 현존의 미학 또는 생태학적 미학의 방향으로 말이다.4 하지만 온갖 이질성에도 불구하고 미학적인 것은 항상 aesthesis [감각적인 것]를 공통의 개념적 핵심으로 간직했는데, 이 말은 감각적 지각이라는 [고대 그리스어의] 원래 의미 그대로 그리고 가능한 최대한 폭넓게 이해되어야 한다. 우리는 출발점으로서의 그와 같은 원래 의미로 돌아가야 할 것이다. 미학적인 것이라는 개념은 인간 행위 속에 내장된 지각적 감수성의 복합성에 주목하도록 만드는데, 그것의 다층적 성격은 의문의 여지없이 그것을 특히 사회학과 문화사의 유관 분야로 만든다. 감각의 사회학은 상이한 문화적 배경 속에서 역사적으로 변형을 거듭하며 이루어지는 보기, 듣기, 접촉하기, 취향, 냄새, 몸동작, 자아의 공간적 국지화의 사회적인 모듈식 조립에 망원경을 들이댈 수 있을 것이다.5 미학적인 것은 그처럼 모든 것을 포괄하는 개념의 맥락 안에서는 감각적 지각 일반과 동일시될 수 있을 것이다. — 하지만 그리하여 이 개념은 결국 무용지물이 되고 말 것이다. 특히 **미학화** 과정은 '미학적인 것'처럼 너무 포괄적인 개념을 사용하면 정확하게 설명하기 어려운데, 미학화란 비미학적인 것의 희생을 대가로 미학적인 것을 확

---

4 가령 Erika Fischer-Lichte, *Ästhetik des Performativen*, Frankfurt/M. 2004; Hans Ulrich Gumbrecht, *Diesseits der Hermeneutik*, Frankfurt/M. 2004; Gernot Böhme, *Für eine ökologische Naturästhetik*, Frankfurt/M. 1989를 참조하라.

5 그와 같은 프로그램은 벤야민에 준거할 수 있을 텐데, 감각의 현상학과 미디어 이론에서 보다 구체적으로 수행될 수 있을 것이다. 벤야민, 반성완 역, 「기술복제시대의 예술작품」, 『발터 벤야민의 문예이론』, 민음사, 197~231페이지; Gernot Böhme, *Aisthetik. Vorlesungen über Ästhetik als allgemeine Wahrnehmungslehre*, München 2001; 맥루한, 임상원 역, 『구텐베르크 은하계』, 커뮤니케이션북스를 참조하라.

대, 강화하는 것을 함축하기 때문이다. 하지만 미학적인 것을 전적으로 감각적 지각과 등치시키는 것은 그것으로부터 반대 용어를 박탈하는데, 인간의 모든 활동은 이런저런 방식으로 감각을 동원하기 때문이다. 그 결과 비감각적 행동은 그저 비정상적인 것이 되고 말 것이다.

한편으로 인간의 감각 — 즉 가장 넓은 의미의 aesthesis — 의 문화적 구조와 변형에 대한 분석은 미학화 과정에 대한 모든 재구성에 필수불가결한 배경을 제공해준다. 하지만 다른 한편 앞의 과정을 이해하려면 '미학적인 것'이라는 보다 특수한 개념이 요구된다. 하지만, 다시 한 번 말하지만, 그것은 관념론적 협소함을 피하려고 해야 한다. 그렇게 보다 날카롭게 규정된 개념은 오늘날까지 관련성을 유지해온 고전미학의 또 다른 기본적 통찰에 기댈 수 있을 것이다. 여기서 우리가 의지하려고 하는 보다 좁은 의미에서의 '미학적인 것'은 감각적 지각의 전 과정을 포괄하지 않는다. 그것은 오직 그 자체로 향유되는 지각 행위만 포함할 뿐이다. — **자가동역학적**[자가운동적인]eigendynamisch 지각이 그것으로, 그것은 합목적적 합리성 속에 내장된 상태로부터 벗어나 왔다. 따라서 특히 미학적 지각은 감각적 지각의 총체로서의 aesthesis의 보다 폭넓은 영역과 구분될 수 있을 것이다.[6] 미학적 지각을 규정하는 특징은, 그것이 자기목적적·자기관련적이며 지금 이 순간 자기를 갖고 무엇인가를 수행하는 것을 지향한다는 것이다. 여기서 말하는 감

---

6 그에 대해서는 또한 Martin Seel, "Ästhetik und Aisthetik. Über einige Besonderheiten ästhetischer Wahrnehmung — mit einem Anhang über den Zeitraum der Landschaft", in: ders., *Ethisch-ästhetische Studien*, Frankfurt/M. 1996, S. 36-69를 참조하라.

각적 지각의 자가동역학이란 다름 아니라 감각성 자체를 위한 감각성, 지각을 위한 지각을 의미한다.7 미학적인 것을 그런 식으로 목적으로부터 자유로운 감각성과 연결시키는 것은 '탈이해관심적 향유'라는 칸트 개념에서 유래하는 현대미학의 고전적 담론에 나오는 충동을 전적으로 따르고 있다. 하지만 동시에 미학적인 것에 대한 우리 시대의 이해는 그것을 좋은 취향, 성찰성, 명상 그리고 예술은 자율적 영역이라는 개념과 짝짓는 것으로부터 풀려나야 한다. 미학적 지각에 결정적인 것은 지각 대상의 미추 여부, 경험이 조화로운가 아니면 불협화음을 이루는가의 여부, 태도가 내향적이고 성찰적인가 아니면 쾌락에 들떠 있고 황홀경에 빠져 있는가가 아니다. 합리적 목적을 향해 나가기 위한 단순한 정보처리로부터 미학적 지각을 구분해주는 결정적 특징은, 그것은 자체가 목적이라는 것이다.

미학적인 것이라는 현상은 또 다른 차원을 하나 더 통합시킨다. 미학적 지각은 순수한 감각적 활동이 아니다. 또한 뚜렷한 정동성Affektivität을 포함하는데, 항상 주체가 정서적으로 관련되는 것이 그것이다. 따라서 그것은 항상 "지각과 정동"8을 짝짓는 것으로 이루어진다. 미학적 지각은 주체가 대상이나 상황, 분위기나 자극 그리고 열광적 느

---

7 젤은 단순한 만큼이나 암시적인 예를 하나 제시한다. 길을 가로지르려는 보행자가 교통신호등을 살펴보는 방식은 감각적·지각적이지 미학적이지 않다. 일시적으로 교통신호등 색깔을 빛의 놀이로 고정시키는 순간 지각은 미학적으로 된다. 앞의 책, 46페이지 이하를 참조하라.
8 두 용어는 들뢰즈/가타리, 이정임 외 역, 『철학이란 무엇인가?』, 솔 출판사, 233페이지 이하에서 이런 의미로 전개된다. 둘의 관련성에 대해서는 또한 Böhme, *Aisthetik*, S. 29 이하를 참조하라.

낌, 평온한 느낌 또는 충격을 받은 느낌에 의해 특수한 방식으로 [수동적으로] 영향받는 것을 포함한다. 따라서 미학적인 것의 영역은 소여에 대한 객관적인, 도구적인, 즉 외견상 정동에 중립적인 것처럼 보이는 지식을 겨냥한 지각으로 이루어지지 않는다. 오히려 목적 지향적 행동과는 구분되는 감각적 행동, 우리에게 정서적 영향을 미치고, 우리 마음을 움직이고, 기분을 바꾸는 행동을 포괄한다. 여기서 정동은 일반적으로 문화적으로 주조된 신체적 자극의 강도로 이해될 수 있는 반면 특히 미학적 정동은 자기관련적인 감각적 지각에 달라붙는 강도로 이해될 수 있을 것이다.9 다시 한 번, 미학적 정동은 여기서 비미학적 정동과, 즉 완전히 행동의 실용적 관심사에만 쓰이는 정동과 구분되어야 한다. 위험에 대한 두려움이나 성공에 대한 기쁨 같은 생활세계적 정동은 주관적·상호주관적인 신호와 커뮤니케이션 기능을 가진다. 미학적 정동은 반대로 (공포영화를 볼 때 느끼는 두려움이나 자연의 향유 같은) 그 자체를 위한 정동을 포함하는데, 거기서 개인은 자신의 정서적 가능성을 철저히 조사한다. 미학적인 것은 지각 수준과 정서 수준에서는 지각하고 영향받는 인간 주체뿐만 아니라 지각되고 정동을 자극하는 대상의 존재도 전제한다. 그와 같은 대상의 집합이 자체에 고유한 미학적 분위기로 가득한 환경 전체를 창조해 제시하고, 우리를 안으로 끌어들일 수 있을 것이다. 따라서 이 의미에서 미학적인 것은 결코 단순히 내적인, 심리학적 현상이 아니다. 그것은 주체와 대상으로 구성되며, 새로운 지각-정동 관계가 지속적으로 연결되는 사회공간 속에

9 정동 개념에 대해서는 마수미Brian Massumi, 조성훈 역, 『가상계 — 운동, 정동, 감각의 아쌍블라주』, 46페이지 이하를 참조하라.

서 작동한다.

그와 같은 관계 중 많은 것이 일회적으로, 즉각 사라지지만 또한 보다 지속적인 사회적·문화적 실천도 존재하는데, 그것은 상이한 유형의 지각과 느낌의 성장을 촉진하는 동시에 억제하며, 자극하는 동시에 완화시킨다. 감각적 지각과 정동성에 대한 사회학적 이해는 **미학적인 것과 관련해 실천 지향적 개념**을 요구한다. — 즉 사회적 실천 이론의 틀 내에서 개념을 살펴볼 필요가 있는데, 거기서 미학적인 것의 두 가지 양식 즉 미학적 에피소드와 미학적 실천을 구분해야 한다. 미학적 에피소드에서 미학적 지각은 일시에 불쑥 나타나는 것처럼 보일 것이다. 어떤 사람이 어떤 대상에 의해 영향을 받고, 그와 함께 도구적 합리성의 순환을 깨부순다. 그런 다음 해당 사건이 진정된다. 반면 미학적 실천에서 미학적 지각 또는 그것을 위한 대상은 반복해서, 판에 박힌 것으로, 습관적으로 생산된다. 만약 실천을 일반적으로 반복적이며, 상호주체적으로 이해 가능하며 체화된 형태의 행동으로, 종종 함축된 지식의 처리를 포함해 인공물과 상호작용하고, 항상 감각을 특수한 방식으로 조직하는 가운데 그렇게 되는 행동으로 이해할 수 있다면 미학적 실천은 판에 박힌 순서에 기반해 자기관련적으로 주조되는 방식으로 형성된다. 그와 같은 실천의 핵심에는 또한 타자나 본인 속에서 미학적 지각을 유발하는 것이 자리 잡고 있다.[10] 따라서 미학적 실천은

---

[10] 인간 행동학의 관점에 대해서는 Andreas Reckwitz, "Grundelemente einer Theorie sozialer Praktiken", in: ders., *Unscharfe Grenzen. Perspektiven der Kultursoziologie*, Bielefeld 2008, S. 97-130; Theodore R. Schatzki, *The Site of the Social. A Philosophical Account of the Constitution of Social Life and Change*, University Park 2002를 참조하라.

항상 미학적 지식, 즉 문화적 도식을 포함하는데, 그것이 미학이벤트의 생산과 수용을 이끈다. 따라서 실천으로서 역설적이게도 목적으로부터 전혀 자유롭지 않다. 다른 모든 실천만큼 목적론적이다. 그것의 텔로스 또는 목적은 목적으로부터 자유로운 미학이벤트를 만들어내는 데 있다.

미학적인 것에 대한 그와 같은 이해는 합리주의 철학과 사회학에 의해 오랫동안 주변부화되어온 사회적 실천의 한 측면을 부각시킨다. 미학적인 것이란 자가동역학적인 감각적 지각이며, 정동성 개념의 반대 용어는 합리적인, 합목적적인, 규칙에 따른 행동이라는 개념이다. 그와 같은 이진법은 한편으로는 목적 지향적이고 규범적으로 행동하는 것을 포함해 합리주의적으로 **세계에 작용하는** 양식 그리고 다른 한편으로는 감각적 지각을 통해 **세계를 경험하는** 미학적 양식을 이념형적으로 구분할 수 있도록 해준다. 한 극단에서 사회적 실천은 이해관심이나 규범에 따른 행동이라는 형태를 띨 수 있을 것이다. 이 종류의 실천은 대체로 비미학적이며 — 비록 당연히 감각적 지각을 완전히 결여하고 있지 않지만 말이다 — 규범적·기술적 규칙을 따른다. 여기서 지각은 단지 부차적인 것으로 정보의 인지주의적 처리로만 등장하며, 그것에는 합목적적 행동과 관련해 도구적 기능이 부여된다. 여기서 대상, 다른 사람, 환경에 정서적으로 반응하는 것, 즉 경악하거나 선정적으로 되는 것은 이어 기술적 또는 규범적 맥락에 종속되는데, 그것은 이상적으로는 정동적으로 중립적이다. 그것이 사회학이 고전적인 방식으로 전제해온 행동의 이념형이다.

세계에 작용하는 그와 같은 합리적 유형은 자기관련적으로 세계를 경험하고 세계 안에서 그리고 세계를 갖고 작업하는 양식 — 미학적 실천 속에서 이루어진다 — 과는 대립된다. 미학적 실천에서 목적 지향적 행동과 규범 지향적 행동의 비율은 최소화된다. 시각, 청각, 촉각, 후각에 의한 감각적 지각 행위는 자동조절 과정으로 단지 행동의 효율적 규제에만 쓰이지 않는다. 그때 지각에는 상응하는 정동이 결부되는데, 이 말의 의미는 이렇다. 즉 사람은 대상, 타자 또는 환경에 의해 정서적으로 특수한 방식으로 영향을 받는다. 일반적으로 그와 같은 지각과 정동은 순수한, 직접적 경험이나 순수한 느낌이 아니며 오히려 함축적 도식, 유형, 선별 기준, 문화적으로 획득한 구성요소의 사용을 포함한다. 이 종류의 실천적인 미학적 지각과 경험은 예술작품을 관찰할 때의 칸트적인 '무이해관심적 향유'의 문화적 발현을 포함하지만 또한 그것을 훨씬 더 넘어서는데, 뒤르케임이 태고적 의식에서 관찰한 바 있는 집단적 열광의 황홀경부터 줄리앙이 중국의 서예에서 발견한 '무미無味'까지 망라한다. 그것들은 벤야민이 관찰한 바 있는 파시즘의 대중집회에서 볼 수 있는 정치의 미학화 그리고 보들레르의 대도시 산책자를 포함한다.11 미학적 실천은 디즈니랜드에 놀러가거나 잭슨 폴록이 드립페인팅으로 그림을 그릴 때, 연극을 하거나 관람할 때, 궁정 무도회뿐만 아니라 축구경기장의 열광적 구경꾼에게서도 실행된다.

미학적 실천에서는 인간 행동의 두 가지 구성요소가 특별한 자릿

---

11 칸트, 이석윤 역, 『판단력비판』, 박영사와 뒤르케임, 민혜숙 외 역, 『종교생활의 원초적 형태』(3권), 한길사, 벤야민, 「기술복제시대의 예술작품」, Charles Baudelaire, "The Painter of Modern Life" (1863), in: ders., Selected Writings on Art and Literature, New York 1972, S. 390-435, 줄리앙François Jullien, 최애리 역, 『무미예찬』, 산책자를 참조하라.

값을 갖는다. 신체와 기호가 그것이다. 둘은 한편으로는 합리적·목적 지향적인 규범적 행동과 다른 한편으로는 미학적 실천에서 다른 방식으로 이용된다. 합리적 맥락에서 신체는 목적 달성에 쓰이며, 그 결과 요구되는 모든 구성요소의 담지자지만 현상학적으로는 사라지는 것처럼 보인다. 여기서 언어와 다른 기호 체계는 가능한 한 최대한 명료하게 세계를 파악하고, 정보를 수집하고, 커뮤니케이션을 보장하기 위한 수단이다. 반대로 미학적 실천에서 신체는 타자에게 감각적으로 지각될 수 있는 퍼포먼스의 장소 역할을 한다. 그리하여 주로 더 이상 목적 달성 수단이 아니라 오히려 목적 그 자체가 된다. 그것의 감각 가능성과 지각 가능성은 자기관련적이며 과정 지향적이다. 언어나 다른 기호 체계를 이용할 때 미학적 실천의 주요한 목적은 정보전달이 아니라 기호의 다가치성 그리고 감각과 정동을 제공할 수 있는 서사적·도상학적 형태와 그 밖의 다른 형태를 만들어내기 위한 능력의 활용에 있다. 따라서 요점은 기호가 '실재하는' 지시대상을 가리키는 것이 아니다. 대신 시니피앙들의 놀이, 허구적 의미의 생산 그리고 대안적인 서사 세계가 전면에 나서게 된다.[12]

12 이 측면에 대해서는 가령 Wolfgang Iser, "Von der Gegenwärtigkeit des Ästhetischen", in: Joachim Küpper/Christoph Menke(Hg.), *Dimensionen ästhetischer Erfahrung*, Frankfurt/M. 2003, S. 176-202를 참조하라. 미학에 대한 보다 최근의 논의에서는 기호학적·해석학적 미학을 감각적인 것·정동적인 것의 미학과 대조시키려는 시도가 반복해서 이루어졌다. 하지만 그것은 결국 가짜 대안일 뿐이다. 지각된 현상에 의미가 주어지는 한 미학적 실천은 항상 또한 기호학적 차원을 포함한다. 그럼에도 불구하고 분석을 진행해 나가면서 나는 몇몇 지점에서 (감각 및 정동과 관련해) 미학적인 것과 기호학적인 것의 구분을 그대로 유지하는 가운데 작업을 계속해나갈 것이다. ― 가령 7장에서 창조도시라는 현상을 다룰 때가 그렇다. 하지만 그것은 단지 분석적·실용적 구분일 뿐이다.

합목적적·목표 지향적 행위 그리고 미학적 지각 간의 이념형적 대립은 먼저 그리고 무엇보다 먼저 미학적인 것에 대한 엄밀한 개념을 획득하기 위한 발견술의 보조수단이다. 하지만 그것은 조심해서 다루어야 하는 이원론이기도 하다. 왜냐하면 그처럼 철저한 대립 속에는 고전미학의 영향이 여전히 배어 있는데, 그것은 결국 감각적이고, 정서적이고, 아름답고, 숭고하고, 비개념적이고 목적으로부터 자유로운 것의 안전하고 자율적인 저장고 속에 안치하기 위해 빙켈만과 바움가르텐 이래 합리적인 것으로부터 미학적인 것을 완전히 잘라내려고 정기적으로 시도해왔기 때문이다. 고전미학은 그런 식으로 구분함으로써 단지 중립적인, [과거의 것을 지켜볼 수 있는] 유리한 관점에서 묘사만 하는 것처럼 보이는 것 속에서 모종의 작업을 **수행한 꼴이 되었다**. 즉 미학적인 것으로부터 합리적인 것, 사실적인 것, 도덕적인 것을 정화시키는 작업을 말이다. 그것은 그에 상응하는 공리주의, 인지주의 또는 도덕주의 담론에서 정반대 방향에서 이루어진 작업 즉 합리적인 것으로부터 미학적인 것을 정화하는 작업에 대한 응답이었다. 라투르는 모더니즘의 그와 같은 정화 노력을 연구한 바 있는데, 그것은 인간과 사물, 문화와 자연, 문화와 기술을 명확하게 [이분법적으로] 구분하는 것을 목표로 했다.[13] 그에 비견될 수 있는 현대적 분리 기술을 미학적인 것과 합리적인 것 간의 관계에서 발견할 수 있을 것이다.

앞의 이원론을 앞서 기술한 의미로 역사화해보면 실제로는 합리적·목적론적 또는 규범적인 도덕적 실천이 미학적 실천과 **혼합되는** 일

---

13 라투르Bruno Latour, 홍철기 역, 『우리는 결코 근대인이었던 적이 없었다』, 갈무리.

이 빈번히 일어났음이 분명해진다. 한편으로는 순전히 합리적·합목적적이며 규칙을 따르는 실천 형태 — 미학과 정서가 결여되어 있다 — 그리고 다른 한편으로는 오직 감각과 정서만 겨냥한 순전히 미학적인 활동이 그와 같은 연속체의 양극을 대변한다. 만약 불순한 조합의 존재를 받아들인다면 미학적인 것이 단지 미학적 실천뿐만 아니라 혼합된 사회-장 및 혼합된 실천 — 여기서 도구성과 규범성이 **상대적으**로 자율적인 지각 및 감각 행위와 결합된다 — 속에서도 발생함을 볼 수 있을 것이다. 가령 종교의식은 속속들이 미학적이지 않고도 미학적인 것의 흔적을 포함할 수 있을 것이다. 수공예 작품과 주식거래 또한 소재를 다루거나 금융투기의 게임에 의해 자극받는 가운데 미학적 요소를, 즉 자가동역학적 지각과 정동을 통합한다. 교전 행위와 우호적인 상호작용, 공적 공간에서의 움직임과 정원 가꾸기에 대해서도 비슷하게 말할 수 있을 것이다. 이 모든 경우에 지각과 정서는 합리적 목표 추구에 전적으로 종속되지 않고 부분적으로 자가동역학적으로 그리고 자기관련적으로 작동할 **필요가 있다**. 실제로 문화사 전체는 현대(성)가 목적으로부터 자유로운 것으로 이해한 것을 한참 넘어선 인공물 제조, 커뮤니케이션, 정치, 종교와 영성 등 다양한 실천에 통합된 상이한 형태의 미학적 활동과 생산품의 역사로 재구성될 수 있을 것이다. 따라서 여기서 사회적 실천 전체를 내부에서 이렇게 구분할 수 있을 것이다. 즉 순수한, 미학적으로 **정향된** 실천 그리고 혼합된, 미학적으로 **각인된** 실천 간의 구분이 그것인데, 그것과 관련해 여기서는 또한 연속성이 중요하다.

미학적인 것에 대한 그와 같은 이해를 배경으로 **미학화** 현상이 윤곽을 얻을 수 있게 된다.14 그것과 관련해서는 엄밀하게 규정 가능한 사회구조 변동이 중요하다. 미학화 과정에서 사회 전체 내부에서는 미학적 에피소드 그리고 미학적으로 정향되고 각인된 실천 부문들이 철저하게 비미학적 실천을 희생하는 대가로 연장된다. 그때 미학화의 정확한 형태와 방향은 문화적·역사적으로 극히 다양할 수 있을 것이다. 그와 같은 미학화 과정은 특정 계급, 제도 또는 공간적 단위에 집중되거나 그것들 간의 경계를 초월할 수 있을 것이다. 그것들은 두 가지 방식으로 구분될 수 있을 것이다. 양적으로 그리고/또는 질적으로 정향된 정도 그리고 의도적이고/또는 의도적이지 않은 정도에 따라. 양적 미학화 과정에서 미학적으로 정향되고 그것에 의해 삼투된 실천의 비율은 증가한다. 보다 빈번하게 수행되기 때문이건 아니면 (가령 소설 독자 또는 일반 독자의 증가 같은) 보다 많은 숫자의 행위주체에 의해 실행되건 아니면 또는 역으로 (가령 기계 노동이 줄어들게 된 결과) 비미학적 실천이 범위와 상관성 면에서 감소하기 때문이건 상관없이 말이다. 새로운 미학화 과정이 등장하고 새로운 미학 담론에 의해 지지받거나 현행의 미학적 실천이 강화될 때처럼 미학화 과정은 양적 구성요소를 포함

---

14 미학화 개념은 개념사에서 논란의 소지가 없지 않다. 미학화는 오랫동안 서구에서 본질적으로 문제적으로 지각된 현상을 가리켰다. — '우파'(슈미트가 *Politische Romantik*[1919], Berlin 1998, S. 17에서 이 개념을 어떻게 도입하는지를 보라) 뿐만 아니라 '좌파'(벤야민, 「예술작품」, 230~231페이지를 참조하라)에서도 말이다. 그와 반대되는 — 물론 강조점을 달리하는 — 이 개념의 복권에 대해서는 Wolfgang Welsch, "Ästhetisierungsprozesse — Phänomene, Unterscheidungen, Perspektiven", in: ders., *Grenzgänge der Ästhetik*, Stuttgart 1996, S. 9-61을 보라. 또한 Rüdiger Bubner, "Ästhetisierung der Lebenswelt", in: Walter Haug/Rainer Warning(Hg.), *Das Fest*, München 1989, S. 651-662를 참조하라.

할 수 있을 것이다. 이 종류의 미학화는 정치 지도부, 지식인, 하위문화, 건축물 또는 관리자 등 미학적 유토피아와 도식을 쥐고 흔드는 사회적 심급이 특정한 방향으로 그리고 복합적으로 정당화하면서 촉진시킬 때처럼 의도될 수 있을 것이다. 하지만 미학화는 또한 미학적 속성을 띨 수 있는 인공물 숫자 같은 다른 과정의 부수효과의 결과로 전혀 의도치 않게 일어날 수도 있을 것이다. 창조성-장치로 이어지는 포괄적 미학화 과정은 위의 네 가지 수준 모두에서 동시에 일어났다.

2 탈미학화와 현대(성)

최근 역사에서 미학적 실천과 합리적 실천이 혼합된 광범위한 영역의 존재 — 둘 사이의 철저한 개념적 대립에 의해 은폐되어왔다 — 를 가정하는 것은 정당화될 수 있지만 그럼에도 불구하고 고전미학을 지배하는 미학적인 것 그리고 합리적인 것이라는 현대적 이원론은 단순히 그저 개념적 현상으로 그치는 것이 **결코 아니다**. 그것은 현대사회에 의해 여러 측면에서 — 결코 완전히 성공하지는 못했지만 — 적극적으로 추동된 매우 실제적인 분기分岐를 반영한다. 그와 함께 현대(성)의 과정 내부에 존재하는 자기모순을 엿볼 수 있을 것이다. 한편으로 사회적 실천의 철저한 합리화가 존재하는데, 그것은 실제로 광범위한 탈미학화로 이어진다. 하지만 동시에 그와 반대되는 힘들이 사회적인 것의 미학화 쪽으로 작동하는 반면 또한 앞서 언급한 미학화와 합리화의 혼합된 형태를 관찰할 수 있다.

고전 사회이론 — 마르크스, 베버, 뒤르케임 — 에게 도움을 구할 수 있다면 이 이론가들은 근본적 차이에도 불구하고 현대사회가 본질적으로 탈미학화를 초래한다는 점에 대해 암묵적으로 동의하고 있음을 발견할 수 있을 것이다. 그들의 사회 분석 속에 미학적인 것에 대한 언급이 거의 들어 있지 않은 사실은 적잖이 그와 같은 가정에서 나오는 결과이다. 그와 같은 탈미학화 테제를 주장하는 데는 충분한 근거가 존재한다. 고전 이론들에 따르면 현대적 형태의 사회가 존재하는 데는 네 가지 기본 구조가 책임이 있는데, 그것들은 반드시 경쟁적이기보다는 오히려 상보적 현상으로 이해되어야 한다. 산업화(뒤르케임, 마르크스), 자본화(마르크스), 합리적 대상화[객관화]^{Versachlichung}(베버), 기능분화(뒤르케임, 베버, 루만)가 그것이다. 여기서 그와 관련된 다섯 번째 요소는 인간세계와 사물세계의 철저한 분리이다(라투르). 사회적인 것과 관련된 이 모든 현대적 성좌는 주체와 사물, 앎과 실천을 합리적인 합목적적 행위의 복합체를 강화하는 방식으로, 그리하여 그것을 자가동역학적으로, 자기관련적으로 경험되는 감각적 지각 그리고 정동으로부터 체계적으로 분리시키는 방식으로 배치한다. 그것은 후자가 대부분 사회적 실천으로부터 쫓겨나도록 만드는 원인이 된다. 바로 이 이유에서 현대(성)에서의 미학화 과정, 그리고 보다 이후에 창조성-장치는 비정상적이고 낯선 것처럼 보일 수밖에 없게 된다. 산업화는 자연, 기술, 공간이 대상화에 의해 그리고 그것들이 노동의 소재로 비인격적 처리 대상이 되는 것에 의해 가능해졌다. 자본화는 노동력이 오직 사회에서 유통되는 가치의 생산자로만 그리고 대상은 오로지 교환가치를 가진 상품으로만 간주되도록 만드는 원인이 되었다. — 이 과정은 또한 그것을 넘어 인간 간의 관계의 대상화로 이어질 수도 있을 것이다. 형식적·사물적 합리화는 제도를 정해진 규칙만 따르는 조직으로 변형시켰다. 기능분화는 행위 영역 간의 철저한 분리를 초래했는데, 거기서 일면적인 행위 형태는 그때그때마다 특수화된 기능과 관찰 형태에 고정된다. 마지막으로 인간세계와 사물세계의 분열은 자연적 사물과 인공물 모두를 주로 과학적 연구와 도구적 통제 대상으로 다루도록 만들었다.

그와 함께 산업화, 자본화, 형식적 대상화 그리고 인간과 사물의 분리는 얼핏 단호한 **탈미학화** 기계의 일부처럼 보일 수도 있을 것이다. 그것들은 비록 불완전하지만 자가동역학적인 감각적 지각과 정동의 위축과 억제를 초래한다. 그것은 특히 경제적·과학적·행정적·법적 복합체에 해당되는데, 막스 베버에 따르면 그와 같은 복합체가 합리화된 현대(성)의 핵심이다. 그와 같은 사실은 그때까지 남아 있던 모든 미학적 실천과 요소를 전근대적 과거의 단순한 찌꺼기로 보이도록 만들 것이다. 그와 같은 탈미학화 과정은 처음부터 루소와 낭만주의자들부터 시작해 아널드Matthew Arnold 같은 19세기 중반의 영국의 문화비판자를 거쳐 1920년대의 벤야민과 바타이유, 마지막으로 물상화Verdinglichung에 대한 프랑크푸르트학파의 초기 비판에 이르기까지 문화비판 대상이었다.15 그와 같은 저자들에게서 소외비판은 본질적으로 미

---

15 마르크스 초기의 파리 수고에서도 또한 탈미학화 비판이 발견된다. 뒤르케임과 짐멜 또한 미학적인 것의 역할에 관심을 갖고 있었다. 뒤르케임은 아르카이기사회의 의식의 정동에서 그것을 찾아내는데, 그것은 또한 현대(성)에도 필요해 보였다. 도시적 현대(성)의 미학화된 요소를 가장 분명하게 인식한 사람은 짐멜이었다.

학적인 것의 억압에 대한 비판이다.

짐멜이 진단한 다양한 행위 영역의 기능분화 또한 사회적 실천에 탈미학화의 영향을 광범위하게 미치지만 매우 흥미롭게도 정반대되는 결과를 가져온다. 그것은 경제, 정치, 교육 등의 전반적 탈미학화로 이어지지만 동시에 순수 지각 및 정동의 강화된 생산과 주로 관련된, 자체에 고유한 특수한 영역의 증가를 초래한다. 그것이 바로 현대의, 처음에는 부르주아적인 예술의 본래 자리이다. 고전 사회이론의 관점에서 볼 때는 그것이 현대를 관통해 결정적인 탈미학화와 대상화를 향해 내달리는 주요 축의 이미지를 제공하는데, 그것은 미학적인 것과 관련해 예술에서 특수화되는 영역을 담당한 보조 축이 뚜렷하게 약화되는 현상을 동반한다. 그리하여 부르주아미학에서 미학적인 것과 합리적인 것이 분리되는 것은 정통예술을 창조하고, 미학적인 것의 독립성을 확보하기 위한 정당화 담론의 창조 수단으로 해석될 수 있을 것이다.

하지만 현대(성)의 탈미학화는 실제로는 결코 완벽하지 않았다. 이 점은 비록 후기현대에 국한되었지만 1970년대의 포스트모더니즘 이론의 맥락 안에서 정확하게 지적되었다.16 미학화는 실제로 20세기의 4/4분기 이래 특수한 강도와 폭을 띠기에 이르며, 창조성-장치가 이 과정의 구조적 핵심을 이루었다. 하지만 동시에 현대사회는 일차원적 대상화의 단순한 일괴암이었던 적이 결코 없다. 미학화는 포스트모더니즘 문화의 배타적 속성도 또 현대(성)와 탈현대(성) 간의 거대한 분열 간의 표시도 아니다. 반대로 현대(성)의 역사 전체는 미학적인 것과

---

16 가령 리오타르Jean-François Lyotard, 진태원 역, 『쟁론』, 경성대학교 출판부와 Jean Baudrillard, *Symbolic Exchange and Death*, London 1993, 33을 참조하라.

비미학적인 것의 혼합물(미학적으로 혼합되거나 미학에 의해 삼투된 실천)뿐만 아니라 다양한 시간과 때에 미학화의, 미학에 의해 지배되는 실천의 무수한 구체적 사례를 포함하고 있다. 이 과정은 단순히 피상적인 '미적 가상의 미학'에 국한되지 않는다(비록 그것을 포함하지만 말이다). 대신 그것은 자가동역학적 지각과 정동의 배양의 범위 전체를 포괄한다. 자연과의 교감이라는 중간계급의 실천에 대해 언급하건, 정치투쟁과 시위의 미학에 대해 언급하건, 1920년대 이래의 현대인의 미학적 이미지 관리에 대해 언급하건, 팝문화에 대해 언급하건, 서양에 의한 동양의 명상의 전유에 대해 언급하건, 레저 활동으로서의 후기현대의 자전거 타기에 대해 언급하건, 부르주아 또는 모더니즘의 기능주의 건축에서 유래하는 분위기에 대해 언급하건 이 모든 경우에 우리는 미학적으로 순수한 실천과 미학적으로 불순한 실천 모두의 커다란 다양성을 발견한다.

그런데 강력한 탈미학적 오브제화가 어떻게 그처럼 이질적 형태의 미학화와 함께 진행될 수 있을까? 둘은 무엇보다 먼저 어떤 질서정연한 원리에 따라서보다는 아무런 관련성도 없이 단편적으로 함께 묶여 있는 것처럼 보이니 말이다. 나의 주장은 이렇다. 즉 미학적인 것의 그와 같은 복합체는 임의로 등장하는 것이 아니라 대부분 의도되지 않았지만 현대(성)의 구조적 특징으로부터 체계적으로 유래함을 가리킬 수 있는 충분한 증거가 존재한다. 미학적인 것의 그와 같은 체계적 생산이 시간이 흐르면서 연속적 방식으로 강화된다. 현대(성)는 탈미학화 기계일 뿐만 아니라 또한 **미학화 기계**이다. 현대(성)의 미학적 포맷은 전근대 시기로 소급되는 뿌리를 갖고 있다. 전근대적 시기의 특히 튼튼하거나 반발력이 큰 잔존물이 다시 효력을 발휘하면서 현대(성) 초기까지 계속 영향을 미쳐왔다. 종교적 맥락 내부에서 발달한 미학적 실천이 특히 그렇다. 하지만 그것은 또한 현대의 도시 프롤레타리아에 의해 보존된 민중적인 농촌문화와 수공예 문화뿐만 아니라 귀족사회와 궁정사교계에 뿌리를 둔 미학적 실천에도 해당된다. 하지만 그것을 넘어 18세기 이래 **미학화의 작인**Agent이라고 언급할 수 있을, 미학화 과정을 위한 기본조건을 마련해준 특히 현대적인 성좌가 존재했다. 그와 같은 작인 다섯 가지가 현대(성)의 특징을 이룬다.

1. 예술의 팽창주의. 미학화의 가장 두드러진 물결은 예술운동과 부르주아예술에서 유래한다. 이 측면에서 19세기에 형성된 예술-장은 역설적 결과를 가져왔다. 한편으로는 미학적인 것을 예술로 간주되는 것의 생산과 수용에 국한시켰으며, 그리하여 현대(성)를 지배한 대상화를 간접적으로 강화시켰다. 하지만 동시에 예술가와 예술 창조 개념 중심의 부르주아예술은 1800년 이래 예술과 미학을 둘러싼 담론의 확대와 협력해 다양한 방식으로 자체에 고유한 경계를 넘어설 수 있었다. 한편으로 중간계급 내부에서 예술을 대하는 방법은 아래 사정으로 인해 틈새적 성격을 잃어버렸다. 즉 그것이 마련해주는 정서적·감각적 만족이 항상 충족되지 않는 헛약속이 되어버리는 바람에 중간계급의 삶의 대상화된 다른 부분을 위협하거나(예술가가 되려는 부르주아의 바람을 예로 들 수 있을 것이다) 아니면 예술과의 접촉에 선행되는 것으로 상정되는 '필요necessity로부터의 거리'가 부르주아적 삶 전체의 감추어진 중심으로 변했기 때문이다.17 다른 한편 그럼에도 불구하고 현대예술

은 총체적인 미학적 해방이라는 미학적·정치적 유토피아의 비전에 속한 요소를 처음부터 통합해 들였다. 미학적인 것을 유토피아로 끌어들이는 것, 그것을 또한 예술작품을 넘어 다양한 대상으로까지 확대하는 것, 마지막으로 삶을 예술로 변형시키려는 바람은 급진 현대미학적 삶의 방식과 사유방식의 일부로, 낭만주의와 보헤미안 그리고 아방가르드에 의해 하위문화적으로 실천되었다.

2. 미디어혁명. 시청각 기록 및 복제도구의 발달과 함께 현대(성)는 미디어테크놀로지에서 전례 없는 혁명을 목격해왔다.[18] 초기 문명에서의 쓰기의 발달, 근대 초의 서적인쇄 이후 감각적 지각과 경험 양식의 추가적 변형은 1830년대 이래 계속 시청각 복제기술의 발명과 보급을 초래했고, 다시 19세기 말에는 사진, 영화, 전화, 이어 TV 및 비디오, 마지막으로 컴퓨터와 인터넷의 고화질 디지털혁명을 추동했다. 그와 같은 미디어테크놀로지들은 인간의 감각적 지각aesthesis을 틀 짓는 조건을 철저하게 바꾸어 놓았다. 쓰기 문화가 시각에 비화상적畫像的 기호를 해독할 수 있는 시청각 감각 및 인지 역량을 부여했지만 시청각문화는 연속 이미지와 소리의 복제를 향하도록 방향을 대대적으로 재조정했다. 그와 함께 시청각미디어와 디지털미디어는 자체에 고유

---

17 그에 대해서는 Thomas Nipperdey, *Wie das Bürgertum die Moderne fand*, Berlin (West) 1988; 부르디외, 최종철 역, 『구별짓기』, 새물결출판사, 31페이지 이하를 참조하라. 물론 부르디외는 부르주아적 미학주의를 구별짓기 전략으로 환원시키는 경향을 보인다.
18 미디어 발달과 지각의 변형 간의 관련성은 1960년대 이래 포괄적·논쟁적으로 연구되어 왔다. 특히 맥루한, 김상호 역, 『미디어의 이해』, 커뮤니케이션북스 그리고 André Leroi-Gourhan, *Hand und Wort. Die Evolution von Technik, Sprache und Kunst*(1964), Frankfurt/M. 1980을 보라.

한 체계적 미학화를 동반했다. 영화, TV, 라디오에서 기술 복제된 이미지 또는 녹음된 것이나 녹화된 것은 비도구적으로 경험될 수 있을 것이며, 급박한 행동이나 사회적 의무의 수행으로부터 자유롭게 자율적인 자극의 연속으로 아무 때나 전유되고, 향유될 수 있을 것이다. 만들어진 이미지와 사운드가 일반적으로 이미 회화, 음악, 목소리에서 정동의 형성을 위한 예외적 자극을 마련해주는 반면 보다 새로운 시청각 미디어테크놀로지는 이미지와 소리의 생산과 전유를 대면적 상호작용으로부터 해방시키고, 그것을 편재화시킴으로써 정동의 생성에 질적·양적 도약을 마련해주고 있다.

3. 자본화. 현대자본주의는 상품의 생산과 판매를 위한 경제 체계를 재투자와 자본축적을 목적으로 계속 확대해나가는 것으로 이해될 수 있을 것이다. 현대자본주의는 무엇보다 먼저 전통적인 미학적 실천을 대대적으로 억압하는데, 특히 농업과 전산업적인 수공업적 환경 속에서 그렇게 한다. 게다가 사람 간의 관계뿐만 아니라 사람과 사물의 관계에서도 반미학적 오브제화를 추동한다. 하지만 동시에 처음부터 그리고 역사적 발전과정에서 점점 더 자체에 고유한 버전의 미학화를 만들어내는데, 상품 세계의 미학화가 그것이다. 상품의 그와 같은 미학화가 미학적 관계와 실천을 체계적으로 촉진시킬 수 있는 것은 두 가지 요소 덕분이다. 먼저 상품은 어떤 고정된, 선행적인 사회적 맥락에도 속하지 않으며 오히려 개별적으로 구매되고 새로운 라이프스타일 속에, 마르크스가 '물상화'라고 부르는 것 속에 내장된다. 그렇게 전유된 그것은 단순한 사용을 넘어 사용자의 감각적 지각과 주체적 느낌을 위한 자율적 대상으로 바뀌는데, 그것은 우상숭배에까지 이를 수

있다.19 두 번째로, 팽창주의 경향, 즉 새로운 시장의 지속적 추구가 두 차례의 큰 역사적 물결 속에서 자본주의로 하여금 '비물질노동'에 의해 그와 같은 미학적 소비재, 기호, 느낌의 생산을 촉진하도록 이끌었다. 그것은 포디즘에 해당되는데, 그것이 1920년대에 자본주의경제가 대량소비 쪽을 향하도록 방향을 재조정하기 시작했다. 그것은 보다 특수하게 포스트포디즘에 적용되는데, 그것이 1970년대 이래 라이프 스타일의 담지자로서의 소비재의 다양화 그리고 그에 상응하는 노동 방식 — 그것은 감각적·상징적 상품의 생산을 겨냥했다 — 을 이끌었다.20 그리하여 그와 같은 '미학자본주의'와 함께 우리는 특수한 버전의 미학화와 마주치게 된다.

4. 사물세계의 확대. 현대는 새로운 인공물의 발명, 생산, 분배와 관련해 역사적으로 예외적 규모에 의해 매우 일반적으로 특징지어진다. 라투르는 그와 같은 인공물에 대해 물질적인 동시에 문화적인 준-대상quasi-object이라는 혼합 유형이라고 말한다.21 기술 사회에서 사물세계의 확대는 자본주의 발달뿐만 아니라 미디어혁명 모두와 연결되어 있지만 또한 둘 모두를 훨씬 넘어선다. 그렇게 확대된 일군의 대상에는 소비재, 기계적 물건, 건축, 인간의 영향을 받은 자연, 예술 및 디자인의 대상, 신체 부속품, 미디어 이미지와 사운드 등이 포함된다. 현대에서의 사물세계의 폭발은 얼핏 기술과 대상화의 우위를 암시하는 듯

19 마르크스, 김영민 역, 『자본 1권』, 이론과 실천, 100페이지 이하를 참고하라.
20 포디즘에 대해서는 그람시Antonio Gramsci, 이상훈 역, 『옥중수고』, 329~383페이지. 포스트모던적 소비문화에 대해서는 특히 Mike Featherstone, *Consumer Culture and Postmodernism*, London 1991을 참조하라.
21 라투르, 『우리는 결코 근대인이었던 적이 없었다』를 참조하라.

하지만 실제로는 다양한 형태의 미학화를 위한 기본조건을 제공하는 것으로 드러난다. 당연히 사람 간의 관계 또한 미학화될 수 있지만 — 사랑의 관계나 각종 대중적 이벤트를 예로 들 수 있을 것이다 — 미학적 관계는 주체와 사물 간에서도 별다른 노력 없이 똑같이 일어날 수 있는 것 같다.22 여기서 예술작품은 단지 다른 많은 것 중 하나의 두드러진 사례에 불과하다. 사람 간의 관계가 일반적으로 따르게 되는 특수한 사회통제와 반대로 사물은 분명히 사회적 규제에 의해서는 덜, 그리고 다양한 해석에, 감각적 전유와 쾌락의 감정에 열려 있는 것에 의해서는 더 크게 특징지어진다. 따라서 산업적 현대 그리고 탈산업적 현대에서의 사물세계의 예외적 확대는 새로운 유형의 미학적 관계를 위한 전제조건을 창조한다. 사물의 생산자가 의도했건 그렇지 않건 말이다. 그와 같은 미학적 관계를 준비하기 위한 특히 고밀도의 중심이 현대적 대도시의 도심이다. — 그것은 다양한 방식으로 결합된 다양한 인공물의 집합으로, 건축과 도시의 구조물에 의해 공간적으로 총체적으로 구성된다.

5. 주체화. 사물세계의 현대적 확대 이외에도 현대에는 인간 주체에게 집중된 사회적·문화적 실천 및 담론이 마찬가지로 역사적으로 전례없이 집중되는 상보적 현상이 일어났다. 18세기 말 이래 주체는 주체화의 테크놀로지 그리고 가령 심리학 등 당시 막 등장하던 인간과

---

22 대상의 감각적·정동적 전유에 대해서는 특히 Karin Knorr-Cetina, "Objectual Practice", in: Theodore R. Schatzki u. a.(Hg.), *The Practice Turn in Contemporary Theory*, London 2001, S. 175-188을 참조하라. 그와 강조점을 달리하는 것으로 또한 Tilmann Habermas, *Geliebte Objekte. Symbole und Instrumente der Identitätsbildung*, Berlin/New York 1996을 참조하라.

학[인문학]의 담론에 의해 지탱되고 있던 새로운 개인주의적 의미론의 영향 아래 놓이게 되었다. 그와 같은 주체화 양식은 집중적 자기관찰을 장려했으며, 독립 단위로서의 '자아'에 초점을 맞추도록 만들었다. 앞의 테크놀로지 중 일부는 의문의 여지없이 도덕화 및 규율화 효과를 갖고 있으며, 탈감정화와 정동의 중립화를 촉구했다. 하지만 동시에 감상주의와 낭만주의 이래 자아에 초점을 맞추는 것은 종종 감각적 지각, 욕망, 지각에 초점을 맞추는 것을 동반했는데, 이어 그것은 자아 및 타자와 관련해 미학적 경험의 원천이 될 수 있을 것이다. 주체에의 집중은 자아의 '내면성'으로 추정되는 것에 대한 관심을 자극했는데, 다시 그것은 자기관련적 정서, 지각, 상상에 대한 수용성을 배양했다. 그리고 그와 같은 수용성은 일상언어 속으로 침투하기 시작한 심리학 담론의 영향을 받게 되었다.[23]

3 새로움의 사회체제

따라서 현대를 지배하는 합리화와 탈미학화는 이질적 형태의 미학화를 동반하며, 그것에 의해 방해받는다. 창조성-장치는 이처럼 보다 광범위한 맥락 속에서 20세기 초부터 형성되어온 하나의 특수한 복합체의 미학화를 대변한다. 미학적·예술적 운동, 커뮤니케이션 미디어

---

[23] 그에 대해서는 특히 Eva Illouz, *Die Errettung der modernen Seele. Therapien, Gefühle und die Kultur der Selbsthilfe*, Frankfurt/M. 2009; 역사와 관련해서는 또한 테일러, 권기돈 외 역, 『자아의 원천들』을 참조하라.

혁명, 자본화, 사물의 확대, 주체화는 그것을 위한 전제조건일 뿐만 아니라 구성요소이다. 이전에는 사방에 흩어져 있었으며 주변적이던 미학적 문화의 단편들이 창조성-장치 속에서 하나의 형태를 얻게 되며, 그리하여 그것에 일반적 타당성과 영향력을 부여한다. 하지만 현대(성)와 후기현대(성)의 조건 아래서는 또한 글로벌한 수준에서 이 장치에 속하지 않는 또는 완전히 속하지 않는 미학적 실천의 많은 포맷이 존재한다. 윌리엄스 말을 빌려 이렇게 말할 수 있을 것이다. 즉 비록 지배문화를 대변하지만 창조성-복합체가, 창조성에 기반하지 않은 대안적인 미학적 기준을 제공하는 미학적인 잔여적 문화가 역사적 잔존물, 부상 중인 문화 그리고 하위문화 및 대항문화와 병존하는 것을 배제하는 것은 아니다.24 더 나아가 후기현대사회의 다른 개별적 부문도 미학화를 피하며, 도덕 원리, 권력투쟁, 합목적적 합리성을 보존하거나 새롭게 발견한다. 가령 많은 기술적·행정적·전쟁적 또는 법률적 실천 또는 도덕적으로 정향된 신앙공동체가 그것에 해당된다.

하지만 20세기의 3/3분기에 창조성-장치에 의해 확립된 미학화 양식의 특수성은 무엇일까? 「서문」에서 확정한 대로 '창조성'이라는 말은 새로움의 지속적 생산을 목표로 한 활동을 가리키는데, 그것은 예술생산을 모델로 이해되어야 한다. 미학적 실천과 미학화 과정을 전체적으로 좀 더 자세히 살펴보면 그와 같은 이해를 좀 더 엄밀화할 수 있을 것이다. 미학적 에피소드 및 실천의 무한화 가능한 내용과 형식의 틀 내에서 창조성-복합체는 이중적으로 작용한다. 한편으로 그것

---

24 윌리엄스Raymond Williams, 박만준 역, 『문학과 문학이론』, 커뮤니케이션북스, 195페이지 이하를 참조하라. 대안적 기준들에 대해서는 이 책의 8. 5를 보라.

은 미학적인 것이 철저하게 역동적 새로움을 지향하도록 추동한다. 다른 한편 창조적이며 새로움을 낳는 '생산자'에게만 배타적으로 미학적 새로움을 귀속시킨다. 그와 같은 '창조자'의 이면에서 수용자 그리고 그들의 집적으로서의 대중이라는 형상이 형성되는데, 새로움에 대한 지각적·정동적 주목과 수용성을 발전시키는 것이 그것의 기능이다.25 그리하여 창조성-장치는 미학화 과정과 새로움의 사회체제 간의 교집합을 구성한다. 그것은 미학적 새로움의 체제 위에 기반하는 동시에 그와 같은 미학적 새로움을 생산자-수용자라는 틀 속에서 주조한다. 그와 같은 주조틀 속에서는 '창조자', 새로움을 창조하는 주체(집단이나 실천) 그리고 새로움에 주목하는, 미학적으로 민감한 대중 간의 상호 의존이 존재한다.

결정적인 점은 이렇다. 즉 창조성-장치라는 틀 내에서 새로움은 전진이나 양적 증가가 아니라 미학적인 것으로, 즉 지각되고 느껴진 자극 또는 보다 정확하게는 자극의 연속으로, 합리적 목적과는 독립적으로 자극으로서 수용자에게 영향을 미치는 것으로 이해될 수 있다. 그것은 예술과 경제학, 미디어, 도시공간과 자아에게도 마찬가지로 해당된다. 그와 함께 특수한 사회적 주목Aufmerksamkeit 체계가 제도화되며, 주체가 자극에 대한 수용성을 발달시키는 것을 허용한다.26 이 형태의

---

25 여기서 창조자, 생산자, '창안자Schöpfer'라는 개념은 창조성-장치 내부에서 (미학적) 새로움을 만들어내는 심급을 묘사하기 위해 동일한 의미로 사용된다.
26 포스트모던 문화에서의 새로움의 이론화에 대해서는 Boris Groys, *Über das Neue*, Frankfurt/M. 1999를 참조하라. 또한 Till R. Kuhnle, "Tradition/Innovation", in: Karl-heinz Barck u. a.(Hg.), *Ästhetische Grundbegriffe*, Bd. 6, Stuttgart, Weimar 2005, S. 74-117도 함께 참조하라.

미학화는 창조적 개인을 원천으로 하는 창조적 생산의 에토스와 연결된다. 따라서 창조성-장치는 미학적 새로움이 한 주체나 집단 또는 실천 자체와 같은 다른 단위에 의해 만들어질 것을 전제한다. 그것은 창조성을 미학적 새로움을 만들어낼 수 있는 능력으로 이해하는 것을 함축한다. 그와 같은 능력과 관련해 고전적인, 여전히 타당한 모델이 예술가이다. 따라서 창조성은 미학적 형태의 생산을 함축하는 것으로 이해된다.

그와 함께 창조적 생산자 외에도 수용자의 집적으로서의 대중이 두 번째의 보충적 심급으로 등장한다. 새로움에 의한 미학적 자극은 진정한 새로움을 규정하고 전유하기 위해 대중에게 의존한다. 객관적 사실로서의 '새로움' 같은 것은 존재하지 않는다. 오히려 그것은 그에 상응하는 주목 형태와 가치평가에 의존하는데, 그것은 일방적으로 새로움을 지향하며 오래된 것과 자신을 구분한다. 그처럼 창조적 생산자를 보충하는 위치에서 사회학과 문화이론에서 잘 알려진 세 가지 형상이 수렴된다. 수용자, 소비자 그리고 대중이 그것이다. 커뮤니케이션 이론 관점에서 볼 때 수용자는 발신자의 다른 한쪽을 차지하는 자로서의 수신자 기능을 맡는다. 경제사회학에서 생산자와 맞짝을 이루는 사람은 소비자이다. 마지막으로 시스템이론 용어로 말하자면, 생산자의 산출 기능의 맞짝은 산출물을 수용하는 대중이다.[27] 하지만 창조적 생산

---

[27] 수신자로서의 수용자에 대해서는 Karl Bühler, *Die Darstellungsfunktion der Sprache*(1934), Frankfurt/M., Berlin u. a. 1978, S. 24 이하를, 소비자 의미론에 대해서는 Don Slater, *Consumer Culture and Modernity*, Cambridge 1997, S. 33 이하를, 대중에 대해서는 Rudolf Stichweh, *Inklusion und Exklusion*, Bielefeld 2005, S. 13 이하를 참조하라.

자의 맞짝으로서의 수용자/소비자/대중은 이 용어들의 전통적 의미대로 이해되어서는 안 된다. 창조성-장치에서 수용자는 정보 수신자가 아니며, 소비자는 상품의 사용자가 아니며, 대중은 주로 기능 체계의 핵심적 참여자가 아니다. 여기서 수용자와 소비자는 오히려 미학적·감각적으로 지각하려는 태도 그리고 정서적으로 자극 받을 수 있는 태도 속에서 대상을 마주하는 주체이다.28 대중이라는 사회학 개념을 약간 수정해보는 것이 이 맥락에서 도움이 될 수 있을 것이다. 루만은 현대사회에서 사회-장은 실행 기능뿐만 아니라 또한 대중의 기능도 산출한다고 정확하게 지적한다. 즉 주는 것보다는 받는 것에 참여하는 것을 역할로 하는 사람을 포함한다.29 하지만 창조성-장치의 경우 대중은 특수한 형태를 띤다. 그것은 자신이 관찰하고, 수용하고, 사용하는 것 쪽으로 정향되는데, 정보처리에 의해서가 아니라 상징적·감각적·정서적으로 자극 받을 수 있는 형태로 그렇게 한다. 현대의 대중은 본질적으로 미학적 관심을 갖고 있다.30 그와 같은 능력을 통해 대중에게는 현대사회에서 변형의 페이스메이커 역할이 주어진다.

과거에 창조성-장치 맥락에서 생산자와 대중 간의 정확한 관계는 논쟁의 여지가 많은 만큼이나 열려 있는 것으로 드러났다. 부르주아에

---

28 그에 대해서는 여전히 독자 모델에 기대고 있는 이저의 수용미학을 참조하라. —Wolfgang Iser, ders., "Die Appellstruktur der Texte", in: Rainer Warning(Hg.), *Rezeptionsästhetik*, München 1994, S. 228-252를 참조하라. 포스트모던 소비자 이론에 대해서는 Slater, *Consumer Culture and Modernity*, S. 131 이하를 참조하라.
29 Niklas Luhmann, *Politische Theorie im Wohlfahrtsstaat*, München 1992, 4장을 보라.
30 이러한 대중 개념은 연극 모델에 다가가지만 그럼에도 불구하고 연극에서 볼 수 있는 공동-현존에의 정향까지 넘겨받고 있지는 않다.

술-장에서는 잘 알려진 대로 처음에는 예술적 천재와 수용적 대중 간의 극단적 비대칭이 지배했다. 하지만 결국 둘 간의 구분은 불안정한 것으로 입증된다. 20세기가 경과하는 내내 창조성-장치가 지속적으로 강화된 것은 여러모로 생산자와 수용자가 점차 동화되는 결과로 이어졌다. 즉 수용자의 생산적 역할이 강화되고, 역으로 창조자가 생산에서 차지하는 중요성은 상대적으로 약화되는데, 생산자는 창조 과정에서 점점 수용적 역할을 떠맡는다. 하지만 그렇다고 하여 그와 함께 생산자와 수용자 간의 구분이 완전히 무효화되는 것은 아니다. 오히려 그와 같은 구분을 유연하게 만드는데, 예술가라는 배타적 형상을 넘어 창조적 주체를 보편화하는 것이 그것의 이상이기 때문이다. 그 결과 창조성-장치의 이상적 주체는 대중 그리고 새로운 미학적 자극의 생산자 모두이게 된다. 양자가 교대하는 가운데 또는 동시에 말이다.

생산자와 대중이 근본적으로 창조성-장치의 틀 내에서 새로움 쪽으로 정향된다고 해도 무엇이 새로움의 그와 같은 사회체제의 특수성을 구성하는지를 여전히 설명해야 한다. 현대(성)에는 엄밀하게 상호 구분될 수 있는 새로움의 다양한 체제를 볼 수 있다. 현대사회에 대한 한 가지 고전적 진단은 이렇게 진술한다. 즉 그것의 제도와 의미론은 일반적으로 반복이나 전통이 아니라 자기변화를 향해 정향되며, 자기혁명화를 향한 경향에 의해 그리고 그에 상응해 과거보다 미래를 선호하는 시간도식에 의해 각인된다는 것이다. 현대(성)는 정치, 과학, 기술, 예술 영역에서 항상 새로움을 촉진하려고 시도한다. 정치혁명 형태건 상품 순환 형태건 기술발명 형태건 아니면 예술적 독창성 형태건 말이다. 이 노선에 따라 코젤렉의 의미론적 탐구는 아래 사실을 드러내왔다. 즉 진보와 시간 쪽으로 정향된 사회 이해가 1800년경의 시대적 문턱을 가리키는 "등자 시대Sattelzeit"31 이후 현대의 특징을 이룬다는 것을 말이다. 포스트모더니즘 담론은 반대로, 혁신과 진보를 향한 그와 같은 정향은 널리 알려진 대로 고전현대(성)의 특징이지만 이전에 추정된 것과 달리 현대문화에는 더 이상 중요치 않다고 주장해왔다.32

하지만 만약 창조성-장치의 존재를 받아들인다면 분명히 후기현대의 구조적 특징인 새로움을 전체적으로 기각하는 일은 있을 수 없음이 분명해질 것이다. 새로움에의 정향의 자릿값이 변했으며, 새로움은 더 이상 처음부터 진보 사상이나 사유에서의 단절과 동일시되지 않는다고 제안하는 것이 더 개연성이 있을 것이다. 새로움이라는 이상은 가장 기본적으로는 과거, 현재, 미래를 구분하며, 오래됨보다는 새로움을 선호하는 시간도식의 발달을 함축한다. 만약 '오래됨'이 '새로움'의 반의어라면 '새로운/오래된'이라는 구분에 대한 대안은 복제, 반복, 순환 측면에서 사유하는 것이 될 것이다. 하지만 새로움의 체제는 시간적인 것뿐만 아니라 현상적인 것 및 사회적인 것에 대한 특수한 이해방식을 포함한다.33 사실적으로, 즉 현상 수준에서 새로움은 같음에

---

31 코젤렉Reinhart Koselleck, 김철 역, 『지나간 미래』, 문학동네를 참조하라. 또한 새로움에 대한 미학적 찬양의 최초의 근대적 맥락으로서의 '신구논쟁Querelle des Anciens et des Modernes'을 참조하라. Charles Perrault, Parallèle des anciens et des modernes en ce qui regarde les arts et les sciences(1688-1696), hrsg. von Hans Robert Jauβ, München 1964.

32 이 주장에 대해서는 Rosalind Krauss, *The Originality of the Avant-Garde and Other Modernist Myths*, Cambridge 1985를 참조하라.

33 Werner Rammert, "Die Innovationen der Gesellschaft", in: Jürgen Howaldt/Heike Jacobsen(Hg.), *Soziale Innovation*, Wiesbaden 2010, S. 21-51을 참조하라.

대한 다름을 의미한다. 사회적 수준에서는 정상성 그리고 규범적으로 바람직한 것과 구분되며, 그것으로부터의 일탈을 가리킨다. 시간적 수준이건, 현상적 수준이건 아니면 사회적 수준이건 새로움은 결코 객관적으로 주어지지 않는다. 오히려 종종 논란의 대상이 되는 관찰과 지각 유형에 항상 의존하는데, 그것에 의해 어떤 것이 **오래되지 않은 것**으로, 닮지 않은 것으로, 습관적인 것에서 일탈한 것으로 보이게 된다. 현대사회에 전형적인 새로움의 체제는 새로움을 주시할 뿐만 아니라 선호하고, 촉진하려고 한다. 그리고 역동적인 사회적 변화를 적극 추동한다. 새로움은 그와 같은 체제에게 무가치한 것이나 일탈적인 것으로 나타나지 않는데, 그것에 의해 새로움에 대한 적극적 가치평가는 어떤 새로움이 소중하며, 어떤 새로움이 그렇지 않은지를 정하는 사회적 기준에 의존한다. 새로움에의 정향을 구조화하는 세 가지의 현대적 체제, 세 가지 형태를 이념형적으로 구분할 수 있을 텐데, 거기서는 보다 새로운 것이 보다 오래된 것을 이어받지만 후자가 완전히 사라지는 것은 아니다. **단계로서의 새로움**(새로운 I), **증가와 능가**Überbietung**로서의 새로움**(새로운 II), **자극으로서의 새로움**(새로운 III)이 그것이다. 그와 같은 역동화 체제는 대략 현대사회의 세 가지 상이한 모델에 상응한다. 완성으로서의 현대(성), 진보로서의 현대(성) 그리고 미학적 현대(성)가 그것이다.

    새로움의 체제 1은 보다 오래된 구조를 극복하고, 그것을 새롭고, 보다 진보적이며 합리적인 구조로 대체하려고 한다. 여기서 새로움은 절대적이고, 분명히 혁명적이다. 이 단계에 도달한 후 더 이상 근본적으로 새로운 것은 필요치 않으며, 기껏해야 점진적 개선이 요구될 뿐이다. 이 모델이 정치혁명 이념의 토대에 자리잡고 있다. 그것이 규칙과 권리를 향해 정향된 현대(성)의 오래된 법률장치와 도덕장치의 특징을 이룬다. 여기서는 전통(성)으로부터 법률국가, 형식적 관료주의, 사회주의, 도덕적 자기계몽으로의 도약, 심지어 기능주의적 건축으로의 도약이 전형적인 사례이다. 이 모든 변화 이후에는 더 이상 어떤 근본적 단절도 기대되지 않는다. 일단 바라는 단계에 도달하면 사회와 개인은 지속적으로 그것의 완성을 둘러싸고 영원히 재조직될 것이다. 그와 함께 '새로움 I'에서 새로움은 정치적 · 도덕적 진보라는 유한한 목표에 종속된다.

새로움의 체제 2, 즉 증가와 능가로서의 새로움은 그와 다르다. 그것은 새로움의 영구적 생산을 영원한 미래로까지 이어지도록 하려고 한다. 그와 관련해 특징적인 것은 자연과학과 기술에서의 진보 모델인데, 하지만 또한 시장에서의 경제혁신과 예술적 아방가르드의 연속적 능가 모델34 또는 심리학적 자기최적화 모델에 대해서도 마찬가지이다. 동시에 이 모델은 복지향상을 위해 애쓰는 정치 모델의 특징이기도 하다. 여기서 '증가'라는 용어는 양적 증가와 질적 도약 모두를 포함한다.35 '새로운 II' 성좌의 경우 새로움을 창조하려는 개인의 행위는 전형적으로 규범을 개선할 것을 요구하는 것을 포함한다. 그리고

---

34 따라서 예술은 새로운 III에 국한되지 않으며 항상 또한 새로운 I(고전주의)과 새로운 II(아방가르드)의 여러 버전을 낳아왔다.
35 증가 논리-물음에 대해서는 Gerhard Schulze, *Die beste aller Welten. Wohin bewegt sich die Gesellschaft im 21. Jahrhundert?*, München 2003, S. 81 이하를 참조하라. 물론 창조성-장치 속에서도 또한 새로운 II가 여전히 존재함이 분명해질 것이다. 아래 8. 2에서의 논의를 참조하라.

일련의 그와 같은 개선은 **무한하다**. 이 모델에 기반해 조직된 제도와 개인은 점차적이건 도약을 통해서건 지속적 진보를 위해 애쓴다.

창조성-장치의 특징을 이루는 새로움의 체제 3은 다시 한 번 여기서도 또한 상이하게 조직된다. 여기서도 또한 중요한 것은 무한한 계열의 새로운 행동의 영구적 생산이지만 새로움은 대체로 규범적으로 중립적이다. 새로움의 가치는 더 이상 미래까지 연장되는 점진적 연쇄 속에서의 위치가 아니라 다음 것에 의해 대체되기 전에 현재 제공하는 일시적인 미학적·감각적·정동적 자극에 의해 규정된다. 여기서 관심사는 진보나 능가가 아니라 오히려 운동 자체, 일련의 자극이다.36 여기서 새로움은 순전히 이전의 이벤트와의 차이에 의해서만 다름으로, 정상성으로부터의 환영할 만한 일탈로 규정된다. 그것은 그 자체로서는 **상대적으로** 새로운 이벤트이다. 그것은 구조적 단절을 표시하지 않는다. 미학적 새로움의 체제의 맥락에서 그것은 새로움을 흥미로운 것37, 놀라운 것 그리고 독창적인 것과 동일한 의미론적 장 속에 위치시킨다. 앞의 세 용어 중 어떤 것도 진보나 능가를 함축하지 않는다. 그것들은 정동적 함의를 가진 순수한, 탈규범적 차이 개념이다. 체제 3은 개인에게 감각적으로, 상징적으로 영향을 미치는 새로움에 관심을 가진다. 여기서 새로움의 생산은 정치혁명이나 기술발명의 모델을 따

---

36 새로움의 그와 같은 성좌는 담론 수준에서는 잘 알려진 대로 대부분 보들레르에 의해 준비되었다. 특히 「보들레르의 몇 가지 모티브」에 들어 있는 벤야민의 해석을 참조하라. 또한 버만Marshall Berman, 윤호병 역, 『현대성의 경험』, 현대미학사, 159~211페이지도 함께 참조하라.
37 흥미로운 것, 특히 프리드리히 슐레겔에게서의 그것의 의미론에 대해서는 또한 Konrad Paul Liessmann, *Ästhetische Empfindungen*, Wien 2008, S. 101 이하를 참조하라.

르지 않는다. 그것은 예술과 동일한 방식으로 감각과 느낌을 자극하는 대상이나 분위기 조성과 관련되어 있다.

그와 함께 창조성-장치의 미학화 방식은 역설적 형태를 띤다. 즉 **미학적 정상화**ästhetische Normalisierung를 초래한다. 이 개념은 얼핏 특이해 보일 수도 있을 것이다. 푸코가 사회의 정상화 과정 또는 링크가 '정상주의Normalismus'에 대해 말할 때 두 사람은 가령 규율 기관에서의 계산 가능한 신체 동작의 표준화나 시장 활동 참여자의 행동 또는 성적 욕망의 표준화 등 매우 상이한 표준화 현상을 염두에 두고 있었다.[38] 반대로 미학적 정상화는 2차 현상이다. 창조성-장치의 이질적 실천과 담론은 적어도 1차 수준에서는 계산 가능한, 표준화된 행위가 아니라 오히려 자체를 위한 새로움의 생산과 수용을 겨냥한다. 하지만 새로움은 주목을 자극할 수 있기 위해 과거 및 습관적인 것으로부터 항상 벗어나야 하며, 놀라움과 예측 불가능성이라는 요소를 포함해야 한다. 또한 그것을 정보이론 용어로 이렇게 정식화할 수 있을 것이다. 즉 커뮤니케이션은 본질적으로 잉여에 기반하는 반면 정보는 최소한의 새로움을 전제한다. 이 말은 미학적 정보에는 심지어 한층 더 해당된다.[39] 이제 창조성-장치는 사회적 맥락에서는 반직관적으로 보일 수 있는 방식으로 '기능한다.' 그것은 예술적 · 경제적 · 미디어적 · 심리적 ·

---

38 푸코, 심세광 외 역, 『안전, 영토, 인구』, 난장, 89페이지 이하와 Jürgen Link, *Versuch über den Normalismus. Wie Normalität produziert wird*, Opladen 1999를 참조하라.
39 Max Bense, *Aesthetica, Einführung in die neue Ästhetik*(1965), Baden-Baden 1982, S. 208 이하와 S. 276 이하를 참조하라. 그럼에도 불구하고 벤제가 전제하는 대로 독창성이라는 서구의 현대 미학의 의미에서 그것은 미학적 정보에 해당됨을 덧붙여야 할 것이다. 미학적인 것에 대한 대안적 이해에 대해서는 아래 8. 5에서의 논의를 참조하라.

도시적 맥락에서 표준으로부터의 일탈을 요구한다. 그것은 놀라움과 예측 불가능성을 요구하며, 그와 같은 요구를 완수할 수 있는 창조적 주체, 실천, 집단을 고무한다. 하지만 바로 이 이유에서 창조성-장치는 미학적 표준화로, 즉 기대하지 않았던 것을 기대하며 그것을 제공하는 역설적 태도에 기반한 2차 수준의 표준화로 이어진다. 따라서 창조성-장치의 타자 또는 외부는 사회적 일탈 그 자체가 아니라 오히려 한편으로는 미분화된 것, 그리하여 영원히 동일한 것의 미학적으로 흥미롭지 않은 반복 그리고 다른 한편으로는 감각적·정동적으로 감당할 만한 것의 경계를 뛰어넘는 일탈이다.

미학적 정상화는 미학적 실천의 외부로부터의 식민화의 결과인가? 우리는 여기서 자본주의 또는 형식합리화는 순수하고, 자율적인 미학을 전유해왔으며, 창조성-장치를 자기 방식대로 형성했다는 설명은 결함이 있다는 견해를 채택하고 있다.[40] 우리 시대 문화에서 분명히 창조성-장치는 순수하게 미학적인 실천을 포괄할 뿐만 아니라 또한 규범적·합목적적 실천과 뒤엉켜 있다. 하지만 이 지점에서 미학적 실천과 '미학-장치'를 구분해야 한다. (영화를 보고, 산책하고, 종교의식을 수행하는 것과 같은) **개별적인** 미학적 실천은 순수하게 미학적인 것이거나 적어도 미학적으로 삼투되어 있을 수 있다. 하지만 보다 포괄적인 미학화 과정이 진행되자마자 그와 같은 실천은 고립을 포기하고 영화

---

[40] 제임슨Fredric Jameson, 임경규 역, 『포스트모더니즘, 혹은 후기자본주의 문화 논리』, 문학과 지성사. 그리고 방식은 다르지만 통치성 연구의 대표자(Nikolas Rose, *Governing the Soul. The Shaping of the Private Self*, London 1990을 보라) 또한 그와 같은 해석으로 기울고 있다.

산업, 축구, 미술관과 화랑, 패션산업, 여행업 또는 실험적 미식업 등 미학이벤트의 생산과 수용을 겨냥한 보다 대규모의 미학-장치 및 보다 큰 규모의 제도 복합체의 중심으로 끌려가는 경향이 있다. 이 장치는 일반적으로 미학적 실천에 국한되지 않는데, 또한 전현대사회에서도 마찬가지다. 오히려 결과에 초점을 맞춘 제도적 복합체로서 항상 비미학적인, 합목적적인, 규범적 실천(행정, 광고, 수공예, 기술, 서비스 등)을 포함한다. 그와 같은 실천이 미학이벤트의 영구적 생산을 위한 전제조건을 구성한다. 그것은 특히 창조성-장치에 해당되는데, 다른 무엇보다도 주목의 관리, 미학화 과정의 일반적 전제조건을 제공하는 창조적 과정의 도구적 훈련을 포함한다.

 그 결과 창조성-장치는 미학적인 것과 합리적인 것의 엄격한 대립이라는 맥락 내에서는 이해될 수 없을 것이다. 그것은 둘의 필연적으로 불순할 수밖에 없는 결합을 대변하기 때문이다. 여기서 단지 합리주의나 자본주의의 산물이 아니라 양자 모두와 뒤엉켜 있는 자가동역학적인 미학화 과정을 관찰할 수 있을 것이다. 사회적인 것의 경제화와 합리화는 미학화의 주요 원인이나 원동력이 아니지만 그것들은 창조성-장치의 보급을 위한 일반적 틀을 제공하는 것이 사실인 반면 동시에 미학적 실천을 이 장치의 특수한 형태로 제한하는 것에 도움을 준다. 우리는 사회적인 것의 경제화가 창조성-장치의 미학적 논리와 상충되지 않음을 살펴볼 것이다. 실제로 둘은 구조적으로 동질적이다. 그와 같은 동질성은 창조성-장치가 사회 전체를 통해 확산되는 것을 보다 용이하게 만든다. 하지만 또한 창조성-장치가 미학적으로 경제적인 것을 대대적으로 충전하며, 그리하여 "식민화하는 것"[41]을 가능하게 만든다.

4 장치로서의 창조성

'장치'라는 푸코 개념은 창조성-복합체를 이해하기에 여러모로 유용해 보인다.[42] 장치는 단지 제도, 폐쇄된 기능 체계, 담론 또는 일군의 가치와 규범이 아니다. 그것은 사회적으로 여기저기 흩어진 실천, 담론, 인공물 체계, 다양한 유형의 주체성의 네트워크 전체를 포괄하는데, 그것들은 완전히 동질적이지 않지만 특정한 지식의 질서에 의해 이식 가능한 상태로 상호 조정되어 있다. 이 장치는 네 가지의 상이한 사회적 구성요소를 포함한다. 암묵적 지식에 의해 유도되는 실천과 일상적 기술, 담론적 진리 생산, 상상적·문화적 문제화나 주체화 형식, 인공물(도구, 건축물, 미디어테크놀로지, 각종 부속물, 이동수단 등), 그리고 주체화 유형이 그것이다. 즉 인간이 형성되는 방식, 그리고 능력, 정체성, 감수성 그리고 욕망을 이 장치에 적응시키고, 그리하여 그것의 작동을 돕는 방식이 그것이다. 이 장치는 내적 이질성에도 불구하고 특수한 지식의 질서에 의해 조정된다. 이 장치의 문화논리는 인간을 특정한 존재방식에 맞추어 배치한다. 전략적으로 그리고 적극적으로 특

---

[41] 미학화, 경제화, 합리화 그리고 또한 미디어화가 그와 같이 상호 긴밀하게 맞물리게 되는 과정에 대해 보다 자세히는 아래 8. 3에서의 논의를 참조하라.
[42] 장치 개념에 대해서는 Michel Foucault, "Das Spiel des Michel Foucault"(1977), in: ders., *Schriften in vier Bänden. Dits et Ecrits*, Bd. 3, Frankfurt/M. 2004, S. 391-429를 참조하라.

수한 사회적·개인적 조건을 만들어낸다. 비록 행위주체에 의해 의식적으로 의도될 필요는 없지만 말이다. 이 장치는 동시에 다른 장치와 담론, 삶의 형태와 체계에 맞선 변형적 힘을 갖고 있는데, 이 모든 것을 억압하려고 한다.

현대사회 내부의 전문화된 다양한 장 ― 사회분화이론에 의하면 그렇게 전제된다 ― 과 관련해 이 장치는 **횡단적**으로 작용한다. 그것은 여러 부문의 장을 연결하며 새로운 질서 속으로 배치한다. 단 한 가지 사례만 거명하자면, 장치는 교육과 양육의 실천 및 담론뿐만 아니라 동시에 특수한 경제적 실천과 담론으로까지 연장될 수 있을 것이다. 따라서 장치는 사회-장과 제도 간의 경계를 무너뜨리는 것에 의해 차이를 평평하게 만든다. 이질적 실천 및 담론의 네트워크를 받아들여 동질화시킨다. 즉각 존재하는 대신 이질적인 장과 제도 간의 사회적 포맷[43]의 점진적 보급에 의해 형성되는데, 가령 심리학적 기법이 예술에 의해 전유되고, 하위문화 담론이 도시개발에 의해 효율적으로 이용되는 것을 예로 들 수 있을 것이다.

푸코에 따르면 장치는 "특정한 역사적 시점에 긴급한 요구사항에 대응하는 것을 무엇보다 먼저 주요한 기능으로 하는 형성물"[44]이다. 따라서 장치는 특수한 역사적·지역적 상황에 응답한다. 자신을 역사적으로 선형적인 것으로 파악하려는 시도에 저항하는 그것은 오직 최종 결과가 결정되지 않은 사회적 맥락 내부로부터만 이해될 수 있을

---

43 여기서 '포맷'이라는 개념은 실천, 담론, 주체-객체 성좌, 주체화 양식 등 사회적인 것과 관련해 앞서 열거한 상이한 응집 형태를 가리키는 유적 개념으로 파악되어야 한다.
44 Foucault, "the confession of the flesh", p. 195.

것이다. 그것에 대한 분석은 푸코가 "여러 힘이 무대에 등장하는 것, 무대 측면에서 무대 중앙으로, 각각의 힘이 팔팔한 힘을 갖고 분출하고 도약하는 것"45이라고 부른 것에 주목한 가운데 수행되는 장기간의 계보학적 접근을 요구한다. 계보학은 사회적인 것의 특수한 구조를 전제하지 않으며 오히려 상응하는 요소들이 집약, 집중될 수 있도록 해주는 역사적 경로를 추적한다. 계보학적 접근법의 관점에서 볼 때, 논리적으로 독립적인 보다 이전의 원인의 기원을 발견하는 것에 의해 어떤 현상을 '설명하려는' 전통적 시도는 별무 이익이다. 계보학은 **왜**라는 질문을 **어떻게**라는 질문으로 대체한다. 즉 문화적 유형의 등장과 확산을 사회적·역사적 맥락 속에서 어떻게 추적할 수 있을까?

하지만 푸코가 생략한 사회-장치의 하나의 핵심적 특징을 강조해야 한다. 장치의 **사회적 정동성**이 그것이다. 외견상 인간에게 가해지는 강압적 요구의 정동적·정서적 성격을 생략함으로써 푸코는 무엇보다 먼저 인간이 자신을 특정한 사회적 주형 속으로 부어넣도록 어떻게 동기를 부여받는가 하는 물음은 어쩔 수 없이 간과한다. 사람들이 그렇게 하는 이유는 '정념적으로 사로잡혀 있기' 때문이며, 사회적 형태가 어쨌건 매력적이고 만족스러운 것이 되는 데 또는 최소한 그렇게 보이는 데 성공했기 때문이다.46 장치는 또한 자체에 고유한 종류의 정동적 구조를 갖고 있다. 장치는 집단에 의해 수용되고, 권력을 확립하려

---

45 Foucault, "Nietzsche, genealogy, history"[1977], in *The Foucault Reader*, ed. Paul Rabinow, New York: Pantheon Books, pp. 76~100. 여기서는 84페이지.
46 그에 대해서는 또한 버틀러[Judith Butler, 강경덕 외 역, 『권력의 정신적 삶』, 그린비, 125~156페이지[3장 예속화, 저항, 재의미화]를 참조하라.

면 순수한 지배 효과 외에도 매력과 만족을, 지속적인 정동적 자극을 약속하는 문화적 상상계를 필요로 한다.

창조성-장치는 사회적 미학화의 특수한 양식으로 등장한다는 명제는 이 모든 기준을 충족시킨다. 그것은 1980년대 이래 취해온 형태로 다양한 사회-장에서 무엇보다 먼저 대부분 상호 독립적으로 발달해온 실천 과정과 복합체를 포괄했으며, 그러다가 점차 네트워크를 형성하며 상호 깊숙이 침투한다. 그것은 가령 미학적 하위문화, 예술-장, 탈산업노동, 패션, 스타일, 체험지향소비, 인간의 창조성에 대한 심리학 담론, 철학의 생기론, 각종 미디어테크놀로지의 발달, 도시계획에서의 '문화재생cultural regeneration' 그리고 창조잠재력의 증진을 위한 정치적 조치에 의존한다. 따라서 창조성은 다양한 사회적 포맷으로 짜맞추어지며 광범위하게 보급된 문화적 문제화 방식의 정점이다. 그것은 심리학의 진리 담론 그리고 이상적인 창조적 성격에 관한 서사적·상상적 개념뿐만 아니라 창조노동 과정부터 사적 패션 결정과 창조성 담론에 이르는 수많은 일상적 기술을 포괄한다. 창조성-장치는 디지털 데이터 스트림부터 젠트리피케이션 대상이 된 교외 그리고 창조노동자와 관련해 그에 상응하는 형태의 주체성과 글로벌한 도시 여행자에 걸친 일군의 전형적 인공물을 통합한다. 중요한 점은 이것이다. 즉 이 장치는 자체에 고유한 정동적 구조를 발달시키며, 새로움에 예민하게 주목하고, 창조적 주체의 완벽한 신체에 매료되며, 창조적 팀워크와 지속적인 창조 활동에 열광할 수 있는 힘을 길러준다.

창조성의 계보학을 이해하기 위해 네 개의 역사적·체계적 단계를 구분할 수 있을 것이다. 준비, 산발적 형성, 위기와 집중 그리고 지배가 그것이다. 18세기 말부터 19세기 말까지 걸친 첫 번째의 준비 단계에서는 담론, 실천, 인공물, 주체성의 형태가 모이는데, 모두가 사회적 모델을 준비하기 위한 장기적 요소임이 드러난다. 그와 같은 준비는 특수화된 사회-장, 즉 예술에서 이루어진다. 예술가의 '독창성'의 형성은 부르주아예술-장, 반문화적 보헤미안, 미학적 유토피아의 정식화, 예술적 데카당스의 병리학화의 증가를 수반한다. 창조 모델은 **예술적 새로움의 창조** 속에서 특징적 형태를 띤다.

창조성-장치의 결정화에서 두 번째 단계는 1900년경부터 1960년대까지의 시기를 포괄한다. 이 시기는 형성 단계로, 인큐베이션 시기로 묘사될 수 있을 것이다. 다양한 사회적·문화적 실천이 각종 틈새에서 단편, 단편 형태로, 여기저기서 다양한 사회-장 속에서 등장하며, (미학적) 새로움과 그것의 창조적 생산을 촉진한다. 이 두 번째 단계에 대한 분석은 불완전한 채로 남을 수밖에 없지만 이미 1900년에 상호 뒤엉킨 채 등장한 네 가지 이질적 장이 이 단계에 속하는 것으로 식별될 수 있을 것이다. 첫 번째 장은 '예술과 수공예Arts-and-Crafts' 운동, 기업가 정신에 대한 후기-부르주아 담론, 패션, 디자인, 광고 등 '창조산업'의 시작, 노동자에게 동기를 부여하는 문제를 둘러싼 조직론 담론, 혁신경제 등 다양한 경제적 실천과 담론을 포괄한다. 두 번째로, 긍정심리학이 정신분석, 게슈탈트심리학, 지능검사, '자아성장'심리학 주변부에서 점차 성장해 예술적 천재가 병리적 존재로 낙인찍히는 것으로부터 보호해주었다. 세 번째로 시청각매스미디어 장에서는 영화계, 음악계, 미술계의 창조적 스타에 대한 관심이 등장함을 볼 수 있었다. 마지막으로 20세기에 이루어진 예술-장의 추가적 발달 또한 아방가르드가 예술적 실천과 예술적 오브제 내부 그리고 그것들을 둘러싸고 여러 경계를 해소하며 광범위한 결과를 가져오는 사태를 초래했다. 그에 따라 창조성-장치의 구성에 기여하는 동시에 예술적 개체성Individualität을 탈신화화시켰는데, 그것은 미학성과 창조성을 고전 부르주아적 예술 이해에 따라 예술 내부에 가두어두던 관행을 내부로부터 파열시켰다.

창조성-장치의 등장의 이어지는 세 번째 단계와 네 번째 단계는 이 모든 장 속에서 소급해서 이해될 수 있을 것이다. 세 번째 단계는 이 장치의 다양한 요소를 집중시키는 것에 의해 위기를 촉발시켰다. 1960~1970년대에 반문화, 청년문화 그리고 비판적 저항운동의 등장과 함께 그와 같은 일이 일어났다. 지금까지 오히려 여기저기 흩어진 사회적 틈새 속에 존재해온 창조성-복합체의 개별적 요소들이 이제 보다 폭넓은 주목을 끌며, 종종 급진화되며, 다시 이어 경제, 예술, 자아의 테크놀로지와 도시성의 지배적 형태에 대해 정도는 다 다르지만 급진적 대안을 낳게 되었다. 그처럼 위기를 초래하는 집중은 포스트모던미술, 자아실현의 비판심리학, 진보대중을 위해 제작된 디자인, 패션, 광고 또 팝음악과 록음악, 그리고 비판적 도시계획에서도 마찬가지로 발견할 수 있을 것이다. 1980년대부터 진행 중인 네 번째 단계에서 창조성-장치는 창조산업, 창조심리학, 스타시스템의 확대, '창조도시'의 정치적 계획의 힘과 영향력이 점증함에 따라 새로운 헤게모니를 행사하게 되었다. 그리하여 도시공간과 도시정치의 변형은 창조성-복합체를 위해 보다 비옥한 토대를 구성했다. 이 장은 비판적 집중 단계에서 먼저 유관해진다. 1980년대 이래 도시적 창조성의 정치적 계획화는 창조성-장치의 사회적 영향이 특히 뚜렷하게 드러나는 분야였다.

이 장치는 이제 완벽해진 것처럼 보이며, 문화적 지배를 위해 성공적으로 분투 중이다. 그와 같은 사태전개는 이미 저항을 촉발하고 있다. 이 장치는 체계가 되고 있으며, 자체에 고유한 자원의 체계적 동원을 시도하는데, 해당 과정에서 동원 불가능한 나머지는 방치한다.

2장

예술창조, 천재-주체와 대중:
현대예술-장의 형성

I

1 사회적 형태로서의 예술

20세기 초 이래 다양한 사회적 실천과 담론에서 창조성-장치의 요소들이 점차 확산되는 것이 관찰되는데, 그것은 현대사회의 매우 특수한 사회-장 중 하나, 즉 예술에 의해 전제조건이 마련되었다.[1] 진정 현대적인, 즉 중간계급 또는 부르주아적 형태로서의 미학-장이 시각예술, 문학, 음악, 연극 영역에서 18세기 3/3분기에 성장해 나왔으며, 19세기가 흐르는 사이에 확고하게 자리 잡았다. 예술-장은 보다 이후의 창조성-장치에 근본적 중요성을 갖지만 또한 둘이 맺는 관계는 모호하다. 예술은 당시로서는 보기 드문 청사진을, 미학적 사회성을 발전시켰는데,

[1] '현대(성)Moderne' 개념은 여기서는 예술학적 의미가 아니라 사회학적 의미로 이해되고 있다. 그것은 1900년의 예술적 모더니즘이 아니라 18세기 이래의 사회적 현대(성)의 구성과 관련된다. 그 밖에도 이 장에서는 '사회-장'으로서의 예술이 빈번히 언급되는데, 그것은 이 용어와 관련해 부르디외가 사용하는 특수한 의미를 따르지는 않으며 특수화되고 분화된 사회적 실천의 복합체를 가리키기 위한 일반 용어로 사용된다.

그것은 보다 이후에 창조성-장치가 예술의 경계를 넘어 확대될 때의 사회적 형태에 영향을 미쳤다. 예술에서 기원하는 그와 같은 미학적 사회성은 미학적 새로움의 체제에 기반하며, 네 가지 요소로 이루어진다. 예술가가 — 처음에는 '독창적 천재' 형태로 — 새로움의 창조자로 주체화되는 것. 그리고 미학적 준-대상[오브제]. — 그것은 처음에는 예술작품 형태를 띤다.2 대중, 즉 미학적 새로움에 관심을 가진 수용자 공동체, 마지막으로 대중의 관심을 조절하기 위한 제도적 복합체 — 시장 또는 국가의 아카데미들 — 가 그것들이다. 이 네 요소의 상호작용으로부터 등장하는 미학적 새로움의 사회체제는 처음에는 오직 예술에서만 존재하다가 창조성-장치와 함께 다양한 사회-장 속으로 확산된다.

하지만 동시에 현대예술-장은 초기 버전에서는 자체에 고유한 한계를 외부로부터 설정했으며, 이면에서는 예술적 실천의 자율성을 내부적으로 보존했다. 처음에 그것은 예술적 실천이 사회적으로 보다 폭넓게 보급되고 일반화되는 것을 막았다. 예술은 부르주아적 취향을 가진 부르주아 수용자를 위해 배타성을 고수했으며, 작품의 미학을 그리고 중요하게는 예술적 '천재숭배'를 보존했다. 하지만 동시에 예술-장에서 처음부터 그것을 상쇄하는 힘 — 예술적 보헤미안 사이에서 라이프스타일에 초점을 맞추는 것, 미학적 유토피아를 둘러싼 담론의 증가 — 이 또한 이 장의 외적 경계를 해소시키기 시작했다. 미학적 강도를 펼쳐 보이려면 예술은 먼저 미학적인 것을 희귀한 것으로 만들고, 그

2 여기서 미학적 오브제는 잉가르덴Roman Ingarden(가령 이동승 역, 『문학예술작품』, 민음사를 참조하라)의 현상학적 의미가 아니라 준-대상[오브제]이라는 라투르 개념과 관련해 이해되고 있다.

것에 관심을 집중해야 한다. 이어 창조성-장치로 나가기 위한 길을 닦으려면 부르주아미학에 묶인 끈을 느슨하게 하고, 자체에 고유한 경계 허물기를 강화해야 한다. 아방가르드와 포스트모더니즘에 의해 20세기에 바로 그와 같은 일이 예술-장에서 일어났다.

현대예술의 기원에 대한 설명을 발전시키려는 그와 같은 사회학적 관점은 예술은 [하나의 독자적인] 기능 체계로서 자율성을 가진다는 명제뿐만 아니라 예술을 그것의 토대를 이루는 특수한 사회구조로부터 도출하려는 [가령 마르크스주의 같은] 입장 모두로부터 거리를 두어야 한다. 여기서 우리가 제시하려는 대안적 견해는 이렇다. 즉 예술은 창조성-장치를 위한 **청사진**으로, 사회 전체가 20세기에 그것에 기반해 발달하게 되는 모델 역할을 한다는 것이다. 예술에 대한 사회학적 분석의 관심은, 원리적으로는, 예술작품의 내용이나 형식과는 오직 이차적으로만 관계할 수 있을 뿐이다. 일차적으로는 예술작품의 생산, 유통 그리고 수용의 사회적 과정에 관심을 집중해야 한다. 『예술의 세계들』에서 베커가 정확하게 지적하는 대로3 이 관점에서 볼 때 예술은 일련의 작품이나 스타일도 또 단지 사회적 물음이 미학적으로 문제화되는 장소만도 아니다. 그것은 오히려 시장, 미디어, 비평가 그리고 대중뿐만 아니라 예술가가 참여하는 사회적 실천과 관습의 총체이다.

하지만 예술사회학에는 예술을 보다 일반적인 사회구조에서 유래하는 것으로 다루는 전통이 존재한다. 부르주아의 예술숭배를 탈신화하려고 시도하면서 사회학자들은 종종 예술 **외부에서** 기원하는 사회구

3 Howard Becker, *Art Worlds*, Los Angeles 1982.

조가 어떻게 예술작품 **내부**에서 표현되어 그것을 재형성하는지를 설명해왔다. 마르크스와 베버 이래 종종 자본, 시장, 합리주의가 예술이라는 제도, 예술 형태(문학, 음악, 시각예술 등)의 체계 그리고 사회적 구별짓기를 위한 투쟁 대상으로서의 예술의 의미에 미치는 영향이 환기되어왔다. 예술이 미디어테크놀로지의 발달에 의존하는 것 또한 벤야민 이래 논의의 단골 주제였다. 예술은 다른 어떤 것에서 기원한다는 사회학적 이론은 그런 식으로 예술을 외부에서 틀 짓는 조건을 민감하게 의식하도록 만들어왔다. 하지만 같은 이유로 예술 자체를 추동하는 미학화에 고유한 동역학에 대해서는 눈이 먼 채 남아 있었다.4

사회학 맥락에서 예술은 외적 기원을 갖고 있으며, 그것이 현대예술-장에 어느 정도의 자율성을 부여한다는 이론에 반대하는 관점이 항상 존재해왔다. 그와 같은 접근법은 무엇보다 먼저 짐멜을 따르는 사회분화이론에서 채택되어왔다. 따라서 그것은 부르주아예술은 기본적 분화 과정의 산물이라는, 막 출현 중인 가치 영역이라는 또는 자체에 고유한 독특한 규범과 커뮤니케이션의 코드를 가진 사회시스템 ― 이것은 다른 체계들의 그것들과 손쉽게 구별 가능하다 ― 이라는 기왕의 자기이해와 대체로 합치하는 방식으로 해석되고 있다.5 이 모델에

---

4 이 관점에 대해서는 특히 루카치, 반성완 역, 『소설의 이론』, 심설당과 하우저Arnold Hauser, 반성완 외 역, 『문학과 예술의 사회사』, 창작과 비평 그리고 Robert Winston Witkin, *Art and Social Structure*, Cambridge 1995를 참조하라. 현재 예술사회학을 지배 중인 버전에 대한 비판으로는 또한 Nathalie Heinich, *Ce que l'art fait à la sociologie*, Paris 1998을 참조하라.

5 이 관점에 대해서는 Max Weber, "Zwischenbetrachtung. Theorie der Stufen und Richtungen der religiösen Weltablehnung", in: ders, *Gesammelte Aufsätze zur Religionssoziologie* I, Tübingen 1988, S. 536-573; 부르디외, 하태완 역, 『예술의 규칙』, 동

따르면 현대예술은 예술의 순수성에 대한 주장과 함께 등장하고, 다른 사회영역, 특히 종교, 도덕과 정치의 정언명령으로부터 해방되는 것과 함께 성립되었다. 그와 같은 자율성 이론은 18세기 말에 등장한 예술-장에 특수한 새로운 점에 주목하는 장점을 가진다. 현대적 의미에서 예술은 사회적 실천, 주체화 형식, 담론, 분명한 미학적 기능을 가진 인공물의 체계로 구성된 **전문화되고** 자기를 증가시키는 소우주이다. 그럼에도 불구하고 예술에 특수한 본성은 분화이론이 전통적으로 틀 지어온 대로 규범과 가치의 단순한 대안적 체계(파슨스의 표현적 상징주의 체계를 보라) 또는 대안적인 커뮤니케이션적 코드(미/추 그리고 성공/실패라는 루만의 이항적 대립을 보라)로 이해될 수는 없을 것이다.6 대신 예술-장은 전체적인 사회적 성좌를, 독특한 유형의 **미학적 사회성의** 행위자네트워크를 구성한다. 예술은 독특한 유형의 청사진을, 자체에 고유한 행위자와 관계를 가진 사회적인 것의 구조적 모델을 제공한다. 그와 같은 미학적 사회성은 세 가지 구조적 면모에 의해 특징지어진다.

(1) 현대예술은 **미학적으로** 정향된 실천에 초점을 맞춘 사회-장을 구성한다. — 즉 최대한 **절대화된** 형태로 미학이벤트를 생산하고 수용하는 것을 포함한 실천, 자가동역학적 감각성의 실천, 모든 합리적 목적으로부터 자유로운 정동성을 말이다. 예술에서 그처럼 '순수한' 미학적 실천에 초점을 맞추는 것은 다른 사회-장에서의 대대적인 탈미

문선과 루만, 박여성 외 역, 『예술시스템이론*Die Kunst der Gesellschaft*』, 한길사를 참조하라[원제는 『사회의 예술』이다].
6 Talcott Parsons, *The Social System*, Toronto 1951, S. 384 이하를 참조하라.

학화 과정에 반대하는 동시에 보충한다.

(2) 현대예술의 미학적 실천은 새로운 미학이벤트, 새로운 예술작품의 지속적 생산에 맞추어진 **미학적 새로움의** 사회체제 속에 삽입되며, 놀라움의 가치를 갖고 감각적인 것과 정동적인 것을 제공하는 것으로 자기를 제시한다.

(3) 예술의 행위자네트워크는 이 의미에서 앞서 언급한 미학적 사회성을 구성하는 네 가지 요소로 이루어진다. 첫 번째로 예술-장은 예술가라는 형상을 새로움을, 이 경우 미학적 새로움을 세계에 도입하는 특수한 능력을 부여받은 '창조적 생산자'로 형상화한다. 두 번째로는 미학적으로 민감한 대중을 독창성의 그와 같은 생산에 맞서고, 그것을 보충하는 존재로 양성한다. 세 번째로 생산자와 대중은 미학적 오브제, 즉 만들어져 수용되는 예술작품과 예술이벤트에 의해 연결된다. 네 번째로, 생산자-작품-대중이라는 3인 1조는 제도적 틀 속에 삽입되는데, 그것의 주요 기능은 대중의 관심을 특정한 예술작품과 예술가 쪽으로 정향시키는 것이다. 이 네 가지 요소는 집단적으로 감각적·정동적 새로움의 무한한 순환주기를 가동시킨다. 따라서 예술의 사회성은 핵심에서는 합리적인 합목적적 생산도 또 사회적 상호작용도 또 교환도 아니다. 대신 **감각적·상징적·정서적 자극이 대중을 위해 생산되도록 해주는 사회적 과정에** 초점을 맞춘다.

그리하여 현대예술-장은 미학화의 핵으로서 자체에 고유한 형태의 사회성을 발달시키지만 사회성은 예술의 분화이론이 제시하는 것만큼 자율적이지는 않다. 여기서 우리가 채택하고 있는 견해는 이렇다. 즉 예술-장은 현실에서는 한편으로는 미학적인 것의 경계 확정 — 예술-장이 그것에 한계를 설정하며, 외부를 출입금지시키기 위해 경계표를 세운다 — 에 의해, 다른 한편으로는 앞서와 동일한 경계의 해소 또는 허물기에 의해 특징지어진다. 예술-장에서의 실천은 예술을 위한 자율성을 획득하기 위한 다양한 전략을 포함하며, 순수하게 미학적인 것을 도덕과 규범성으로부터, 합목적적 합리성으로부터 그리고 또한 대중예술과 키치 등 비순수 미학으로부터 구별해 표시한다. '순수한', 집중된 미학적 실천에서의 미학적인 것의 강화는 초기의 부르주아예술이 궁정 사회와 민중문화 모두에 귀속시키기를 좋아한 것과 같은 종류의 '비정통적인' 미학적 활동을 출입금지시키기 위해 외부 경계에 배제 체제를 수립하는 것을 필연적으로 만든다. 그와 같은 체제는 정통적인 것으로 인정된 예술적 사회성의 요소를 아래 방식으로 제한하는 것에 의해 작동한다. 즉 예술의 수신자는 내향적 수용 태도를 발전시켜야 하며, 미美라는 부르주아적 취향과 이상 쪽으로 정향해야 한다. 더 나아가 예술작품은 관습적 포맷(문학장르, 음악작품 등) 속에 고정된다. 예술비평과 정전화는 주목과 정통취향을 조직한다. 마지막으로 예술가는 절대적 창조성에 헌신하는 천재 모습으로 규정된다.

동시에 예술-장의 역사에서 경계선은 항상 논쟁적이었으며, 항상 예술 영역에서 비예술 영역으로 넘어가는 미학적 위반 운동을 동반했음은 아무리 강조해도 지나치지 않을 것이다. 이 운동은 예술의 기능분화에 대응해온 예술의 **탈-분화**와 **자율성 상실**을 함축한다. 경계 허물기는 외부에서 — 가령 국가나 교회의 명령에 의해 — 예술에 강요되지 않으며, 예술 자체에 의해 동원된다. 예술은 폐쇄된 사회적 체계를 구성하지 않으며, 대신 근본적으로 현대적인 것이 되려고 애쓰게 되면서 자체에 고유한 경계를 고장 낸다. 예술작품보다는 집단적인 라이프스타일에 창조성을 귀속시키는 보헤미안문화는 1800년 이후 등장해 그렇게 경계를 해소시켜온 힘 중 하나로 이해될 수 있을 것이다. 낭만주의 같은 미학적 유토피아, 문화혁명을 또 다른 사례로 들 수 있을 텐데, 그것은 예술가라는 형상을 사회적 롤모델로 끌어올린다.

그와 함께 **예술**이라는 이름 아래 한데 모을 수 있는 일군의 실천은 최초의 현대적인 부르주아적 형태에서는 체계적 폐쇄와 잠정적 개방, 배제와 확대를 향한 경향을 동시에 포함한다. 아래 논의에서는 제한과 해소의 변증법에 따라 운동한, 역사적으로 강력한 예술의 그와 같은 미학적 사회성의 개별적 요소를 보다 상세히 탐구할 것이다. 그와 관련해 그와 같은 탐구를 이끄는 주도 물음은 이렇다. 즉 사회-장으로서의 예술은 어떻게 미학적 새로움을 향해 체계적으로 정향되기에 이르렀을까?

2 예술에서의 새로움의 체제

예술가-창조자

18세기의 3/3분기 이래 '예술적인 것'으로 이해되는 이질적 요소들이 예술-장 속에서 수렴되었다. 예술은 부분적으로는 종교-장과 사교-장(즉 궁정사회), 부분적으로는 도덕-장 — 이전에는 그것들과 혼합되어 있었다 — 과 같은 다른 실천 및 사고방식으로부터 거리를 두고 미학적으로 정향된 실천을 발전시킬 수 있는 능력을 통해 사회-장으로서의 정체성을 획득했다. 매우 영향력이 컸던 바토의 집합적인 단수적 규정인 "예술"7 아래 예술-장은 상이한 예술을 통일시켰다. 비록 [단수적 규정으로서의] 예술이 다양한 유럽 사회에서 동시에 등장한 것은 아니지만 말이다. 이 장은 미술관, 극장, 콘서트홀 등 인공물을 전시하기 위한 건물뿐만 아니라 인공물, 무엇보다 먼저 예술작품 — 회화, 조각, 뮤지컬 작품, 문학 텍스트 같은 독특하고 규정 가능한 대상 — 을 포함했다. 그것은 수용자에 의한 소화뿐만 아니라 예술작품이 생산되고, 미술시장과 문학시장, 전시를 통해 배포될 수 있도록 해주는 실천을 포함했다. 그것은 예술가와 수용자 모두의 사회화를 포함했다. 그것은 예술가를 특정 환경과 도시구역으로 집단화하는 것 그리고 미학적인 것과 관련된 사회적 지식을 포함했는데, 후자는 철학, 비평, 문학에서 유통되었다.

그처럼 이질적인 장은 무엇보다 먼저 예술생산이라는 실천의 재구조화 그리고 그와 같은 실천의 담지자로서의 예술가 자체의 변형에 의해 형태가 형성되었다.8 이 장은 예술가를 사회의 통상적인 미학적 기대와 단절한 새로운 미학적 오브제의 생산자로 위치 지었다. 그와 같은 문화적 사태전개는 천재미학의 담론을 전제했는데, 그것은 18세기 중엽에 독일, 영국, 프랑스에서 확립되었다. 그것은 예술가를 작품의 창

---

7 Charles Batteux, *Les beaux arts réduits à un même principe*, Paris 1773을 참조하라.
8 예술가 일반에 대해서는 특히 Jörg Völlnagel/Moritz Wullen(Hg.), *Unsterblich! Der Kult des Künstlers*, München 2008; Martin Hellmold u. a.(Hg.), *Was ist ein Künstler? Das Subjekt der modernen Kunst*, München 2003을 참조하라.

조적 산출자로 미화했는데, 작품의 새로움은 기존 규칙을 위반하고 놀라움을 만들어내는 데 있으며9, 그것의 정체성은 휴머니즘적·고전주의적 모방미학으로부터 구별되어 표시되는 것에 의해 보장되었다. 그것은 17세기 말에 벌어진 '신구논쟁' 맥락에서 의미론적으로 마련되었는데, 거기서 예술은 새로움을 겨냥한 반고전주의적 활동으로 기능한다는 생각이 예비적으로 정식화되었다. 모방미학의 경우 예술가의 과제는 유서 깊은 보편적 형태를 능숙하게 복제하는 가운데 이상적 예술의 규칙을 시행하고 완성하는 데 있었다. 새로운 미학은 반대로 예술가를 모방자와는 정반대되는 사람으로, 더 이상 일반적으로 타당한 규칙으로부터 끌어낼 수 없는 독창적 작품의 창조자로 재발명했다.10 그것은 예술과 수공예를 명확하게 구분하는 것을 가능하게 해주는 동시에 그것을 필연적인 것으로 만들었다.11

천재미학의 중심에는 새로움의 생산의 주체적 귀속도식이 존재한다. 즉 개별 예술작품은 비범한 속성을 지닌 영혼을 소유한 것처럼 보이는 교환 불가능한 개별 '창조자'에게 귀속된다. '천재'란 그와 같은

9 또한 Nathalie Heinich, *La gloire de Van Gogh. Essai d'anthropologie de l'admiration*, Paris 1991을 참조하라.
10 Jochen Schmidt, *Die Geschichte des Genie-Gedankens in der deutschen Literatur, Philosophie und Politik 1750-1945*, Bd. 1, Darmstadt 1985; Edgar Zilsel, *Die Entstehung des Geniebegriffs. Ein Beitrag zur Ideengeschichte der Antike und des Frühkapitalismus*(1926), Hildesheim, New York 1972; Hans Brög, *Zum Geniebegriff. Quellen, Marginalien, Probleme*, Ratingen 1973을 참조하라.
11 많은 측면에서 천재미학은 르네상스예술에서의 개인주의의 요소들로 소급될 수 있을 것이다. 그와 같은 이념사적 관련성은 고전적 논의 주제이다. Alessandro Conti, *Der Weg des Künstlers*, Berlin 1998을 참조하라.

심리적 특징을 가리키는 우회적 표현이다. 제라드는 1774년의 『천재론』에서 이렇게 규정한다.

> 천재란 본래 발명 능력^{inventio}을 말한다. 그것에 의해 인간은 과학에서 새로운 것을 발견하거나 독창적인 예술작품을 만들어낼 수 있는 자격을 얻게 된다.12

따라서 그것이 기질이라는 개념과 관련된 것이 분명한데, 정전적 규칙을 따르는 **모방**^{imitatio} 능력과 반대되는 **발명**^{inventio} 능력이 그것이다. 여기서 근본적 중요성을 갖는 것은 작품과 저자 모두 규칙으로부터의 자유를 나란히 공유한다는 가정인데, 그리하여 두 가지 모두 '독창성' 개념을 구비하게 된다. 예술작품이 독창성에 의해 구분될 수 있으려면 '창조자'로서의 예술가 또한 독창적인 존재가 되어야 한다. 그리고 둘은 표현 관계에 의해 상호 관련되는 것처럼 보인다. 즉 예술가의 독특성은 작품의 독특성 속에서 표현된다. 고대에 예술가의 그와 같은 천재성은 생래적인 천부적 재능^{ingenium}에 기반해 있던 반면 근대 초기에 그것은 영감에 기반하게 되었는데, 두 개념 모두 종교적 함의를 품고 있었다. 천재 개념은 이후 현대에 들어와 대체로 세속화되었는데, 심지어 성스러움에 대한 은유적 언급이 예외적 존재로서의 예술가에 대한 매료를 조장할 때도 그렇다.13

---

12 Alexander Gerard, *An Essay on Genius*, London 1774, S. 8.
13 샤프츠베리는 시인을 '제2의 창조자^{Maker}, 딱 프로메테우스 같은 사람'으로 불렀다. Anthony Shaftesbury, "Soliloquy, or, Advice to an Author" (1710), in: ders., *Cha-*

그리하여 점점 더 경제, 법률, 정치가 중심을 차지하게 된 현대의 지형의 틀 속에서 예술가 형상은 사회학적으로 우선 특수한 자리를 차지하게 되었다. 그는 배타적 유형이며, 그리하여 기묘한 이중성을 함축했다. 한편으로 예술작품을 만들어내는 특수한 작업을 수행하는 사람으로 사회적으로 식별 가능했다. 하지만 동시에 사회적으로 배타적 형상이기도 했는데, 모든 사람이 예술가거나 그렇게 될 수 없기 때문이다. 오히려 예술가가 되려면 사회적 포함을 거부하며 '천재'와 '천부적 재능ingenium'이라는 말로 천재숭배를 돌려 말하는 데서 잘 볼 수 있는 예외적 자질이 요구된다. 만약 사회적 포함이라는 개념이 그에 필요한 전제조건을 충족시킬 수 있는 한 — 원리적으로는 또한 모두가 그렇게 할 수 있을 것이다 — 모든 사람이 잠재적으로 사회와 관련된 일에 참여하는 것이 허용된다는 생각을 함축한다면 배타성은 그와 같은 보편적 참여는 근본적으로 불가능함을 의미한다.14 바로 예술가가 그렇다고 할 수 있는데, 그것도 매우 특수한 의미에서 그렇다. 즉 예술가는 오래된 배타적 계급에도 또 성과에 의해 포함 여부가 결정되는 새로운 계급에도 들어맞지 않는다. 배타성은 앙시앵레짐 하의 귀족계급에게서처럼 혈통에 기반하지 않으며 또 성취와 지위 또한 공식적인 설명이 현대의 다른 모든 전문직업에 대해 주장하는 대로 모두에게 잠재적으로 열려 있지도 않다.15 예술가는 작품과 마찬가지로 대신 문화

racteristics of Men, Manners, Opinions, and Times, Bd. 1, London 1900, S. 103-234, 인용문은 136페이지를 참조하라.
14 포함 개념에 대해서는 Rudolf Stichweh, "Inklusion in Funktionssysteme der modernen Gesellschaft", in: Renate Mayntz u. a.(Hg.), *Differenzierung und Verselbständigung*, Frankfurt/M., New York 1988, S. 45-116을 참조하라.

적 아우라로 둘러싸이게 되었는데, 거기서 비범한 지각과 정동을 만들어낼 수 있는 것처럼 보였으며, 그리하여 성취가 평가되고 등급이 매겨지는 일을 면제받게 되었다. 예술가는 오직 이 계급이 천재로 국한될 때만 미학적 새로움의 산출자로 분명히 분류될 수 있을 것이다. 실제로 다른 전문직업인만큼 전문화되었지만 활동이 자연적·심리적·사회적 총체성과 미분화된, 비합리적 관계를 맺는 것을 목표로 하고 그것이 기대되었던 만큼 다른 직업인들과 구분되었다.16

현대예술-장은 새로움을 창조할 수 있는 예술가의 능력은 상상력이라는 미학적 능력과 결합된다고 전제한다. 게다가 예술가를 독창적 천재로 만들어내기 위한 주체화 프로그램은 또한 상상력에 대한 평가절상과 긴밀하게 연결되어 있었다.17 고대부터 르네상스까지 상상력은 극히 단순하게는 어떤 것을 기록하거나 아니면 최악의 경우 비합리적 환상을 만들어내는 원초적이고 위험천만한 감각적 능력으로 간주되어왔다. 현대예술-장이 그와 같은 평가를 뒤집었다. 이제 상상력은 상이한 감각적 지각을 결합해 전혀 예상치 못한 것을 만들어낼 수 있

---

15 '귀속된 특징' 및 '달성된 특징'과 관련된 고전 사회학적 구분에 대해서는 Parsons, *The Social System*, S. 180 이하를 참조하라. 하지만 각종 예술 아카데미라는 제도는 1800년 이래 예술을 가르치는 것이 가능하다고 주장함으로써 천재미학과 예술숭배에 반대했다.
16 그와 같은 총체성은 '자연', '역사', 나중에는 또한 '존재'로 파악될 수 있을 것이다. 횔덜린은 그것을 '생명이 모두 하나임All-Einheit des Lebens'으로 특징짓는다. 그에 대해서는 Jochen Schmidt, *Die Geschichte des Genie-Gedankens*, S. 404 이하를 참조하라.
17 Jochen Schulte-Sasse, "Einbildungskraft/Imagination", in: Karlheinz Barck u. a. (Hg.), *Ästhetische Grundbegriffe*, Bd. 2, Stuttgart, Weimar 2001, S. 88-120; James Engell, *The Creative Imagination*, Cambridge 1981을 보라.

는 능력 속에서 모습을 드러냈다. 그것이 바로 독창적 천재가 나타나기 위한 전제조건이었다. 그리하여 천재는 디드로가 편집한 『백과전서』에서는 '정신적 넓이, 상상력의 힘, 활발한 영혼'으로 규정되었다. 예술적 천재란

> 극히 폭넓은 영혼을 가졌으며, 모든 것을 감지하고, 모든 것에 관여하는 사람이다.[18]

그 결과 천재미학 맥락에서 예술 활동은 점점 더 탈물질화되는 경향을 보였다. 그렇게 해서 이루어진 자유기예artes liberales와 기계기예artes mechanicae 간의 엄격한 구분 — 이제 고대 이래 알려진 개별적 예술이 총체로서의 단수의 예술을 단순한 기능적 수공예와 대립시켰다 — 은 예술 활동과 관련해 질료 가공이라는 단순한 작업이 아니라 오브제의 정신적·정동적 형성을 자신을 특징짓는 지표로 간주했다. 그리하여 예술적 실천은, 셸링 주장대로, '이념의 활동Tätigkeit einer Idee'이 되었다.

따라서 현대의 미학-장이라는 틀 속에서 예술가-창조자가 만들어낸 것은 준-대상으로서의 개별 작품, 문화적·질료적 분신이게 되었다.[19] 그와 같은 대상은 만드는 사람이 배치하며, 수용자에 의해 감각적으로 지각되며 동시에 문화적 의미가 할당되는 특정한 질료로 구성

---

18 Denis Diderot, "Enzyklopädie oder ein durchdachtes Wörterbuch über die Wissenschaften, die Künste und die Handwerke"(1751), in: ders., *Philosophische Schriften*, Bd. 1, Berlin 1984, S. 235.
19 준-대상에 대해서는 라투르, 『우리는 결코 근대인이었던 적이 없었다』, 갈무리, 141페이지 이하를 보라.

된다. 개별 작품은 사회적으로 정통적인 예술 장르, 즉 조각, 회화, 시와 산문, 뮤지컬 작품, 낭독용 드라마와 공연용 드라마 자체만큼이나 이질적이었다.[20] 모리츠가 '미적 예술작품'이라는 개념으로 최초로 체계적으로 규정한 바 있는 현대적 의미의 예술작품으로서 그처럼 이질적인 대상은 일군의 공통적 속성을 공유했다.[21] 그것은 두 가지 종류의 주체, 즉 예술가와 수용자에게 '순수하게 미학적인' 대상으로 이해되어야 했다. 동시에 예술작품은 자가동역학적이고 내적으로 복합적인 것으로 간주되어야 했다. 그것은 "살아 있으며 고도로 조직화된 자연"[22]이었다. 부르주아예술-장의 맥락에서 예술작품은 처음에는 대체로 내적으로 통일되고, 내재적으로 완결된 것으로 간주되며, 그리하여 처음부터 미학적 새로움과 독창성을 구현한 것으로도 가정되었다. 두 가지 방식으로 그렇게 되었다. 모든 관습적·정전적 규칙에 복종하지 않는 '역사적 단독성'으로. 또한 자기 자신으로부터 항상 다시 새로워지는, 본성에 부합하는 전유 방식을 가능하게 해야 했다.

---

[20] 다양한 예술 장르 간의 차이에 대한 체계적 설명으로는 Ursula Brandstätter, *Grundfragen der Ästhetik. Bild, Musik, Sprache, Körper*, Köln, Weimar u. a. 2008, S. 119 이하를 참조하라.
[21] Karl Philipp Moritz, "Über den Begriff des in sich selbst Vollendeten"(1785), in: ders./Horst Günther(Hg.), *Werke*, Bd. 2., Frankfurt/M. 1981, S. 543-548. 예술작품 개념 일반에 대해서는 Wolfgang Thierse, "Das Ganze aber ist das, was Anfang, Mitte und Ende hat", in: *Weimarer Beiträge* 36(1990), S. 240-264를 참조하라.
[22] Johann Wolfgang von Goethe, "Über Laokoon"(1796), in: ders., *Werke*. Hamburger Ausgabe, Bd. 12, 14 Bde., München 1998, S. 56.

미학에서의 수용자

현대예술-장에 의해 발전된 사회적 상호작용의 미학적 형태는 수용자를 요구한다. 예술작품의 창조자로서의 예술가라는 형상 말고도 수용자, 즉 문학 독자, 조형예술작품, 음악, 연극 수용자가 중심적 의미를 갖는다.23 그런데 18세기에 관찰과 평가 기능을 수행하게 되는 수용자의 발달과 관련해 예술이 유일한 사회-장은 아니었다. 각각의 독자적 수용자가 등장한 과학과 정치에 대해서도 비슷하게 말할 수 있을 것이다.24 그처럼 다양한 수용자는 커뮤니케이션 미디어 네트워크에 의지했으며, 새로운 이벤트, 즉 새로운 과학적 통찰, 새로운 정치적 사건, 새로운 결정과 문제 그리고 물론 새로운 예술작품에 특히 관심이 많았다. 예술-장의 경우 새로움에 관심을 가진 수용자는 미학적 새로움에 관심이 있었다. 그들의 주목은 이론의 인식적 새로움이나 여러 결정, 과학의 진보나 사회개혁보다는 예술적 독창성을 향했다.

18세기 하반기에 있은 현대적 예술가의 등장 그리고 일반적인, 익명의 수용자의 발달은 구조적으로 상호 의존적인 두 가지 사건이었다. 궁정예술가는 오직 부르주아 수용자의 등장에 의해서만 독창적인 현대예술가로 대체될 수 있었다. 근대 초기에 예술가가 후원제도의 틀 내에서 본질적으로 귀족이나 성직자 고객을 위한 위탁 생산자였음은 잘 알려져 있다. 그들은 자체로는 독창적 천재라고는 거의 주장할 수

---

23 그에 대한 개관으로는 하버마스Jürgen Habermas, 한승완 역, 『공론장의 구조변동』, 나남, 86페이지 이하와 Oskar Bätschmann, *Ausstellungskünstler*, Köln 1997을 참조하라.
24 정치에서의 대중의 성립에 대해서는 앞의 하버마스 저서를 보라. 과학에서의 대중에 대해서는 Rudolf Stichweh, *Zur Entstehung des modernen Systems wissenschaftlicher Disziplinen*, Frankfurt/M. 1984를 참조하라.

없었으며, 주로 후원자의 명성을 드높이는 데 주요 기능이 있었다.25 반대로 현대적 예술가는 본인의 자유의지에 의해, 예술가에 의해 만들어진 예측 불가능한 작품에 의해 놀랄 수 있는 익명의 수용자 무리를 겨냥할 때만 독창적 천재가 될 수 있었다. 그와 같은 예술적 수용자는 세 가지 상이한, 상호 결합된 주체적 위치를 포괄했다. 즉 먼저 소비자와 이용자, 두 번째로 사적 수용자와 그의 내면화된 미학적 전유, 마지막 세 번째로 보다 좁은 의미에서의 집합적 수용자, 즉 사회적 형태의 관찰, 평가, 작용이 그것이다. 부르주아예술에서 이 모든 세 가지 주체적 위치는 생산하는 예술가의 위치와는 반대로 '수용하는' 위치로 간주된다.

수용자는 처음에는 구매자와 사용자의 집합체로 구성된다. 예술-장은 시장(책시장, 시각미술시장)과 공교육 및 문화시설(미술관, 극장, 콘서트홀) 형태로 형성된다. 그와 같은 첫 번째 수준에서 수용자의 주체적 위치는 소비자 위치였는데, 그의 미학적 의도는 상징적 구별짓기나 지식계급의 의무 수행 같은 다른 목표에 의해 대체될 수 있을 것이다.26 따라서 미학에서의 수용자의 형성에서 핵심적인 것은 두 번째의 주체적 위치, 수용자 위치였다. 현대예술은 읽고 듣는 그리고 관찰하는 주체를 전제하는데, 이 주체는 전문화된 미학적 실천 속에서 예술작품을 다루는 방법을 훈련받는다. 읽기, 음악 청취, 관람의 문화사에 대한 탐

25 그에 대한 상세한 분석으로는 Edgar Zilsel, *Die Entstehung des Geniebegriffs*를 보라.
26 문학시장 형성에 대해서는 Reinhard Wittmann, *Buchmarkt und Lektüre im 18. und 19. Jahrhundert. Beiträge zum literarischen Leben 1750-1880*, Tübingen 1982를 참조하라. 미술시장에 대해서는 특히 Martha Woodmansee, *The Author, Art, and the Market. Rereading the History of Aesthetics*, New York 1994를 참조하라.

구는 18세기 이래 부르주아적 개인이 어떻게 그와 같은 미학적 집중에 상응하는 요소를 획득했는지를 보여준다. 그것은 내적인, 서사의 가닥들만 따라가며 '대강 훑어 읽는 식으로 이루어지는 독서'뿐만 아니라 음악에만 모든 주의를 집중한 채 동료 청중과의 상호작용은 포기하는 연주회 광팬 그리고 마지막으로 하나씩 단일한 이미지에 초점을 맞추는 것을 선호하는 방식으로 공간을 조직하는 부르주아 미술관에 걸린 회화의 관람객에게 해당된다. 이 모든 경우 오감은 대상에 최대한 집중되며, 관찰하는 사람 본인의 신체로부터 떠나게 된다. 수용 행위는 다른 사람들이 현존함에도 불구하고 심리적으로 내면에서 이루어진다.27

예술에서의 수용자의 세 번째 주체적 위치는 작품과 예술가에 대한 관찰과 평가에 전념하는 집단의 위치이다. 수용자는 공간적으로 존재할 수 있으며, 자발적으로 반응할 수 있으며, 공연이나 전시에 의해

---

27 부르주아적 독서 습관에 대해서는 Matthias Bickenbach, *Von den Möglichkeiten einer 'inneren' Geschichte des Lesens*, Tübingen 1999를 참조하라. 음악감상에 대해서는 Peter Gay, *Die Macht des Herzens. Das 19. Jahrhundert und die Erforschung des Ich*, München 1997, S. 19 이하를 참조하라. 미술관에 대해서는 Tony Bennett, *The Birth of the Museum. History, Theory, Politics*, New York 1995를 참조하라. 예술작품이 수용자에게 가능한 최대한 독립적인 미학적 오브제가 될 수 있으려면 무엇보다 먼저 비미학적 여흥이나 부차적 용도를 희생하는 대가로 미학적 강도를 증대시킬 수 있는 방식으로 마련된 공간이 요구된다. 그리하여 연주회나 연극 공연은 부르주아적인 콘서트홀이나 극장에서 이루어진다. 여기서는 가령 궁정에서의 연주회나 연극과 달리 좌석의 등급에 따라 앉는 순서를 달리하거나 객석을 어두침침하게 하는 등 여러 가지 준비를 통해 관객 간의 커뮤니케이션을 줄이려고 한다. 문학의 경우 수용은 공개적이지 않으며, 여기서도 또한 전형적인 부르주아적 집(독서실, 개인서재 등)의 틀 내에서 이루어지는 적절한 공간적 배치는 궁정의 사교집단에서 무리지어 이루어지는 낭독과 달리 묵독을 선호한다.

직접 영향받을 수 있을 것이다. 하지만 18세기 이래 수용자는 또한 그리고 무엇보다 먼저 인쇄미디어의 맥락에서 발달했는데, 그것이 예술을 관찰, 비교하기 위한 커뮤니케이션 공간을 만들어냈다. 특히 예술비평과 예술사, 그리고 대중문화와 아카데미 문화 모두에서 패러다임적으로 말이다.28 이 유형의 수용자의 기능은 계속 변하는 다양한 길이의 시간 동안 집단의 주목을 다른 것보다 특정 작품으로 향하도록 하는 데 있다. 그때 주목 방향은 우선 하나의 몸체를 이루는 새로운 예술작품과 오래된 예술작품 전체를 체계화하고 평가하는 전문 비평가에 의해 주로 영향을 받았다. 모방미학이 천재미학으로 대체된 후 독창성이 결정적 판단기준이 되었다. 그와 같은 전문가 담론이 확산되면서 미학적 작품 체험 외에도 예술 형태(장르, 스타일)의 인식 및 비교와 관련된 반성적·인식적·지적 수준이 등장했다. 따라서 예술에 **관한** 반성적 담론은 처음부터 예술-장의 등장의 핵심적 일부였다. 그와 같은 반성은 미학적 체험을 강화시켜줄 수도 있지만 또한 이 장의 일종의 탈미학화와 지성화로 이어질 수도 있을 것이다. 예술 형태에 대해 그와 같은 반성은 수용자의 미학적 향유를 증대시키는 데 도움이 될 수도 있지만 또한 결국 그것을 **대체하는** 것으로 끝날 수도 있다. 그때 미학에서의 수용자의 관심은 예술작품뿐만 아니라 예술가를 향한다. 예술가의 공개적 이미지와 전기는 집단적 주목의 특권화된 대상이 된다. 예술가의 전기라는 문학장르, 예술가의 초상, 하지만 또한 예술가

---

28 문학비평과 예술비평에 대해서는 René Wellek, *Geschichte der Literaturkritik 1750-1830*, Darmstadt u. a. 1959; Albert Dresdner, *Die Kunstkritik. Ihre Geschichte und Theorie*, München 1915를 참조하라.

의 개성에 대한 공개적 찬양은 그와 같은 사태전개를 보여주는 지표이다.[29]

그런데 18세기 말부터 예술적 수용자, 이용자 공동체, 전문적 담론의 수용자와 참여자 간에 미학적 새로움에 대한 관심이 증가한 데는 많은 요소가 체계적으로 기여했다. 먼저 1770년대 이래 천재미학은 예술가의 주체화 프로그램을 만들었을 뿐만 아니라 수용자 또한 예술가에게서 독창적인 놀라운 작품, 즉 모종의 흥미진진한 또는 시선을 사로잡는 방식으로 새로움을 드러내는 작품을 **기대했다**. 두 번째로 수용자는 더 나아가 (문학과 시각예술을 위한) 시장에 의해 점차 레퍼토리를 바꾸어가면서 운영되는 문화제도(극장, 콘서트홀)에 의해, 예술-장이 구조화되는 것에 의해 생겨나는 새로움에 익숙해지게 되었다. 미술시장은 상품의 독특함 덕분에 이미 지속적 혁신에 의존하고 있던 반면 문학시장은 일정한 반복에 익숙해지게 되었지만 — 가령 고전 저자와 『성경』을 인쇄했다 — 오직 신작의 도입을 통해서만 확대될 수 있었다. 비슷한 이야기가 국가가 운영하는 문화제도, 즉 특정한 레퍼토리를 제공하고 새로운 생산을 촉진하는 제도에도 적용되었다. 18세기의 3/3분기 이래 독일 연극계에서 일어난 사태전개가 그것을 가장 분명하게 보여준다.[30] 그리하여 미술시장 그리고 국가의 일부 문화제도 모두 일종의 주목을 관리하며 새로운 작품을 체계적으로 제공하고, 수용

---

29 그에 대해서는 Ernst Kris/Otto Kurz, *Die Legende vom Künstler. Ein geschichtlicher Versuch*(1934), Frankfurt/M. 1995; Siegfried Gohr, *Der Kult des Künstlers und der Kunst im 19. Jahrhundert*, Köln 1975를 참조하라.

30 Erika Fischer-Lichte, *Kurze Geschichte des deutschen Theaters*, Tübingen, Basel 1999, S. 81-115를 참조하라.

자가 관심을 갖도록 노력했다. 세 번째로, 처음에는 신문과 잡지 등 매스미디어에 의해 생겨난 예술비평 또한 원칙적으로 새로운, 현안을 다룬 책, 전시, 공연을 겨냥하게 되었다.31

마지막으로 예술에 대한 예술-장의 성찰, 즉 예술은 '스타일'에 의해 구분된다는 생각 또한 빙켈만의 『고대미술사』 이래 예술비평과 수용자 모두에게 영향을 미쳐왔는데, 그것 또한 예술적 새로움 쪽으로의 정향을 촉진했다.32 스타일의 의미론은 개별 스타일과 집단 스타일에 적용되고, 예술을 역사적 시간을 가로질러 이루어지는 두 스타일 간의 유희로 해석할 수 있을 것이다. 그리하여 새로운 예술가의 모든 작품은 비교 불가능해 보이며, 개별 스타일 측면에서 흥미롭게 되었다.33 개별 예술작품은 다시 역사적으로 집단 스타일 속으로 편입될 수 있을 것이다. '스타일'이라는 관찰도식은 다른 스타일에 대한 한 스타일의 장점을 평가하지 않고도 예술스타일의 재현 간의 단절을 비교하는 시선을 예리하게 해준다. 새로운 스타일은 더 나은 것으로 간주되지 않으며, 단지 자기 나름대로 흥미로운 것으로 간주될 뿐이다. 그와 함께 스타일 개념은 아방가르드의 등장 이전에 그리고 이전 예술을 더 좋은 방향으로 대체했다는 아방가르드의 주장과 독립적으로 예술 관찰의

---

31 그와 함께 경제화와 미디어화 과정이 구조를 틀 짓는 조건으로 예술-장 속에 처음부터 내장된다. 아래의 8. 3에서 그것을 보다 체계적으로 탐구할 것이다.
32 Johann Joachim Winckelmann, *Geschichte der Kunst des Altertums*, Dresden 1764; 또한 Rudolf Heinz, *Stil als geisteswissenschaftliche Kategorie*, Würzburg 1986을 참조하라. 스타일 개념 그리고 새로움에의 정향 간의 관련성에 대해서는 또한 루만, 『예술시스템이론』, 210페이지 이하를 참조하라.
33 여기서 개별 스타일은 저자 기능의 확립과 밀접하게 관련되어 있다. 그에 대해서는 푸코, 『담론의 질서』, 허경 역, 세창출판사를 참조하라.

시간화를 촉진했다.

하지만 부르주아적인 예술적 수용자의 관심은 예술적 새로움의 사이클만을 배타적으로 향하지 않았다. 오히려 '고전적', '좋은 취향'이라는 범주뿐만 아니라 조형예술작품을 미술관에 수용하는 것 등에서 볼 수 있듯이 불후의 것이라는 문화적 기준은 그와 정반대로 작용했다. 부르주아적 버전의 현대예술-장은 독창성에의 정향과 고전성에의 정향 간의 긴장에 의해 구조화되었는데, 후자가 20세기 내내 점점 약화될 때까지 그러했다. 비록 현대예술-장은 보편적으로 인정된 일군의 정전적 규칙을 완벽하게 반복한다는 고전주의의 기준을 완전히 포기했지만 고전적인 것의 구조화 원리는 변형된 형태로 부활되었다.34 고전성을 고대예술과 동일시하는 빙켈만 입장 또한 그것에 큰 영향을 미쳤는데35, 그러다가 고전성 개념이 너무 일반화되어 또한 바이마르 고전주의Weimarer Klassik와 빈 고전주의Wiener Klassik 같은 보다 최근의 역사적 시기와 작품에도 적용되기에 이르렀다. 하지만 '고전성'이라는 관찰도식은 오직 외견상으로만 '불후'의 것을 가리킬 뿐이며 예술 이해의 시간화를 이미 전제했다. 즉 고전성이란 이전에 혁명적이고 새로운 것으로 간주된 예술을 택해 회고적으로 그것이 하나의 패러다임을 정초했다고 해석을 부여하는 것과 관련되어 있다는 것이었다. 그리하여 고전적인 것은 "이상화된 역사적인 것"36, 오랫동안 역사적으로 높이

---

34 그에 대해서는 Ulrich Schulz-Buschhaus, "Klassik zwischen Kanon und Typologie", in: *Arcadia* 29(1994), S. 67-77 그리고 또한 Aleida Assmann/Jan Assmann(Hg.), *Kanon und Zensur. Beiträge zur Archäologie der literarischen Kommunikation* II, München 1987을 참조하라.

35 Winckelmann, *Geschichte der Kunst*를 참조하라.

평가할 만한 것으로 간주되는 것이 되었다. 동시에 고전예술작품은 너무 복잡해 '무한대로 해석 가능한 것'(슐레겔)으로, 끊임없이 계속 점점 새로운 모습을 드러내는 것으로 추정되었다.

그리하여 고전성이라는 관찰도식에서 나오는 결과는 양가적인 것으로 드러났다. 그것은 보다 이전 예술을 정전화하고, 그와 함께 현행 예술을 평가절하하도록 자극하는데, 후자는 과거의 우뚝 솟은 높이에 비해 어쩔 수 없이 열등해 보일 수밖에 없었다. 그와 같은 정전화는 부르주아미학적인 '취향'의 사회화와 밀접하게 관련되어 있는데, 일반적 타당성을 주장하는 그와 같은 미학은 그에 상응하는 도식화된 미에 대한 감각을 동반한다. 학교와 가정에서 고전예술작품에 익숙해지는 것에 의해 가능하면 빨리 이 둘 모두를 훈련할 필요가 있었다.37 동시에 고전성 또한 분명히 시간적 개념인데, 왜냐하면 어떤 작품이 고전적인 것이 될 수 있으려면 일단 새로워야만 하며, 하나의 단절을 표시해야만 하기 때문이다. 이 맥락에서 미술관의 등장 또한 정전화의 양가적인 제도적 확립을 함축한다.38 1800년 이래 유럽에서 미술관이 확산된 것은 예술을 역사적 스타일에 맞추어 제시한 예술의 역사화 및 시간화에 기반해 있었다. 따라서 미술관의 등장은 고전적인 것으로 간주

---

36 Annemarie Gethmann-Siefert, "Das Klassische als das Utopische", in: Rudolf Bockholdt(Hg.), *Über das Klassische*, Frankfurt/M. 1987, S. 47-76을 참조하라.
37 취향에 대해서는 Friedrich Schümmer, "Die Entwicklung des Geschmacksbegriffes in der Philosophie des 17. und 18. Jahrhunderts", in: *Archiv für Begriffsgeschichte* 1(1955), S. 120-141을 참조하라.
38 그에 대한 전반적 개관으로는 Walter Grasskamp, *Museumsgründer und Museumsstürmer. Zur Sozialgeschichte des Kunstmuseums*, München 1981을 참조하라.

하는 것과의 접촉을 통해 미학적 시선을 훈련시켜 준 반면 동시에 예술을 일련의 단절로 이해하는 방식을 보급시켰다.39

새로움의 증명의 역설

18세기 말 이래의 예술-장의 구조적 핵심, 즉 천재미학과 부르주아 수용자라는 2인 1조는 예술에서의 새로움의 체제를 역설로 몰아넣었다. 수용자가 무엇이 독창적 예술이고, 어떤 예술가가 천재인지를 증명했지만 동시에 그와 같은 능력은 예술가 본인에 의해 부정될 수 있었다. 그와 같은 역설은 작품의 독창성의 가치 그리고 그것과 개별 예술가가 어떤 관련이 있는가를 둘러싸고 예술의 생산자와 수용자 간에 영구적 갈등이 벌어지면서 19세기에 명백해졌다. 천재숭배는 수용자의 놀라운 능력을 전제하지만 또한 동시에 '진정한 예술'을 알아볼 수 있다는 그들의 능력을 의심해야 했다. 질젤은 천재숭배를 분석하는 가운데 독창적 작품에 대한 존경은 수용자가 저자 본인과 맺는 정동적 관계 — 그것은 종종 관찰자에게 "인격적 체험"40을 제공한다 — 에 비해 여러모로 덜 중요하다고 지적한다. 더 나아가 독창적 성격에 대한 열광은 누적적인 "열광을 위한 열광"41에 의해 부채질되었다. 그런데 독창적인 예술적 천재와 수용자를 미학적으로 구분하는 틀 내에서는 천재가 주도적 심급인 반면 예술가와 수용자를 구분하는 틀 내에서

39 그와 함께 20세기에 미술관 개혁운동이 가능하게 되었는데, 미술관은 전시 대상을 목전의 현재까지 연장하고, 그와 함께 소장품을 지속적으로 갱신하게 되었다.
40 Edgar Zilsel, *Die Geniereligion. Ein kritischer Versuch über das moderne Persönlichkeitsideal mit einer historischen Begründung*(1918), Frankfurt/M. 1990을 참조하라.
41 앞의 책, 108페이지.

는 수용자가 작품의 가치를 결정했다. 그리하여 등장하는 판단의 기본 문제는 수용자가 미학적 보수주의에 빠져 미학적 새로움을 간과하거나 무가치한 것으로 묵살할 가능성이었다. 그런 식으로 "인정받지 못한 천재"[42]라는 형상이 등장한다. 이 판단 문제는 단지 시간화를 통해서만 해결될 수 있을 것이다. 즉 동시대인은 새로움을 인식하지 못했지만 후대 세대는 창조적 성취에 대해 응분의 존경을 표할 수 있으리라는 것이다.

그리하여 부르주아예술-장 내부에서 예술작품의 새로움의 가치의 적법한 판단자가 누구인가를 놓고 벌어진 영원한 논쟁은 **생산자 논리**를 **수용자 논리**와 대립시켰다. 생산자 논리는 오직 예술가만이 생산물의 독창성을 판단하기에 적합한 기준을 소유하고 있다고 가정했다. 만약 독창적 천재와 수용자 간의 능력 차이가 절대적이라면 오직 저자만이 권한 있는 비평가가 될 수 있을 것이다. 이 견해에 따르면 수용자는 종종 작품의 독창성을 잘못 해석할 수밖에 없으며, 보수적 오인이나 통속적 오독으로 귀결될 수밖에 없으며, 그리하여 '인정받지 못한 천재' 현상으로 이어진다. 수용자는 작품을 자체가 불충분하다는 이유로 평가절하하며, 그것을 좋은 취향이라는 관습에 종속시킨다. 극단적 경우 독창적 작품은 일군의 소규모 옹호자를 넘어서는 약분 불가능한 것처럼 보인다. 그와 같은 생산자 논리는 1800년 이래 널리 확산된 '속물 비판'에서 드러났는데, 그것은 동시에 종종 예술비판과 미술시장에 반대했으며, 천재의 작품은 "먼저 자기의 대중을 교육해야 한다"[43]는

---

42 Franz Roh, *Der verkannte Künstler*, München 1948을 참조하라.
43 Johann Gottlieb Fichte, *Friedrich Nicolai's Leben und sonderbare Meinungen*,

피히테의 요구에서 정점에 달했다.

이 생산자 논리는 수용자 논리에 반대했는데, 후자에 따르면 오직 수용자만이 예술적 독창성에 대해 판단할 수 있다. 그때 부르주아예술-장에서 수용자의 잠재적인 예측 불가능성은 예술비평과 교육제도 형태로 이루어지는 취향에 대한 사회적 규제에 의해 제약되었다. 극단적 해석에 따르면 수용자 논리는 예술의 생산자에게 본인의 작품의 창조성을 판단할 능력을 전면적으로 부정한다. 1800년 이래 (아카데믹한) 수용자의 그와 같은 자기권리 강화를 드러내는데 이용되게 된 담론적 문채文彩가 **천재 인플레이션**44 비판, 즉 천재미학의 선례를 따라 예술가를 과도하게 자기-규정하는 것이 인플레를 이룬 현상에 대한 비판이었다. 그처럼 대대적으로 배타적 업적을 자기에게만 귀속시키는 것은 수용자에 의해 불법적인 것[비정통적인 것]으로 논박될 수 있을 것이다. 슐레겔의 천재 인플레이션 비판이 전형적이다.

> 이미 존재하는 독창성의 양이 많을수록 천재적 독창성이라는 진정 새로운 독창성은 덜 빈번해질 것이다. 그리하여 파생적인 모방자가 무수한 무리를 이루게 된다.45

수용자는 예술가의 자기권리 강화에 대해 이것저것을 비교해볼 수 있

Tübingen 1801, S. 111.
44 그와 같은 비판 노선은 괴테와 칸트 같은 저명한 저자에게서 시작된다. 칸트, 이석윤 역, 『판단력비판』, 박영사, 186~191페이지[§ 46~47]를 보라.
45 Friedrich Schlegel, *Über das Studium der griechischen Poesie*(1795/1797), Paderborn, München u. a. 1979, S. 239.

는 자신의 능력을 맞세울 수 있을 텐데, 예술비평이 예술 형태를 역사적으로 검토하는 가운데 그것을 발전시켰다. 무수히 많은 예술가와 예술작품에 직면해 관찰자 관점에서 이루어지는 역사연구를 통해 비로소 독창성에 대한 판단이 내려질 수 있을 것이다. 그리하여 독창성 그리고 그와 함께 새로움은 합리적 개념이 된다. 게다가 오직 수용자만 그와 관련된 정동적 능력을 소유한다. 예술가는 먼저 수용자의 열광에 의해 천재로 만들어지는데, 수용자는 예술가 그리고 그의 작품 속에서 저 문제 많은 예술의 총체적 관련을 간파해내야 한다. 하지만 그렇게 어떤 것의 영향을 받는 것, 예술에 의해 '사로잡히는 것'은 예술가에 의해 수용자에게 강요될 수 없다. 따라서 미학적 새로움은 가치부여-물음일 뿐만 아니라 또한 어떤 것의 영향을 받는 것과 관련된 물음이기도 하다.

생산자 논리와 수용자 논리 간의, '인정받지 못한 천재'의 옹호자와 천재 인플레이션의 비판자 간의 경쟁은 19세기 중반 이래 새로움의 사회적 검증의 세 번째 논리에 의해 보충되었는데, 아방가르드가 마침내 그것을 완성하게 되었다. **추문화**Skandalisierung 논리가 그것이었다. 거기서 생산자 논리와 수용자 논리는 특정한 방식으로 서로를 제한했다. 생산자는 작품의 독창성을 수용자의 **거부**에 의해 검증받았다.46 어떤 작품을 비미학적인 것 또는 예술적으로 무가치한 것으로 거부하는 것, 그리고 그것에 동반되는 공격적 정동이 작품에 대한 관심을 만들어냈

---

46 조형예술 내부에서는 쿠르베Gustave Courbet가 추문화라는 그와 같은 수단을 의식적으로 사용한 최초의 사람으로 알려져 있다. Bätschmann, *Ausstellungskünstler*, S. 124-132를 참조하라.

다. 반응을 촉발할 수 있는 그것의 능력은, 전통적 취향과 충돌해 오해되지만 독창성의, 새로움의 표시로 해석될 수 있었다. 그와 함께 천재의 생산자 논리와 수용자 논리 그리고 추문화 논리 간의 경쟁이 부르주아예술-장 속에서 미학적 새로움에 대한 타당한 규정을 둘러싼 3인 1조의 영원한 투쟁을 고정시켰다.

3 경계 허물기와 예술성의 탈정통화

미학적 사회성의 요소들 — 창조적 예술가, 예술작품, 부르주아 수용자, 시장과 국가의 제도에 의한 주목의 여과 — 은 부르주아예술-장의 네 기둥이다. 하지만 19세기가 경과하는 동안 그와 같은 구조는 미학적인 것의 사정거리를 확대하려는 두 경향에 의해 복잡해졌다. 먼저 예술적 반문화로 보헤미안이 등장했다. 그리고 두 번째로 창조적인 것과 미학적인 것을 보편화하는 담론이 확립되었다. 둘 모두 미학적 실천과 주체성의 적용 범위의 외부적 한계를 깨뜨리는 전략을 사용했는데, 그것이 후일 창조성-장치가 등장하기 위한 중요한 예비 작업을 수행하게 되었다. 물론 미학적인 것과 관련해 차이를 없애려는 그와 같은 경향은 일상의 심리학과 문화비판에서 미학을 비방하고 예술가를 병리적인 존재로 낙인찍으려는 경향에 의해 상쇄되었다.

예술의 수용자

보헤미안이 등장한 것은 천재미학이 하위문화로 번역된 것으로 이해되어야 한다. 천재미학이 더 이상 다른 사람을 묘사하는 담론이 아니라 예술가가 본인의 주체성을 주조하는 방식으로 바뀌자마자 보헤미안은 그것의 집단적 산물, 즉 부르주아적인 기성질서로부터 멀리 떨어진 도심에 자리잡은 예술적인 하위문화 세계가 되었다. 특히 1830년대의 파리를 그와 같은 보헤미안들의 원형적 장소로 간주할 수 있을 텐데, 그것은 19세기가 경과하는 동안 베를린, 뮌헨, 뉴욕 같은 다른 도시에서도 동일한 장소에 생겨난다. 보헤미안문화는 보다 나이가 많은 '영원한 보헤미안'뿐만 아니라 도시로 도망쳐 예술가가 된 젊은이로 이루어졌다. 예술 활동에 덧붙여 이 세계는 경제적 위태로움을 쾌락주의적 삶의 방식의 화려함('부잣집 도련님들 jeunesse dorée' [원래는 18세기 말의 집정관 시대에 기이한 복장과 풍습으로 세상을 놀래킨 젊은이들을 가리켰다])과 뒤섞은 소우주를 포함했다.47

보헤미안적인 미학적 실천은 미학적인 것의 모든 한계를 허무는 형태를 띠었는데, 예술적 천재숭배가 그것을 주도했다. 여기서 독창성에 정향된 예술가의 활동의 참조점은 예술작품으로부터 라이프스타일 전체 그리고 결국 예술가 자체로 옮겨가게 되었다.48 이 라이프스타일은 보다 좁은 의미에서의 예술적 실천 외에도 한가할 때의 활동, 내밀한 관계를 포함했다. 예술작품 자체는 이차적으로 다루어지지도 않았

---

47 지금까지 이 주제에 대한 최고 연구서는 여전히 Helmut Kreuzer, *Die Boheme. Analyse und Dokumentation der intellektuellen Subkultur vom 19. Jahrhundert bis zur Gegenwart*(1968), Stuttgart 2000이다. 또한 Wolfang Ruppert, *Der moderne Künstler*, Frankfurt/M. 1998, S. 189 이하를 참조하라.
48 사회학적 성찰 범주로서의 라이프스타일에 대해서는 짐멜, 안준섭 외 역, 『돈의 철학』, 한길사, 537페이지 이하를 보라.

지만 그렇다고 해서 일상 활동보다 더 특별한 우위가 부여되지도 않았다. 보헤미안적 형태의 삶은 라이프스타일로서, 기호적 성격이 의식적으로 만들어지는 실천의 총체로서 공격적으로 발명되었다. 보헤미안적인 라이프스타일은 전복이라는 양식으로 운용되었는데, 그리하여 현대예술의 소위 추문화 전략에 부합하는 방식으로 운영되었다. 지속적으로 의복, 내밀한 관계 형태, 말투에서 기성의 라이프스타일 — 이 경우 부르주아적인 중용[중도]주의juste milieu — 과 다름을 표시하는 것이 중요했다. 그와 같은 비순응주의적 양식화[미화]의 특수한 정향은 정반대 형태 — 너무 많거나 너무 적다, 의도적으로 도를 넘거나 아니면 의식적으로 소홀히 하기 — 를 띨 수 있을 텐데, 결정적인 점은 평균적인 것으로부터의 일탈을 분명하게 드러내는 것이었다.[49] 보헤미안적 라이프스타일은 그와 함께 천재미학에 의해 틀지어진 예술가와 관련해 독창성이라는 이념의 일부 내용을 잃고 단지 겉껍데기만 남았으며, 그것을 공식으로 만들기 시작했다. 그것은 예술적 천재의 작품이 약속해주는 것, 즉 특수화와 합리화를 추동하는 현대(성)를 넘어설 수 있는 경험의 총체성과의 관련성을 포기함으로써 원래 내용의 일부를 잃어버렸던 것이다. 이제 새로움은 더 이상 구원과 화해의 환상이 아니라 오히려 기성의 삶의 방식과 구별되는 순수한 차이라는 환상일 뿐이게 되었다. 그럼에도 불구하고 전복적인 보헤미안적 라이프스타일은 규범적 요소를 간직하고 있었다. 비록 예술숭배보다는 훨씬 더 일상적인 방식으로지만 말이다. 보헤미안적 삶은 그렇지 않았더라면

---

49 그에 대해서는 Kreuzer, *Die Boheme*, S. 154 이하를 참조하라.

도덕주의적·물질주의적 사회에 의해 주변적인 것으로 간주되었을 형태의 개별적 표현을 위한 기회의 장소로 간주되게 되었다.

그와 함께 보헤미안문화에서 집단화가, 예술가의 개별적 존재로부터 공통의 반문화로의 이행이 일어난다. 그것은 자체에 고유한 방식으로 자체에 관한 사회학적인 유사-이론을 만들어내려고 했는데, 내부적으로는 자신을 하위문화로 간주하고 외부적으로는 주류와의 차이를 강조했다.50 그리하여 예술계와 사회 전체 간의 적대관계가 독창적 천재와 부르주아 수용자라는 양극을 대체하게 되었다. 그와 함께 보헤미안 예술가는 천재의 개별성을 넘어 보다 좁은 의미에서의 **사회적** 유형이 되며, 본인을 보헤미안으로 파악하며 또 타자들에 의해 그렇게 파악된다. 그것은 수용자 역할을 복잡화하는 결과를 가져왔다. 예술계 자체가 비록 소수지만 수용자 자체로 등장했는데, 그것은 하나의 계급으로서의 부르주아를 비판적 관찰 대상으로 삼는 반면 구매력을 가진 부르주아 수용자로부터 최대한 독립을 유지하는 동시에 거리를 유지했다. 역으로 부르주아 수용자는 더 이상 개별 예술가와 그의 작품에만 초점을 맞추는 것이 아니라 오히려 집단적 존재방식으로서의 보헤미안 세계 전체에 초점을 맞추었다.

'라 보엠La bohème'은 실제로 은폐된 하위문화가 아니라 처음부터 보다 미디어적으로 연출된 하위문화로, 부르주아적 연출법에 의존했는데, 뮈르제의 1851년도 작품『보헤미안적 삶의 정경들』에서 초기의

---

50 여기서 자기-사회(학)화Selbstsoziologisierung라는 개념은 아카데미즘 내부의 전문적인 분과학문인 사회학이 아니라 사회가 우세해지는 사태에 직면해 본인을 급진적 집단으로 지각하게 된 보미안-행위자들의 자기-주제화와 관련되어 있다.

정점을 찾아볼 수 있다.51 그의 묘사는 한편으로는 쾌락주의적인 젊은 성인들의 이상향으로서의 보헤미안을 순치시키려는 태도 그리고 다른 한편으로는 정치적 · 도덕적 위험의 원천으로 추문화하려는 태도를 왔다갔다했다. 그와 함께 보헤미안문화는 예술을 넘어 미학적 실천을 묶고 있던 고삐를 풀어준 동시에 새로운 제약을 도입했다. 앞의 제약은 미학적 창조 행위가 예술작품으로부터 라이프스타일로 넘어감으로써 그리고 전복 메커니즘이 일반화됨으로써 제거되었다. 새로운 제약은 심리학적 · 성격적인 것이 아니라 자기-사회(학)화라는 의미에서 궁극적으로 사회적인 것이었다. 예술가는 자신을 반문화의 일원으로, 일반화를 피하기 위해 애쓰는 '소규모 급진 소수파'로 간주했다.

창조성의 보편화 프로그램

18세기 말부터 예술-장의 형성이 철학의 분과학문으로서의 미학뿐만 아니라 그와 함께 대중철학이라는 인접 영역 그리고 교양과 교육에서의 과제 설정을 포함해 담론의 '폭발'을 수반했음은 잘 알려져 있다. 여기서 천재미학은 미학적인 것 그리고 예술적인 것과 관련된 보다 광범위한 담론-장의 오직 작은 일부만 구성했을 뿐이다. 그와 같은 담론 복합체의 큰 부문은 예술 그리고 비예술 또는 대중적인 미학적 실천 간의 경계를 확보하는 데 관심을 갖고 있었다. 하지만 그와 같은 일종의 출입국관리소에 미학적인 것을 보편화하려는 강력한 프로그램이 맞서게 되었는데, 1800년경 이래 여러 곳에 구멍이 나게 되었다.

---

51 Henri Murger, *Scènes de la vie de bohème*, Paris 1851. 또한 Honoré de Balzac, *Un prince de la bohème*, Paris 1892를 참조하라.

그것은 미학적인 것 그리고 창조적 주체가 예술의 한계를 넘어서도록 하려고 했다. 18세기 중반에 벌어진 철학 논쟁과 대중적 논쟁에서 그와 같은 보편화 경향의 단초를 이미 관찰할 수 있다. 가령 영이 『창조적 구성에 관한 추측들』(1759년)에서 창조적 천재 개념을 도입했으며, 모든 사람이 자체에 고유한 '독창성originality'을 소유하며, 따라서 비록 대부분 상황의 제약을 받지만 창조적 성취를 이룰 수 있다고 주장했다.

> 자연은 우리 모두를 독창적 존재로 낳았다. …… 독창적 존재로 태어난 이상 어떻게 복제품으로 죽는 일이 일어날 수 있단 말인가? 저 참견하기 좋아하는 원숭이, 모방이 …… 펜을 가로채 자연의 분리의 표시를 완전히 지워버렸다.52

비록 영은 모두에게 창조성을 함양하기 위한 어떤 교육프로그램도 제시하지 않으며, 곧장 단일한 예술적 천재에 관심을 전념하지만 여기서 순응적 성격이 아니라 창조적 개인이 자연적 토대인 것은 주목할 만하다. 비록 사회라는 장애물 때문에 대부분 결실을 맺지 못하지만 말이다.

미학 담론에서 산발적으로 등장한 그와 같은 보편화 경향은 1800년경부터 체계적 프로그램으로 변하며, 부분적으로는 또한 부르주아 교육제도 속으로 스며들기 시작했다. 그것을 문화적 '미학화 프로젝트'로 해석할 수 있을 텐데, 그것은 예술의 자율성 주장 및 천재미학에

---

52 Edward Young, *Gedanken über die Original-Werke*(1759), Heidelberg 1977, S. 39ff. 영에 대해서는 또한 Günter Blamberger, *Das Geheimnis des Schöpferischen oder: Ingenium est ineffabile?*, Stuttgart 1991, S. 60 이하를 참조하라.

반대하는 동시에 그것을 전제했다. 비미학적 실천에 비해 미학적 실천을 자율성을 가지며, 도구적·도덕적 행위에 비해 예술작품의 창조자는 독립성을 가진다는 가정은 이어 두 번째로 미학을 모든 실천으로까지 연장하기 위해 필요한 첫걸음으로 나타난다. 만약 미학적 창조와 자아창조가 정통적 존재방식일 뿐만 아니라 심지어 합리주의적 현대(성)보다 우월하다면 왜 그와 같은 미학적 창조와 자아창조가 '새로운 인간'을 만들어내기 위한 일반적 프로그램의 목표가 되어서는 안 되는가 하는 물음이 제기된다. 결국 그것은 독창적 천재를 어느 정도 민주화할 것이다.

미학적인 것의 보편화 프로그램은 일반적으로 미학작품의 **생산자**와 함께 시작되었다. 미학적 수용자로서의 대중은 이미 보편화되어 있**으며**(비록 실제로는 사회적으로 중간계급에 제한되어 있었지만 말이다), 생산자에 대해 단지 수동적이며 수용적일 뿐이다. 이제 적극적·창조적 주체의 기능 또한 일반화하는 것이 필요한 것처럼 보였다. 그것은 두 가지 방식으로 일어날 수 있다. 창조적 주체의 **능력**을 예술가로부터 비예술가 쪽으로 옮기는 것에 의해 그리고 창조적 실천과 관련된 **행위의 범위**의 경계를 허물어 예술생산으로부터 삶의 방식 전체로까지 연장하는 것에 의해 말이다. 이 틀 내에서 예술가와 예술작품은 계속 모델로 나타나는데, 더 이상 비범한, 도달 불가능한 이상이 아니라 오히려 사회 전체에게 그리고 모두에게 이상적인 것이 되어야 하는 모방 가능한 모델이라는 의미에서 말이다.

창조성의 보편화와 관련해 각각 실러, 에머슨, 마르크스 그리고 니체 저술에서 찾아볼 수 있는 네 가지 상이한 방향을 가리키는 네 가지

프로그램이 역사적으로 특히 중요한 영향을 미쳤다. 실러와 에머슨은 '총체적인' 미학교육에 도움이 되었는데, 독일의 인문계 김나지움과 미국의 칼리지의 교양과목에 영향을 미쳤다. 반면 마르크스와 니체는 문화혁명을 위한 반부르주아적 프로그램에 기여했는데, 미학화를 각각 '좌'와 '우'에서 밀고 나가려고 시도했다.

『인간의 미학교육에 관한 서신』에 들어 있는 실러의 미학적 관념론은 현대(성)에서의 사회적 분업에 대한 진단과 함께 시작되는데, 그것은 개인에게는 "존재의 분열"[53]을 의미한다고 본다. 인류에게 선천적인 미학적 '유희충동'의 동원은 감각적 충동과 형상화 충동을 결합해 개인의 전체성을 되찾는 동시에 '미학적 국가'에서의 도덕적·정치적 완성을 가능하게 하기 위한 전략으로 등장한다. 에머슨의 후기-낭만주의적인 초절주의는 사회적 순응주의가 널리 확산되어 있다는 진단을 출발점으로 하는데, 그것이 인간의 참된, 표현적 본성을 은폐한다는 것이다.

> 모든 인간은 진리에 따라 살며, 표현을 요하기 때문이다.[54]

따라서 예술가, 특히 시인이 창조적 자존 self-reliance의 모델이다. 에머슨에게서는 시인의 '자발성' 속에서 개인의 개별성이, 모든 것을 포함하며 종교 속에 뿌리를 두고 있는 자연의 흐름에의 참여와 결합된다. 실

---

53 실러, 안인희 역, 『미학 편지』, 휴먼아트, 76페이지.
54 Ralph Waldo Emerson, "The Poet"(1844), in: ders., *The Works*, Bd. 3, Boston, New York 1909, S. 7-45, 여기서는 S. 11.

러의 미학교육 모델이 여전히 예술작품의 수용적 체험과의 연결고리를 간직하고 있는 반면 에머슨의 적극적인 창조적 주체는 예술과의 모든 관련으로부터 거의 완전히 풀려난다.

마르크스의 소외비판의 기본 통찰 또한 핵심은 사회의 탈미학화에 대한 비판 중 하나로 볼 수 있을 것이다. 그것은 인간의 기본 욕구와 상충된다. 그는 부르주아사회에 내재적인 분업 그리고 욕구의 자본주의적 조작이 기본 문제임을 확인했다. 감각의 강요된 금욕과 미학주의는 같은 동전의 양면임이 드러난다. 인간의 실천이라는 그의 규범적 모델은 실제로 본질에서는 미학적인 것인데, 이 말은 감각적인 것의 전개라는 가장 일반적인 의미로 이해되어야 한다. 마르크스는 이렇게 쓴다.

> 인간적 본질이 대상적으로 전개된 부를 통해서야 비로소 주체적인 **인간적 감성의 풍부함**이 생성되고, 음악적 귀, 형식미를 위한 눈, 간단히 말해 인간적 향유를 할 수 있는 **감각들**, 인간의 본질적 힘으로 확증되는 **감각들**이 비로소 한편으로는 도야되고 비로소 다른 한편으로 산출된다.[55]

이 설명에서도 또한 예술가는 소외되지 않은 인간적 노동이 일반적으로 대변하게 될 것과 같은 종류의 창조적 존재의 모델로 기능한다.

마지막으로 니체의 미학화 프로그램 또한 자기 자신을 생산적으로 고양시키는 '자아창조'의 주체를 겨냥하는데, 그렇게 해서 부르주아적

---

[55] 마르크스, 강유원 역, 『경제학철학 수고』, 이론과 실천, 136페이지.

노동의 맥락으로부터 풀려나오게 된다는 것이다.56 여기서 지배적인, 본질적으로는 기독교적인 의무의 윤리에 의해 공급되는 주체의 도덕화가 그것의 음화적 배경막으로 이용된다. 니체는 '미학적 조건'의 이상으로서의 포월인이라는 형상을 갖고 그와 같은 금욕적 도덕(성)에 맞서는데, 거기서 아폴론적인 것과 디오뉘소스적인 것이라는 고전적 개념이 교차되어야 한다. 포월인은 무한한 창조와 향유의 주체로, 그의 오감과 정동은 도덕적 통제로부터 자유롭다. 미학적인 것을 무이해 관심적 수용자에 국한시키는 칸트와 반대로 니체의 미학적 주체는 미학적으로 생산자인 동시에 미학적으로 영향을 받는 존재로 사유된다. 하지만 그처럼 미학적인 것을 부르주아예술의 협소한 경험 가능성으로부터 해방시키는 한편 그는 창조적 주체를 '포월인'으로 규정함으로써 그에게 배타성을 회복시켜준다.

예술가의 병리(학)화

앞서 암시한 대로 미학적인 것, 창조적인 것, 예술가의 보편화 프로그램은 천재미학과 동일한 종류의 도전에 부딪혔다. 더 나아가 1800년 이후 예술가를 병리적 형상으로, 본인뿐만 아니라 사회를 위험하게 만드는 존재로 보려는 담론을 확립하려는 시도가 이루어졌다. 미학적 실천을 구조적으로 열어놓으려는 시도에, 그것으로부터 사회적 정통성을 박탈하려는 시도를 맞세웠던 것이다.57 천재미학과 병리학 이론

---

56 니체, 김미기 역, 『인간적인 너무나 인간적인』, 책세상과 정동호 역, 『차라투스트라는 이렇게 말했다』, 책세상을 참조하라.
57 그와 같은 문화비판적 병리학화는 철학 내에서 준비되었다. 무엇보다 먼저 키르케고어

에 의해 추동된 예술 및 예술가의 신비화가 병행적으로 이루어진 것은 오직 얼핏 보기에만 놀라울 수 있을 것이다. 실제로 둘 모두 동일한 구분도식에 기초하며, 단지 어떤 측면을 더 선호하냐에서만 차이가 있었다. 양쪽 모두 예술가의 심리적인·성격적인 **예외적** 성격과 순응적인 다수 간의 구분에 기초했다. 천재미학이 그것을 대중의 평균성에 대한 독창적 천재의 우위로 해석한 반면 병리학 담론은 위험할 정도로 비정상적인 예술가를 보통 사람들의 심리적 '건강함' — 그렇게 주장되었다 — 과 대립시켰다. 천재미학이 정신적·영혼적으로 루틴에서 풀려나오는 것을, 무엇을 창조할 수 있는 능력 — 그것은 이어 미학적 유토피아에서 보편화된다 — 과 연결시킨 반면 병리학 담론은 예술가를 철저하게 정신으로 축소시켰다. 만약 생산적 성취를 이룬 것이 하나도 없다면 그의 심리 상태는 병적일 뿐만 아니라 사회를 위협하는 것으로 드러날 것이다.

창조성을 병리학화하는 그와 같은 전략은 어떤 경로를 따를까? 이념사는 갈레누스의 체액론으로까지 소급되는 풍부한 의미론적 재고품에, 즉 특이한 예술적·지적 성취를 '우울'의 특징을 보여주는 속성과 동일시하는 재고품에 의존할 수 있을 것이다. 그것은 내성부터 우울증에 이르는 여러 특징의 폭넓은 장을 포괄하지만 모두가 부정적 함의를 가진 것은 아니다. 실제로 우울은 여기서 창조성을 보충하는 것으로 이해될 수 있을 것이다.[58] 예술가를 병리적 존재로 진단하기 위해 우울의 의미론에 속하는 요소들이 기능을 바꾸려면 두 가지 요소가 전제

Søren Kierkegaard, 『이것이냐 저것이냐』를 참조하라.
58 Hanna Hohl, *Saturn, Melancholie, Genie*, Hamburg, Stuttgart 1992를 참조하라.

되어야 했다. 먼저 예술-장 내부에 보헤미안과 부르주아뿐만 아니라 천재와 대중 간의 대결에서 유래하는 투쟁적 성격이 존재해야 했다. 두 번째로는 '성격론'이 심리학과 의학이라는 분과학문으로 변형되어야 했다. 심리적 '비정상성'이라는 개념이 등장한 것은 이 맥락에서였다. 예술작품뿐만 아니라 삶의 방식을 놓고 벌어진 독창성과 전복 간의 문화전쟁에서는 예술가를 비꼬는 듯한 삿대질 그리고 공격적으로 병리학화하는 수단이 모두 동원되었다. 그리하여 이번에는 부르주아 도덕의 평판을 떨어 뜨려온 보헤미안과 예술가 평판이 떨어지게 되었다. 예술가는 이제 본질적으로 감탄할 만한 작품을 창조하는 사람이 아니라 오히려 심리적으로 신뢰할 수 없는 존재로 특징지어졌다. 작품 자체가 가치를 부정당한 이상 그를 신뢰할 수 없는 것은 그저 예술작품의 독창성의 불가피한 이면으로서 더 이상 용납될 수 없었다. 그 결과 예술가는 심리적 적응 능력을 결여하고 있다는 진단만 남게 되며, 그는 천재가 아니라 사기꾼으로 폭로된다.

그와 같은 예술가의 병리학화는 렐뤼의 『소크라테스라는 악마』와 함께 시작되는데, 최초로 일화 중심의 병적학病跡學 서술을 시도했다. 그리고 모로의 『병적 심리학』이 있는데, 소위 예술적 천재의 신경계에서 일어나는 비정상적 변동에 관한 미심쩍은 이론을 제시했다.59 천재미학이 미학적인 것과 관련된 다른 관념론적 프로그램과 마찬가지로 예

---

59 Louis F. Lélut, *Du démon de Socrate*, Paris 1836; Jacques-Joseph Moreau de Tours, *La psychologie morbide dans ses rapports avec la philosophie de l'histoire, ou De l'influence des névropathies sur le dynamisme intellectuel*, Paris 1859를 참조하라. 심리학에서의 천재의 병리학화에 대해서는 또한 아래 4. 2의 논의를 참조하라.

술가의 독특성을 자율적인 감각적·정신적 행위 능력과 등치시킨 반면 병리학화는 정반대의 유물론을 이용했다. 여기서 천재는 뇌와 심리에 불과할 뿐이다. 그의 심리적 예측 불가능성은 인간의 '건강한 상식'과 반대되며, 이제 예술가를 문화적 위계에서 더 이상 그것 위가 아니라 아래에 놓는다. 최악의 경우 예술가를 비도덕적인 자들과 병자들의 비정상성과 동일시하는 것으로 나아가는데, 가령 『타락한 예술』[60]에서의 노르다우의 공격에서 그것을 찾아볼 수 있다. 그리하여 예술가는 아우라를 가진 형상 위치에서 '천한' 외부인, 즉 다수의 도덕과 건전함을 벗어난 외부인으로 완전히 전락한다. 예외적 천재에 대한 열광은 공격적 배제 행위로 전도되는데, 심지어 절멸이라는 환상으로까지 치닫는다.[61]

하지만 완전히 대립되는 경향에도 불구하고 병리학 담론은 기본 가정에 관해 천재미학 및 보헤미안적 하위문화에 동의했음을 기억해야 한다. 양쪽 모두 예술가라는 형상을 지배적인 문화질서 외부에서

---

60 Max Simon Nordau, *Entartung*, Berlin 1892를 참조하라.
61 물론 그와 같은 병리학화 경향 또한 부분적으로 예술가의 신화화에 일조하게 된다. 예술가는 자기를 묘사할 때 본인의 소위 비정상적 성격 그리고 비도덕성을 선택받은 자가 겪는 고통의 표시로, 주변의 속물들에 대한 병적 저항으로, 하지만 또한 사회적 결함이 본인의 정신 속에 반영된 현상으로 내세울 수 있을 것이다(Eckhard Neumann, *Künstlermythen*, Frankfurt/M. 1986, S. 155 이하를 참조하라). 또한 대중 관점에서도 예술가의 심리적 별남은 매혹의 대상이 될 수 있을 것이다. 1891년에 사망한 이후 계속 발달해온 고흐 이미지에 대한 강한 관심이 좋은 사례라고 할 수 있을 것이다(특히 Matthias Arnold, *Vincent van Gogh. Werk und Wirkung*, München 1995, S. 808 이하를 참조하라). 거기서 병리적인 것을 도덕과 관련해 따지던 태도를 버리고 흥미 관점에서 보려는 태도 변화가 일어나고 있음을 알 수 있다.

작동하는 문화적 타자로 간주했다. 그와 함께 그처럼 예술가를 '타자'로 규정하는 것은 다양한 보편화 프로그램에도 불구하고 부르주아예술-장에 전형적인 것처럼 보인다.62 하지만 예술가의 타자성의 정확한 의미는 세 가지 상이한 음역Register 사이에서 동요했다. 카리스마적·미학적 음역, 준-사회학적 음역, 심리-병리학적인 음역이 그것이다. 카리스마적·미학적 음역에서 예술가는 배타적, 아우라적 형상으로, 인간존재 전체와 관련된 독창적 작품의 창조자이다. 그것은 신비화된 타자이다. 대중 내부에서 작용하는 외부로, 생산자가 아니라 수용자이며, 충동의 제공자가 아니라 수신자이다. 여기서 내부는 외부로부터 받는 미학적 자극의 강도에 대해 외부에 의존한다. 준-사회학적 음역에서 예술가는 그에 반해 반패권적·주변화된 보헤미안 집단의 일원이다. 의식적으로 자가-창조된 타자이다. 자기의식적 타자로서의 보헤미안은 한 계급으로서의 부르주아계급이 이루는 내부에 대한 경계를 표시한다. 여기서 외부는 교란의 공격적 힘으로 작동하며, 내부의 정통성에 심각한 도전을 제기한다. 마지막으로 심리-병리학적 음역에서 예술적 천재는 심리학적 예측 불가능성과 도덕적 타락의 지위로 축소된다. 추방된 타자가 그것이다. 여기서 예술가는 다수 ― 공격적 거부 대상이 된다 ― 의 심리적 정상성으로 이루어진 내부에 대해 외부를 표시한다.

---

62 문화이론에서의 타자/외부 형상에 대해서는 라클라우Ernesto Laclau/무페Chantal Mouffe, 이승원 역, 『헤게모니와 사회주의 전략』, 후마니타스를 참조하라.

4 부르주아예술-장과 이 장의 정동의 작도법

현대예술-장의 기원에 대한 가장 통찰력 있는 사회학적 분석은 루만의 『예술의 체계』와 부르디외의 『예술의 규칙』에서 찾아볼 수 있다. 하지만 두 접근법 모두 결함을 드러낸다. 루만은 예술-장은 "지각을 본래 목적과는 낯선 용도로 사용하는 것"[63]에 기반하기 때문에 사회적 포맷과 구분된다고 정확하게 지적한다. 또한 대중과 미학적 새로움이 미학적 커뮤니케이션을 구조화하는 방식에도 주목한다. 하지만 그는 예술-장을 지성화하는 경향을 보인다. 즉 예술에 대한 커뮤니케이션적 반성으로 예술작품에 대한 감각적 지각을 대신한다. 더 나아가 예술적인 것 및 미학적인 것에서의 경계 구분과 허물기 과정 간의 갈등은 체계의 자율성이라는 기능주의적 전제에 의해 간과된다.

다른 한편 부르디외는 프랑스문학을 사례로 이 장의 적대적 기원을 올바로 강조한다. 즉 대중적인 예술적 실천과 순수 미학이 경쟁을 벌이며, 그것에 의해 후자는 보헤미안문화와 모호한 관계를 맺게 된다는 것이다. 생산자 논리와 수용자 논리는 여기서 상호 경쟁하게 된다. 그는 또한 『구별짓기』에서 부르주아적 사용자가 '정통취향'을 획득하는 방법을 학습할 때 예술-장이 어떻게 주체화 효과를 만들어내는지도 지적한다. 하지만 예술-장에서의 경계 허물기의 역사적 과정을, 그것이 어떻게 창조성-장치의 등장으로 이어지기까지 다른 장들을 위해 지속적인 패러다임적 성격을 갖게 되는지를 설명할 때는 루만과 동일

---

63 루만, 『예술시스템이론』, 76페이지.

한 난점에 부딪힌다. 부르디외에게 경계 허물기는 주로 보헤미안문화 수용의 대중화에 있다. 동시에 그는 예술의 사회적 성격을 참여집단 간의 구별짓기 투쟁으로 환원시키고, 예술작품과 생산자뿐만 아니라 예술작품과 수용자 간의 상호대상적 사회성을 무시하는 경향을 보인다.64

따라서 두 사람의 해석 속에 들어 있는 몇 가지 요소를 받아들일 수 있을 것이다. 비록 예술-장의 사회적 자릿값에 대해 결국 각각 강조점을 달리한 독법에 도달하겠지만 말이다. 그와 같은 대안적 독법의 기본 진술을 반복해보자. 예술의 사회-장은 사회적인 것이 예술적 오브제 및 이벤트 생산과 수용에 초점을 맞추도록 함으로써 현대(성) 일반에서의 문화발전을 위한 청사진을 구성한다. 그에 따라 자율적인 예술-장의 출입국사무소는 미학적인 것의 정치에 의해 경계를 넘어가도록 부단히 초래된다. 예술-장은 사회 전체의 모델로, 그것을 구성하는 모든 성분에 지속적 영향을 미칠 수 있을 것이다. 예술은 모든 참여자에게 미학적 새로움, 놀라움, 규범으로부터의 독창적 일탈을 향해 정향할 것을 이례적인 정도로 기대한다. 예술-장은 규범적·합목적적인 합리적 행위와는 거리가 먼 자가동역학적·감각적·정동적 충동에 대한 참여자의 감수성을 훈련시킨다. 동시에 미학작품의 생산의 에토스를 발전시키도록 예술가를 훈련시킨다. 그리하여 예술은 특수한 '대중적 상황'을 모델로 사회적인 것 일반을 재형성하는데, 거기서 미학적 자극은 [직접] 나설 필요로부터 자유로워진 수용자를 위해 생산된다.

두 사람은 예술-장 해석에 근본적 중요성을 가진 또 다른 측면은

---

64 부르디외에 대한 그에 상응하는 비판에 대해서는 또한 Heinich, *Ce que l'art fait à la sociologie*를 참조하라.

등한시한다. 우리가 여기서 채택 중인 모델에 따르면 예술은 특수한 정동의 논리 그리고 정동의 정치에 의해 특징지어진다. 정동의 논리는 예술-장의 내적 구조, 그것이 다른 사회-장과 맺는 관계에 적용된다. 들뢰즈가 사회적 형성물의 '정동의 목록'을 작성하고, 사회적 성좌에 내장된 정동적 관계, 매듭과 확산을 철저하게 분석할 것을 촉구한 것은 옳았다.[65] 이 종류의 정동적 작도법은 실제로 현대예술-장 이해에 필수불가결하다. 19세기 말 이래 동시에 등장한 현대의 다른 사회-장과 비교해볼 때 예술은 유난히 높은 정도로 그리고 체계적으로 정동의 생산에 의해 특징지어질 수 있을 것이다. 계속 냉각 중인 현대(성)의 체계의 바다에서 예술은 뜨거운 군도群島이다. 그와 같은 정동적 강도는 그것에 기본적인 활동에서 유래한다. 즉 미학적 실천, 다시 말해 예술작품을 수용, 생산하는 실천을 만들어내는 것이 그것이다. 예술작품은 규정상 정동적·감각적 관계의 강화를 지향한다. 미학적 자유의 느낌, 직접 행동할 필요로부터 자유로워졌다는 감동, 관조, 충격, 당혹감, 예술작품을 다루면서 느끼는 향유나 쾌락, 그것을 창조하는 행위 속에서 느끼는 열광의 느낌 등이 그것이다. 새로움이라는 미학적 체제는 앞서와 같은 정동화에 지속적으로 새롭고 놀라운 대상을 바라는 욕망이라는 특수한 형태를 부여한다.

　　부르주아예술-장이 그처럼 긍정적인 정동적 벡터 — 수용자/예술작품 그리고 예술가/예술작품 — 만이 아니라 다른 부정적인 동시에 긍정적인 벡터의 수렴 장소였음이 명백해졌다. 소위 주체-대상 간의

---

[65] 들뢰즈, 박기순 역, 『스피노자의 철학』, 민음사, 161페이지 이하를 참조하라.

정동적 관계의 첫 번째 군이 그에 상응하는 주체 간의 정동적 관계라는 세 번째 군을 떠받치게 되었다. 대중은 예술가를 작품의 독특한 창조자로 찬양한 반면 본인에게 열광한 예술가는 작품을 개성의 표현으로 지각했다. 그와 함께 부르주아예술-장에서 나타나는 주체 지향 정동은 많은 측면에서 대상 지향 정동 위에 겹쳐지는 것처럼 보인다. 그리고 그때 그것의 중심에는 개성과 총체적 관련성을 창조적으로 통일시키는 사람으로서의 예술가의 이상적 자아에 대한 열광이 자리 잡고 있다. — 그와 같은 열광이 작품 자체가 빛을 잃도록 만들 정도로 말이다. 그리하여 여기서 **정동에 대한 정동**을 관찰할 수 있을 것이다. 영향받는 것에 의해 영향받으며, '열광을 위해 열광하는 것'이 그것이다. 그와 같은 정동에 대한 정동은 또한 미학적인 것의 보편화 프로그램에서도 생기는데, 거기서는 인간의 창조적 전개가 개별 예술작품과 예술가를 넘어 매력적인 일반적 문화적 목표가 된다. 보헤미안의 하위문화가 예술적인 것의 정동적 정치를 한층 더 복잡하게 만들며, 몇 가지 새로운 정동적 벡터를 만들어낸다. 즉 창조성을 예술작품으로부터 라이프스타일로 연장함으로써 끌어내는 정서적 만족, 집단적 아방가르드로서의 예술공동체 내부에서의 정서적 자기확신, 그와 같은 집단이 자신 그리고 속 좁은 부르주아를 대상으로 경멸적으로 선을 긋는 것 그리고 역으로 공격적 논쟁, 심지어 보헤미안에 의해 문화질서가 불안정해질지 모른다는 부르주아계급의 몇몇 부문의 두려움 그리고 동시에 부르주아계급이 정확히 그와 같은 자유의지론적 라이프스타일에 은근히 매료되는 것이 그것이다. 이어 예술가의 병리학화가 예술-장의 정동적 작도법 속으로 훨씬 더 폭넓은 최후의 축을 삽입했다. 예술가를 위험하고 비도덕적인 형상으로 아이러니하게 비방하기 시작해 증오심에 가득 찬 상태에 이르기까지 중상하는 것이 그것이다.

초기의 부르주아적 버전에서 현대예술-장은 높은 정도의 정동적 강도에 의해서만 특징지어졌던 것이 아니다. 또한 그와 같은 정동성에 내적 모순과 긴장이 없던 것도 아닌데, 긍정적 정동과 부정적 정동 모두 동시에 작동하고 있었기 때문이다. 실제로 부르주아예술은 **투쟁의 정동적 장**을 대변했는데, 거기서 예술작품, 예술가, 미학 그리고 창조성의 신화화는 독창성, 미학의 정통적 범위를 가늠할 수 있는 적절한 기준을 놓고 예술가와 대중이 벌이는 열띤 논쟁과 대조를 이루었으며, 마지막으로 거기서 예술가는 합리적 사회질서의 해체의 가증스러운 상징으로까지 지위가 격하되었다. 그와 같은 정동적 갈등은 예술-장에 자율성을 부여하는 것 그리고 미학적 유토피아 및 보헤미안에 의한 경계 허물기 시도 간에 존재하는 긴장에 의해 촉진되었다.

그와 함께 예술의 사회-장은 18세기 말에 형성되기 시작한 현대사회에서 단지 자율성을 획득하려고 애쓰는 보다 특수화되고 분화된 한 영역 이상의 것을 형성한다. 사회적인 것을 미학화하고 미학적 놀라움과 일탈 쪽으로 정향함으로써 무엇보다 먼저 현대(성)의 다른 지배적인 장을 합리화하는 장들과 근본적으로 구분되었다.[66] 비록 그것들은 미학적 성격을 결코 완전히 박탈당해본 적이 없지만 말이다. 쇼펜하우어 이래 예술-장의 그처럼 특수한 지위는, 부르주아사회에서 예술은 그와 같은 사회의 합리주의 체계에 대한 감각적·정동적 보상

---

[66] 그와 함께 예술은 (부르주아적인 그리고 조직화된) 현대(성)의 정동의 결여에 대한 응답으로 해석될 수 있을 것이다. 그에 대해 보다 자세히는 아래의 8. 1에서의 논의를 참조하라.

형태라는 기능주의적 주장을 지지해왔다.67 하지만 보상 개념은 부르주아사회에서 예술의 사회-장이 받아들이는, 정서로 충만한, 호전적인 정치적 태도를 전혀 공평하게 다룰 수 없다. 그와 같은 사회에서 예술가는 우울적 동일시 대상, 상황이 여의치 않으면 공격적으로 저항해 나가는 쪽으로 돌변할 수 있는 형상이 되었다.68 부르주아는 이상적 자아와 자신을 동일시했는데, 처음에는 그것을 모방하는 것은 사회적으로 생각조차 할 수 없는 것처럼 보였다. 노동과 가족으로 이루어진 부르주아사회의 합리주의 및 도덕과 상충되기 때문에 그렇게 될 수 없는 부르주아적 주체에게 예술가는 매력적 타자였다. 대중은 예술작품을 엄청나게 만들어낼 뿐만 아니라 자기 상상력을 따를 수 있는 허가증을 갖고 사회적 규범 및 역사적 선례로부터 벗어나[일탈해] 작품과 성격 그리고 다른 종류의 삶을 형상화하기 때문에 예술가를 찬양했다. — 그리고 그처럼 반순응주의적 정향을 통해, 비록 또한 종종 사후에 서지만 사회적 인정을 받기 때문에 말이다.

창조성-장치가 등장해 결국 예술의 사회-장이 사회의 다른 장들과 맺는 관계를 혁명적으로 바꿀 것이다. 20세기 내내 그리고 이후까지 아우라를 풍기는 예술가의 자아라는 모방 불가능한 이상을 창조적 자아라는 모방 가능한 이상으로 변형시킬 것이다. 예술가가 보편적으로 인정된 창조적 주체라는 롤모델이 될 수 있으려면 예술과 다른 장

---

67 쇼펜하우어Arthur Schopenhauer, 곽복록 역, 『의지와 표상으로서의 세계』, 을유문화사를 참조하라.
68 프로이트에게서 차용한 우울적 동일시 개념이 버틀러에게서는 다르게 사용된다. 『권력의 정신적 삶』, 195페이지 이하[5장 우울증적 젠더/거부된 동일화]를 참조하라.

모두 구조적으로 상호 동화되는 방식으로 바꾸어야 할 것이다. 앞으로 살펴보겠지만 특히 자본주의사회, 매스미디어, 대중심리학, 도시디자인에서 작동하는 미학화 과정은 점점 더 창조적 주체 쪽, 그리고 그것들의 청사진으로서의 미학적 새로움의 사회체제 전체 쪽을 향하게 되었다. 역으로 예술-장이 예술가의 창조능력을 연장하고 일상화하며, 예술적 절차의 사정거리를 극단적으로까지 늘리면서 예술적 실천 또한 변한다. 결국 경제, 매스미디어, 심리학 담론이 미학적으로 되는 반면 예술-장과 예술가는 아우라를 잃는다. 그리하여 모든 것이 상호 평등하게 연결된 창조성-장치의 한 부문이 된다. 예술-장은 결국 진 동시에 이긴 셈이다. 배타적인 미학적 실천 그리고 동일시 공간으로서의 예외적 지위는 포기해야 했던 반면 탈주술화된 버전 속에서 동시에 후기현대 그리고 이 사회가 전체적으로 창조성 쪽으로 정향되는 것의 모델로 격상되는 것이다.

3장

원심적 예술:
예술적 실천의 자기-경계 허물기

1 나무트 감독의 〈폴록〉

1951년에 나무트의 단편영화 〈잭슨 폴록〉이 개봉되었다. 그는 화실에서 작업 중인 폴록 모습을 보여주는 일군의 흑백사진을 이미 출판한 바 있었다. 이 연작 사진은 처음에는 대부분 무시되었다. 뉴욕의 〈현대미술관MOMA〉의 사진큐레이터로 일하던 스타이켄Edward Steichen은 그것을 부적절한 것으로 묵살했다. "잘 아시겠지만, 나무트 씨, 예술가를 이런 식으로 찍어서는 안 돼요."[1] 그에게 '복잡한 인간존재의 본성과 인격은 작업 중인 모습을 보여주면 단지 부분적으로만 드러날 수 있을 뿐'이다. 하지만 연작사진 이후 개봉된 영화는 즉각 주목받았다. 1951년에 MOMA 그리고 〈우드스탁영화제〉에서 상영되었다. 영화라는 매체

---

[1] Hans Namuth/Barbara Rose, *Pollock Painting*, New York 1980, S. 47.

가 작업 중인 시각예술가를 보여주기 위해 최초로 사용되었다. 예술의 창조성의 신비 같은 것을 대중에게 — 감독 주장으로는 어느 정도 — 접근 가능한 것으로 만들기 위한 시도가 이루어져왔다.[2]

많은 측면에서 나무트의 초상화 작업은 예술가에 대한 천재숭배에 이르는 길을 닦아온 작가와 예술가의 초상화 작업의 계보학의 오랜 전통에 속하는데, 그것은 르네상스까지 거슬러 올라간다. 그의 작품에서 가장 주목할 만한 것은 예술적 실천에서, 예술가 그리고 대중과 예술가가 맺는 관계에서 일어난 근본적 구조변동을 드러내는 방식에서 찾을 수 있다. 20세기 초 이래 관찰할 수 있는 그것은 1960년대 이후 완전히 분출하기 시작했다. 그것의 핵심에서 예술-장의 개별적 구성요소가 자체에 고유한 경계를 허물고, 특히 창조적 실천과 그것의 담지자에게 일어난 변화에 의해 추동되는 모습을 관찰할 수 있을 것이다. 예술가는 더 이상 현대(성)의 문화질서의 아우라적 타자라는 모델 위에 기반한 배타적 형상이 아니며 이제 '미학적 노동$^{\text{ästhetischer Arbeit}}$'[미학=노동]의 실행자가 되어 우연한 사건뿐만 아니라 학습 가능하고 부분적으로는 공유 가능한 — 또한 집단예술의 — 요소와 절차를 이용했다. 나무트의 사진과 영화는 이미지의 그와 같은 변동을 모순적 형태로 상세히 기록한 것으로 볼 수 있을 텐데, 동시에 시각예술가에 대한 담론을 통해 그것을 촉진한다. 그것들은 예술가=천재라는 19세기 모델을 반복하는 한편으로 예술의 창조성이 나중에 내가 계속 '원심적인 예술적 실천$^{\text{cen-}}$

---

[2] 졸고의 몇몇 구절은 이전의 "Vom Künstlermythos zur Normalisierung kreativer Prozesse", in: Christoph Menke/Juliane Rebentisch(Hg.), *Kreation und Depression. Freiheit im gegenwärtigen Kapitalismus*, Berlin 2011, S. 98-117에서도 찾아볼 수 있다.

trifugale Kunstpraxis'으로 부르게 될 것 속으로 변형되는 것을 대변한다.

나무트가 찍은 500장 이상의 사진은 두 군으로 분류될 수 있다.[3] 한 군은 폴록의 화실 겸 집의 모습과 그의 초상을 보여준다. 다른 군은 화실에서 작업 중인 모습을 보여준다. 첫 번째 군에서는 자연을 배경으로 한 단순한 시골집을 보게 되는데, 폴록은 일종의 '외로운 남자'로 나타난다. — 창턱에 기대 서 있거나, 저 밖의 초원에 나가 있거나 차에 앉아 있는데, 항상 담배를 물고 청바지와 옅은 색의 오픈 셔츠나 청색 자켓 또는 검정색 티셔츠를 입고 있으며, 무심한 듯하지만 깊은 생각에 잠겨 있으며, 짜증스러워하는 표정을 카메라 속으로 던져 넣고 있다. 두 번째 군에서 우리는 작업 중인 그를 본다. 캔버스가 바닥에 놓여 있고, 그는 상체를 굽힌 채 몸을 이리저리 흔들어가며 드립페인팅으로 그림을 그리는데, 그것의 속도가 종종 화면을 흐리게 한다. 사진의 관심은 다리에 초점을 맞춘 채 춤추는 안무가 모습을 환기시킨다.

10분 길이의 나무트의 단편칼라영화는 두 번째 군에서 모티브를 취한 다음 폴록의 목소리와 펠드만Morton Feldman의 무조음악으로 사운드 트랙을 추가한다.[4] 먼저 폴록이 거친, 페인트로 뒤덮인 한 짝의 작업용 부츠를 후딱 신는 모습이 보인다. 아마 반 고흐의 그림에 나오는 농부의 신발 그리고 그것을 미술이론으로 논하는 하이데거 논의를 환기시

---

[3] Namuth/Rose, *Pollock Painting*은 나무트와 크라우스의 사진과 해설로 이루어져 있다. 사진이 당시에 미친 영향에 대해서는 Allan Kaprow, "The Legacy of Jackson Pollock", in: *Art News* 57(1958), S. 24-26과 S. 55-57을 참조하라. 폴록의 예술사적 의미에 대해서는 특히 Leonhard Emmerling, *Jackson Pollock*, Köln 2003을 참조하라.
[4] Hans Namuth/Paul Falkenberg, *Jackson Pollock, Film, Museum at Large*, USA *1950*, 10 min.

키기라도 하듯5 영화 내내 반복해서 그것에 시선이 고정된다. 보다 긴 시퀀스가 춤을 추듯 드립페인팅으로 그림을 그리는 동작을 기록하기 전에 페인트를 따르고 섞는 모습이 보인다. 영화 1부에 이어 장면이 바뀌며 보다 짧은 시퀀스가 화랑에서 그림을 거는 폴록 모습을 보여준다. 한 방문객 — 실제로는 폴록 부인이다 — 이 뒤에 보이는데, 한 그림을 주의 깊게 관람 중이다. 전체적으로 영화의 각각의 장면에 주어지는 시간상의 비중을 명확하게 확인할 수 있다. 격식을 차린 분위기에 잠긴 화랑 시퀀스에 할당되는 짧은 시간은 정신없이 바쁘게 그림을 그리는 것 자체에 그것을 종속시키는데, 후자는 상세하게 영화에 담긴다. 그와 같은 선호는 3부에서 한층 더 분명해지는데, 그것이 이 영화의 극적 클라이맥스를 구성한다. 폴록이 드립페인팅 기법으로 바닥에 놓인 유리 위에 그림을 그리고 있는데, 유리 위에 자갈, 단추 그리고 그 밖의 다른 작은 물건을 펼쳐 놓았으며, 전체가 아래로부터 스펙터클하게 영화에 담긴다.

나무트가 그린 초상화는 여러모로 19세기의 천재미학이 주장한 예술가 모델에서 여러 소품을 매우 공공연하게 차용했다. 폴록이 고독한, 혼자 독백하는, 뚜렷하게 남성적 형상이라는 인상은 전원을 배경으로 자리 잡은 외딴 목재 집에 의해 강조된다. 반대로 리버만은 1960년에 사진집 『화실 속의 화가』에서 본인의 책에 포함된 모든 화가를 도시의 '산업디자이너' 스타일의 스트를 입은 모습으로 보여주었다.6 나무트

---

5 그에 대해서는 제임슨, 『포스트모더니즘, 혹은 후기자본주의 문화 논리』, 45페이지 이하를 참조하라.
6 Alexander Liberman, *The Artist in His Studio*, New York 1960.

는 폴록을 반부르주아적 비트족으로, 내면의 깊이를 표면으로 끌어올리는 표현적 주체로서의 예술가를 구현한 사람으로 간주한다. 폴록의 동작은 사전에 계획된 것이라기보다는 무엇인가에 들린 듯하며, 내면세계를 억누를 길 없이 표현하고 있다. 예술적 실천은 여기서 대중의 눈에서 멀리 떨어진 곳에 위치한 화실에서의 지속적인 작업에 의해 이루어진다고 가정하는 듯하다. 그것은 내향성과 외향성의 공생을 수반한다. 미친 듯이 자기에게만 몰두한 예술가는 그림을 그리는 과정의 외견상 강박적인 활동과 짝을 이루고 있다. 폴록의 해설은 표현성이란 내적인 것과 외적인 것 간의 부합 관계라는 주장이 무엇을 의미하는지를 분명하게 해준다. "유리 위에 그린 첫 번째 그림과의 접촉을 잃어버렸다"[7]는 말로 그는 폐기된 초안을 지워버린다.

하지만 그것은 단지 이야기의 한 측면일 뿐이다. 나무트가 그린 초상화는 또한 예술생산의 문화적 의미가 어떻게 근본적으로 구조를 바꾸고 있는지를 보여준다. 이 영화는 예술창조가 예술적 **노동**[예술=노동]으로 정상화되는 것을 예시하는데, 그것은 1960~1970년대에 확고해진다. 폴록의 드립페인팅은 예술생산과정을 너무 일상적인 것으로 만들어 동시대의 일부 관객에게는 이미 통속적인 것처럼 보였다. 드립페인팅에서 그림을 그리는 것은 공간 속에서 무작위적·자동적으로 캔버스 위에 페인트를 분배하는 화가의 신체 움직임으로 환원된다. 그림을 그리는 행위는 성찰적 자아의 숙고된 행동이 아니라 오히려 의식의 개입 없이 펼쳐진다. 유리 표면에 오브제를 분배할 때 폴록은 완

---

[7] 영화 안에서 폴록이 직접 하는 말이다(저자).

전히 '새로운' 것의 창조자보다는 '발견된 오브제found object'[주로 기계 제작된 일상용품으로 기성 물건이지만 미술작품이나 미술작품의 일부로 새로운 지위를 부여받은 오브제를 말하며, 뒤샹의 변기가 대표적이다. '레디메이드'와 거의 동일한 의미이다]의 배치자로 나타난다. 드립페인팅과 오브제의 배치에 주목함으로써 영화는 관객의 시선을 황홀경 상태의 독창적 천재로서의 예술가로부터 멀리 떼어내 창조적 기법과 사용되는 오브제 향하도록 만든다. 예술가는 오브제를 다루는 노동자로, 어떤 의미에서는 오브제가 배치되도록 만드는 단순한 매체가 된다.

그와 함께 관찰자 관점에서 볼 때 생산과정은 대중을 위한 퍼포먼스로, 대중 앞에서의 퍼포먼스로 바뀌어 스튜디오의 프라이버시를 파괴한다. 로젠버그는 분명히 나무트 영화를 염두에 두고 폴록이 대변하는 양식을 더 이상 추상표현주의가 아니라 액션페인팅이라고 불렀다.[8] 거기서 미술의 미학적 오브제는 더 이상 완성된 물질적 예술작품 ─ 미술관에 걸린 그림 ─ 이 아니라 오히려 대중 앞에서 이루어지는 예술가의 퍼포먼스가 된다. 퍼포먼스는 'perform'이라는 동사의 두 가지 의미 모두로, 즉 완성/실행이라는 의미 그리고 제시/전시라는 의미로 이해되어야 한다. 해석학적으로 봉인된 예술작품은 예술이벤트로 대체되는데, 1960년대 이래 퍼포먼스 아트가 포스트모던 미술 전체의 패러다임으로 보일 수 있을 정도이다.

나무트 영화에서 퍼포먼스는 예술이벤트일 뿐만 아니라 하나의 개인으로서의 포스트모던 미술가 자체가 등장해 공개적 퍼포먼스를 통

---

[8] Harold Rosenberg, "The American Action Painters", in: *Art News* 51(1952), S. 2223과 48-50을 참조하라.

해, 특히 미디어 퍼포먼스를 통해 본인의 페르소나를 인정받고 찬양받는 예술가가 된다는 것이 분명해진다. 나무트 영화는 폴록이 미국의 영화계와 일반 대중 사이에서 스타덤에 오르게 하는데 결정적 역할을 했는데, 너무나 다루기 어렵고 접근 불가능한 것으로 간주된 그의 작품만으로는 그렇게 하기가 거의 불가능했을 것이다. 그는 오직 광범위한 대중 앞에서 본인의 실천의 내밀한 세부사항의 베일을 벗기는 것을 통해서만 유명세를 얻을 수 있었으며, 시각적으로 신체를 남의 눈에 맡기고, 관객에게 직접 말을 걸며, 그리하여 인격Persönlichkeit을 전체적으로 가시화하는 것 같다. 독창적 천재의 특징 — 별남, 보헤미안적 태도, 표현성 — 이 여기서 예술가의 자기연출 소품으로 재등장하는데, 예술가의 작품에 익숙하지 않아도 인식할 수 있다. 이 영화는 예술적 실천에서 예술가적 자아의 레퍼토리에 속하는 퍼포먼스의 한 측면을 조명해준다. 예술가적 자아는 단지 화실의 고독 속에서 예술만 창조하지 않으며, 무엇보다 예술가로서의 지위가 대중의 매료된 시선에 의해 증명되도록 하기 위해 애쓴다. 따라서 예술가 형상은 자체에 고유한 힘을 가진 미학적 오브제가 된다.

2 예술-장의 안팎의 경계 허물기

예술적 실천, 예술가-주체, 예술-장 전체가 20세기가 흐르는 동안 겪은 변형이 나무트의 폴록 영화 속에 반영된 것으로 볼 수 있을 것이다. 그와 같은 변형의 일반적 특징은 무엇일까?

앞 장에서 살펴본 대로 보다 이전의 부르주아예술-장은 예술의 창조성을 둘러싸고 정동적으로 폭발력이 큰 갈등이 벌어질 수 있는 일련의 극적 배경을 제공했다. 즉 독창적 천재의 내면의 갈등, 예술가의 독창성을 판단할 궁극적 권리를 둘러싼 천재와 수용자 간의 갈등, 예술가는 창조자이자 적대적 관계를 화해시키는 자라는 아우라적 개념 그리고 예술가는 병적 인물이라는 낙인찍기 간의 갈등, 마지막으로 보헤미안과 부르주아 간의 갈등이 그것이다. 그런 다음 포스트부르주아예술-장에서 그와 같은 정동적 드라마는 점차 진정되는데, 특히 1980년대 이래 등장하기 시작한 소위 포스트모던 미술-장에서 가장 두드러졌다. 일차적으로, 피상적으로 볼 때 에른스트Max Ernst부터 키펜베르거Martin Kippenberger, 나우만Bruce Naumann에 이르는 예술가의 자기논평에 의해 수행된 예술가 신화의 광범위한 해체가 그와 같은 단계적 축소에 기여했다.9 하지만 진정한 변형은 현대의 미학적 사회성을 구성하는 네 가지 요소 간의 경계가 허물어진 것이었는데, 그에 대해서는 앞 장에서 상술한 바 있다. 새로움의 창조자로서의 예술가, 미학적 오브제, 수용자[대중], 주목 끌기와 관련된 제도적 틀이 그것이다. 경계 허물기는 예술 내부에서 **내재적으로** 일어났다.

따라서 그와 같은 사태전개는 19세기에 부르주아예술-장에서 이미 단초적인 방식으로 일어나기 시작한 다양한 **외적** 경계 허물기 시도와 구분될 수 있을 것이다. 우리도 이미 탐구한 바 있지만 경계 허물기

---

9 Peter-Klaus Schuster/Eugen Blume(Hg.), Ausst.kat. 'Ich kann mir nicht jeden Tag ein Ohr abschneiden.' Dekonstruktionen des Künstlermythos, Museum für Gegenwart 14, Berlin 2008.

의 가장 중요한 두 가지 전략은 미학적 창조성의 보편화 프로그램 그리고 보헤미안적인 하위문화였다. 엄밀히 말해 앞의 프로그램은 더 이상 독립적인 장으로서의 예술과 관련된 것이 아니라 예술을 라이프스타일로 변형시키는 것을 겨냥했다. 그것은 비미학적 실천을 예술의 미학적 평면도와 **비슷하게 따라** 만들려고 시도할 정도로 외적 경계를 허물었다. 예술에서 출발해 미학적인 것의 경계를 허물려는 시도는, 즉 자체에 고유한 한계를 넘어서까지 예술을 연장하려는 시도는 20세기 내내 그리고 이후까지도 계속 강화되어왔다. 아래 장들에서의 논의는 그것이 영향을 미친 사회-장에서 해당 과정을 추적하는데 할애될 것이다. 가령 미학적 창조성의 보편화에 대한 주로 철학적·문화적 비판 담론은 '창조적 자아'라는 심리학적·교육학적 모델 속으로 흡수되기 시작했는데, 그것은 중간지식계급에 영향을 미쳤다.10 역으로 보헤미안적 라이프스타일은 청년문화와 반문화에 의해 '미학자본주의'를 위한 전제조건 중 하나로 차용되고, 지속되고, 마침내 닻을 내리게 되었다.11

그처럼 미학-장의 경계가 외적으로 허물어진 것은 예술을 넘어서까지 영향을 미친 반면 예술-장 내부에서 **내재적인** 구조적 경계 허물기는 1900년 이래 일어나기 시작했다. 내재적 경계 허물기란 아래 의미이다. 즉 미학적 사회성의 기본 계획을 구성하는 요소의 적용 범위는 늘어나는 반면 부르주아예술-장을 특징지은 배타성의 특징은 약화

---

10 그에 대해서는 아래 5장에서의 논의와 Andreas Reckwitz, *Das hybride Subjekt. Eine Theorie der Subjektkulturen von der bürgerlichen Moderne zur Postmoderne*, Weilerswist 2006, S. 452 이하를 참조하라.
11 아래 4장에서의 논의를 참조하라.

되는 것이 그것이다. 따라서 내재적 경계 허물기는 사람과 오브제의 단순한 양적 확대(더 많은 예술가, 예술작품, 수용자 숫자) 이상의 것을 포괄하게 되었다. 비록 분명히 그와 같은 일이 일어나지만 말이다. 무엇보다 먼저 그와 같은 변동은 예술작품으로 타당한 것, 예술 활동으로 타당한 것, 대중의 반응으로 타당한 것의 범위가 확대되는 것을 포함했다.

가장 중요한 것은 창조적 실천으로 인정되는 것 그리고 예술가라는 주체적 위치에게서 기대되는 것에 대한 규정을 좁혀온 경계가 허물어지게 된 점이었다.12 이제 예술적 실천은 오브제와 기호를 포함해 광범위한 범위의 활동을 망라하게 되었는데, 그중 많은 것은 학습 가능하고 모방 가능한 것으로 간주되며, 과학, 장인의 솜씨, 미디어, 광고 또는 디자인 같은 다른 사회-장의 기술에 의존하게 되었다. '예술을 하는 것Kunst-machen'은 어느 정도 절차화Prozeduralisierung되는데, 통속적이고, 정상화된 노동 절차로 구성되면서 절차화는 더 이상 감추어지는 것이 아니라 오히려 추가적인 오픈-소스적 전달을 위해 공개된다. 그와 함께 예술가는 배타적 형상으로서의 특수한 지위를 잃고, 전문적인 '역량 프로필'에 집착하게 되었다. 그의 활동은 특이한 것이기를 그치고 '미학적 노동'이 되었는데, 그것은 또한 집단으로도 수행될 수 있을 것이다.

미학적 오브제의 경계 허물기는 그와 같은 사태전개와 밀접한 관

---

12 예술가 모델 일반의 변형에 대해서는 Verena Krieger, *Was ist ein Künstler? Genie — Heilsbringer — Antikünstler*, Köln 2007; Michael Wetzel, "Autor/Künstler", in: Karlheinz Barck u. a.(Hg.), *Ästhetische Grundbegriffe. Historisches Wörterbuch*, Bd. 1, Stuttgart, Weimar 2000, S. 480-544; Matthias Michalka/Beatrice von Bismarck (Hg.), *The Artist as ……*, Nürnberg 2006.

련이 있다. 20세기가 시작된 이래 예술작품은 물리적으로 별개인, 독특하며 통일된 실체라는 규정은 다양한 방식으로 부식되어왔다. 예술로 간주되는 것은 범위가 계속 넓어져 퍼포먼스와 설치, 그리고 미술과 디자인 간의 경계구역을 포함하게 되었다. 예술 수용자의 미학적 태도 또한 일정한 활동 공간을 얻게 되었다. 부르주아적 취향에 의해 강요된 제한이 고삐를 늦추자[13] 수용자는 점점 더 단순한 수용자보다는 예술과정에의 적극적 참여자로 기능하게 되었다. 마지막으로 예술-장에 대한 주목이 시장과 국가에 의해 조절되는 방식에 의해 일군의 경계가 추가적으로 허물어졌다. 이제 미학적 새로움에 대한 수용자의 주목은 더 이상 부르주아적 정전이나 예술비평가에 의해 방향이 정해지지 않는다. 정전의 실종을 잘 보여주는 지표 중 하나는 미술관 전시가 고전예술 중심에서 당대의 예술작품을 계속 바꾸어 전시하는 쪽으로 방향을 틀고 있는 점이다.[14] 예술-장 내부에서 그처럼 모든 내재적 경계가 허물어진 것은 20세기 말에 앞의 장을 창조성-장치 전체를 위한 구조적 모델로 만드는 결과로 이어졌다.

아래 논의에서 예술-장 내부 그리고 그것을 둘러싸고 일어난 경계의 그처럼 점진적인 허물기 과정의 주요한 진행 단계를 보다 상세히 추적해볼 것이다. 그와 같은 허물기와 관련해 두 가지 연속적인 역사

---

[13] 부르주아적 취향의 부식 그리고 아카데미적 취향과 대중적 취향 간의 새로운 종합에 대해서는 특히 Bernard Lahire, *La culture des individus. Dissonances culturelles et distinction de soi*, Paris 2004를 참조하라.
[14] 그와 같은 제도적 변형 과정은 예술사회학에 의해 상세히 문서로 기록되었다. 미술관과 관련해서는 특히 Peter Galassi u. a.(Hg.), *Making Choices 1929, 1939, 1948, 1955. The Museum of Modern Art*, New York 2000을 참조하라.

적 맥락을 식별할 수 있을 텐데, 둘은 상호 이행한다. 1900년 이후의 아방가르드와 1960년대 이후의 포스트모던 미술이 그것이다.15 아방가르드도 또 포스트모던 미술도 예술스타일로 환원 불가능하며 오히려 예술생산과 정통예술의 기준, 예술적 주체 형태, 수용자의 위치 간의 — 계속 변동하는 — 일군의 관계로 이해되어야 한다. 창조성의 형태의 그와 같은 복합체 속에서 아래 같은 일련의 별도의 변형이 진행되었다. 즉 초현실주의 이래 진행된 예술적 실천의 절차화, 바우하우스부터 미니멀리즘으로 이어진 예술적인 것의 '물질화Materialisierung'의 상이한 경향, 뒤샹 이래 대중을 동등한 파트너로 여기고 다시 말을 걸게 된 것, 예술의 창조성을 파운드 오브제의 전유로 재규정한 것, 작품으로부터 예술이벤트로 이동한 것, 예술가가 배치자와 명사名士로서 이중의 역할을 하게 된 것 등이 그것이다.

---

15 그처럼 아방가르드를 모더니즘의 자율성의 미학을 위한 예비 이상의 것으로 보는 독법에 대해서는 뷔르거Peter Bürger, 최성만 역, 『아방가르드의 이론』; Richard Sheppard, *Modernism — Dada — Postmodernism*, Evanston 2000을 참조하라. '포스트모더니즘' 미술이라는 개념은 여기서 단지 하나의 목발로 이용되고 있을 뿐이다. 이 개념에 대해서는 Leslie Fiedler, "Cross the Border — Close the Gap", in: ders., *Collected Essays*, Volume II, New York 1971, S. 461-485; Charles Jencks, *Die Sprache der postmodernen Architektur. Entstehung und Entwicklung einer alternativen Tradition*, Stuttgart 1988을 보라.

3 아방가르드적 창조성

절차와 오토마티즘

창조성과 관련해 형태의 최초의 예리한 변형은 예술의 절차화와 관련되어 일어났다. 아방가르드의 맥락에서 그와 같은 변형은 초현실주의에 의해 가장 체계적으로 수행되었다. 초현실주의는, 러시아의 문학 이론가 슈클로프스키가 1917년에 쓴 한 논문의 제목을 빌리자면, '기법으로서의 예술'을 실천했으며16, 미학적 새로움의 생산 문제를 해결하기 위한 실천적 방법을 발전시켰다. 그것은 새로움의 지위 자체에도 영향을 미치게 되었다. 창조적 예술가라는 오래된 모델은 여기서 가령 에른스트에 의해 단호하게 포기되고, 폄하되었는데, 그는 이렇게 썼다.

> 예술가의 창조성이라는 동화는 서구 문화의 최후의 미신이자 창조 신화의 슬픈 유해이다.17

그와 같은 사유가 주체와 기법 간의 구분을 도입했다. 창조의 능동적 주체는 '마치 저절로 인 듯' 진행되며 예술가를 휩쓸어버리는 창조 과정의 내적 동역학으로 대체되었다. 예술가는 더 이상 모든 것을 이끄

---

16 슈클로프스키Viktor Šklovskij, 「기법으로서의 예술」(1917년), 토도로프Tzvetan Todorov 엮음, 김치수 역, 『러시아 형식주의』, 이화여자대학교출판문화원, 50페이지.
17 Max Ernst, "Was ist Surrealismus?", in: *Ausst.kat. Was ist Surrealismus?*, *Kunsthaus Zürich*, Zürich 1934, S. 3-6, 여기서는 S. 3.

는 힘이 아니라 작품의 등장을 지켜보는 수동적 또는 매개적 위치로 밀려나게 되었다. 독창적 천재에게 제기되는 요구, 즉 작품을 창조하라는 요구는 작품이 알아서 등장하도록 길을 열어주어야 한다는 요구로 대체되었다.

그런 식으로 초현실주의는 새로움과 정상성 간의 대립을 깨뜨렸다. 독창적인, 새로운, 놀라운 작품의 창조는 더 이상 예외가 아니라 규칙이며, 저자의 개입 없이 이루어지는 이벤트였다. 저자의 개입은 과도한 자기통제를 통해 그저 사태의 자연스러운 흐름을 체계적으로 방해하는 요소 역할이나 할 수 있을 뿐이다. 초현실주의자들이 예술의 창조성을 절차화하기 위해 사용한 주요 방법 중 하나는 우연한 발생이라는 메커니즘을 이용하는 것이었다.[18] 그것에 의해 예측 불가능한 사건이 저절로 일어나는데, 그것은 인간 주체에 의해 창조된다기보다는 촉발되고 기록되었다. 그와 함께 임의의 것이 발생하도록 함으로써 새로움의 생산과 관련해 예술가와 작품 간에 표현의 관계를 설정하는 모델에 대한 대안을 제시했다. 오직 특정 예술가만이 특정 예술작품을 만들어낼 수 있다는 가정에서 출발하는 모델과 달리 우연의 산물은 더 이상 어떤 창작자에게 분명하게 귀속시킬 수 없는 것이다. 하지만 창조성의 그와 같은 테크닉은 동시에 '프로그램화된 자발성이라는 역설'을 포함한다. 이 프로그램에 따르면 학습 가능한 테크닉의 도움으로 우연에 접근하면 그것을 통해 예측 불가능한 것을 방법적으로 프로그

---

[18] 그에 대해서는 Bernhard Holeczek, "Zufall als Glücksfall. Die Anfänge eines künstlerischen Prinzips der Avantgarden", in: ders./Lida von Mengden(Hg.), *Zufall als Prinzip*, Heidelberg 1992, S. 15-24를 참조하라.

램화 가능한 것으로 만드는 것이 가능해진다는 것이다.

브르통, 에른스트, 마송 같은 시인과 화가는 초현실주의의 맥락 내부에서 일련의 그와 같은 창조 테크닉을 발전시켰다. 세 가지 상이한 유형의 테크닉을 구별할 수 있을 것이다. 심리 내적인 것, 상호 대상적인 것, 상호 주체적인 것이 그것이다. 브르통의 잘 알려진 "자동기술écriture automatique"19 기법은 무엇보다 먼저 심리 내적 과정에 의지한 창조 방법이었다. 그것의 본질적인 두 가지 구성요소는 무의식과 속도였다. 기술자는 몽상적état de rêve 상태에 접어들도록, 의식의 자기통제와 수면 상태 사이 — 이 속에서 이미지와 단어가 자발적으로 그리고 정리되지 않은 채 마음속에 떠오를 수 있다 — 의 중간 상태에, 즉 의식으로부터 풀려난 상태에 도달하는 것을 목표로 훈련을 거듭해야 한다. 물감을 캔버스에 칠할 때와 같은 예술생산과정에서 속도는 과정을 자동화하고, 의식적 통제를 압도하기 위한 기본 요령이었다. 마송은 그와 같은 생산 기법에서 발생하는 핵심 문제를 찾아냈는데, 언제 멈추는가를 아는 것이 그것이었다. 창조적 생산이 미리 정해진 어떤 계획도 따르지 않을 때는 예술작품이 언제 완성되는가를 결정짓기가 어렵게 된다.20

초현실주의적 절차화의 두 번째 버전은 에른스트가 제공했다. 오

---

19 Beate Bender, *Freisetzung von Kreativität durch psychische Automatismen. Eine Untersuchung am Beispiel der surrealistischen Avantgarde der zwanziger Jahre*, Frankfurt/M. u. a. 1989, S. 73-103을 참조하라. 또한 그와 같은 흐름의 강령을 담은 브르통André Breton, 『초현실주의 선언』(1924년)(황현산 역, 『초현실주의 선언』, 미메시스, 89페이지를 보라).
20 Bender, *Freisetzung von Kreativität*, S. 167-186을 보라.

브제 및 소재와 상호작용하는 오토마티즘automatism[의식적 사고를 피하고 생각이 흘러가는 대로 그림을 그리는 화법]이 그것이었다. 그는 아이들의 놀이를 이용해 프로타주[대상물 위에 놓은 종이를 연필 등으로 문질러 모양을 내는 기법] 방법을 발전시켰다.21 흥미로운 표면 구조를 가진 일상용품 위에 종이를 놓고 연필로 문지르면 다양한 대상에서 만들어진 형태가 연이어 덧붙여진다. 그렇게 문지르면 반자동적으로 대상의 음화가 생산되며, 덧붙이는 행위는 결합의 임의성을 추가한다. 자동기술과 프로타주는 예술생산방법으로 간주되었지만 완전히 다른 담론, 즉 심리학 — 그것으로부터 부분적으로 영향을 받으며, 그런 다음에는 다시 그것에 영향을 미쳤다 — 담론에서 사용하는 방법과의 구조적 공통성을 보여준다. 그리하여 자동기술은 프로이트의 '자유연상'에서 사용되는 요소를 이용하며, 프로타주는 실험적인 창조심리학 기법과 유사성을 갖고 있다.

창조 테크닉의 세 번째 유형, 실험 기법recherches experimentales으로 알려진 초현실주의적 놀이는 기본적으로 연상기법으로 이루어진다.22 지금 여러 사회집단이 그것을 사용하고 있는데, 1950년대 이후 익숙해진 조직심리학의 브레인스토밍을 닮았다.23 '실험 기법'은 심리 내적인 또는 대상 상호 간의 과정보다는 상호주체성에 의해 연상을 만들어내는데, 그리하여 창조적 천재는 창조 공동체로부터 절단되었다. 그

---

21 앞의 책, 125~146페이지와 154~159페이지; Max Ernst, "Au-delà de la peinture"(1936), in: ders., *Ecritures*, Paris 1970, S. 244-265를 보라.
22 Ralf Convents, *Surrealistische Spiele*, Frankfurt/M. 1996을 보라.
23 그에 대해서는 아래 5. 4에서의 논의를 참조하라.

것의 목표는 예술의 생산이 아니라 오히려 있을 것 같지 않은 아이디어를 생산하기 위해 정신적 이완을 연습하는 것이었다. 그와 함께 예술과 놀이 간의 경계가 유동적으로 되었다. 그때 온갖 변형태를 가진 다양한 실험 기법이 항상 동일한 모델에 따라 진행되었다. 즉 두 개의 이질적 현상이 상호 관련되어 있음을 이해 가능하게 만드는 것이 그것이다.[24] 하나의 군으로 이루어진 성좌는 여기서 여러모로 창조성의 원동력임이 드러나는데, 참여자를 인위적으로 짧은 시간 안에 문제를 해결하라는 압력 아래 놓고, 일련의 연상이 참여자 사이에서 연속적으로 이어지는 것을 가능하게 해주고, 마지막으로 유희적인 경쟁 정신을 촉진하기 때문이다.

그와 함께 초현실주의적 절차화는 창조성의 지배 영역을 주체성뿐만 아니라 실천 모두에게까지 연장한다. 예술뿐만 아니라 다른 실천도 심리학적 기법부터 아이들의 놀이에 이르기까지 창조잠재력을 품고 있어야 한다. 그와 같은 연장은 주체 수준에서의 창조성의 일반화에 상응했다. 만약 창조성이 연상기법에 의존한다면 그것은 더 이상 예술가에게만 국한될 수 없을 것이다. 오히려 모든 사람이 잠재적으로 그렇게 할 수 있을 것이다. 초현실주의는 전에는 병적인 존재로 낙인찍혀왔지만 지금은 연상의 연쇄가 서구의 평균적 성인의 그것보다 덜 고정되어 있어 창조성을 발휘하도록 운명지어진 것처럼 보이는 집단, 즉

---

[24] 가령 놀이 참여자는 각자가 모두 특수한 대상을, 가령 [수정점占에서 사용하는] 수정 구슬을 떠올리며, 이어 아무 관련성도 없는 연속되는 26개 질문에 대답해야 한다는 데 동의했다. '1. 그것은 주행성인가 아니면 야행성인가? 2. 사랑에 대해 우호적인가? ─ 그렇게 계속 이어지는데, 26번째 질문은 이렇다. '그것은 어떤 범죄에 부합하는가?' (Convents, *Surrealistische Spiele*, S. 56 이하를 참조하라).

유아, 원시인, 정신병자에게 체계적으로 주목했다.25 그리하여 병리적 또는 비정상적 주체는 정상적 존재로 복권되었을 뿐만 아니라 창조적 자아를 예시하고 있음이 입증되었다. 그는 예술가의 모델 자체가 될 수 있을 것이다.

물질화와 기법화Technisierung

창조성의 절차화에 덧붙여 아방가르드적 환경 그리고 이어서 포스트모더니즘에서 창조 과정이 '물질화', 즉 초점이 물질의 역할로 정향되는 과정이 시작되었다. 그와 같은 사태전개의 핵심에는 예술의 소재적 담지자로, 예술의 물질적 오브제로 정당하게 간주되는 것에 대한 이해의 확대가 존재했다. 그와 함께 미학화 과정의 초점은 아이디어와 의미로부터 가공되어야 하는 오브제의 물질성의 외견상 '저급한' 수준으로 옮겨갔다. 1970년대에 그와 같은 과정이 가속화되었는데, 그것에 의해 미학적 오브제와 일상용품 간의 엄격한 경계는 세속적 오브제에 미학적 특징을 부여하는 것에 의해 토대가 허물어졌다. 바디아트Body Art와 랜드아트Land Art는 이 경향을 보여주는 단 두 가지 사례일 뿐이다. 다다와 초현실주의가 이미 개별적 일상용품을 예술작품 — 가령 발견된 오브제 — 으로 통합한 바 있었다. 더 나아가 미술의 물질성과의 관련은 특히 예술창조 그리고 인공물의 일반적 생산 간의 경계가 체계적으로 무너지는 것에 의해 바뀌게 되었다. 그것은 특히 예술생산

---

25 여기서는 아르 브뤼art brut, 原生美術를 예시하는 정신병자들의 회화에 대한 프린츠호른의 연구가 잘 알려져 있다. Hans Prinzhorn, *Bildnerei der Geisteskranken*, Berlin 1922를 참조하라.

과 기술적·공업적 생산 간의 경계에 영향을 미쳤다. 예술적인 것과 기술적인 것 간의 그와 같은 간섭을 무엇보다 먼저 매우 상이한 두 가지 맥락 속에서 찾아볼 수 있을 것이다. 먼저 디자인에서의 예술과 기술의 교배가 그것으로, 1920년대의 동유럽의 구성주의와 바우하우스가 그것을 시도했다. 그리고 1960년대의 미국의 미니멀아트의 연작이 그것이다.

특히 소련과 바이마르공화국에서 생산미술과 디자인예술은 미학적 오브제를 이전에 예술로 간주되던 것의 경계 너머로까지 밀고 나가는 동시에 미학화 과정의 기법화와 집단화를 추진했다. 1920년대에 소련의 구성주의는 작품에 초점을 맞추는 가운데 예술작품을 미학적으로 예술적 행위와 연결해오던 관행을 오브제와 노동이라는 보다 일반화된 결합으로 대체했다.26 마르크스의 노동 개념이 노동 일반을 창조 행위로, 그리고 예술은 그것의 특권적 사례가 아니라 단지 특수한 사례일 뿐임을 밝히는 것에 의해 여기서 핵심적 역할을 했다. 역으로 이 모델은 예술적 작업을 노동으로 이해하는 것을 허용했다.27 만약 모든 노동이 그처럼 일반적 의미에서 창조적이라면 예술작품으로 쓰일 수 있는 오브제의 영역은 무한히 확대될 수 있다. 이 원칙에 따르면

26 Verena Krieger, *Kunst als Neuschöpfung der Wirklichkeit. Die Anti-Ästhetik der russischen Moderne*, Köln 2006을 참조하라.
27 가령 보그다노프Aleksandr Bogdanov를 보라. "기술, 사회·경제, 정치, 일상생활, 과학 예술 속에서 이루어지는 — 모든 형태의 창조 활동은 노동의 한 형태이다. [……] 창조 활동과 단순 노동 간의 엄밀한 경계 같은 것은 결코 존재하지 않는다. in: ders. "Wege des proletarischen Schaffens"(1920), in: Peter Gorsen/Eberhard Knödler Bunte(Hg.), *Proletkult* Bd. 2. *Zur Praxis und Theorie einer proletarischen Kulturrevolution in Sowjetruβ land 1917-1925*, Stuttgart 1975, S. 47-51, 여기서는 47페이지 이하.

예술은 의미 생산 기능으로부터 해방되며 대신 물질화에 집중할 수 있을 것이다. 그것은 '생산미술'이 되었다. 에렌부르크는 그에 대해 "예술은 대상의 창조"[28]라고 쓴다. 노동 개념은 보편적인 것이 되었지만 노동의 현실은 시대에 특수할 수밖에 없었다. 즉 기술 중심의 산업사회가 그것이었다. 그리하여 생산미술은 공업적·기술적 복합체 속으로 통합되었으며, 예술가이자 엔지니어라는 잡종적 주체를, 집단 속에서 작업하는 '엔지니어-예술가' — "오브제의 발명자, 오브제의 조직가, 형식의 노동자"[29]로 이해되었다 — 를 탄생시켰다.

소련의 생산미술은 단명했다. 1930년대 동안 선전선동기술로 대체되었으며, 단지 직물 부문 같은 고립된 영역에서만 살아남았다. 그와 같은 생산미술이 어떤 방식으로 엔지니어링과 달리 특히 미학적인지는 의문의 여지가 있는 것으로 남아 있다. 예술적 '물질화'와 관련해 담론과 실천이 보다 강하게 결합된 또 다른 버전이 바이마르와 데사우에서 바우하우스로 동시에 출현했다. 이 버전은 독일의 예술, 수공업 및 작업장 운동을 출발점으로 삼아, 그것을 일상용품의 '디자인' 모델로 바꾸어버렸는데, 그것은 이후 강력한 역사적 영향력을 행사하게 된다.[30] 바우하우스는 부르주아예술-장에 핵심적이던 구분을 성공적으

28 Il'ja Ėrenburg, *Und sie bewegt sich doch!*, Leipzig 1989, S. 165.
29 Boris Kušner, "Die Organisatoren der Produktion", in: Hubertus Gaβner/Eckhard Gillen(Hg.), *Zwischen Revolutionskunst und Sozialistischem Realismus. Dokumente und Kommentare. Kunstdebatten in der Sowjetunion von 1917 bis 1934*, Köln 1979, S. 123f., 여기서는 S. 124.
30 Magdalena Droste, *Bauhaus 1919-1933. Reform und Avantgarde*, Köln 2003; Frank Whitford(Hg.), *Das Bauhaus. Selbstzeugnisse von Meistern und Studenten*, Stuttgart 1993을 참조하라.

로 잇달아 해체시켰다. 예술과 수공예 그리고 예술과 테크놀로지/산업 간의 구분이 그것이다. 그리하여 바우하우스에서의 훈련은 예술적·장인적·기술적 능력의 결합 방법에 기반했는데, 그것은 artes liberales와 artes mechanichae 간의 구분을 낡아빠진 것으로 만들고, '짓다Bauen'를 모든 활동을 포괄하는 용어로 만들었다. 예술적 실천은 오브제를 다룰 수 있는 기술적·육체적 숙련을 항상 이미 포함하는 것처럼 보이는 반면 근육노동은 역으로 예술적 요소를 포함했다. 따라서 초점은 예술작품 자체가 아니라 미학적으로 디자인된 모든 유용한 오브제에, 완전히 다른 세계라는 이상이 아니라 사물의 실천 세계의 미학화에 놓이게 되었다.

그와 관련해 예술적 요소는 분명히 학습 가능해야 한다. 이텐이 개별적 문제에 적용 가능한 기본적인 보편 법칙에 대한 감수성을 길러줄 의도로 대비론, 형태론, 색채론을 발전시켰다.31 그의 프로그램은 또한 다양한 오브제에 대한 촉각의 체계적 훈련도 포함했다. 소위 작품-예술가Werkkünstler에 핵심적인 미학적 요소를 가르쳐야 하는데, 그리하여 초점은 독창성 추구에서 표준적 패턴을 이용해 조화로운 결과를 생산하는 쪽으로 옮겨가게 되었다. 바우하우스는 두 번째 단계에서 수공예품에서 벗어나 기계적으로 생산된 가정용품에 초점을 맞추는 쪽으로 이동했다. 그리하여 고전적 창조성 개념에서는 분리 불가능한 디자인과 생산은 분리되며, 새롭게 디자인으로 간주되게 된 예술은 기계공학을 닮게 되었다. 또한 여기서 미학적인 것과 기술적인 것의 구분은 보

---

31 Johannes Itten, *Kunst der Farbe. Subjektives Erleben und objektives Erkennen als Wege zur Kunst*, Ravensburg 1967을 참조하라.

편적인 것으로 추정되는 기본 색채와 기본 형태의 응용과 변주에서 나오는 미학적 잉여가치에 있게 되는데, 그리하여 디자이너는 자신을 형식에 민감한 기술자로 이해하게 되었다.32

예술적 실천과 장인적 실천이 바우하우스에서 맞물린 것은 결국 예술이 디자인으로 변형되는 것으로 이어졌다. 그와 같은 변동은 제2차세계대전 이래 서구의 디자인산업이 독립적인 미학산업으로 점차 확대된 데서 확연하게 드러났다.33 하지만 예술생산에서 산업적으로 가용한 소재의 사용 쪽으로의 방향전환이 반드시 공예와 디자인의 한계를 넘어설 필요가 없음은 1960년대의 미니멀아트가 입증해주었는데, 그렇기에 그것을 포스트모더니즘 설치미술의 선구자로 간주할 수 있을 것이다.34

미니멀아트는 유용한 물품을 만들어내는 것이 아니라 거래와는 무관한 전시공간에 미학적 오브제를 얼핏 고전적 방식으로 제시하려고 한다. 하지만 그것은 복제 가능한 대상의 기술적 소재성에 앞서와는 다른 방식으로 초점을 맞춘다. 그것은 고전적 조형예술의 시각적 환각법illusionism과 거리를 두고, 대신 지켜보는 사람이 주위를 둘러봄으로써 파악할 수 있는 공간 속에 3차원적 대상을 배치하는 것에 집중한다. 저드Donald Judd가 특수한 오브제specific objects라고 부르는 그것은 일반적으로 공업적 수단에 의해 만들어졌는데, 플래빈Dan Flavin의 형광등, 저

---

32 산업적 바우하우스의 가장 중요한 주인공인 마홀리-나지Laszlo Moholy-Nagy의 경우 그것은 그의 전형적 특징을 보여주는 정비공의 붉은 수트에서 정점에 이른다.
33 디자인 부문의 창조산업으로의 발전에 대해 보다 자세한 논의는 아래의 4. 4를 보라.
34 그에 대해서는 Daniel Marzona, *Minimal Art*, Köln 2006; David Batchelor, *Minimalism, Movements in Modern Art*, Cambridge 1997을 참조하라.

드의 채색된 플렉시글라스 형태를 예로 들 수 있을 것이다. 그것들은 예술가에 의해 만들어지지 않았으며, 이전에는 비미학적 맥락에서 사용되던 소재를 작품 속에 통합시키고 있다. 미니멀아트의 인공물은 독창적 작품이라는 이상에 맞서 '연작성^{Serialität}'에 의해 특징지어지는데, 그것은 동일한 일련의 대상으로 이루어진다. 그리하여 창조 행위는 산업적으로 만들어졌지만 원래 목적에서 멀어진 오브제를 공간적으로 배치하는 데 있다. 따라서 예술 본래의 대상은 더 이상 개별적 오브제가 아니라 오히려 어떤 공간 — 보통은 미술관이다 — 속에 오브제를 놓음으로써 관람객에게 제공되는 환경이다. 그것은 수용자를 수동적 관찰자가 아니라 공간 내부에서 상호작용하며 신체적으로 끊임없이 이동하며 감각적으로 다재다능인 존재로 바라본다. 산업적 인공물에는 원래의 실용적 목적과는 독립적인 감각적·정동적·공간적 환경을 조성해야 하는 과제가 부여된다. 가령 플래빈의 설치물에서 조명기구는 자체로는 흥미롭지 않지만 색채적 대조와 시각적 혼합에 의해 전시공간을 말 그대로 상이한 빛 속에서 조명할 수 있는 능력을 갖고 있다. 예술적 오브제의 목적은 내부에 갇힌 의미를 해독할 수 있는 기회를 제공하는 것이 아니라 오히려 소재의 배치에 의해 **정동적 효과**를 얻는 데 있다.

따라서 미니멀아트는 창조적 실천을 예술-장 내부에 묶어두는 경계 허물기와 관련된 몇 가지 중요한 변형의 선을 그었다. 즉 대중의 참여에 대한 강조, 전유와 복제의 논리 그리고 설치와 퍼포먼스의 미학이 그것이다. 아래 논의에서 이 영역들을 보다 상세히 살펴볼 생각이다.

수용자의 활성화

창조 행위의 절차화 그리고 미학적 기법의 오브제 속에서 유지되어온 경계 허물기에 덧붙여 아방가르드예술작품과 포스트모던 미술작품 — 이쪽이 누가 보아도 훨씬 더 강했다 — 은 수용자를 활성화시켰다. 그와 함께 생산자와 수용자 간의 차이가 축소되었으며, '창조하고 구상하는' 독창적 천재와 '수용적' 대중 간의 불균형이 시정되었다. 이제 예술적 실천은 자체가 '창조적'이고 적극적이며, 해석의 발명자이자 자체에 고유한 정동의 생산자로서의 일군의 수용자에게 말을 걸게 되었다. 뒤샹은 아래 말로 저자로부터 수용자에게로 창조적 지위가 그렇게 배분되는 것을 (다시 전통적 용어로) 확인해준다.

> 대체로 창조 행위는 예술가 혼자만에 의해 수행되지 않는다. 수용자가 보다 깊은 곳에 존재하는 속성을 해독하고 해석하는 것에 의해 작품을 외부 세계와 접촉시키며, 그리하여 창조 행위에 기여하게 된다.35

앞의 진술로부터 인지주의적·미학적 과정을 촉발하는 만큼 예술은 (비록 대중적이지는 않지만 — 대부분 그와 정반대이다) 수용자 지향적이어야 한다는 결론이 나온다. 미니멀아트에 대한 프리드의 비판이 잘 보여주듯이 수용자 지향은 1960년대에는 아직 자명하지 않았다. 그에 따르면 미니멀아트는 미학적 모더니즘으로 가장한 채 속물적인 소비 수용자에 대한 낭만주의의 비판을 반복하며, '연극적 성격'을 통해 수

---

35 Marcel Duchamp, "Der schöpferische Prozess"(1957), in: Robert Lebel(Hg.), *Marcel Duchamp. Von der Erscheinung zur Konzeption*, Köln 1972, S. 165-167, 여기서는 S. 167.

용자에게 떠넘겨지는 구조에 맞서 싸우는 과제를 포기한다고 포스트더니즘을 비난하고 있다.36 더 나아가 아방가르드와 포스트모더니즘의 수용자 지향은 특수한 것이었다. 수용자는 오락이나 추문의 매개물이 아니라 결국 예술가 본인과 마찬가지로 자아성찰적이며, 영향을 받으며, 당연히 개별 반응에서와 마찬가지로 예견 불가능하고 당연히 독립적 개인들의 모임으로 간주되었다. 그리하여 수용자는 예술가의 공범이 된다.

적극적 수용자에게 그렇게 초점을 맞추는 것의 고전적 버전은 뒤샹의 작품 그리고 그가 결정적으로 영향을 미친 보다 이후의 개념미술 Concept Art에서 찾아볼 수 있을 것이다. 두 예술 모두에서 핵심이 되는 생각은 수용자가 수동적인 채 남아 있어서는 안 된다는 것이었다. 둘은 모두 자체에 고유한 '창조노동'을 수행해야 한다. 작품을 해독하고, 그것을 갖고 실험하며, 자아와 감각적·정서적으로 대결하는 등의 노동을 말이다. 수용자의 활성화는 성찰적 수용자의 기대를 포함하도록 설계된 예술생산의 재편성과 긴밀하게 묶여 있다. 뒤샹의 설치미술과 레디메이드에서 그와 같은 사태를 분명하게 볼 수 있다.37 〈3개의 표준 정지장치3 stoppages étalons〉(1913년)라는 작품이 전형적인데, 그것은 세 가지 크기의 길이의 나무 그리고 판유리가 딸린 나무상자로 이루어져 있다. 이 작품은 실험의 결과이다. 뒤샹은 캔버스 위에 3미터 길이의 실 한 오라기를 늘어뜨린다. 표준이 되는 미터의 길이로부터 벗어나는 새로운 여러 가지 길이의 실이 임의의 형태를 만들어낸다. 나무

---

36 Michael Fried, "Art and Objecthood", in: *Artforum* 5(1967), S. 12-23을 참조하라.
37 뒤샹의 예술적 실천에 대해서는 특히 Dieter Daniels, *Duchamp und die anderen*, Köln 1992; Janis Mink/Marcel Duchamp, *Marcel Duchamp*, Köln u. a. 2006을 참조하라.

널조각은 3개의 새로운 미터의 길이를 가리킨다. 그는 본질적으로 비예술적 실천을, 즉 과학실험을 모방하고 있는데, 거기서 실험장치의 설치에 의해 새롭고 예견 불가능한 것이 만들어진다. 하지만 설치는 수용자가 동참하도록 하기 위해 짜낸 예술가의 구상의 결과로, "아이디어를 담고 있는 상자"[38]가 그것이다. ─ 측정 단위는 관습이라는 통찰이 숨어 있는 것이다. 이 유형의 작품에서 수용자에게는 예술가의 설명 글 등이 제공되는데, 그것은 종종 전시회나 도록에서 글로 쓰여진 해설 형태로 '아하!' 효과를 초래할 수 있다. 반대로 그의 레디메이드는 다른 방식으로 작동한다. 여기서 실험에 대한 규정은 전혀 존재하지 않으며, 사전에 존재하는 오브제만 존재한다. 즉 병 건조기, 눈 치우는 삽 또는 저 유명한 변기 등이 그것이다. 새로운 어떤 것을 창조하는 대신 예술가는 주어진, 일부 흔한 오브제를 고른다.[39] 예술적 선별은 그것으로부터 일상적 의미를 박탈해 새로운 맥락으로 옮겨놓는다. 작품은 더 이상 만들어진 오브제가 아니라 맥락이다. 그것은 단지 변기가 아니라 미술관 속의 변기이다. 수용자에 의한 우발적 의미화가 바로 이 맥락에서 덧붙여진다.

1960년대에 등장한 개념미술은 그로부터 몇 가지 요소를 수용함으로써 국제적으로 가장 영향력 있는 포스트모던 미술 형태 중 하나가 되었다.[40] 개념미술은 사진, 텍스트, 오브제를 사용해 작품보다는 '조작

---

38 Mink/Duchamp, *Marcel Duchamp*, S. 45.
39 변기와 관련해 그는 이렇게 정식화한다. "무트 씨가 본인 손으로 작품을 만들었는지 여부는 중요치 않다. 그가 그것을 골랐다"(앞의 책, 67페이지에서 재인용).
40 Daniel Marzona/Uta Grosenick(Hg.), *Conceptual Art*, Köln 2005; Paul Wood, *Conceptual Art*, London 2002를 참조하라.

operation'이라고 부를 수 있는 것을 만들어내는 설치미술이다. 여기서도 또한 예술작품의 새로움은 오브제와 그것의 생산이 아니라 인공물의 배치가 전달하려고 하는 예술적 아이디어에 있다. 솔 르위트 말에 따르면 "아이디어가 예술작품이 될 수 있다."41 작품은 관람객이 마무리해 완성한 다음 전유해야 하는 지적으로 자극적인 아이디어로, 종종 단순하며 분명히 전적으로 새롭지는 않다. 가령 펠트만Hans-Peter Feldmann의 작품 〈어느 부인의 모든 의복〉은 72장의 흑백사진을 보여주는데, 특정한 부인이 옷장에 갖고 있는 의상 전부 — 재킷, 블라우스, 속옷 — 로 주장되는 것을 격자 형태로 배치해 보여주며42, 그리하여 제목에 의해 지정된 구성에 정확하게 부합한다. 의복이라는 일상적 제품이 미술관의 전시품목이 되는 것이다. 통속적 오브제가 당혹스러운, 심지어 무시무시한 형태로, 꾸밀 신체가 없는 액세서리로 실체를 변형시키는 것이다. 그리하여 그와 같은 작품은 예술적 오브제와 세속적 오브제 간의 관계를 주제로 삼게 되며 수용자는 그에 상응해 앞의 당혹감을 풀어야 하는 해석 작업을 수행해야 한다. 수용은 학습 과정이 아니라 수용자 측에서의 자발적 '아하!' 효과에 의해 특징지어지는데, 그는 작품의 원저작자임authorship과 관련해 공모자 위치에 있다.

---

41 Sol LeWitt, "Sentences on Conceptual Art", in: *Art&Language* 1(1969), S. 11-13, 여기서는 S. 12.
42 이 작품은 1974년에 만들어졌으며, Hans Peter Feldmann, *Alle Kleider einer Frau*, Toronto, Düsseldorf 1999에 도록으로 실려 있다.

4 포스트모던 미술에서의 창조성

전유 기법: 상대적 새로움

1960년대 이래 포스트모더니즘에서 등장한 일련의 실천은 예술작품은 독창적이고 근본적으로 새롭다는 주장을 의문시하고 재조정하는 과정으로 이어졌다. 창조적 천재 그리고 원본과 복제품이라는 구분은 일련의 상이한 이유에서 거부되었다. 크라우스는 불연속성 또는 "거대한 단절"[43]이라는 신화를 비판하기에 이르렀다. 하지만 독창성 주장에 대한 그와 같은 해체는 포스트모던 미술은 예술적 새로움을 포기했다는 의미를 함축하는 것으로 오해되어서는 안 된다. 새로움은 단지 보다 상대적인 것 그리고 보다 미묘하게 표시되는 것이 되었는데, 이번에는 역으로 그것이 새로움을 한층 더 강력하게 만들었다.

독창성이라는 패러다임 외부에서의 그와 같은 대안적 생산 기법을 잘 보여주는 좋은 사례가 팝아트와 워홀의 스크린인쇄, 앞서 살펴본 대로 미니멀아트에서의 공업적 형태의 연속 복제 기법, 포스트-생산미술 그리고 전유(자기화)예술Appropriationskunst인데, 후자의 두 예술은 모든 문화적 파운드 오브제, 가령 매스미디어의 사진을 사용한다. 이 모든 사례를 '전유'라는 기법 아래 모을 수 있을 텐데[44], 기본적인 생산양식이 항상 동일하기 때문이다. 기존의 사물의 세계에 무로부터 ex nihilo 창

---

43 Rosalind E. Krauss, *Die Originalität der Avantgarde und andere Mythen der Moderne*, Dresden, Amsterdam 2000, S. 197-219를 참조하라.

44 그에 대한 일반적 논의로는 Romana Rebbelmund, *Appropriation Art*, Frankfurt/M. u. a. 1999; Stefan Römer, *Künstlerische Strategien des Fake*, Köln 2001; Nicolas Bourriaud, *Postproduction*, New York 2002를 참조하라.

조한 인공물을 추가하는 것이 아니라 오히려 기존 사물을 [새롭게] 조작하는 것에 의해 우리 앞에 존재하는 오브제의 세계와 의미의 세계에 반응하는 것이 목표이다. 따라서 예술가는 '표절가'(레빈)로, 그에게 일상문화는 작품의 원천이 되는 "광대한 백과사전이 되었다."45 그와 같은 전유 행위는 항상 의미의 재할당을 포함하는데, 일상세계는 예술과정의 정점이 아니라 시작이기 때문이다. 새로움은 천재의 독창성 주장에서 솟아나지 않으며 주어진 것과 과거의 반복에서 수정된다.

세 가지의 상이한 전유 기법을 구별할 수 있을 텐데, 각각은 예술에서 **상대적** 새로움이 의미할 수 있는 것의 이형태異形態를 대변한다. 첫 번째 이형태는 이미 존재하는 사물에 의존한다. 그것은 뒤샹의 레디메이드 그리고 보다 이후에는 캐프로Alan Kaprow의 정크오브제junk object로 구성된 환경에 해당된다. 여기서 새로움은 오브제의 선별 또는 그것을 새로운 맥락으로 옮기는 데 있다. 그렇게 하는 것에 대한 논평이 따르건 말건 말이다. 두 번째 이형태는 동일한 형태의 연속적 생산이다. 여기서 오브제는 실제로 생산되지만 산업적 기법의 결과로서 그러하다. 게다가 다른 모든 상품과 마찬가지로 연속적으로 생산된 표준화된 오브제일 수 있다. 예술가의 독창적 발명일 필요가 없다. 그것은 미니멀 아트의 대량생산된 미술작품Multiples에 해당된다. 거기서 새로움은 익숙한 오브제의 공간적 배치 속에, 그리고 그 결과 창조되는 환경 속에 존재한다.

세 번째 이형태는 사진 같은 미디어적 포맷의 복제로 이루어진다.

---

45 Sherrie Levine, "Statement", in: *Mannerism, A Theory of Culture*, Vancouver Art Gallery(27. 3.-25. 4. 1982), Vancouver 1982, S. 48.

레빈, 셔먼Cindy Sherman 그리고 스터티번트Elaine Sturtevant의 익숙한 사진을 복제하고 '그것을 견본 삼아 어떤 장면을 그대로 모방해 묘사하는' 기법뿐만 아니라 명사의 초상이 다시 만들어지는 워홀의 고전적인 스크린인쇄가 그와 같은 군에 포함된다. 여기서 복제는 재맥락화를 통한 차용으로 이루어지는데, 그것이 원본으로부터의 거리를 증폭시킨다. 그와 같은 군에서는 원본을 이루는 사진 자체가 이미 기술적 복제품인데, 데리다라면 그것을 '원본 없는 복제품'이라고 불렀을 것이다. 가령 워홀은 상업적 일러스트레이터로서 자기 작업에서 익숙한 기법을 이용하며, 그것을 통해 스크린인쇄 복제품의 색채적 풍부함으로부터의 소격疏隔효과를 얻는다.46 스터티번트의 포스트-생산미술은 다른 기법을 채택한다. 〈우리가 혁명이다La revoluzione siamo noi〉라는 사진에서 그녀는 동일한 옷을 입고 대중을 향해 활기차게 성큼성큼 걷는 모습을 모방함으로써 1972년에 보이스Joseph Beuys가 동명의 자화상적 사진에서 하는 역할을 떠맡고 있다.47 원본 사진과의 미묘한 차이가 후자의 사진이 실제로 무엇이었는지를 밝혀준다. 따라서 포스트-생산미술작품의 새로움은 '원본'의 재해석에 있는데, 그것 자체가 문화적 정형임이 드러난다.

작품에서 이벤트로: 설치와 퍼포먼스의 미학

포스트모던 미술의 일련의 구조적 특징을 1960년대의 하반기부터

---

46 Klaus Honnef, *Andy Warhol. 1928-1987*, Köln 2006을 참조하라.
47 1988년도 작품으로, 갈색으로 염색된 종이 위에 옵셋 인쇄한 작품 60개의 에디션으로 만들었다.

등장하기 시작한 설치미술과 퍼포먼스미술운동에서 발견할 수 있을 텐데, 그것을 위한 최초의 자극을 [미술적] 해프닝happening과 카르포우의 환경environement 미술이 제공했다.48 이 운동의 중심에는 예술이벤트가 예술작품을 대체한 일이 자리잡고 있다.49 내구적인, 공간적으로 이동 가능하거나 유연하게 처리 가능한 인공물을 만들어내는 대신 예술가는 일회적 **상황**을, 퍼포머와/또는 오브제가 참여할 수 있는 공간적·시간적 퍼포먼스를 만들어냈다. 그리하여 미학적 오브제는 더 이상 고정되거나 영구적인 것이 될 필요가 없었다. 또한 일시적일 수도 있었다. 퍼포먼스 자체가 작품이었다. 그리하여 예술 밖의 일상세계에 보다 가까워지게 되었다.50 결국 그것의 사회적 실천 자체는 궁극적으로 항상 신체와 오브제를 연출하는 것에 의해 현실을 만들어낸다는 점에서 퍼포먼스적이다. 미학이벤트가 점차 예술작품을 대체함에 따라 포스트모던 미술에서는 실천 일반을 틀 짓는 조건이, 즉 모든 일상적 상호작용에 대해 타당한 조건이 중요해지는데, 그것은 고전적 의미에서의 작품에 의해 인위적으로 괄호 안에 넣어진 바 있었다. 두 실천의

---

48 그와 같은 사태전개에 대한 전반적 개관으로는 Julie H. Reiss, *From Margin to Center. The Spaces of Installation Art*, Cambridge 1999; Roselee Goldberg/Laurie Anderson Reiss, *Performance. Live Art Since the '60s*, London 1998. 그리고 초기의 자기 이론화에 대해서는 Allan Kaprow(Hg.), *Assemblage, Environments and Happenings*, New York 1965를 참조하라.
49 그에 대해서는 Erika Fischer-Lichte, *Ästhetik des Performativen*, Frankfurt/M. 2004; Juliane Rebentisch, *Ästhetik der Installation*, Frankfurt/M. 2003을 참조하라.
50 이 입장은 〈플럭서스운동〉에 의해 강령적으로 대변된다. George Maciunas, "NeoDada in Music, Theater, Poetry, Art"(1962), in: *Ausst. kat. In the Spirit of Fluxus*, Minneapolis, Walker Art Center 1993, S. 156 이하를 참조하라.

장소와 시간 제약성이 그것이다.51 퍼포먼스와 설치는 특수한 공간적 조건을 통합한다. 그것이 진행되는 공간, 그리고 그것을 넘어 개별적인 특수한 장소는 그것의 통합적 구성요소이다. 게다가 퍼포먼스 그리고 많은 설치는 반복 가능하지 않다. 일시적 이벤트로, 특수한 방식으로 구성되며 이번 딱 한 번만 모이는 수용자의 독특한 피드백에 의존한다.

수용자의 동참이 설치미술의, 그리고 그보다 훨씬 더 크게, 퍼포먼스미술이벤트를 구성하는 데서 기본적 역할을 한다. 1960년대 이래 예술 담론 자체가 그처럼 반소비주의적·반아우라적 수용자의 '참여'와 '관찰자로서의 통합'에 대해 계속 탐구해왔다. 보이스는 이렇게 쓴다.

> 모두가 조형예술가이다. …… 모두가 필수적인 공동-창조자가 될 것이다.52

수용자는 이벤트의 창조에 동참할 것이 기대된다. 몇몇 연출 기법에서 그것은 상호작용적으로 일어난다. ― 가령 무엇을 하는 사람과 보는 사람 역할을 바꾸거나 상호 접촉 형태를 통해 둘 간에 공동체를 형성하려고 시도할 수 있을 것이다. 그리하여 수용자의 활성화는 한 단계

---

51 장소와 맥락의 주제화에 대해서는 Peter Weibel, "Kontext-Theorie der Kunst", in: ders., *Kritik der Kunst. Kunst der Kritik: es says & I say*, Wien, München 1973, S. 65-69를 참조하라. 라이브공연[퍼포먼스]의 일회성에 대해서는 Peggy Phelan, *The Politics of Performance*, London 1993, S. 146 이하를 참조하라.
52 그에 대한 전반적 개관으로는 Goldberg/Reiss, *Performance*, S. 30 이하를 참조하라. 이 유명한 인용문은 Georg Jappe, "Nicht einige wenige sind berufen, sondern alle: Interview mit Joseph Beuys über ästhetische Erziehung", in: *Kunstnachrichten (Luzern)*, 9, 6. 2. 1973, o. S에서 재인용했다.

더 올라간다. 그것은 개념미술에서의 수용자의 해석의 활성화보다 더 멀리까지 나아가며, 미학적 공간과 관련해 전통적 모델, 즉 관람객이 직접 행동해야 할 필요로부터 해방되는 모델과의 대조를 강화시켜준다. 그리하여 관람객의 신체를 활성화시키는 것이 중요해지는데, 이제 그는 동참자로서 예술의 공간 속에서 중요한 결정을 내려야 한다. 가령 퍼포먼스가 어떻게 계속되어야 할지 또는 설치가 어떻게 기능해야 할지를 함께 결정하게 된다. 그것은 예술 경험 그리고 비미학적 실천의 퍼포먼스 간의 경계를 체계적으로 무너뜨리는 동시에 강화시킨다. 또한 그에 수반해 틀frame이 안정성을 잃는 것이 정동에 의해 매개된다.53 실제로 자해하는 장면 — 그것은 가령 아브라모비치Marina Abramović의 퍼포먼스에서처럼 단순히 연기演技되고 마는 것이 아니라 실제로 일어난다 — 을 보고 관람객이 느끼는 역겨움과 고통은 대중이 직접 행동해야 할 필요로부터 해방된 연극 상황에서 체험할 수 있는 유형의 카타르시스가 더 이상 아니다. 그와 같은 체험이 일상생활과 예술이벤트 간의 중앙 분리대를 차지한다.54 퍼포먼스미술의 맥락에서 '생산자로서의 수용자'는 한층 더 고양된 미학적 주목 방식을, 분산된 집중이라고 묘사할 수 있는 태도를 발달시킨다. 드라마가 선형적·심리학적으로 전개되는 고전연극과 반대로 퍼포먼스에서는 외견상 무시할 수 있어 보이는 모든 세부사항이 유관한 것이 되는 반면 줄거리는 어떤

53 틀의 불안정화에 대해서는 Erving Goffman, *Frame-Analysis. An Essay on the Organization of Experience*, Boston 1974를 참조하라.
54 Fischer-Lichte, *Ästhetik des Performativen*, S. 9ff. 아브라모비치에 대해서는 Paula Orrell(Hg.), *Marina Abramovic and the Future of Performance Art*, München 2010을 참조하라.

선택기준도 제공하지 않는다. 그것이 능숙한 수용자로 하여금 외견상 통속적인 것처럼 보이는 것에 대한 감수성을 발달시킨다. 그리하여 짐멜이 '자극으로부터의 보호기관'이라고 언급하는 것 — 개인적 상호작용을 위해 현대의 대도시 거주자들이 전형적으로 발달시키는 것 — 은 주목해야 할 것이 늘어나는 것에 의해 완화된다.55

미학이벤트가 작품을 대체하는 것 그리고 퍼포먼스미술과 설치미술을 통해 대중의 미학적 배치를 활성화하는 것은 또한 예술가-주체를 변형시킨다. 이제 예술가는 작품의 프로듀서에서 '분위기^{Atmosphäre}'의 주도적 발안자로 변신한다.56 지각적·정동적 공간을 생성하는 것이 주요 목적인데, 그것의 결과는 항상 예견 불가능한 채로 남는다. '분위기'의 창조는 처음부터 인터미디어적·공감각적 과제로, 그것을 위해 모든 잠재적 효과가 효율적으로 이용된다. 시각인상과 청각인상, 신체 움직임과 영화, 소도구, 공간적 질서에 대중이 미치는 영향, 계속 변동하는 시작 표시와 마침 표시를 항상 뒤섞는다. 창조적 디자인 작업은 수용자 지향적인 '총체적 예술작품^{Gesamtkunstwerk}'을 지향하고, 개별 예술가는 종종 자체에 고유한 이름을 가진 전체적인 예술 집단 — 가령 포스트-드라마적 연극에서 그러하다 — 에 의해 대체된다.57

---

55 짐멜, 『짐멜의 모더니티 읽기』, 「대도시와 정신적 삶」, 35~54페이지를 보라.
56 '분위기'라는 시스템이론 개념에 대해서는 Gernot Böhme, *Atmosphäre. Essays zur neuen Ästhetik*, Frankfurt/M. 1995를 참조하라.
57 여기서 독일의 미술 집단인 Rimini Protokoll, She She Pop 또는 Gob Squad를 예로 들 수 있을 것이다.

5 포스트모던 미술가-주체

배치자[편곡자]로서의 예술가

아무리 늦어도 1990년대 이후 예술적 실천에서 여기저기 흩어져 진행되어오던 변화들이 수렴되어 새로운 유형의 예술가-주체를 만들어오고 있었음을 분명하게 볼 수 있을 것이다. 예술가와 예술가 집단은 이제 무엇보다 먼저 커뮤니케이션 지향적으로 미학화 과정을 배치하는 사람Arrangeur이 되었다. 예술적 '역량 프로필'의 소지자가 독창적 예술가라는 배타적 형상을 대체했다. 상징적 · 정동적 · 지적 · 미디어적 능력을 결합한 역량 프로필은 20세기의 4/4분기에 미학자본주의에서 발달한 다른 '문화산업'의 역량 프로필과 구조적으로 닮았다.58 그와 함께 예술에서는 전문직업적인 창조적 주체의 그리고 그의 미학적 노동 전체의 특징이 두드러지게 나타나게 되었다.

예술가는 배치자로서 기본적으로 당대와 과거 모두의 사회적 세계와 문화적 세계의 요소를 선택하고, 수정하고, 결합하고, 제시하는데 관심을 갖는다. 1969년에 버긴은 이렇게 쓴다.

> 예술가는 자신을 새로운 소재적 형태의 창조자가 아니라 오히려 기존 형식들의 조정자로 보기 쉽다.

---

58 그와 같은 동화에 병행해 예술가와 '상업적인' 창조노동자를 사회적으로 구분하려는 전략이 존재한다. Karen van den Berg, "Kreativität. Drei Absagen der Kunst an ihren erweiterten Begriff", in: Stephan A. Jansen/Eckhard Schröter u. a.(Hg.), *Rationalität der Kreativität?*, Wiesbaden 2009, S. 207-224를 참조하라.

그리하여 예술가는, 포스터 지적대로, "기호 조작자"[59]가 된다. 배치자의 활동은 다양한 사회적·문화적 맥락을 능숙하게 다룰 것을 요구한다. 배치자는 고급문화의 역사적 물품의 목록 그리고 당대의 글로벌한 대중문화에 익숙해야 한다. 종종 제기되는 주장, 즉 포스트모던 미술은 맥락의 예술이라는 주장 ― 1970년에 동명의 제목의 논문에서 바이벨이 그렇게 주장한 바 있으며, 부리오는 '관계 미학'이라는 개념으로 그렇게 주장한 바 있다 ― 은 상징과 기호에서의 그와 같은 보편적 능력의 우위를 표현하고 있다.[60] 맥락적 예술은 자신의 공간적·제도적·그리고 마지막으로 사회적 내장內臟에 대해 성찰하며, 그것을 주제화한다. 관계 미학이란 엄밀한 의미의 새로움을 창조하는 것이 아니라 이미 일어난 사회적·문화적 변화를 참조하며, 그것 속에서 '사회적 간격interstice'을 비집고 들어가는 방식으로 수정되며, 예술적 재현을 수단으로 그것을 비판적으로 조명하는 예술 형태를 말한다.

사회적·문화적 배치자로서의 예술가는 어느 정도는 여러 능력을 다각적으로 구비하고 있다. 준-아카데미적 연구자, 자기논평가, 큐레이터, '분위기' 조성자 그리고 정치적·문화적 개입 행위의 주체이다. 현대(성)에서 예술적 실천은 예비 작업으로서 소재에 대한 조사를 종종

---

59 Victor Burgin, "Situationsästhetik"(1969), in: Gerd de Vries(Hg.), *Über Kunst. Künstlertexte zum veränderten Kunstverständnis nach 1965*, Köln 1974, S. 77-89, 여기서는 S. 77; Hal Foster, *Recordings: Art. Spectacle. Cultural Politics*, Seattle 1985, S. 99-115, 여기서는 S. 100을 참조하라.
60 Peter Weibel, "Kontext-Theorie der Kunst"와 부리오Nicolas Bourriaud, 『관계 미학』, 미진사를 참조하라.

포함해왔지만 포스트모던 미술은 또한 수집, 관찰, 문서화, 아카이빙 등 준-과학적·유사-과학적 실천과 저널리즘적 실천을 생산과정 속으로 방법론적으로 통합시킨다.61 앞의 방법들은 객관성 확보라는 목적보다는 볼탄스키Christian Boltanski의 개인 아카이브에서처럼 보다 주관적인 방법으로 이용된다. 더 나아가 포스트모던 미술가들은 예술사와 이론에 등장하는 여러 요소를 자기만의 방식으로 동화시킨다. 이론적인 자기논평은 예술작품 그리고 자기맥락화에 필수적인 조건의 일부가 된다. 예술가는 해설을 마련하기 위해 더 이상 예술사가와 비평가에게 의존하지 않으며 대신 본인의 작품에 대한 본인의 설명을 제공하는 예술가-지식인으로 활동한다.

그와 같은 상황은 예술가 그리고 1970년대 이래 등장해온 큐레이터 간의 유동적 경계에 의해 한층 더 잘 해명될 수 있을 것이다.62 프리랜서 큐레이터라는 전문직업은 1969년에 슈제만Harald Szeemann이 〈지식외국인노동자에이전시Agentur für geistige Gastarbeiter〉를 설립하면서 독일에서 형성되었는데, 3년 후 그는 카셀에 있는 〈도큐멘타〉의 최초의 프로그램 전시감독이 되었다. 큐레이터는 배치자이자 지적 해설가로 활동하는 면에서 본인은 예술가라고, 전시주관자exhibition auteur라고 생각

---

61 메트켄은 1970년대 중반의 프랑스 시각예술에서 그와 같은 '인류학적' 경향의 전형을 찾아내는데, 이후 그것이 점점 더 널리 확산된다. Günter Metken, *Spurensicherung*, Köln 1977을 참조하라. 이 주제에 대해서는 또한 Hal Foster, "An Archival Impulse", in: *October* 110(2004), S. 3-22를 보라.
62 그에 대해서는 Beatrice von Bismarck, "Haltloses Ausstellen. Politiken des künstlerischen Kuratierens", in: Michalka/dies., *The Artist as*, S. 33-47; Hans Dieter Huber, "Künstler als Kuratoren", in: ders./Hubert Locher u. a.(Hg.), *Kunst des Ausstellens*, Ostfildern-Ruit 2002, S. 225-228을 참조하라.

하며, 그리하여 큐레이터 활동을 떠맡는 예술가의 반격을 초래한다. '예술가-큐레이터'는 총감독의 형상을 닮았다. 그는 2급$^{\text{second-order}}$ 예술가-주체이다. 소재의 예술적 배치를 넘어 이제 기존의 예술작품과 예술적 맥락을 지적 공간뿐만 아니라 미술관의 3차원 공간에 배치하는데 관심을 갖고 있다. 항상 공간적·'분위기적'·지적 맥락을 만들어내는 것이 목표인데, 사람, 미디어, 후원자를 조정하고 커뮤니케이션적으로 네트워크화하는 일도 그것에 속한다. 퍼포먼스미술에서처럼 작품 자체는 일시적으로 큐레이션된 전시에 있다. 영구적이고 복제 가능한 예술작품이 일시적인 문화이벤트 조직으로 대체된다. 그와 관련해 포스트모던 미술가의 활동은 종종, 그리고 예술가-큐레이터의 활동은 항상 **집단적**이다. 여기서 앤디 워홀의 〈공장〉이 다양한 행위주체의 창조 활동을 자극하고 상호 관련시키는 이 종류의 집단적인 창조성 기계를 위한 청사진으로 간주될 수 있을 것이다.[63]

'분위기'를 관리하는 일은 예술가-큐레이터, 퍼포먼스미술가의 업무 포트폴리오에 기본적인데, 보다 일반적으로는 또한 포스트모던 미술가 전체에게도 마찬가지이다. 여기서 기호의 배치는 정동의 유도와 교차한다. 예술가는 기호의 배치자와 자기논평가로서 또한 담론의 매니저일 뿐만 아니라 '분위기' 조성자이기도 하다. 공간 속에 사물과 인간의 신체를 배치하는 목적은 대중에게 영향을 미치고, 슈제만이 "관객이 공간 내부를 이동하는 방식으로 펼쳐지는 이벤트 구조"[64]라고 언

---

63 Nat Finkelstein, *Andy Warhol*, London 1989를 참조하라.
64 Harald Szeemann, "Konzept für die documenta 5", in: Klaus Staeck(Hg.), *Befragung der Documenta oder Die Kunst soll schön bleiben*, Göttingen 1972, S. A. 1. 2-A. 1. 3,

급한 것을 만들어내는 데 있다. 그와 같은 종류의 정동의 관리는 전체론적 '분위기' 공간을 디자인할 수 있는 능력뿐만 아니라 일련의 미디어(사진, 영화, 컴퓨터, 연극, 무용, 음악, 설치 등)에 통달할 것을 요구한다.

마지막으로, 포스트모던 미술가-주체는 종종 "개입"[65] 행위의 주체 역할을 다시 떠맡는다. 여기서는 예술이벤트 그리고 그것이 검토하는 문제에 주목하도록 만드는 것이 과제가 된다. 극단적인 경우 그렇게 관심을 능숙하게 동원하는 것 자체가, 가령 쉴링겐지프의 예술적 이벤트에서처럼, 예술생산의 핵심을 이룰 수 있을 것이다.[66] 성공적으로 개입하려면 예술이 영향력을 행사하는 맥락을 분석할 뿐만 아니라 맥락이 최고로 영향력을 행사할 수 있는 전략의 형성에 대한 성찰이 전제된다. 적소와 적시를 선택하고, 상응하는 대중, 미디어, 비평가를 동원하고, 본인 해설을 목적에 맞추어 유포시켜야 한다. 이 유형의 개입은 아방가르드의 공개적인 예술적 추문을 훌쩍 넘어선다. 둘 모두 대중을 겨냥하지만 개입은 추문을 만들어내기 위한 것이 아니라 적극적 주목을 끌어 대중의 인식과 성찰을 자극하기 위한 것이다.

그와 함께 전체적으로 포스트모던 미술가의 역량 프로필은 일부는 미학적 오브제와 그리고 다른 일부는 수용자와 결합된 능력의 조합에 의해 특징지어진다. 기호, 서사, 정동의 사회적 경제 전체는 가용한 모

여기서는 S. A. 1. 2.
65 그것에 대해서는 Anne-Marie Bonnet, *Kunst der Moderne. Kunst der Gegenwart*, Köln 2004, S. 135ff.; Philip Ursprung, *Die Kunst der Gegenwart. 1960 bis heute*, München 2010, S. 45, 69를 참조하라.
66 쉴링겐지프Christoph Schlingensief에 대해서는 Catherina Gilles, *Kunst und Nichtkunst. Das Theater von Christoph Schlingensief*, Würzburg 2009를 참조하라.

든 미디어 포맷을 포함해 예술을 위한 잠재적 오브제로 바뀐다. 그와 같은 오브제의 배치는 동시에 수용자의 주목의 능숙한 동원과 결합된다. 1970년대부터 전 지구적으로 예술-장을 휩쓸고 있는 제도의 변형은 예술적 주목의 관리에서 그와 같은 정도의 전문화에 도달했다. 새로운 예술의 제시를 겨냥해 사회적 맥락이 전 지구적으로 제도화된다(비엔날레, 미술전람회, 예술축제, 큐레이팅 된 특별전. 급속하게 증가 중인 전 세계의 미술관의 풍경 속에서 그와 같은 것들을 볼 수 있다). 그것으로부터 놀랄만한 이벤트가 제공될 수 있기를 기대하면서 말이다. 그와 같은 전문직업화는 또한 개별 예술생산물과 예술가 사이에서 어느 한쪽으로 결정해야 하는 대중의 주목이라는 희귀한 자원을 놓고 벌어지는 경쟁을 첨예화한다.67

퍼포머로서의 예술가

배치자와 전달자로서의 예술가-주체는 포스트모더니즘의 맥락에서는 전문직업화와 일상화를 동시에 겪는다. 하지만 그것은 그와 같은 이야기의 일면일 뿐이다. 특히 1980년대 이래 비록 수정된 형태이긴 하지만 예술가 형상에 새로 정동적 투자가 이루어지는 것을 관찰할 수 있다. 19세기의 천재숭배에서 예술가를 재현하는 방법은 이렇게 나뉘어진다. 즉 기성의, 하지만 그리하여 덜 혁신적인 예술가-군주 그리고

---

67 그와 같은 제도적 맥락에 대해서는 Pascal Gielen, *The Murmuring of the Artistic Multitude. Global Art, Memory and Post-Fordism*, Amsterdam 2010; Bonnet, *Kunst der Moderne.*, S. 86 이하를 참조하라. 미술관의 증가와 창조도시의 성장 간의 상호 관련성에 대해서는 또한 아래 7. 4에서의 논의를 참조하라.

독창적이지만 이미 사망한 창조적 천재, 그리고 논란이 많았던 반예술가(보헤미안적 예술가, 추문을 일으키는 예술가, 분리론자, 댄디 등)가 그것이었다. 1940년대가 되면 새로운 유형이 등장하기 시작했는데, 처음에는 피카소와 폴록과 함께 변별적 형태를 띠었다. 매스미디어스타로서의 예술가가 그것으로, 미학적 독창성과 사회적 명성(주목)을 생전에 결합시켰다.68 코수스Joseph Kosuth와 워홀을 그처럼 성공적인 예술적 형상을 후대에 포스트모던하게 구현한 사람으로 간주할 수 있을 것이다. 1990년대 이래 이 유형이 예술계의 스타시스템이라는 맥락에서 확산되며 화가, 퍼포먼스미술가, 영화감독, 작가를 포괄하게 된다.

포스트모던 미술-장에서 예술가-주체의 공개적 페르소나에 대한 인정은 작품에 대한 관심으로부터 적어도 부분적으로 분리되기 시작한다.69 보다 오래된 예술가 모델은 작품과 예술가 간의 관련성에 기초했던 반면 지금 예술가는 미디어에 고유한 논리에 따라 본인 그리고 다른 사람들이 그리는 그의 모습에 의해 대변된다. 극단적인 경우 예술작품에 대한 수용과 예술가에 대한 수용은 완전히 분리될 수 있다. 중요한 것은 비록 여전히 필요조건으로 남아 있지만 더 이상 예술가가 작품을 만들어냈다는 것이 아니라 퍼포먼스를 통해 본인을 영원히 예술가로 제시하는 것이다. 즉 누구인지 금방 알아볼 수 있는 외모, 특수

---

68 피카소에 대해서는 가령 John Berger, *Glanz und Elend des Malers Pablo Picasso*, Reinbek bei Hamburg 1973을 보라. 1900년경, 매스미디어에서 퍼포머적 자아로 등장한 예술가의 전사에 대해서는 또한 아래 6. 2에서의 논의를 참조하라.
69 그에 대한 전반적 개관으로는 Isabelle Graw, *Der groβe Preis. Kunst zwischen Markt und Celebrity Kultur*, Köln 2008; Nina Tessa Zahner, *Die neuen Regeln der Kunst*, Frankfurt/M. 2006; Wetzel, "Autor/Künstler"을 참조하라.

한 형태의 행태[기행], 미디어를 다루는 특수한 방식뿐만 아니라 예술 생산을 넘어선 전형적인 행동방식(사적 영역, 광고, 정치 등)을 통해 자기 모습을 이렇게 저렇게 만들어내야 한다. 매스미디어가 그렇게 어떤 사람을 영원히 공개적 모습으로 제시하는 것을 가능하게 해주는 수단을 제공한다.

거기에 또 다른 요소가 추가되었다. 즉 1960년대에 조형예술에서 한때 작품에 관심을 가진 예술비평가가 작품에 대해 평가할 수 있는 특수한 지위를 보장해준 딜러-**비평가** 체계가 딜러-**수집가** 체계로 대체된 것이다.[70] 이제는 수집가가 예술가의 성공 여부를 결정하며, 그리하여 인기 영합적이고, 비전문적인 수용자를 향한 예술가의 자기-제시를 보다 영향력 있게 만들고 있다. 1960년대 중반에 개념미술가 코수스는 그와 같은 예술의 최초의 주창자 중 하나로, 작품의 접근 불가능성에도 불구하고 미디어에서 댄디 유형의 반역자이자 비즈니스에 정통한 전문지식을 갖춘 지식인으로 자신을 제시할 수 있었다. 워홀은 뉴욕의 명사 문화의 붙박이이자 미디어의 글로벌한 주목 대상으로 자기를 제시하는 것에 의해 유명세를 확보하는 모습을 완벽하게 보여주었다.[71] 코수스와 워홀 이래 포스트모던 미술가들은 하나의 구별 가능한 개인으로 확고한 자리를 차지하기 위해 퍼포먼스의 가시성에, 미디어에 제시되는 본인의 이미지에 의존한다.

70 Graw, *Der groβe Preis*, S. 128-131을 참조하라.
71 코수스에 대해서는 Blake Stimson, "The Promise of Conceptual Art", in: ders./ Alexander Alberro(Hg.), *Conceptual Art. A Critical Anthology*, Cambridge, London 1999, S. XXXVIII 이하를, 워홀에 대해서는 Zahner, *Die neuen Regeln der Kunst*를 참조하라.

예술작품과는 독립적으로 퍼포먼스를 통해 예술가를 띄우려고 하는 것은 한편으로는 보다 이전의 고전적인 예술-장에 속하는 요소를 떠올린다. 보헤미안문화에서의 예술가의 자기-스타일화[미화]가 그것이다. 앞서 살펴본 대로 거기서 작품을 예술적으로 주조하는 것에 대한 관심은 라이프스타일을 공개적으로 표출하는 쪽으로 이미 이동했다. 다른 한편 포스트모더니즘 예술가-주체는 더 이상 식별 가능한 반문화의 일부가 아니라 오히려 글로벌한 '창조계급'에 속한다. 따라서 그의 자기-스타일화[미화]는 상이한 유형을 따라야 한다. 그것은 예술-장 내부의 다른 개별 스타일과는 구분되는, 인식 가능하고 매력 있는 개별 스타일을 만들어내려고 애쓴다. 개별 스타일의 그와 같은 생산은 18세기 이래 예술성과 관련해 쌓여온 기호의 역사적 저수지 속의 소품에 의지하며, 그것들을 새로운 방식으로 결합시킨다. 보헤미안적 예술가와 예술가-군주, 정치적 예술가, 예술가-엔지니어, 내성적인 아웃사이더 또는 외향적인 남성적 예술가가 그것에 해당된다.

개별 스타일을 미디어 퍼스낼러티로 발전시키기 위해 투입되어야 하는 그와 같은 차이의 논리는 외견상 매우 다른 우리 시대의 세 예술가를 비교해보면 분명하게 확인할 수 있다. 리스트[Pipilotti Rist], 뤼페르츠[Markus Lüpertz], 볼탄스키가 그들이다.[72] 스위스의 개념미술가인 리스트는 『보그』와 『엠마』 같은 매스미디어 기관에서 다른 무엇보다도 의상을 수단으로 다양한 형태의 여성성을 시험하는 비관습적 유형의 예술가로 자기 모습을 연출한다. 동시에 자기는 혼자 작업하지 않으며 오히

---

[72] 그에 대한 상론으로는 Sabine Kampmann, *Künstler sein. Systemtheoretische Beobachtungen von Autorschaft*, München 2006의 분석을 참조하라.

려 예술가 팀의 리더로 작업하고 있음을 강조한다. 반대로 뤼페르츠는 예술가-군주, 나르시시스트 그리고 댄디 같은 형상으로부터의 후기-낭만주의적 차용을 통해 살아 있는 시대 착오자처럼 보인다. 마지막으로, 볼탄스키는 진정성을 주장하는 어떤 형태의 자기-재현도 일관해서 거부하며, 대신 바로 이 문제를 자아성찰하기 위해 본인의 예술을 이용한다. 그는 각종 문헌과 인터뷰 모음으로 이루어진 본인의 전기를 자유롭게 이용하는데, 본인을 그것들 뒤에 숨겨 계속 보이지 않도록 만든다. 우리가 물어야 할 물음은, 포스트모던 미술가는 보다 전형적으로 미디어 지향적인 예술가 리스트를 모델로 해야 하는지, 아니면 새로 천재를 부활시키고 있는 뤼페르츠를 모델로 해야 하는지 또는 자기 해체적인 볼탄스키를 모델로 해야 하는지가 아니다. 세 명 모두 각각이 개별적인 자기-제시에 의해 주목을 위한 경쟁에서 자기 입장을 고수할 수 있다는 점에서 포스트모던 미술-장의 전형을 보여준다. 중요한 것은 해당 퍼포먼스를 내용적으로 꽉 채우는 것이 아니라 특수한 결합, 뉘앙스화 또는 부분적 혁신을 통해 자기를 가시화하는 이 장에서 변별성을 확보하고 동시에 매력적 형상으로 등장할 수 있도록 다른 예술가와의 차이를 확실히 하는 것이다.

그와 함께 부르주아예술-장 속의 예술가와 반대로 포스트모던 미술가-주체는 위험천만하고, 매력적이며, 일반적 모방에 저항하며, 지배문화에 근본적으로 낯선 존재로 자신을 재현하기를 그쳤다. 오히려 보다 포괄적인, 즉 예술을 훌쩍 뛰어넘는 매스미디어 체계 내부의 하나의 매듭 역할을 하고 있는데, 창조적 스타로 구성된 그와 같은 체계는 일반적으로 추구할 만한 가치가 있는 개인의 속성을 내보이라고 요구한다.73 포스트모던 미술가는 모방 가능한 이상적 자아, 자기를 스타일화[미화]하는 동시에 창조적일 수 있는 작품의 주체이다. 그는 부르주아예술-장에서는 본질적으로 단지 서로 분리해서만 생각할 수 있던 두 가지, 즉 작품과 자아를 통합했다. 이 둘이 새로운 미학적 기준을 세우고 또한 동시에 즉각적인 사회적 인정을 가져왔다.74

6 후기현대의 전형적 포맷으로서의 예술

20세기 동안, 특히 1970년대 이래 예술의 사회-장은 원심적으로 되었다. 예술적 오브제로 간주되던 것의 영역이 경계를 벗어나 이전에는 예술로 간주되지 않던 이벤트와 인공물 속으로 스며들었다. 예술가

---

73 그러는 와중에 전 지구적 예술가의 그와 같은 스타적 성격은 자기를 비꼬는 예술적 퍼포먼스 대상이 되었는데, 가령 프레이저Andrea Fraser를 보라. ─ Nina Möntmann, *Kunst als sozialer Raum. Andrea Fraser, Martha Rosler, Rirkrit Tiravanija, Renee Green*, Köln 2002를 보라. 스타시스템에 대한 상세한 내용에 대해서는 이 책 6장에서의 논의를 참조하라.
74 글로벌한 성공을 거둔 유형의 예술가 사례로는 〈Young British Artists〉가 있다(그에 대해서는 Julian Stallabrass, *High Art Lite. The Rise and Fall of British Art*, London, New York 2006을 보라. 하지만 그렇다고 하여 당연히 그것이 실제로 주변화된 예술가는 전혀 존재하지 않는다는 의미가 아니라 그들이 문화적 표상에서 정통성을 잃어버렸음을 의미한다. 주변성은 19세기의 미지의 천재 유형에서와 달리 더 이상 창조성을 위한 전제조건으로 주장될 수 없게 되었다. 우리 시대에 예술가가 처한 위태위태한 처지에 대해서는 특히 Angela McRobbie, "'Jeder ist kreativ'. Künstler als Pioniere der New Economy?", in: Jörg Huber(Hg.), *Singularitäten ─ Allianzen. Interventionen* 11, Wien, New York u. a 2002, S. 37-59를 보라.

-주체의 실천과 구성요소가 확대되어 배치자와 '분위기' 조성자의 능력까지 포함하게 되었다. 마지막으로, 수용자는 '공동-창조자'로 대접 받게 되었다. 원심적으로 되는 것에 의해 예술이 다른 사회-장과 맺는 관계는 **경계 허물기, 네트워크화, 경계구역** 형성에 의해 특징지어지게 되었다. 경계가 허물어지게 된 결과 가령 매스미디어의 테크닉과 소재 [대상], 과학자의 방법 또는 자연의 소재 등 다른 사회적 실천의 소재와 구성요소가 예술적으로 전유되었다. 네트워크화를 통해 가령 예술과 광고, 예술과 도시계획 같은 상이한 장이 상호작용하게 되었다. 마지막으로 경계구역이 등장했는데, 거기서 건축과 디자인 같은 분과학문은 다른 장뿐만 아니라 예술에 다가적으로 귀속되기에 이르렀다. 부르주아예술-장이 경계를 자율적인 구역으로 안정화시키는 데 주로 관심을 가졌던 반면 원심적 예술은 지금 체계적 네트워크화, 경계 허물기, 내부와 외부 간의 경계구역 형성이라는 정반대 관심에 의해 추동되고 있다.

우리는 포스트모더니즘의 원심적인 예술-장에서 경계 허물기 과정이 얼마나 철저하게 진행되어오고 있는지를 상세히 살펴보았다. 하지만 예술의 사회-장은 이 과정 내내 현대 초기에 획득한 구조적 평면도를 잃어버리지 않았다. 오히려 그것을 재생산하고 급진화해왔다. 예술에 특수한 미학적 사회성은 여전히 네 기둥에 기반한다. 창조적 주체(지금은 집단을 포함하도록 부분적으로 확대되었다)로서의 예술가에 의한 새로움의 생산, 특수한 미학적 오브제 쪽으로의 정향, 미학적으로 대중에 초점을 맞추는 것, 그와 같은 미술작품과 이벤트를 겨냥한 주목의 제도적 관리가 그것들이다. 원심적인 예술-장은 부르주아적 선구자처럼 미학적 새로움의 영구적 생산과 수용을 겨냥한 형태의 사회적인 것을 계속 구성하고 있다.

하지만 그와 같은 미학적 새로움의 우위를 둘러싸고 역설적 사태가 등장해왔다. 아방가르드 운동의 시대 이래 그리고 가장 두드러지게는 포스트모더니즘에서 예술 담론은 예술에서의 '새로움이라는 신화' 그리고 예술가는 독창적 창조자라는 신화를 지속적으로 해체해왔다. 앞서 살펴본 대로 그와 같은 해체는 의식적 결합, 배치, 재해석과 '표절'을 포함해 그에 상응하는 예술적 실천 속으로 옮겨졌다.[75] 하지만 그와 같은 자기-탈주술화는 예술-장의 구조에서 놀라움, 낯섦, 비관습적인 것, "새로움의 전통"[76] 쪽으로의 정향이 사라지는 결과로 이어지지는 않았다. 반대로 창조적 예술가의 탈주술화는 놀라움과 다름을 만들어낼 수 있는 예술-장의 능력을 확대하고, 심화시켰다. 만약 새로움이 예술적 천재나 급진적 아방가르드에 의해 초래되는 총체적 단절과 더 이상 동일시되지 않는다면 **상대적** 새로움으로 치부될 수 있는 것이 대폭 늘어날 것이다. 재배치와 '전유'가, 심지어 대중문화와 미디어문화의 그것들이 예술적으로 흥미로운 것으로 분류될 수 있다면 미학적 새로움이 거리낌 없이 제조될 수 있을 것이다.

흥미를 끄는 새로움의 자릿값이 느슨해지면서 새로움의 사회체제는 보다 견고한 형태로 영구화될 수 있었다. 이처럼 창조성에 대한 온

---

[75] 포스트모더니즘에 의해 근본적 단절이라는 아방가르드 모델이 대체되는 것에 대해서는 Kunst Krauss, *Die Originalität der Avantgarden*을 보라.

[76] 그와 같은 정식화는 로젠버그가 만들어낸 것이다. Harold Rosenberg, *The Tradition of the New*, New York 1959.

건화된 동시에 급진화된 이해는 또한 '오래된' 미학적 오브제에 대한 태도를 바꾸었는데, 그것은 더 이상 그저 낡아빠진 것으로 거부되는 것이 아니라 오히려 전유와 재결합에 의한 새로운 창조에 쓰일 수 있도록 배치되었다. 당대의 대중문화뿐만 아니라 낡은 것에 대한 해석과 재배치가 정통적인 창조적 절차가 될 때 예술은 새로운 활동의 거대한 저수지에 접근하게 된다. 장르와 미디어 간의 경계 허물기, 우연적 생산/조작의 허용, 복수의 스타일의 용납도 비슷한 결과를 가져온다. 따라서 예술-장의 구성요소를 제약하고 있던 구조적 경계를 하무는 것은 순수한, 아무런 제약도 받지 않은 예술적 새로움이 부르주아예술의 경계를 초월하는 놀라움의 생산자로 등장하는 것을 허용해준다.

예술가와 수용자 간의 관계가 바뀐 것은 미학적 새로움을 지향하던 태도의 급진화에서 중요한 역할을 했다. 부르주아예술-장에서 생산자 논리의 '예술을 위한 예술' 그리고 수용자 논리의 대중주의는 처음에는 대립하다가 초기 아방가르드의 추문화 논리에 의해 대체된 반면 이제 원심적인 예술-장은 추문화 논리를 놀라움의 기대라는 역설적 논리 형태로 전도시키고 있다. 포스트모던 미술에서 수용자는 더 이상 보수적인 중간계급 취향의 대변인이 아니라('부르주아계급을 놀래키자 épater la bourgeoisie') 오히려 적극적·창조적인 그리고 열린 수용자의 민주적인 공모적 공동체로 대접받는다. 수용자가 미학적 새로움에 의해 놀라기를 원한다는 것은 지금은 무조건적으로 전제된다.77 그리하여

---

77 당연히 대중이 충격과 당혹감을 흡수할 수 있는 능력에는 사회적 한계가 존재한다. 그럼에도 불구하고 고급문화적 관심과 대중문화적 관심을 거리낌 없이 상호 결합시키는 가운데 놀라움에 대한 기대의 일반화가 등장하는 데 도움이 되는 문화적 '잡식성'(피터슨Ri-

예술은 미지의 것, 당혹스러운 것, 혼란을 주는 것에 의해 영향 받기를 원하는 바람을 충족시켜주기 위해 애쓰는 상황에 놓이게 된다. 수용자 논리 그리고 생산자 논리 간의 적대성은 예술적 당혹성의 체제라는 틀 속에서 예술가와 수용자가 공모하는 것 속에서 허물어진다.

사회학은 20세기가 경과하는 동안 사회 전체 내에서의 예술의 지위뿐만 아니라 예술-장의 내부 구조에서 일어난 변화에 대한 분석에 1920년대 이래 지속적으로 관심을 기울여왔는데, 종종 그것이 문화비판의 계기를 마련해주기도 했다. 하지만 예술-장이 사회 일반의 변화를 위한 모델 격의 청사진과 페이스메이커가 될 수 있음은 처음에는 생각조차 할 수 없는 것처럼 보였을 것이다. 아도르노의 문화산업 이론은 예술계의 대부분이 소비자본주의에 의해 식민화되리라고 예견했으며, 겔렌은 대중에게 교육과 해방보다는 '위안'을 약속하는 후기-부르주아적인 자율적인 "반성의 예술"[78]을 예견했다. 두 진단 모두 원심적 예술이 등장하고 창조성-장치가 확립되기 이전에 이루어졌다. 1970~1980년대의 포스트모더니즘 저자들의 예견, 즉 미학적 세계가 포스트모던 미술로부터 다른 영역으로 확대되리라는 예견은 현재 사태와 보다 양립할 수 있는 것처럼 보일 수 있을 것이다.[79] 하지만 그들은

---

chard Peterson에 따르면 'omnivore') 유형이 확장되었다 — 그것은 예술사회학에 의해 입증되었다 — 는 가설을 제시해볼 수 있을 것이다. 부르주아적 취향에 대한 제한이 와해되고, 센세이셔널한 것에 대한 관심 — 이것은 매스미디어에 의해 부추겨진다 — 이 동시에 확산된다. Richard A. Peterson/Roger M. Kern, "Changing highbrow taste: From snob to omnivore", in: *American Sociological Review*(61) 1996, S. 900-907을 참조하라.
78 아도르노/호르크하이머, 「문화산업: 대중기만으로서의 계몽」, 『계몽의 변증법』, 183~251페이지와 Arnold Gehlen, *Zeit-Bilder. Zur Soziologie und Ästhetik der modernen Malerei*, Frankfurt/M. 1960, S. 201 이하를 참조하라.

예술에서 일어나는 경계 허물기 과정을 주로 고급예술과 대중예술 간의 구분의 훼손이라는 특수한 측면에서 고찰한 반면 수용자나 소비자는 예술 바깥에서 미학적 향유를 찾는다는 관점을 수용했다. 또 그에 상응해 경계 허물기를 예술의 소멸과 등치시키는 경향을 보였는데, 보드리야르는 그것을 통속적인 '초미학적' 접근법이라고 개탄했다. 그리하여 특히 포스트모던 미술-장을 창조성-장치의 모델 격의 사례로 설명하는 데서 앞의 이론들은 그와 같은 이유로 얼핏 보기보다는 덜 유용하다. 볼탄스키와 키아펠로가 대안을 제공했다. 두 사람의 접근법은 미학적 수용뿐만 아니라 또한 그리고 한층 더 미학적인 생산, 즉 창조 노동을 사회의 광범위한 부문을 위해 형태 형성적 기능을 하는 것으로 ― 특히 포스트포디즘에서 그러했다 ― 식별한다.[80] 그럼에도 불구하고 두 사람은 『자본주의의 새로운 정신』에서 예술-장의 구조와 생성 그리고 실천 대신 오히려 무엇보다 먼저 '예술가적 예술비평'에 관심을 갖고 있다. ― 즉 1800년 이래 미학적·미술적 담론에서 정식화되어 온 자본주의 비판과 소외비판에 말이다.

두 사람은 포스트모더니즘 이론가들과는 다른 방식으로 예술은 후기현대의 사회성을 위한 기본 구조적 모델로 이해되어야 한다고 제안한다. 예술-장은 19세기에 처음 시작될 때는 순전히 미학적인 실천에 고정되어 있었다. 그리하여 부르주아적 현대(성)의 합리주의적 장들과

---

[79] Jean Baudrillard, *Le Complot de l'art*, Paris 2000; Jean-François Lyotard, "Das Erhabene und die Avantgarde", in: ders., *Das Inhumane. Plaudereien über die Zeit*, Wien 1989, S. 159-187; 제임슨, 『포스트모더니즘, 혹은 후기자본주의 문화 논리』.
[80] Luc Boltanski/Ève Chiapello, *Der neue Geist des Kapitalismus*, Konstanz 2003; 그 외에도 Gielen, *The Murmuring of the Artistic Multitude*를 보라.

구조적으로 양립할 수 없었으며, 따라서 보상 기능을 떠맡을 수 있었다. 그러다가 20세기의 4/4분기에 창조성-장치 전체를 위한 모델 격의 청사진 또는 '포맷'이 되었다. 그것을 어떻게 이해해야 할까? 여기서 '포맷'은 다양한 형태의 사회성으로 이해되어야 한다. 사회적 실천, 담론, 주체성의 유형 그리고 주체-인공물의 관계 등이 그것들이다. 모델 격의 포맷은 또한 처음 지배력을 발휘한 사회적 공간 외부에서도 규범적으로 뿐만 아니라 정동적으로도 모델적 성격을 떠맡는 사회적 포맷을 말한다. 그리하여 사회영역 간의 번역 과정에서 말 그대로의 복제보다는 모방과 확산 대상이 된다. 다양한 사회적 단위가 모델 격의 포맷의 그와 같은 확산의 담지자와 매개자가 될 수 있을 것이다. 담론의 단편, 미디어의 이미지, 계속 움직이는 주체 그리고 계속 움직이는 인공물이 그것이다.[81]

이 의미에서 예술-장이 원심적 예술 형태로 또한 예술 밖에서도, 그리고 창조성-장치 내부에서 그리고 그것을 위해 실천, 담론, 주체-형태, 주체-인공물의 배치를 위한 청사진적 포맷 중의 하나를 제공했다. 그것의 모델 격의 기능은 예술가-주체에게 해당되며, 합리적인 합목적적 생산이나 어떤 행동의 추문화가 아니라 오히려 미학적 새로움의 생산을 겨냥하는 창조적 실천으로까지 확대된다. 그것은 또한 창조성의 절차화에도 해당된다. 이 포맷은 주로 도구적인 것이 아니라 미학적 향유 양식으로 자신을 제공하는 대상과 이벤트가 모델 격의 타당

---

[81] 가령 막스 베버의 『경제와 사회』에서 부르주아적 지배의 경험적 배경을 이루는 국가(독일) 관료제가 20세기 초에 또한 국가, 가령 경제 바깥에서의 형식 합리적 조직을 위한 그와 같은 '패러다임적 포맷'을 제공했다.

성을 획득하는 것을 가능하게 해준다. 그와 같은 타당성은 무엇보다 먼저 미학적 체험과 놀라움을 추구하며, 전유 속에 창조적으로 연루되는 대중의 형성에 해당된다. 또한 마지막으로 새로움에 대한 주목의 관리 문제 쪽으로 주로 정향된 제도적 배치물에서도 발견된다. 역사적으로 중요했던 모든 모델 격의 포맷처럼 원심적 예술 또한 모든 사회를 가로질러 기능적 탈분화를 초래하며, 어떤 특수한 과제를 수행 중이건 상관없이 다양한 사회-장의 실천 형태를 서로 동화시킨다.[82]

포스트모던 미술 그리고 창조성-장치라는 틀 내에서 예술-장 그리고 예술가라는 모델은 사회의 주변부적 외부로부터 문화적 중심으로 옮겨갔다. 그와 같은 사실을 이 장에서 일어난 또 다른 변화를 통해 읽어낼 수 있을 것이다. 그것의 정동의 작도법에서 일어난 변형을 통해 말이다. 부르주아예술-장은 강렬한 긍정적·부정적 정동의 선이 교차되는 정서적 교전 지대였던 반면 원심적인 예술-장에서는 부정적 함의를 지닌 사회적 정동은 거의 완전히 사라진다.[83] 창조적 자아가

---

[82] 탈분화적 경계 허물기의 이 기본 모델에 대해서는 또한 Andreas Reckwitz, "Grenz-destabilisierungen — Kultursoziologie und Poststrukturalismus", in: ders., *Unscharfe Grenzen*, S. 301-320; 또한 Eugen Buß/Martina Schöps, "Die gesellschaftliche Entdifferenzierung", in: *ZfS* 8(1979), S. 315-329를 참조하라. 새로움의 미학적 체제를 구비한 예술-장이 다른 사회-장들을 위한 전형적인 포맷이 되는 것은 단일 원인론적으로 오해되어서는 안 된다. 중심으로서의 예술로부터 출발하는 선형적 과정은 존재하지 않으며, 다양한 실천의 장 사이의 사회적 네트워크가 만들어지며, 그리하여 예술적 실천 또한 그와 같은 다른 실천과 담론에 의해 영향을 받게 된다.

[83] 그것은 예술작품에 대한 부정적 정동의 의식적 배양을 배제하지 않는다. 반대로 당혹감을 지향하는 포스트모던 미술은 종종 혼란이나 불안 같은 부정적 경험을 생산하는 것을 겨냥하지만 그럼에도 그것은 예술-장 속으로 통합된다. 그것은 예술-장의 재생산을 저지하기보다는 촉진한다.

정상화되는 것과 병행해 ― 그것은 심리학 담론, 대중스타시스템, 창조노동자를 모델로 내세운 미학경제에 의해 각자에 고유한 방식으로 촉진되었다 ― 예술가와 예술적인 것은 병리적인 것이라는 견해 ― 적어도 1920년대까지도 여전히 강력하게 현존해 있었다 ― 는 종말을 고하게 되었다. 적어도 1970년대까지 명확한 전선을 유지해온 보헤미안과 부르주아 간의 상호 적대관계 또한 무대 앞의 창조적 주체 그리고 객석 안의 창조적 주체 간의 공모 상태 속으로 해소되어버린 것 같다. 다른 한편 처음부터 예술-장을 특징지어온 긍정적 정동은 원심적 예술 속에서도 계속되었다. 비록 예술가의 배타적 지위를 잃어버렸기 때문에 강도와 아우라는 일부 박탈당했지만 말이다. 예술가의 미학적 생산성과 독창성뿐만 아니라 사회적 성공에 대한 찬양이 계속 이어 또 다른 긍정적 정동으로 등장했는데, 그것은 특히 그의 인간적 모습에 대한 주목에서 드러났으며, 그리하여 찬양된다는 사실에 대한 찬양이 나타나게 되었다.

창조성-장치의 맥락에서 예술적 실천 간의 그리고 그것을 둘러싼 경계 허물기는 예술과 그것의 사회적 경계와 과연 어느 정도나 근본적으로 구분되는가 하는 문제를 제기한다. 미학적인 것과 관련된 사회적 형태가 사회의 다른 영역으로도 확산되어 미학적 새로움의 체제 아래 놓일 때 예술의 특수성에는 무엇이 남을까? 그와 같은 문제제기는 부르주아예술로부터 원심적 예술로의 이행에서 처음부터 동반된다. '예술이란 무엇인가'에 대한 성찰 속에서 그것이 발견되는데[84], 그것은

---

[84] 이 논쟁은 예술에 대한 유명론적·제도주의적 규정으로 이어졌는데, 가령 단토와 디키에게서 그것을 찾아볼 수 있다. Arthur Danto, "The Artworld", in: *The Journal of Philo-*

1920년대 이래 그리고 또한 미학적인 것에 대한 문화적 비판, 예술의 인플레이션에 대한 개탄, 그리고 마지막으로 또한 예술의 재정치화를 요구하는 예술가의 자기비판 속에 계속 편재해왔다.[85] 예술적인 것에 대한 문화적 비판은 종종 예술의 자율성이라는 부르주아적 모델 또는 모더니즘적 모델을 가정했다. 하지만 그것과 달리 예술-장과 다른 사회적 부문이 구조적으로 상호 동화된다는 것은 예술 바깥의 미학적 창조성-체제가 불가피하게 동일한 형태와 내용으로 '채워진다는 것'을 의미하지는 않는다. 반대로 원심적인 예술-장이 구별짓기 전략을 — 명시적으로건 아니면 함축적으로건 — 발달시키는 것에 의해 미학화와 창조성 지향에 반응함을 보여주는 몇 가지 지표가 존재한다. 그런 식으로 미학적 수용 방식 간의 새로운 차이가 다른 영역(디자인, 미디어, 창조적 작품, 자연)으로부터 그리고 진정 예술적인 대상과 이벤트에 대한 감각적·정동적 체험을 이루는 것으로부터 발전할 수 있을 것이다.

원심적 예술이 비예술적인 미학적 실천과 자신을 구분할 수 있도

---

sophy 61(1964), S. 571-584; George Dickie, *Art and the Aesthetic. An Institutional Analysis*, Ithaca 1974를 참조하라. 굿먼의 미술이론은 사회학적 관점에서 흥미롭다. 그는 미학적인 것의 예술 형태와 비예술 형태 간의 연속성으로부터 논의를 시작한다. 특히 강화된 구문론적·의미론적 두꺼움, 그득함, 다의미성에 의해 두드러지는 미학적 오브제가 사회적으로 예술로 수용된다. 예술과 비예술을 나누는 사회적 구분이 점진적 차이로 이루어진 그와 같은 연속체를 횡단한다. 그리하여 미학적 두꺼움과 그득함을 위한 기준이 단 한 번에 영원히 고정되지 않는다는 사실이, 예술이 역사적으로 논쟁적 성격을 띠게 된 원인임이 드러나게 된다. Nelson Goodman, *Languages of Art: An Approach to a Theory of Symbols*, Indianapolis 1968을 참조하라.

85 Fried, *Art and Objecthood*; Baudrillard, *Le Complot de l'art*를 보라. 재정치화에 대해서는 Pascal Gielen/Paul de Bruyne(Hg.), *Being an Artist in Post-Fordist Times*, Rotterdam 2009를 참조하라.

록 해주는 가장 중요한 전략은 미학적 성찰의 태도를 육성할 수 있는 방식으로 수용자의 수용을 이끄는 데 있다. 수용자는 감각적·정동적 자극과 흥분을 넘어서 그렇게 자극받는 것에 대해 외부로부터 성찰할 것을 권고받는 것이다. 그렇게 해서 원심적 예술은 2차 조작을 촉진한다. — 자체의 성립 가능성의 조건을 고려하는 예술적 조작이 그것이다.[86] 미학적 성찰의 촉진을 분명하게 보여주는 사례가 포스트모더니즘의 퍼포먼스미술에 전형적인 대중의 체험을 문턱 체험으로 파악하는 것이다.[87] 가령 설치나 무대 앞의 퍼포먼스가 밀실공포증이나 혐오감을 촉발하는 경우 예술작품에 대한 전유는 그와 같은 느낌뿐만 아니라 그것이 일어날 수 있도록 해주는 조건에 대한 주체적 성찰로 이루어지게 된다. 같은 이유로 원심적 예술은 종종 부정적인 감각적·정동적 반응으로 이어지며, 그리하여 예술 외부에서 지배적인 미학적 체험의 긍정적·쾌락적 측면 쪽으로의 정향과 구분된다. 그와 같은 부정성의 미학 — 그것의 선구자는 추함의 미학에서 발견된다 — 은 혼란과 불안에 대한 성찰적 체험을 만들어내는 것을 목표로 한다. 미학적 성찰성을 이용하는 포스트모더니즘의 또 다른 전략은 미학적인 것의 정치화이다. 여기서 예술작품은 사회 전체를 자신의 서사적 또는 상상적 참조점으로 선택하며, 의도적으로 논쟁을 촉발한다. 그에 상응해 포스트모던 미술 형태는 대중의 양극화를 체계적으로 만들어내는 것에 의

---

[86] 물론 예술에 대해 그렇게 성찰 기능 중심으로 규정하는 것은 칸트부터 아도르노와 브레히트까지 현대적인, 보다 넓은 의미에서의 부르주아적 또는 비판적 예술이해 전통 전체로까지 소급될 수 있을 것이다.

[87] 그에 대해서는 Fischer-Lichte, *Ästhetik des Performativen*, S. 305-314를 참조하라.

해 예술의 미학적 외부와 구분된다.[88]

원심적 예술에 의해 발달된 미학적 성찰성은 창조성-장치가 헤게모니를 잡게 되면 미학적 새로움의 체제의 일반적 구조에 말을 거는 것에 의해 자아성찰과 사회적 해설 모두를 채택할 수 있을 것이다. 따라서 예술은 창조성-장치가 자기를 관찰하는 장소이다. 특히 예술의 사회적 형태에 대한 바로 그와 같은 종류의 성찰 그리고 일반적으로는 미학적 새로움의 사회체제는 아방가르드와 포스트모더니즘에서 발생했으며, 오늘날에도 계속 발생한다. 그것은 창조성에 대한 예술가의 주장에 대한, 대중의 지위에 대한, 무엇이 어떤 대상이나 이벤트를 예술적인 것으로 만드는지에 대한, 제도, 정전, 시장이 주의를 관리할 수 있도록 해주는 메커니즘에 대한 성찰이다. 이런 식으로 예술이 자기 자신의 기본적 조건을 성찰하는 것은 예술 담론뿐만 아니라 예술적 오브제와 이벤트 자체 속에서도 수행되었다. 그와 같은 성찰 행위는 창조성-장치 전체의 구조에 대한 이차적 성찰을 예비했다. 예술-장이 여러모로 창조성-장치의 원형인 만큼 그것은 이 장의 메커니즘에 대해 질문할 수 있는 적절한 장소로 발전될 수 있을 것이다. 그리하여 원심적 예술은 사회의 자기관찰 역할을 떠맡는다. 하지만 그와 같은 일이 일어나는 것은 포스트모던 미술이 예술을 통해 사회의 총체성과 인간의 체험을 드러낸다고 항상 주장하기 때문만이 아니다. 그와 같은 일이 일어나는 것은 무엇보다 먼저 항상 그것이 창조성 그리고 지금 사회 전체로 확산되어 갈 수 있음이 입증되고 있는 미학에서의 대중이

---

[88] 그에 대해서는 Rebentisch, *Ästhetik der Installation*, S. 276 이하를 참조하라.

전형적인 사례를 제공하는 것과 같은 종류의 사회적 형태를 탐구하기 위한 매체였기 때문이다. 사회가 예술처럼 되기 전까지 예술은 자신에 대해 사회에게 가르칠 수 없으리라고 주장하는 것은 큰 과장은 아닐 것이다.

하지만 비록 원심적 예술은 창조성-장치의 기본조건에 대한 그와 같은 미학적 자아성찰을 촉진하지만 물론 그것에 의해 그와 같은 조건으로부터 해방되는 것은 아니다. 그와 같은 예술은 미학적 창조성의 무한한 사회체제 그리고 창조적 자아의 정상화의 행위주체로 여전히 남는다. 예술의 내용 또는 형식은 또한 그와 같은 조건에 대해 비판적으로 씨름할 수 있을 것이다. 당혹감을 느끼는 것에 관심을 가진 대중을 충족시켜 줄 수 있는 포괄적인 지적·미디어적 포트폴리오를 가진 예술가에 의해 만들어지는 그와 같은 비판적인 예술이벤트가 여전히 미학적 새로움의 원형이 지속되는 순환주기를 영구화하고 있다. 그것은 당혹감의 미학에 속한 것으로 분류되는데, 거기서는 심지어 비판행위조차 미학적 놀라움의 법칙을 따른다.

4장

미학경제의 등장:
영구혁신, 창조산업 그리고 디자인경제

1 새로움의 이중적 역설과 그것의 해소

베버의 『경제와 사회』에 들어 있는 한 획기적 서술에서부터 논의를 시작해보자. 창조성의 장려는 현대자본주의의 구조적 전제와는 극히 거리가 멀다는 것이다. 그에 따르면 자본주의의 핵심적 속성은 규칙성과 표준화이지 혁신성과 창조성의 동원이 아니다.[1] 그는 20세기 초의 서구 자본주의의 특수한 상품생산양식을 본인이 형식적·관료주의적 또는 기술합리성이라고 부르는 것의 가장 두드러진 경우 중의 하나로 간주한다. 그는 현대경제를 경제적 수익성의 극대화라는 최종 목표를 향해 생산과 노동을 조직하는 합리적·합목적적 규칙에 기반한 '기업자본주의'로 특징짓는다. 따라서 그것은 전근대사회의 유동적이고 예견 불가능한 '모험자본주의'와 근본적으로 구분된다. 대신 자본

---

1 베버Weber, 박성환 역, 『경제와 사회』, 문학과지성사, 199페이지 이하.

주의적 기업은 분업, 위계적 지시와 계획화, 인간 간의 그리고 인간과 사물 간의 계산 가능한 상호작용 형태를 도입한다. 이 모델에서 현대 경제는 대상화와 탈주술화를 가져오는 기계를 닮았다. 그의 분석에서 그와 같은 경제의 주도적 행위 유형은 행정가와 기술자 유형이며, 그와 같은 경제가 그것에 수반해 전제하고 촉진하는 성격 유형은 규율화되고, 전문적이며, 감정을 드러내지 않는 전문직업인이다.

선진자본주의경제에 대한 그의 예리한 분석은 그것을 고도로 규제된 합리적 기계로 보는데, 그것은 결코 단순한 사회학적 사변에 불과한 것이 아니다. 그것은 '조직화된 자본주의'(힐퍼딩)가 19세기 말과 20세기 초에 미국과 유럽의 대기업에서 부각되는 과정에 대한 상세한 역사적·사회학적 분석에 의해 확인된다.[2] 조직과 관련해 그와 같은 기업자본주의에 대한 관리는 그것을 표준화된 요소(인력, 사물, 관계 방식, 규칙)로 구성된 채 순조롭게 운용되는 시스템으로 이해하는 공학 모델을 따른다. 그것과 관련해 테일러Fredric Taylor의 '과학적 관리[경영] scientific management'는 단지 빙산의 일각일 뿐이다. 관리자-엔지니어라는 용어로 부를 수 있는 것의 지도 하에 대규모 피고용인과 노동자를 조직의 토대로 철저하게 편성해 전문화하는 것이 '조직이라는 모체'의 핵심을 이루었다. 조직의 경제적 실천은 새로움의 생산 쪽으로 정향되지 않았다. 대신 일단 확립되면 동일성의 반복을, 즉 표준화된 자본과

---

2 이 과정에 대해서는 Yehonda Shenhav, *Manufacturing Rationality. The Engineering Foundations of the Managerial Revolution*, Oxford 1999; 챈들러Alfred D. Chandler jr., 김두얼 외 역, 『보이는 손』, 지만지; Maury Klein, *The Flowering of the Third America. The Making of an Organizational Society, 1850-1920*, Chicago 1993을 참조하라.

소비재의 생산과 분배를 보장하기 위한 사회적·기술적 조직화 규칙의 재생산을 체계적으로 추진했다.

베버 노선에 따른 해석이 도전받지 않은 것은 아니었다. 마르크스를 참조한다면 그가 베버와는 완전히 다른 그림을 그리고 있음을 알 수 있다. 베버보다 50년 전에 이루어진 그의 자본주의 분석은 베버 이전에 베버의 분석에 대한 가장 중요한 대안이었다. 거의 1세기 후에 슘페터로 하여금 "창조적 파괴"[3]에 대해 말하도록 만든 경제혁신의 무한한 힘이 그것이다. 마르크스에게서 서구 경제의 가장 현저한 특징은 순수한 자본축적 그리고 잉여가치 생산의 무한한 과정이다.[4] 이 과정은 전통의 제약으로부터 자유로워진 부르주아사회에서 특정 시점에 가용한 생산력의 최대한의 착취에 기반한다. 자본주의경제는 생산력 증대를 위해 신기술을 대단히 역동적으로 이용하고, 새로운 생산수단에 의한 잉여가치를 착취하는 것에 의해 모든 형태의 전근대경제와 구분된다. 노동력의 최대한의 착취말고도 특히 상품시장의 확대를 위해 항상 보다 새로운 전략을 동원한다. 그에 따르면 자가추진적인 자본축적은 이전의 경제적·법적 구조와 삶의 방식을 지속적으로 훼손하며, 과거의 삶과 노동관계를 전면적 자본화로 대체한다. ─ "단단한 모든 것이 대기 속으로 휘발된다."[5]

적어도 얼핏 보기에 마르크스와 베버는 19세기 하반기 그리고 자

---

[3] 슘페터Joseph A. Schumpeter, 변상진 역, 『자본주의, 사회주의, 민주주의』, 한길사.
[4] 마르크스, 김영민 역, 『자본』, 이론과 실천.
[5] 마르크스-엥겔스, 「공산당선언」, 『칼 마르크스-프리드리히 엥겔스 저작 선집』 1권, 박종철출판사, 403페이지.

본주의 일반의 경제적 실천에 대해 두 가지 상충되는 설명을 제시하는 것 같다. 베버에게 자본주의는 사회적인 것의 극단적 **폐쇄**, 효율성의 극대화라는 합리주의 원칙 아래서의 동일성의 영구반복으로 이어지는데, 그 결과 새로움을 장려하는 일은 최소화된다. 반대로 마르크스에게서 자본주의는 **열림**, 혁신의 무한한 역동성, 과거의 철저하고 전례 없는 폐기를 대변한다. 그의 관점에 따르면 자본주의경제는 항상 '창조적'인 반면 베버에게서는 반대로 행동의 철저한 표준화를 초래한다. 그와 같은 대립적 입장을 어떻게 피할 수 있을까?

둘 간의 대립은 부분적으로는 두 이론가가 대체로는 겹치지만 모든 점에서 정확히 일치하지는 않는 주제를 다루기 때문이다. 베버는 기업의 내부 구조와 노동 조직에 초점을 맞추는 반면 마르크스는 개별 조직 수준을 넘어선 시장의 작동에 주로 관심을 갖고 있다. 또한 역사를 바라보는 관점에도 차이가 있다. 1900년경에 베버가 마주친 조직화된 자본주의는 19세기 중반에 마르크스의 저술 대상이던 산업자본주의와 동일하지 않다.6 하지만 심지어 19세기의 4/4분기에 미국과 독일에서 가장 두드러지게 자리 잡은 대규모 기업이라는 '고도자본주의' 단계와 관련해 보아도 두 이론은 실제로는 상충되지 않는다. 모순적인 것으로 드러난 것은 현실 자체이다. 두 이론을 겹쳐 놓는다면 사실 고도자본주의경제에서의 **새로움의 이중적 역설** ― 그것이 19세기

---

6 그에 상응해 마르크스의 이론도 심화발전되었다. 그에 대해서는 Rudolf Hilferding, *Organisierter Kapitalismus*, Kiel 1927을 참조하라. 산업주의와 ― 조직화된 자본주의 또는 포디즘과 동일시되는 ― 고도자본주의Hochkapitalismus를 두 개의 역사적 단계로 구분하는 것은 ― 부분적으로는 또 다른 개념들에 기반해 ― 좀바르트Werner Sombart 이래 비마르크스주의적 경제사에서도 동의한다.

말부터 1960년대까지의 시기를 특징지었다 — 에 대한 두 가지 상보적 관점을 만들어낼 수 있을 것이다.

새로움의 첫 번째 역설은 경제조직의 내부 구조 그리고 그것의 활동의 외적 결과 간에 존재한다. 마르크스가 정확하게 지적하듯이 고도자본주의는 경제제도 **바깥**에서 일상생활의 물화, 남녀유별 원리의 쇠퇴, 새로운 사회적 불평등의 등장 및 이 모두로부터 기인하는 각종 정치적 반대 경향 등 다수의 새롭고 예견 불가능한 사회현상과 문화현상을 의도치 않게 만들어낸다. 하지만 경제 영역을 둘러싸고 진행되는 예측 불가능한 결과의 역동성은 베버의 형식적·기술합리성 형태로 경제조직 내부에서 이루어지는 최대한의 계산 가능성에 의해 균형이 맞추어지는데, 그것은 제품의 표준화된 생산에 의해 가능해진다. 분업적·위계적 조직 내부에서 이루어지는 반복의 구조 그리고 경제 영역의 계산 불가능한 외적 결과는 두 가지 병렬적·상호 의존적 현상이다.

하지만 그와 함께 조직의 내부 구조는 자체가 구조적으로 둘로 나뉘는데, 그것이 새로움의 두 번째 역설을 낳는다. 조직 내부에서 새로움의 생산을 위한 일정한 공간이 존재하지만 정해진 장소로 제한된다는 것이 드러난다. 즉 기술적 새로움의 생산으로 국한되며, 그것은 자연과학적·기술공학적 R&D라는 체계적 과제로 주어진다. 조직화된 현대(성)의 경제조직 내부에서 기술혁신은 생산과 행정이라는 일상 업무와는 멀리 떨어진 별도의 부서에서 추진된다.7 기술의 역사와 기술

---

7 '조직화된 현대(성)'는 사회 전체 수준에서의 조직화된 자본주의와 맞짝을 이룬다. 와그너는 1920년경에 경제, 국가, 문화 속에서 형성되어 1970년대까지 지배한 형태의 현대(성)를 가리키기 위해 이 개념을 사용한다. Peter Wagner, *Sociology of Modernity*,

사회학은 19세기의 산업자본주의 틀 내에서 이루어진 기술혁신은 대체로 여기저기 흩어진 개인의 우연적 발견이었으며, 경제적으로 마찬가지로 우연적으로 받아들여지다가 고도자본주의와 함께 조직적 분업에 딱 맞게 분화된 경제조직 내부의 특정 부서의 특수한 과제가 됨을 보여주어왔다.8 자본주의는 그와 같은 배치의 도움으로 심지어 엄격하게 조직화된 형태(그것은 1920년대 이래 국가사회주의를 꼭 빼닮게 되었다)에서도 혁신적일 수 있지만 그럼에도 불구하고 규제된 생산적·행정적 노동의 관료주의적인 반복적 구조는 그대로 간직했다. 바로 그것이 조직화된 현대(성) 경제의 틀 내에서 나타나는 이중적 역설이다. 조직 내부에 존재하는 반복과 재생산 구조가 경제 외부에 의도치 않은 사회적 결과를 낳는 일을 수반하면서 다양한 사회적 변동을 가져오는 동시에 조직 내부에서는 기술혁신을 위한 전문부서와 나란히 존재하는 것이 그것이다.

따라서 조직화된 현대(성) 속에 존재하는 관료주의적 버전의 경제문화는 본질적으로는 테크놀로지적인 것의 모델에 의해 인도된다.9 기술 중심의 이 문화는, '과학적 경영'이라는 보다 폭넓은 맥락의 경영학 담론뿐만 아니라 '기계'로서의 경제라는 — 긍정적인 또는 비판적인 — 상상적 표상에서 드러나는 대로, 사회진보와 경제진보의 동일시를

London 1994를 참조하라.
8 그에 대해서는 Werner Rammert, *Technik aus soziologischer Perspektive*, Opladen 1993, S. 162-176; David F. Noble, *Forces of Production. A Social History of Industrial Automation*, Oxford 1984, S. 42 이하를 참조하라.
9 미국과 관련해 그것에 대해서는 Cecelia Tichi, *Shifting Gears. Technology, Literature, Culture in Modernist America*, Chapel Hill 1987을 참조하라.

전제하며, 사회는 기계 같아야 한다는, 즉 사회적인 것을 사실적으로, 효율 지향적으로 규제해야 한다는 일반적 이상을 포함한다. 따라서 기술 모델은 질서와 변화를 동시에 지향하는 경향이 있다. — 또는 보다 정확하게는 질서 잡힌, 체계적 틀 내에서의 기술적 변형을 말이다. 고도자본주의 그리고 그것이 1920년대의 미국에서 취하게 된 형태의 기술주의 간의 그와 같은 공생을 그람시는 포디즘이라는 용어로 불렀다.10 표준화된 대량생산에 기반한 그와 같은 시스템은 동시에 사회적인 것과 관련해 힘주어 강조하는 주도적 이미지를 포함했는데, 원형적 통일을 이루는 조직은 질서정연한 사회성을 가지며, 개인은 마치 기계 속의 부품처럼 그것에 자기를 끼워 맞추어야 한다는 것이었다. 동시에 포디즘은 대량생산의 이면으로 광범위한 중간계급에 걸쳐 대량소비가 이루어질 것을 전제했다. — 소비에 의해 번영이 보장되는 풍요 사회 affluent society. 포디즘의 문화적 상상계 내에서는 기술이 실용 중심 집단 그리고 소비에 의한 풍요와 함께 3인 1조를 형성했다.11

포디즘과 조직화된 자본주의는 여러모로 과거의 것이 되었다. 새로운 형태의 자본주의에 의해 둘의 왕위가 찬탈되었음은 1980년대 이후 사회과학에 의해 널리 지적되어왔다. 그에 상응해 오페와 래시/어리는 그처럼 새로운 형태를 '탈조직화된 자본주의 disorganized capitalism'로 진단한 반면 마르크스주의 저자들은 포스트포디즘이라는 용어를 개발

---

10 그람시, 이상훈 역, 『옥중수고 1』, 거름 출판사, 329~383페이지를 보라.
11 조직화된 자본주의에서 사회적인 것 쪽으로 특수하게 정향되는 것에 대해서는 William H. Whyte, *The Organization Man*, New York 1956; 리스먼David Riesman, 류근일 역, 『고독한 군중』, 동서문화사를 참조하라.

해왔다.12 가령 피오르와 세이블은 『2차 산업적 분할』에서 1970년대에 낡은 포디즘의 규모 경제economy of scale가 속도 경제economy of speed에 의해, 즉 표준화된 대량생산 경제가 제한된 소비자 부문을 위해 부단히 바뀌는 상품을 신속하게 제조하는 것에 기반한 경제에 의해 어떻게 대체되어왔는지를 정교화하게 살펴본 바 있다. 노동 조직 수준에서는 그와 함께 "유연전문화"13가 출현해 명료한 분업 그리고 관료기업적 자본주의를 구성하는 엄격한 위계를 약화시키고 있다. 그것은 새로운 형태의 자가고용 말고도 조직 간의 커뮤니케이션 네트워크, 제한된 기간 내에서만 일하며 팀 내부에서 작업 단계를 탈전문화하는 것에 기반한 프로젝트 노동, 사내社內 기업가, 즉 조직 내의 준자립적 기업가 등 점점 더 포스트-관료주의적 노동 형태에 의해 대체 중이다.14

그렇게 해서 새로 확인된 진단, 즉 우리가 후기산업사회 속에서 살고 있다는 진단은 한층 더 진전되어 후기현대경제는 지식경제라는 분석으로 이어졌다. 정보와 아이디어로 이루어지는 노동 — 디지털 정보기술에 의해 촉진된다 — 이 점점 더 많은 노동자를 위해 점점 더 많은 공간을 차지하면서 노동의 내용과 기술에 영향을 미치고 있다.15 마지

---

12 Claus Offe, *Disorganized Capitalism, Contemporary Transfromation of Work and Politics*, Cambridge 1985; Scott Lash/John Urry, *The End of Organized Capitalism*, Cambridge 1987; Amin Ash(Hg.), *Post-Fordism, A Reader*, Oxford 1994.
13 Michael J. Piore/Charles F. Sabel, *The Second Industrial Divide. Possibilities for Prosperity*, New York 1984를 참조하라.
14 Charles Heckscher/Anne Donellon(Hg.), *The Post-Bureaucratic Organization*, London 1994를 참조하라.
15 지식경제에 대해서는 Nico Stehr, *Wissen und Wirtschaften. Die gesellschaftlichen Grundlagen der modernen Ökonomie*, Frankfurt/M. 2001을 참조하라. 디지털화에 대

막으로, 경제적 주체화 형태 수준에서 로즈와 그 밖의 다른 사람들은 '신기업문화new enterprise culture'에 대해 말해왔는데, 그것의 중심에는 개인이 생산물 판매뿐만 아니라 본인의 직업적 능력과 프로필 개발이라는 측면에서도 기업가적 태도 — 여기서는 시장에서의 생존이 가장 중요하다 — 를 발전시키도록 개인을 기업가적 자아ein unternehmerisches Selbst로 형성하는 것이 놓여 있다. 그와 같은 노동력-기업가를 보완하는 것이 포디즘적 대량소비에 전념하기보다는 다양한 상징적 제품을 갖고 개인적 라이프스타일을 추구하는 적극적 소비자이다.16

따라서 현재의 '탈조직화된' 자본주의는 조직화된 자본주의와 구분되는 다양한 요소를 내부에 통합하고 있다. 하지만 창조성-장치 이론의 관점에서 보자면 철저한 시장화, 상품교체의 가속화, 지식의 디지털화와 글로벌화라는 이 모든 과정은 포스트포디즘경제의 핵심이 아니다. 분명히 이 모든 것이 포스트포디즘경제의 중요한 특징이지만 이 경제에 고유한 중심은 **미학경제**임이 드러날 것이다. 그것이 현재의 경제구조를 형성하며, 그것을 둘러싸고 앞서 언급한 다른 특징들이 무리 지어 그것에 의존하고 있다. 미학경제는 창조성-장치 전체의 등장과 확산에 결정적으로 기여한다. 나는 이 책에서 현재의 경제는 핵심에서는 결코 합리적이거나 인지적 과정이 아니며 오히려 감각적·정서적 정동성의 과정, **경제적인 것의 미학화** 과정이어서 합리적이거나

해서는 카스텔Manuel Castells, 박행웅 외 역, 『네트워크 사회의 도래』, 한울출판사를 참조하라.
16 Nikolas Rose, "Governing Enterprising Individuals", in: ders., *Inventing Our Selves. Psychology, Power, and Personhood*, Cambridge 1996, S. 150-168; 브뢰클링, 『기업가적 자아』; Paul du Gay, *Consumtion and Identity at Work*, London 1996을 참조하라.

인지적 개념으로는 이해될 수 없다고 주장할 것이다. 미학경제는 자본주의경제가 새로운 종류의 상품생산 쪽으로 정향되는 것과 관련해 기술적 진보에 고착되는 것에서 경제를 떼어내며, 두 가지 방식으로 그것의 경계를 해체한다. 한편으로 미학경제는 기술적 발명을 넘어 점점 더 조직 및 개인 능력의 문화적 수준에서의 영구혁신 그리고 또한 조직의 '문화' 수준과 개인의 능력에 의존한다. 다른 한편 혁신을 단순히 기술적인 것을 넘어 미학적 새로움과, 즉 새로운 종류의 기호, 감각적 인상과 정동의 생산과 관련시킨다. 창조성-장치는 분명히 경제만으로는 지탱될 수 없다. 게다가 경제는 너무나 이질적이어서 하나부터 열까지 미학경제로 이해될 수 없다. 동일한 이유로 전적으로 포스트포디즘적이지도 않다(이전에 그것이 전적으로 포디즘적 또는 형식적·합리적이지 않았듯이 말이다). 대신 특수한 방식으로 확대되는 일군의 노동 형태, 시장과 소비에 의해 추동된다.

1990년대 말 이래 이른바 '창조산업'과 '창조경제'는 일종의 자기묘사에서 포스트포디즘경제의 핵심 영역이자 아방가르드가 되었고, 보조금 형태로 특수한 관심과 정치적 주목을 받은 바 있다.[17] 보다 좁은 의미의 창조경제는 미디어부터 컨설팅, R&D, 연예, 건축, 광고, 음악, 디자인, 인터넷, 홍보, 전시경영, 패션과 여행업에 이르는 다양한 분야를 포괄한다. 창조성과 창조경제에 대한 공적 토론에서 사용되었

---

[17] John Howkins, *The Creative Economy. How People Make Money From Ideas*, London 2001; David Hesmondhalgh, *The Cultural Industries*, London, Thousand Oaks 2002를 참조하라. 국가가 보조금을 지원하는 프로그램 틀 내에서의 이 개념의 확대에 대해서는 재판으로 나온 *Creative Industries Mapping Document*, hrsg. vom UK Department of Culture, *Media and Sport*(DCMS), London 2001, S. 5를 참조하라.

던 단호한 의미들은 단지 앞으로 등장할 것에 대한 첫 번째 힌트를 줄 뿐이다. 1970~1980년대에 등장한 그처럼 새로운 경제적 실천 중 어떤 특징이 포디즘의 합리성과 근본적으로 구분되는 미학경제를 구성하는 것으로 이해될 수 있을까?18 네 가지 특징을 거론할 수 있을 것이다.

1. 조직의 실천 대부분에서 '혁신', 즉 새로운 과정과 대상의 생산은 더 이상 R&D에 특수한 문제가 아니라 조직 전체의 영구적 과제가 된다. 그것은 혁신 지향이 시간적·사회적으로 일반화되며, 제품뿐만 아니라 조직 자체의 발전에 적용됨을 의미한다. **영구혁신**이 요구되는 것이다. 조직 내부에서 혁신은 처음에는 기술적 문제였지만 점점 더 조직의 일상 업무 그리고 피고용인의 능력의 지속적인 **문화적** 개혁을 요구하는 것으로 등장한다. 이 수준에서 혁신 지향은 아직 감각적·정동적인 것에, 즉 미학적으로 정향되지 않지만 미학경제에서의 새로움의 보편화된 체제를 위한 중요한 전제조건을 마련해준다.

2. 노동의 실천에서 새로움의 생산은 점점 더 상징적·지각적·정동적인 것 쪽으로 정향된다. 폭넓은, 계속 확대되는 창조산업의 장

---

18 '미학경제'와 '미학자본주의' 개념은 여기서는 동의어로 사용된다. 여기서 논의 대상이 되는 20세기의 서구 경제는 일반적으로 자본주의적으로 조직되었다. 그와 관련해 비자본주의경제에서의 국가의 ― 혹시 가능하다면 ― 미학적 정향에 대한 물음에 대한 대답은 열린 채로 놔두지 않을 수 없다. 특히 신분적으로 제한된 교환 그리고 선물에 기반한 전근대 경제도 감각적·정동적 요소를 상당한 정도로 포함했는데, 그것이 사회적인 것의 미학화와 관련해 후기현대에 대한 대안을 제시해줄 수 있을 것이다. 다른 한편 소련 유형의 국가사회주의 경제의 핵심적 문제 중 하나는 (국가사회주의의 21세기 버전인 중국과는 반대로) 다름 아니라 충분히 미학화될 수 없던 데 있었던 것 같다.

에서는 매력적인 기호로 표시되며 감각적 지각과 정서 차원에서 놀라운 방식으로 체험되고 향유될 수 있는 새로운 의미를 구비한 재화와 서비스가 창조된다. 그와 같은 노동방식을 아이디어 관리, 아이디어 창조를 중심으로 한다는 '지식경제' 개념을 갖고 피상적으로나마 묘사해볼 수 있을 것이다. 하지만 인지적 통찰이라는 의미에서의 아이디어를 만들어내기보다는 물질적 담지자(말, 이미지, 사운드, 건물, 행동방식)와, 감각적 지각 및 각종 정서와 짝지어진 의미를 연상적으로 실현하는 것이, 또한 미학적 오브제와 이벤트를 만들어내는 것이 중요하다. 재화의 기호화는 감각적·정동적 미학화를 수반하는데, 그것은 대상뿐만 아니라 상황과 이벤트에도 적용된다. 따라서 이 형태의 노동은 핵심에서는 기호, 지각, 정동의 창조를, 미학적 혁신을 지향하게 된다.19 따라서 그와 같은 창조노동은 미학적 노동이다.

3. 미학자본주의에서의 노동의 실천은 특수한 동기부여 문화에 의해 담지된다. 그것은 후기-낭만주의적 노동 개념과 전문직업 모델에 기반하는데, 그에 따르면 만족스런 노동은 창조노동이 되어야 한다. 즉 기술적 또는 행정적 과정의 반복은 새로움, 무엇보다 먼저 미학적 오브제와 이벤트의 가변적·도전적 생산으로 대체되어야 한다. 그와 같은 창조노동은 동시에 자아의 변형을 가능하게 해줄 수 있으며 또 그렇게 해야 한다. 기호적·미학적 노동방식과 마찬가지로 혁신 지향

---

19 미학적 혁신 개념에 대해서는 Wolfgang Fritz Haug, *Kritik der Warenästhetik*, Frankfurt/M. 1971, S. 48 이하를 참조하라. 그와 유사한, 물론 약간 부정확한 노동 개념을 Maurizio Lazzarato, "Immaterielle Arbeit", in: Toni Negri u. a.(Hg.), *Umherschweifende Produzenten. Immaterielle Arbeit und Subversion*, Berlin 1988, S. 39-52에서 찾아볼 수 있다.

조직은 그처럼 창조적으로 동기부여된 주체를 요구한다. 그의 노동과 자기상(像)은 정서적 열정주의의 원천이 될 수 있으며 또 되어야 한다.

4. 혁신 및 창조 지향 경제는 또한 소비자를 미학 지향 주체로 다루어야 한다. 새로운 소비자는 물질적 재화의 사용이나 즉각적 소비보다는 재화와 서비스를 접할 때의 감각적·정동적 체험에 더 큰 관심을 가진다. 또는 전자에는 기껏해야 부차적 관심밖에 갖지 않는다. 경제조직은 그에 상응해 미학적 고객의 요구에 대한 감수성을 길러야 한다. 미학경제에서 소비자는 자체가 '창조자'로 자임하며, 그것을 모델로 삼는다. 즉 상품을 구매해 사용하는 사람일 뿐만 아니라 의미, 체험, 감정을 적극적으로 생산하며, 그것을 하나로 뒤섞어 개별적 라이프스타일을 만드는 사람으로 말이다. 그와 함께 기업은 더 이상 자신을 주로 독자적으로 방향을 정해 앞으로 나가는 생산의 중심지로 여기지 않으며, 오히려 미학 쪽으로 정향된 소비자 대중의 예견 불가능한 주목에 근본적으로 의존하는 것으로 본다.

미학경제는 위와 같은 네 가지 구조적 특징을 발전시켜왔는데, 그와 함께 조직화된 자본주의를 지배해온 새로움의 소위 이중적 역설을 해소시키는 작용을 한다. 동시에 미학경제는 그와 같은 혁신 지향의 철저한 미학화를 의미한다. **미학자본주의**에서는 새로움의 영구성을 막아야 하는 포디즘의 양쪽 '브레이크'가 모두 부러진다. 경제조직 내부에서 사회적 변형이 관료주의적 반복 구조로부터 분리되고, 조직의 일상업무 그리고 기술혁신을 위한 특수부서 간의 구분이 영구적인 미학적 혁신에 기반한 경제에서 더 이상 지속 가능하지 않게 된 것이 그것이다.

그런데 창조경제는 어떻게 생기게 되었을까? 사실 그것은 돌연 등장한 것과는 거리가 멀다. 포디즘(조직화된 자본주의) 그리고 1980년경에 그것을 대체한 포스트포디즘(탈조직화된 자본주의)이라는 완전히 다른 사회구성체를 단순히 나란히 놓는 것만으로도 단절을 확인할 수 있을 테지만 그와 같은 설명만으로는 새로운 형태의 노동과 소비의 등장을 결국 수수께끼 상태로 남겨놓고 말 것이다. 경제적인 것의 미학화 또한 단지 상품시장이 과잉공급 문제에 부딪힌 1970년대 초의 경제위기와 금융위기에 대한 단순한 반응으로 파악될 수도 없을 것이다.20 비록 그와 같은 위기가 포디즘 경제의 한계를 입증한 것이 사실이지만 경제적 실천의 변형을 가능하게 하기 위해서는 여전히 **문화적** 요소가 요구되었다.21 계보학적 또는 고고학적 확대경을 통해 보면 미학적인 경제적 실천이 이미 20세기 초의 포디즘적인, 즉 형식적·합리적 경제 **자체** 내부에서 그리고 그것을 둘러싸고 점차 발달해오고 있었음을 알 수 있다. 그런데 경제를 영구혁신, 창조성, 미학적인 것 쪽으로 정향시킨 실천과 담론의 위치는 어디서 찾아낼 수 있을까? 이 장에서는 특히 그것과 관련된 네 가지 상이한 맥락을 상세히 추적해볼 것이다.

1. 첫 번째, 맥락은 19세기 말과 20세기 초에 관료주의적·경제적

---

20 주로 경제사적인 앞의 해석에 대해서는 하비David Harvey, 『포스트모더니티의 조건』, 213페이지 이하를 참조하라.
21 경제적 실천에 대한 이 문화이론적 분석에 대해서는 기본적으로 Paul du Gay/Michael Pryke(Hg.), *Cultural Economy. Cultural Analysis and Commercial Life*, London, Thousand Oaks 2002를 참조하라.

합리성이 등장하는 것에 반대한 가장 넓은 의미에서의 부르주아사회의 반응을 꼽을 수 있다. 당시 막 등장하던 주류에 맞서 미학적 노동의 정상성 내지 영구혁신을 촉진하려고 시도한 완전히 상이하지만 결국 상보적 지향성을 가진 두 가지 문화적 틈새가 존재했다. 영국의 '예술과 수공예' 운동 그리고 독일의 민족경제학의 후기-부르주아 '기업가 Unternehmer'(4. 2)가 그것이다.

2. 경제를 둘러싼 합리주의 문화의 수정에 기여한 두 번째의 중요한 맥락은 1950년대 이후의 미국의 경영학 이론에서 찾을 수 있다. 거기서 관료주의 체제의 지배에 맞서 기업으로 하여금 영구혁신의 요구를 충족시킬 필요성이 두 가지 상이한 상황과 관련해 제기되었다. 먼저 '인사personality and organization' 담론, 두 번째로는 혁신경제가 그것이다(4. 3).

3. 미학경제 수립을 위한 세 번째의 결정적 요소는 초기의 '창조산업'에 의해 제공되었다. 즉 '창조경제'는 결코 오늘날의 발명품이 아니다. 의미와 느낌의 생산에 주로 정향된 개별적 경제 부문이 여기저기 흩어진 상태로 1920년대 이래 형성되고 있었다. 장기간에 걸쳐 특히 세 부문이 영향력이 컸던 것으로 입증되었다. 패션, 광고, 디자인이 그것이다. 그것들을 포디즘 내부의 미학경제의 소우주로 이해할 수 있을 텐데, 그것들이 시간이 흐르면서 경제변화에서 주도적 역할을 차지하게 되었다(4. 4).

4. 마지막으로, 미학경제가 어떻게 수립되었는지를 보다 잘 이해하기 위해 1980년대 이래 발전해온 두 가지의 또 다른 복합체를 살펴볼 만한 가치가 있을 것이다. 기업을 문화적·정서적 앙상블로 해석하

는 소위 포스트모던 경영학 이론 그리고 다양한 분과학문을 아우르는 **디자인경제**Design Economy가 그것으로, 여기서는 '디자인'이 현대 경제 전체의 패러다임이 된다(4. 5).

비록 앞서와 같은 역사적 실천과 담론이 없었다면 미학경제의 생성은 거의 이해할 수 없을 테지만 둘은 얼핏 상호 무관하고 이질적인 것처럼 보인다. 하지만 그것들이 두 개의 포괄적인 변형 노선에 의해 구조화되어 있음이 드러난다. 하나의 노선은 경제적 주체와 조직의 내부 구조를 유동적이고, '선천적으로' 혁신의 힘을 부여받은 것으로 보는 견해이다(기업가 담론, '인사' 이론, 혁신경제). 다른 한 노선은 수공예에서의 미학적 노동을 소비재와 소비 이미지의 생산을 위한 모델로 받아들인다('예술과 수공예' 운동, 광고, 패션, 디자인). 전체적으로, 창조성-장치의 생성을 이해하려면 현대경제에 대한 대안적 역사가 필요하다. 이 역사에서는 형식화와 합리화 또는 시장화 과정이 서사의 핵심일 수 있을 것이다. 오히려 경제적 합리성은 시간이 흐르면서 문화적으로 타자인 것처럼 보이는 것에, 즉 미학적인 것에 종속되었다. 창조적 생산과 미학적 수용의 정동적 논리의 경제에 말이다. 이 과정의 끝에서 또한 경제적인 것과 예술 간의 대립 — 부르주아적인 조직화된 자본주의를 지배한 것이 그것이었다 — 은 해체되고, 경제적 실천과 예술적 실천이 비슷한 구조를 발전시켰다.

2 조직화된 현대(성)에 맞선 부르주아적 저항의 틈새들

'예술과 수공예' 운동

1851년에 런던의 〈수정궁〉에서 최초의 만국박람회가 개최되었다. 당시 특히 영국에서 가능해진 산업적인 대량생산방법에 의해 만들어진 각종 물건, 가구류, 건축이 호화롭게 전시되었다. 또한 대조를 위한 목적에서 영국의 식민지 그리고 영국 자체의 산업화 이전의 과거에 사용하던 여러 수공예품의 실물이 전시되었다. 비록 다수의 사람은 산업사회의 기술적 우위의 성공을 축하하기 위해 박람회를 관람한 반면 그것은 또한 소규모 그룹의 사람의 철저한 거부에 직면하기도 했다. 가령 젬퍼는 기사 「과학, 산업, 예술」에서 박람회에 전시된 공산품은 질이 상대적으로 떨어진다고 주장했다.[22] 그가 보기에 공산품의 공간상 배치의 미학뿐만 아니라 소재 가공과 마감 또한 전공업적 생산으로부터의 퇴보를 대변했다.

사회적 불공평함보다는 상품의 수공업적·미학적 질 관점에서 행해진 그와 같은 산업자본주의 비판은 처음에는 소수 입장에 불과했다. 그와 같은 비판은 무엇보다 영국에서 나왔는데, 거기서 그것은 문명비판 담론 — 가령 아널드 — 과 짝을 이루었으며, '예술과 수공예' 운동에서 구체적 표현 형태를 얻을 수 있었다.[23] 이 운동이 표준화된 공업

---

[22] Gottfried Semper, "Wissenschaft, Industrie und Kunst. Vorschläge zur Anregung des nationalen Kunstgefühles"(1851), in: ders., *Wissenschaft, Industrie und Kunst und andere Schriften über Architektur, Kunsthandwerk und Kunstunterricht*, Mainz 1966, S. 25-71을 참조하라.

[23] Eileen Boris, *Art and Labor*, Philadelphia 1986; Gerda Breuer, *Ästhetik der schönen*

적 생산을 겨냥한 저항의 문화적 틈새를 형성했으며, 노동과 생산에 대한 대안적 이해를 촉진했다. 예술사 그리고 윤리 쪽으로 정향된 성찰을 결합해 글을 쓴 러스킨이 그것을 위한 최초의 착상을 제공했다.24 실천에 보다 관심이 많았던 모리스는 영국 그리고 나중에는 러스킨의 자극을 따른 미국의 동료 투사들과 힘을 합쳐 그와 같은 추세를 한층 더 앞으로 밀고 나갔는데, 그것은 가구제작과 건축 전문의 소규모 공방 집단의 수립으로 이어졌다.

'예술과 수공예' 운동의 이상은 이미 이름 속에 선언되어 있다. 수공예 전통으로 돌아가는 것에 의해 노동과 예술 간의 구분을 해소하는 것이 이 운동의 목표였다. 그것은 예술 그리고 미학적으로 열등한 수공예 간에는 심연이 존재한다는 개념의 해체를 함축했는데, 앞의 개념이 근대미학의 중심을 이루었다. 이 운동은 새로운 작업 방식을 발달시켰는데, 거기서 수공예는 소재에 대한 주목뿐만 아니라 지적 노력을 요구하는 정통예술로 자체에 고유한 권리를 가진 것으로 간주되었다. 보다 중요하게 '예술과 수공예' 운동은 창조자-대상-미학적 사용자의 관계 — 그것이 예술가-작품-수용자라는 18세기 말의 3인 1조를 예술로부터 노동과 생산 영역으로 옮겨놓았다 — 라는 역사적으로 예외적인 개념에 의해 특징지어졌다. 이 운동은 "사람에 의해, 사람을 위해, 만든 사람과 사용하는 사람의 즐거움을 위해 만들어진"25 물건에

Genügsamkeit oder 'Arts and Crafts' als Lebensform, Braunschweig 1998; Grace Lees-Maffei/Rebecca Houze(Hg.), *The Design History Reader*, Oxford, New York 2010, S. 53 이하를 참조하라.
24 여기서는 특히 러스킨John Ruskin, 현미정 역, 『건축의 일곱 등불』, 마로니에북스와 *The Stones of Venice*, London 1851이 중요하다.

관한 것이라는 모리스의 진술이 이 점을 분명하게 해준다. 이 진술에 관해서는 세 가지 점이 지적할 만한 가치가 있다. 먼저 그것은 물건을 생산자와 소비자 간의 대칭적 관계의 중심에 위치시킨다. 생산이나 소비 어디에도 우위가 주어지지 않는다. 두 번째로 생산자와 소비자는 상품교환의 단순한 참여자로 간주되지 않으며 각각 제작자^{maker}와 사용자^{user}로서 물건의 물질성과 관계를 맺는다. 그들은 개별화될 뿐만 아니라 '사람'으로서 민주화된다. 마지막 세 번째로, 노동과 소비는 정동적 과정인 것으로, 즐거움을 생산하는 것으로 간주된다. 물건을 창조하고 사용하는 것 모두 감각적 즐거움과 향유 가능성을 지향한다.

창조자-대상-사용자라는 미학적 3인 1조는, 제작자는 자기가 만드는 대상 속에서 자기를 '표현하는' 장인-예술가라는 모델을 함축한다. 따라서 노동은 규칙의 기술적 적용이 아니라 오히려 단독적인 개인에 의한 마찬가지로 단독적인 물건의 창조로 이해된다. 러스킨에 따르면 물건의 개(체)성은 다름 아니라 완성이 아니라 불규칙성, 일탈, 특이성 속에서 드러난다. 그때 중요한 것은 제작자를 제작 과정과 동일시하는 것이다. 러스킨은 이렇게 쓴다.

> 모든 장식과 관련된 모든 질문 중 결정적인 것은 단지 이것뿐이라고 생각한다. 즐겁게 만들었는가? 조각가는 조각할 때 행복했는가?[26]

---

25 원문은 'made by the people — for the people, as a joy for the maker and the user'이다. William Morris, "The Beauty of Life"(1880), in: May Morris(Hg.), *The Collected Works of William Morris*, London 1910-1915, London 1992, Bd. 22, S. 51 80, 여기서는 S. 55.
26 러스킨, 『건축의 일곱 등불』, 226페이지.

따라서 장인-예술가의 솜씨는 보편화 가능하고 원리상 누구에게나 접근 가능한 것처럼 보였다. 그의 '창조적 재능'은 인간 일반의 속성으로, 그것이 펼쳐질 수 있으려면 단지 미학적으로 자극적인 인공물로 가득 찬 환경만 요구될 뿐이다. 공업화된 영국이 더 이상 충족시킬 수 없는 것처럼 보인 것이 그와 같은 전제조건이었다. '예술과 수공예' 운동은 사용자와 제작자를 똑같이 생산되고 사용되는 물건에 의해 충족될 필요가 있는 감각적·정동적 요구를 가진 개인으로 다루었다. 소비자는 또한 대량생산에는 결여된 사용 대상의 "진정성"[27]을 요구했다.

'예술과 수공예' 운동은 외견상 불가피해 보이는 헤게모니, 즉 산업자본주의의 대량생산에 맞섰다. 당시 그것은 희망이 없을 정도로 주변적인 것처럼 보이고, 대중의 상상력에게는 구식인 것 같은 인상을 주었음에 틀림없다. 하지만 회고해 볼 때 그것은 노동 과정, 물건, 사용자의 미학화를 촉진하는 것에 의해 미학경제의 준비를 도운 창조적 실험 공간으로 간주될 수도 있을 것이다. 앞의 운동은 미학적 창조라는 낭만주의적 개념에 의지했지만 독창적 천재라는 배타적 맥락으로부터 미학적 창조라는 개념을 분리했으며, 누군가에 의해 수행되는 대상의 모든 창조 작업을 포함하도록 규정을 넓혔다. 일상용품의 사용의 미학화에 덧붙여 그것은 그런 식으로 19세기 초부터 가령 푸리에, 마르크스 그리고 에머슨에 의해 상이한 버전으로 정식화되어온 것과 같은 종류의 후기-낭만주의적 미학화로 이어졌다.[28] 물론 '예술과 수공

---

[27] 물론 그와 같은 요구는 실제로는 단지 '예술과 수공예' 제작자들이 속한 중간 상층 계층의 소규모의 개혁 지향적 분파에서나 찾아볼 수 있었다.

예' 운동은 3중의 적대성에 기반했는데, 그리하여 자본주의경제에 의한 흡수에 저항하는 생산자와 소비자의 하위문화에 국한되었다. 이 운동은 반산업적 · 반자본주의적 · 반미학적이었다. 산업적 · 기술적으로 표준화된 생산을 거부했으며, 개인적이고 독특한 물품을 선호했다. 원칙적으로 시장과 상업적 이익을 불신했으며, 비상업적 협력을 선호했다. 마지막으로 당대의 미학주의에 반대했다. 미학주의는 순수하게 미학적인 충동으로서의 새로움의 자극, 계속 변하는 스타일 쪽으로 정향된 반면 '예술과 수공예' 운동은 유행의 순환 외부에서 보다 깊은 미학적 만족을 추구했다. '예술과 수공예'의 물건은 장기간 사용할 의도로 만들어졌으며, 단순함이라는 보편적 기준을 충족시켜야 했다.29

혁신자로서의 '점쟁이 같은' 기업가

위에서 지적한 대로 비록 '예술과 수공예' 운동은 산업자본주의의 지배에 맞선 가망 없어 보이는 방어 행동으로 시작되었지만 결국 포스트포디즘적 창조경제를 상상 가능한 것으로 만들기 위해 전前포디즘적 · 반포디즘적 수단을 이용한 영향력 있는 실험 공간이었음이 드러날 것이다. 1900년 직후 전개된 두 번째의, 앞의 운동에는 전혀 낯선

---

28 Herbert A. Applebaum, *The Concept of Work. Ancient, Medieval, and Modern*, Albany 1992, S. 409 이하와 429 이하 그리고 S. 436 이하. 미학적 소비자와 마찬가지로 낭만주의적 선구자에 대해서는 캠벨Colin Campbell, 박현신 외 역, 『낭만주의 윤리와 근대 소비주의 정신』, 나남을 참조하라.

29 '예술과 수공예' 운동이 후일 한층 더 진전되면서 세 가지 적대성 모두 위축된다. 1875년에 런던에서 개장한 리버티Liberty 백화점은 질적으로 높이 평가되지만 공업적으로 생산된 '예술과 수공예' 스타일의 일상용품을 시장을 대상으로 그리고 시즌별로 품목을 바꾸어 판매함으로써 사업적으로 성공을 거두었다.

문화적 맥락에 창조성-장치의 계보학 내에서 그것과 상보적인 자릿값이 주어지는 것은 당혹스러워 보일 수도 있을 것이다. '기업가'에 대한 후기-부르주아적 · 민족경제적인, 동시에 정치적인 담론이 그것이다. 앞의 담론의 주요 중심지는 독일이었으며, 주요 주창자는 슘페터와 좀바르트였다. 후일에는 또한 폰 미제스와 나이트Frank H. Knight도 포함되었다.30 이 '기업가' 담론은 시대의 주류적 사유에 결코 부합하지 않았으며, 오히려 점점 더, 특히 미국과 독일에서 강력해졌으며 대규모의 관료주의적 기업을 선호한 '경영혁명'에 맞선 소수파 견해였다. 슘페터와 그 밖의 다른 사람들은 기업가라는 고독한 형상을 주창하는 것에 의해 주류에 맞섰다. 경영학 그리고 20세기 초에 발전하고 있던 조직화된 자본주의 맥락에서 진행된 공적 논쟁의 눈으로 볼 때 기업가는 케케묵은 형상이었다.31 그럼에도 불구하고 경제학 담론에서 기업가가 구성되는 모습은 흥미로운데, 그것이 인간 주체 ― 그것의 가장 중요한 능력은 새로움을 세계 속에 가져오는 것이다 ― 의 경제적 형태를 롤모델로 만들려는 최초의 체계적 시도였기 때문이다.

1900년 이전의 경제사상에서 주제화되는 경우 기업가라는 형상은 자본을 투자하거나 기업을 이끌거나 조직이 제대로 기능하는지를 감시하는 사람으로 이해되었다. 스미스는 기업가를 자본(토지, 돈 또는 노동)의 제공자로 규정한 반면 세이Jean-Baptiste Say 같은 프랑스 전통의 대

---

30 그에 대해서는 또한 브뢰클링, 『기업가적 자아』, 130페이지 이하를 참조하라.
31 바나드Chester I. Barnard, 이정혜 역, 『경영자의 역할』, 21세기북스; Reinhard Bendix, *Work and Authority in Industry. Ideologies of Management in the Course of Industrialization*, Berkeley 1956; 슘페터,『자본주의, 사회주의, 민주주의』를 참조하라.

표자는 노동의 조정 기능이라는 측면에서 규정했다.32 기업가 형상은 독일에서 진행된 민족경제학 논쟁 과정에서 최초로 중심으로 부각되었는데, 거기서 그에게는 '경영자'에 맞선 문화적 타자로서의 자리가 주어지게 되었다. 경영자는 계획의 실행과 기술적 조종의 행위주체인 반면 기업가는 예측 불가능한 새로움의 창조자로 소개되었다. 그 자체로

> 기업가는 관료주의적 지식의 지배를 (적어도 상대적으로) 실제로 벗어날 수 있는 유일한 심급이다.33

슘페터는 『경제발전이론』에서 경제순환과 경제발전 간의 차이를 출발점으로 삼는다.34 그와 같은 순환, 인간의 혈액순환과 유사한 동일자의 영원회귀가 슘페터에게는 경제를 위한 정상적인 환경으로, 그것은 더 이상의 상세한 설명을 요구하지 않는다. 따라서 경제 붕괴는 그만큼 보다 상세한 설명을 요한다. 그가 보기에 균형의 그와 같은 변동은 생산 영역에서 유래하는데, 그는 소비자의 자가동역학을 분명하게 보지 못한다. 생산의 근본적 혁신 또한 — 점진적 개선은 논외로

---

32 Hans Jaeger, "Unternehmer", in: Otto Brunner/Reinhart Koselleck u. a.(Hg.), *Gesichtliche Grundbegriffe. Historisches Lexikon zur politisch-sozialen Sprache in Deutschland*, Bd. 6, Stuttgart 1990, S. 707-732를 참조하라.
33 베버, 『경제와 사회』, 425페이지
34 Joseph A. Schumpeter, *Theorie der wirtschaftlichen Entwicklung*(1911), Berlin 1987; 또한 같은 저자의 "Unternehmer", in: *Handwörterbuch der Staats wissenschaften*, Jena 1928, S. 476-487을 참조하라.

하자면 — 자본주의경제에서는 예외적 경우로, 항상 저항을 거쳐야만 관철될 수 있다. 그때 혁신은 결합에 의해 — 새로운 대상을 생산하는 것뿐만 아니라 현존하는 요소를, '원료와 힘'을 지적으로 배치하는 것에 의해 — 달성될 수 있다. 새로움은 무에서 유래하지 않으며 오히려 "원료와 힘을 다르게 결합하는데"[35] 있다.

그에게 기업가는 그처럼 새로운 결합의 담지자이다. 그와 같은 이해방식은 아방가르드와 포스트모던 미술에서 등장한 개념, 즉 새로운 것은 낡은 것의 재배치라는 개념과 유사성이 있다.[36] 그런데 재결합은 다양한 영역에서 이루어질 수 있을 것이다. 새로운 유형의 상품생산, 생산방법, 새로운 판로 개척 또는 사업의 재구조화 등. 따라서 새로움의 창조는 가령 새로운, 기술적으로 새로운 종류의 대상의 창조에 국한되지 않으며 또한 사회적 또는 기술적 규칙의 변화 또는 기업이 시장과 맺는 관계도 포함할 수 있을 것이다. 그는 새로움 문제는 '기업의 과제라기보다는 개인의 과제이다'는 것을 일반 규칙으로 전제한다(반면 혁신경제는 나중에 정반대 견해를 채택하게 된다). 새로움은 특수한 유형의 성격을 요구한다.

슘페터에 따르면 그와 같은 성격 유형은 세 가지 특징을 전제한다. 사물과 세계를 새롭게 보는 방식, 끈질긴 자기주장, 무엇을 성취하는 것과 관련해 강하게 정동적으로 매달리는 것이 그것이다. 기술적 변화 또는 다른 종류의 혁명적 변화를 위한 가능성은 일반적으로 결여되지 않는다. 반대로 새로움은 원래 항상 이미 풍부하게 현존한다. 진짜 문

---

35 Schumpeter, *Theorie der wirtschaftlichen Entwicklung*, S. 100.
36 그에 대해서는 앞의 3. 5에서의 논의를 참조하라.

제는 가능성을 발견하는 것이 아니라 현실화하는 것이다. 그것은 또한 발명자 유형과 기업가 유형을 구분되게 만든다. 발명자는 새로운 것을 개발하는 반면 기업가는 조직과 시장에서 효율적으로 사용한다. 그것을 위해 한편으로는 사물과 세계를 바라보는 또 다른, 혁명적 관점에 열려 있는 태도와 함께 다른 한편으로는 그처럼 새로운 관점을 조직과 시장에서 저항에 맞서 관철시킬 수 있는 '의지의 강력함', "넘치는 힘"[37]이 요구된다. 기업가의 전형적 성격을 보여주는 또 다른 특징은 경제적 불확실성에 대처할 수 있는 능력이다. — 나이트는 나중에 그와 같은 특징을 기업가의 핵심적 면모로 간주하게 된다.[38] 따라서 새로움을 끝까지 달성하도록 만드는 것은 슘페터에게는 주로 지각적·인지적 성격을 갖는 것이 아니라 오히려 그것을 달성하려는 기업가의 에너지, 자발적 의지에서 비롯된 성격을 갖는데, 그것이 혁신을 끝까지 완수하려는 욕망을 발전시킨다. 기업가를 관리자와 피고용인으로 이루어진 '합리적 기계'로부터 구분해주는 것이 그와 같은 정서적 측면이다. 기업가는 "만드는 기쁨, 새로운 것을 창조하는 것 자체에 대한 기쁨"[39]을, 하지만 또한 어떤 대가를 치르고라도 이기려는 정정당당한 야심을 경험한다. 하지만 그에 따르면 그와 같은 정서적 특징은 당시 대중 눈에 기업가가 겉으로는 '재미없고', 매력 없게 비치는 것과 기이하게도 대조를 이루고 있다.

보다 폭넓은, 비장인적 의미에서의 '작품' 창조와 관련해 기업가가

---

37 Schumpeter, *Theorie der wirtschaftlichen Entwicklung*, S. 126.
38 나이트Frank H. Knight, 이주명 역, 『위험과 불확실성 및 이윤』, 필맥을 참조하라.
39 Schumpeter, *Theorie der wirtschaftlichen Entwicklung*, S. 139.

초점을 맞추는 것을 강조한 것은 좀바르트이다.40 작품은 기업 자체로, "살아 있는 생명체"41 같으며, 따라서 '현실화하려는' 기업의 욕망의 산물이다. 기업가는 여기서도 또한 예술가-천재와 유비적으로 이해되지만 그는 신중하게 양자 간의 엄청난 차이를 지적하며 대신 또 다른 유형, 즉 발견자와 정복자 유형과의 유사점을 도출한다. 예술가는 그 자체를 위해 작품을 창조하는 반면 기업가는 그것이 성공적으로 통하는 것에 관심을 쏟는다. 이 점을 효과적으로 보여주기라도 하듯이 좀바르트는 예술가는 여성화하는 반면 기업가는 초남성화한다. 이제 보다 이전의 예술적 천재의 표장標章을 부여받게 되는 것은 기업가이다. 기업가는 "천재적 직관"42을 구비한 '점쟁이 같은 성격'을 갖게 된다. 이 의미에서 기업가는 비즈니스 세계뿐만 아니라 또한 다른 영역에도 등장한다. 그는 단순한 상인 이상인데, 여기서 좀바르트는 상인을 단지 유용하고 숙련된 계산기로만 간주할 뿐이다. 반면 슘페터에게 기업가는 혁신가이다.

본질적으로 기업가는 혁신가라는 후기-부르주아 담론은 기업가에게 배타적이고 정동으로 가득 찬 형상에 따른 역할을 부여한다. 그와 함께 기업가적 성향은 한편으로는 인류학적 상수로, 다른 한편으로는 궁극적으로 인류에게 고르게 분배되는 속성으로 상정된다.43 그로부

---

40 Werner Sombart, "Der kapitalistische Unternehmer", in: *Archiv für Sozialwissenschaft und Sozialpolitik* 29(1909), S. 689-758을 참조하라.
41 앞의 책, 701페이지.
42 앞의 책, 741페이지.
43 양적 분포에 대해서는 Schumpeter, *Theorie der wirtschaftlichen Entwicklung*, S. 120의 해당 각주를 참조하라.

터 확연히 기업가적 정향은 희귀한 속성으로, 모든 인간에게서 기대할 수 있는 것도 또 심지어 학습 가능한 것도 아니라는 결론이 나온다. 슘페터에게는 심지어 기업가가 될 정향을 가진 사람조차 항상 오래된 편안한 루틴에 다시 의지할 것이기 때문에 내내 실제로 기업가적으로 행동할 수 없다. 하지만 기업가적 성향의 혁신 지향은 실제로는 루틴화될 수 없는 것처럼 보인다. 오히려 기업가는 ― 고전적인 예술가 담론에서 본 것과 완전히 비슷하게 ― 독창적인 창조적 천재로 이해될 것이다. 기업가 담론의 그처럼 배타적 경향에도 불구하고 그것의 주요한 목적은 혁신의 필요를 ― 비록 상례로서는 아니지만 ― 자본주의가 제대로 기능하기 위한 토대로 정초하는 것이다. 혁신은 기술적인 것, R&D에 국한된 것이 아니라 비즈니스 조직의 혁명화 그리고 시장에서의 성공을 포함한다. 따라서 슘페터가 '경영혁명management revolution'과 함께 또한 자본주의의 종말을 감지하는 것은 너무나 당연해 보인다. 그리하여 기업가는 부르주아문화와 함께 사라질 위험이 있는 '반문화적' 형상으로 변모한다.

'예술과 수공예' 운동 그리고 후기-부르주아적인 '기업가' 담론을 결부시켜볼 수 있을 것이다. 양자 모두 경제에서의 형식합리주의의 지배에 맞서 상보적 방식으로 미학적 작업 내지 영구혁신의 필요성을 주장한다. '예술과 수공예'는 단호하게 미학적 생산을 지향하며 시장에서 멀어지는 경향을 띠는 반면 기업가 정신은 철저하게 시장 지향적인 혁신 모델에 기반하는데, 그것에게 본래적 의미의 미학작품은 근본적으로 낯설다. 하지만 두 경우 모두에서 창조와 혁신에는 엄청난 정동적 강도가 부여된다. 두 운동 모두 의미론적으로 장인과 정복자 같은 전근대적 형상에 의존한다. 마지막으로 두 운동 모두 창조적 생산 모델을 포함하고 있다. 한편으로는 반산업주의와 시장에 대한 회의주의 그리고 반미학주의를 통해서건 아니면 다른 한편으로는 영웅적 기업가가 현대적 조직 자체에 맞서 철저하게 싸우는 형태를 통해서건 말이다. 그와 함께 부르주아예술-장의 틀 내에서 예술가라는 형상에게 강요되는 자기제한과 유사한 것이 나타나게 된다. 즉 기업가가 예술적인 창조적 천재를 닮게 되는 반면 '예술과 수공예' 운동은 보헤미안을 판에 박은 듯한 하위문화로 등장하게 된다는 것이다. 두 가지 문화적 틈새 모두 그와 같은 제한에도 불구하고 결국 경제-장이 창조성이라는 방향을 따라 장기적으로 재형성되는 쪽으로 향하도록 하는 충동을 마련해주게 된다. 그곳에서 합류하게 될 두 가닥이 그렇게 시작된다. 혁신경영 지향 가닥 그리고 상징적·감각적 생산을 지향하는 창조의 가닥이 그것이다.

3 경영 문제로서의 영구혁신

'인사'와 동기부여 문제

미국과 독일에서 19세기 말부터 베버적 의미에서의 형식합리적 기업 조직이 등장하고 확산되는 과정은 처음부터 경영management이라는 개념 아래 묶일 수 있는 새로운 형태의 지식에 의해 인도되었다. 경제활동은 무엇보다 먼저 개인이나 가족 사업이 아니라 조직이나 집단에 의해 수행되게 되었다. 그때 경영이란 지식과 관리, 감독과 통제의 형태를 의미하게 되었다. 이 이론에 따르면 경영학은 조직의 효율성을 최대한 끌어올리려는 목적으로 지식을 획득하고 합리적으로 구사하려는 시도이다.

셴하브와 노블은 1880년대에 미국에서 처음 시작된 경영학 이론이 본격 등장해 확산된 과정은 열려 있고, 논쟁의 여지가 많은 과정이었음을 보여준다. 경영학은 처음에는 공학의 하위분과학문으로 등장했으며, 조직의 성공적 운영 문제를 말 그대로 **기술적** 문제로 생각했다.44 따라서 최초의 경영자는 교육받은 엔지니어였다. 이 초기의 경영학 이론은 처음에는 철도, 기계, 조선산업 그리고 보다 이후에는 화학산업과 자동차산업 같은 새로운 대규모 산업에서 제기된 실천적 문제에 의해 강하게 각인되었다. 앞서 언급한, 테일러가 발전시킨 '과학적 경영' 모델은 물론 경영학이라는 보다 큰 장의 틀 내에서 보자면 단지 특히 영향력이 컸던 하나의 변종일 뿐으로, 조직을 표준화된 부분으로 이루어진 기술적 체계와 유비해 사유한 것이었다.45 하지만 1920년대 이래, 그리고 1950년대 이후 경영학 이론은 점점 더 '창조성'을 조직의 현실적·필수적 요소로 발견해나갔다. 그와 같은 고찰을 위한 출발점은 동기부여 문제를 현대의 비즈니스에 핵심적인 것으로 식별하면서부터였다. 비즈니스는 동기부여된 피고용인을 전제하지만 기계적 접근은 그와 같은 필요성을 간과함으로써 비효율적 노동이나 내적 체념 같은 원치 않은 결과를 초래했다. 동기부여 문제는 '인간관

---

44 Shenhav, *Manufacturing Rationality*; David F. Noble, *America by Design. Science, Technology, and the Rise of Corporate Capitalism*, New York 1979를 참조하라.
45 테일러Frederick Taylor, 박진우 역, 『과학적 관리의 원칙』, 박영사를 참조하라.

계Human-relations' 학파 그리고 후일에는 '인적자원Human-resources' 학파에 의해 주제화되었다. 두 학파 모두 조직이 인간으로서의 개별적 피고용인의 성격Persönlichkeit과 맺는 관계를 열쇠로 간주했다. 그것에 초점을 맞추는 것은 다시 경영의 '인사' 운동의 토대가 되었다.

1920년대부터 '**인사관리운동**Personal management movement'의 틀 내에서 노동 만족도와 동기부여에 대한 경험적 연구가 처음으로 이루어졌다. 뮌스터베르크와 스코트Walter Dill Scott가 수행한 산업심리학 연구 그리고 소위 호손의 인터뷰가 획기적인 사례였다.46 호손의 인터뷰는 노동자에게 그저 좀 더 많은 주의를 기울이는 것만으로도 작업 성과가 지속적으로 개선될 수 있음을 증명했다. 그의 인터뷰는 경영학 이론에서 '인간관계' 학파가 등장하기 위한 첫 번째 자극을 마련해주었다.47 노동자를 일종의 블랙박스로 보는 행동주의적·공학적 모델에 맞서 이 학파는 노동자의 내면의 심리적 삶을 발견했으며, 그것에 긍정적으로 영향을 미칠 수 있는 방법을 찾았다. 개인과 조직 간의 관계는 여기서 주로 개인 간의 상호관계 측면에서 고려되었는데, 가장 중요한 동기는 사회적 인정과 조화로운 상호작용이었다. 그 결과 인간관계 개혁은 조직 내부에 강한 집단적 에토스를 배양하는 것으로 이어졌다.48

---

46 Hugo Münsterberg, *Psychologie und das Wirtschaftsleben. Ein Beitrag zur angewandten Experimental-Psychologie*, Leipzig 1912; 그에 대한 요약으로는 또한 Emil Walter-Busch, *Das Auge der Firma. Mayos Hawthorne-Experimente und die Harvard Business School, 1900-1960*, Stuttgart 1988을 참조하라.
47 Elton Mayo, *The Human Problems of an Industrial Civilization*(1933), New York 1977을 참조하라.
48 그에 대해서는 또한 William H. Whyte, *The Organization Man*, 1부를 참조하라.

'인간관계'학파가 계보학적 전환점을 이루었다. 이 학파는 조직은 질서 잡힌 실체로, 규범으로부터의 어떤 일탈도 피해야 한다는 확고한 신념을 갖고 있었다. 막상 과학적 경영과 동일한 담론적 공간에 속했는데도 자신은 그것에 반대한다고 생각했다. 동시에 조직 구성원의 심리적 구조에 주목하는 이 학파 입장은 1950년대에 '인적자원'학파로 이행하기 전의 과도기를 이루었다. 인적자원학파에 따르면 사람은 더 이상 조화로운 사회적 존재로 환원되어서는 안 되며 대신 노동 속에서 자아실현과 자아충족self fulfillment을 위해 만족할 줄 모르고 애쓰는 존재로 간주되어야 한다. 동기부여 문제를 해결할 수 있으려면 조직은 그러한 노력의 필요성을 진지하게 고려해야만 한다.49

'인간관계'운동을 위한 돌파구는 1957년에 아지리스의 『인사』와 함께 등장했다.50 이 책에서 그에 의해 발달된 조직에 대한 새로운 조망은 본질적으로 당대의 심리학, 특히 매슬로Abraham Maslow와 그 밖의

---

49 '인간관계'학파로부터 '인적자원'학파로의 이행은 원활하게 이루어졌다. 1927년에 벨기에 사회주의자 드 만Hendrik de Man(*Der Kampf um die Arbeitsfreude. Eine Untersuchung auf Grund der Aussagen von 78 Industriearbeitern und Angestellten*, Jena 1927을 참조하라)이 유희본능과 호기심본능 그리고 구성본능의 충족을 거대 조직 내부에서의 성공적 노동을 위한 전제조건으로 제시했다. 헤론Alexander Heron은 1948년에 보다 추상적이고 보다 겸손한 말투로 동기부여를 확실히 하기 위해서 종업원은 "써먹을 만한 아이디어를 생산할 수 있어야 한다"(*Why Men Work*, New York 1977, S. 175)고 지적한 바 있다. Chester Barnard, *Organization and Management*, Cambridge 1941와 드러커Peter Drucker, 정은지 역, 『기업의 개념』, 21세기북스에서도 또한 기술관료주의적·집단지향적 기업의 퇴행적 경향에 대한 최초의 비판을 찾아볼 수 있다.
50 이 장에서의 이정표는 Chris Argyris, *Personality and Organization*, New York 1957; ders., *Integrating the Individual and the Organization*(1964), New York 2009와 Douglas McGregor, *The Human Side of Enterprise*, New York 1960이다.

사람들의 '자아성장' 심리학을 수용한 결과였다.[51] 아지리스는 이 심리학을 말 그대로 수용했으며, 인간 심리는 창조적 자기표현을 위해 애쓴다는 주장을 과학적으로 입증된 것으로 전제했다. 그에 따르면 심리 속에는 "자아실현 또는 자기향상을 목표로 하는"[52] 에너지 흐름이 존재한다. 사람들은 긴장을 피하려고 하지 않으며 오히려 자신 그리고 환경을 재형성하는 것과 관련해 긍정적 형태의 긴장을 추구한다. 여기서 기쁨joy은 쾌락pleasure과 구분된다. 아지리스는 욕구와 현실 간의 생산적 불균형으로서의 기쁨을 에너지 정지의 조건으로서의 쾌락과 구분한다. 개인은 부단히 변하고 항상 새로운 방식으로 자기를 펼쳐보이길 원한다. ─ 그것은 또한 직업에도 해당된다. 하지만 조화를 강조하는 '인간관계' 학파 입장은 그와 같은 욕망을 충족시키는 것을 지속 불가능하게 만든다. 자아성장심리학 방식의 주체 이해는 개인 그리고 전문화되고 위계적인 구조를 가진 조직 간의 적대관계로 불가피하게 이어지게 된다. 그와 같은 대립이 동기부여 문제, 그리하여 최대한 효율적인 조직운용에 실패하도록 만드는 실질적 원인임이 밝혀진다.

그와 함께 앞의 관점에서 볼 때 새로운, 포스트-관료주의적 형태의 조직이 필요해지는데, 맥그리거는 그것을 'Y 이론'이라고 부르며, 보다 오래된 고전적 유형의 조직 'X 이론'과 대립시켰다. ─ 그리고 이 구분은 큰 영향을 미쳤다. 물론 그와 같은 대안 조직이 어떻게 구조화될 수 있는지는 두 사람 모두 초안 상태로 남겨두었다. 아지리스는 처음에는 단지 미래에 조직의 과제는 "개인이 성장해 보다 창조적으로

---

51 그에 대한 상술로는 5. 4를 참조하라.
52 Argyris, *Personality and Organization*, S. 28.

되도록 지원하는 데 있다"53고 암시하는 데 그쳤지만 나중에는 시스템 이론의 어휘를 동원해 조직은 '열린 시스템'으로 구조화되어야 한다고 주장했다. 내적 환경 속에서 자체에 고유한 시스템을 형성하는 개인에게 열려 있어야 한다는 것이다. 그와 같은 열림은 조직 내 업무 전문화의 축소 그리고 개별 고용인의 능력 확대를 전제한다. 맥그리거는 감독 역할의 필요성을 지적하는데, 그것은 통제가 아니라 상담을 지향해야 한다. 노동자의 능력을 조직의 '자원'으로 간주해야 하는데, 그의 자기계발은 "자기통제에 의한 관리"54에 의해 증진되어야 한다. 마지막으로 아지리스는 개인과 조직 간의, '개인의 성장'과 '조직의 성장' 간의 활기찬 공진화를 위한 청사진을 발전시켰다.55

그리하여 '인적자원' 운동의 틀 내에서 경제조직은 제대로 운용되려면 지속적으로 역동화되어야 한다는 주장이 최초로 제기되었다. 하지만 처음에는 그것을 순전히 심리학적으로 정초했다. 즉 그와 같은 역동화를 추동하는 것은 자기변형과 창조성 자체에 대한 요구를 가진 인간 주체라는 것이었다. 만약 조직이 그와 같은 욕구를 가라앉히려고 시도한다면 그 결과 재난에 가까운 비효율성이 나타날 것이다. '인적자원' 학파는 이 학파와 긴밀하게 연결되어 있는 '긍정심리학'과 함께 여러 기본적 원리에서 휴머니즘적이었으며, 1960년대 말에 등장하는 흐름 즉 조직에 대한 진보적인 반문화적 비판에서 나오는 요소를 선취했다. 하지만 그것은 그와 같은 휴머니즘적 정초를 기능주의적 정초와

---

53 앞의 책, 212페이지.
54 맥그리거McGregor, 한근태 역, 『기업의 인간적 측면』, 미래의 창, 164페이지.
55 Argyris, *Integrating the Individual and the Organization*, S. 315ff.

결합시켰다. 조직이 효율적으로 작동하려면 동기부여 문제를 해결해야 한다는 것이었다. 하지만 조직 자체의 목표, 그리고 조직이 형식합리성과 맺는 관계는 '인적자원' 학파에게는 논쟁의 주제가 아니었다. 시장에서의 조직의 성공이 아니라 오히려 내적 환경, 즉 인간의 영혼에 대한 배려가 여기서는 혁신 지향의 원인인 것처럼 보인다. 포스트-관료주의적 조직 모델이 공허하게 남은 것은 아마 이 때문일 것이다. 그럼에도 불구하고 이 학파는 피고용인이 창조적 자아라는 개념을 경영학 이론 속에 이식할 수 있을 정도로는 충분히 영향력이 있었다. 그것을 통해 포스트모던 경영[학] 담론을 위한 중요한 전제조건을 마련해주었다.[56]

혁신경제와 환경 문제

앞의 학파와는 기조를 달리하는 두 번째의 경영학 모델이 등장해 '인사' 학파를 보충해주었는데, 혁신경제 모델이 그것이다. 여기서 영구혁신의 필요성은 심리학이 아니라 조직 그리고 조직을 둘러싼 시장 환경 측면에서 정초된다. 이 모델에서 경제조직이 해결해야 할 진정한 문제는 동기부여가 아니라 **환경 문제**이다. 번스와 스톨커의 저서 『혁신경영』(1961년)이 혁신경제(학)의 기폭제가 되었다. 이 연구서는 1950년대 말에 이루어진 형식주의적 · 합리적 조직 비판이라는 학술 작업의 폭넓은 맥락 내부에서 등장했다.[57] 두 사람은 '인적자원' 학파

---

56 Nikolas Rose, *Governing the Soul. The Shaping of the Private Self*, London 1990, S. 103 이하를 참조하라.
57 Tom Burns/George M. Stalker, *The Management of Innovation*(1961), Oxford 2001;

와 반대로 조직을 형식주의적 모델에 부합하지 않는 — 그리고 그래서도 안 된다 — 내재적 약점을 가진 신생의 사회구조로 간주했다. 두 사람은 그것을 배경으로 영국의 전력산업기업들의 발달을 조사했는데, 해당 산업은 기술혁신을 위한 전문화라는 고전적 모델에 따라 R&D 부서를 설립해 이런저런 실험을 해오고 있었지만 결과는 그다지 성공적이지 못했다. 두 사람이 대단히 무미건조한 문투로 쓴 앞의 연구서는 당시로서는 큰 주목을 끌만한 결론에 이르렀다. 즉 기업은 영구혁신이라는 경제적 요구에 자신을 완전히 내맡길 수 있어야 한다는 것이었다.

사업 경영[경영학]에 대한 두 사람의 이해방식은 시스템 이론의 영향을 받았는데, 그래서인지 두 사람은 조직을 환경 속에 넣어진 내적 복합성의 영역으로 간주했다. 하지만 아지리스에게서처럼 피고용인의 심리라는 '내적 환경'이 아니라 기술발전, 경쟁하는 기업과 소비자 등을 포함하는 외적 사회환경에 초점을 맞추었다. 따라서 결정적 물음은 그와 같은 환경이 안정적이냐 아니면 역동적이냐였다. 전통적인 경영학 이론은 안정적 환경에서 출발했는데, 그런 다음 두 사람이 '기계적 관리 시스템'이라고 부르는 형식합리주의를 안정적 환경에 적용시키려고 시도할 수 있었다. 하지만 실제로 시장과 기술환경은 종종 불안정한 것으로 드러난다. 따라서 조직의 구조를 환경의 역동성에 민감하게 반응하고, 자신의 위치를 재조정하도록 만드는 것이 과제가 된다. 두 사람은 이렇게 말한다.

또한 Michel Crozier, *The Bureaucratic Phenomenon*, Chicago 1964; James G. March/Herbert A. Simon, *Organizations*, New York 1958을 참조하라.

지속적으로 변하는 조건에는 유기적 형태가 적합한데, 그것이 새로운 문제와 예기치 않은 행동의 필요성을 지속적으로 제기하기 때문이다.[58]

여기서 요구되는 것은 단 한 번의 변화가 아니라 오히려 영구적인 '혁신경영'을 추동하는 조직 구조이다.

두 사람은 '유기적 관리 시스템'이라는 대안의 개요를 제시하는데, 그것의 주요 특징은 고전적 조직의 철저한 전문화 및 위계화와의 단절에 있다. '혁신경영'은 노동 과정이 더 이상 별도의 라인을 따라 이루어지는 것이 아니라 지속적으로, 공개적인 방식으로 상호 조정될 것을 전제한다. 노동자는 단지 전문화된 과제를 완수하는 대신 끊임없이 변하는 환경 속에서 전체로서의 기업을 발전시키는 데 참여한다. 그것은 피고용인에게 보다 강하고, 보다 정서적인 참여 그리고 개인적 한계의 극복을 요구한다. 하지만 두 사람은 그것을 — 아지리스와 보다 이후의 포스트모던 경영학 이론과 반대로 — 새로운 모델의 아킬레스건으로 간주한다. 혁신경영은 연구 부서에 국한되지 않은 기업 전체의 영구적 과제임이 마침내 드러난다. 따라서 문제는 그와 같은 과제를 수행하도록 어떻게 피고용인에게 동기를 부여하느냐이다.

우리는 다시 한 번 핵심적인 역사적 교차점에 서게 된다. 두 사람의 저서와 함께 비록 서툴지만 개념적으로 그리고 기술혁신을 넘어 영구혁신을 준비하는 작업으로 경제를 조직 내부에서 정초하는 과정이

---

58 Burns/Stalker, *The Management of Innovation*, S. 121.

시작되었다. 경영학 이론에서 일어난 그와 같은 구조 변경은 시스템과 그것의 환경은 다르다는 생각에 기초하고 있다. 즉 환경이 역동적으로 변하면 시스템은 적응해야 한다는 것이다. 따라서 그로부터 영구혁신은 역설적이지만 적응 과정이게 된다. 그처럼 새로운 문화적 지평은 바이크의 저서『조직의 사회심리학』(1967년)[59]에서 번스에게서보다 우아하게 그리고 마찬가지로 강력한 영향을 미치는 가운데 펼쳐지는데, 그는 조직을 근본적으로 해석적·과정적 활동으로 볼 것을 요구한다. 데리다의 『글쓰기와 차이』[60]가 같은 해에 출판되었는데, 이 책은 바이크 저서와 지하로 연결되어 있다. 바이크는 조직은 구조라고 이야기해서는 안 되며 오히려 조직화를 과정으로 바라볼 것을 요구한다. 조직은 자기를 재생산하지만 이 재생산 또는 반복은 차이를 포함하며, 그리하여 항상 이미 새로운 사건을 위한 잠재력을 함축하게 된다. 조직화는 핵심적으로 커뮤니케이션적·쌍방향적 과정으로, 거기서는 조직을 둘러싼 환경 또한 해석된다. 시스템-환경이라는 이해방식을 구성주의적 버전으로 바꾸는 바이크 저서에서 끊임없이 변하는 시장의 조건에 관한 정보에서 중요한 것은 있는 그대로의 묘사가 아니라 오히려 지속적으로 다의적 의미를 갖는 환경에 대한 잠정적 해석이다. 따라서 그에게서 새로움은 결코 기술적 발견에 한정되지 않는다. 대신 조직의 정보처리라는 층위에서 새로운 해석을 허용하는 사건으로 환원된다. 조직은 발전적 변화를 이루어야 한다. 그가 쓰는 대로 "진화 시스템은 창조 시스템이다."[61] 따라서 창조성은 사회시스템으로서의

---

[59] Karl Weick, *Der Prozeß des Organisierens*(1967), Frankfurt/M. 1995.
[60] 데리다, 남수인 역, 『글쓰기와 차이』, 동문선.

조직 전체와 관련되며, 더 이상 개인의 능력으로 환원되지 않는다.

그와 함께 번즈와 바이크는 패러다임 전환 작업을 위한 조직심리학적·조직사회학적 자극을 마련해주었다. 즉 경제조직은 그것의 토대를 이루는 환경 문제를 예민하게 지각하고, 그에 대한 대답으로서 기술이라는 특수한 경우를 넘어 영구혁신을 요구해야 한다. 1970년대 이래 경영학 이론은 광범위한 전선에 걸쳐 혁신경제와 혁신경영 쪽으로 방향을 재조정해왔다. 하지만 지금 널리 퍼져 있는 '혁신' 개념은 애매하다. 한편으로 포스트-관료주의적 경영 모델이 찬양되지만 다른 한편으로 혁신 지향과 관련해 오래된 기술 지향 전통이 지속되는데, 무엇보다 먼저 계획화 가능한 동시에 기술적으로 유도된 과정에 기반한 소위 '선형적 모델'과 함께 그렇게 된다. 그와 관련해 항상 다시 4단계 도식이 사용된다. 거기서는 기본 연구를 수행하는 실험실에서 이루어지는 **발견**discovery은 응용 지향 연구가 이루어지는 **발명**invention으로, R&D 부서에서의 **개발**development로, 마지막으로 제품 보급diffusion으로 이어져야 한다. 이념적으로 네 단계는 연대기적으로 잇따르며, 네 가지 맥락은 제도적·공간적으로 분리된 채 있게 된다.[62]

그에 비해 1980년대 초부터 축적되기 시작한 소위 비선형적 혁신경제학 모델은 영구적인, 동시에 제도적으로 국한되지 않은 혁신이라는 번즈와 바이크의 주도적 생각과 결합되었다. 이 모델은 이미 존재하는 조직적 실천에 의지했으며, 그것을 첨예화시켰다. 그것은 종종

---

61 Weick, *Der Prozeß des Organisierens*, S. 360.
62 그에 대해서는 Holger Braun-Thürmann, *Innovation*, Bielefeld 2005, S. 30 이하를 참조하라.

암시적 은유를 갖고 작업했다. 가령 클라인과 로젠버그의 사슬 모델은 혁신이 시장화와 기술발전 사이에서 항상 작동함을 강조한다. 항상 불확실성을 관리하는 것이 중요하다는 것이다. 혁신 과정의 다양한 단계가 지속적 전진과 후퇴 운동 속에서 진행되고, 피드백루프를 넘어선 상호관련에 의해 말이다. 새로움을 개발하기 위한 출발점이 되는 것은 기술 자체가 아니라 오히려 조직의 루틴에서 등장하는 문제다. 혼다와 캐논 같은 일본 기업의 사례를 이용해 타케우치^{竹内弘高}와 노나카^{野中郁次郎}가 발전시킨 '럭비공 같은' 혁신 모델은 혁신을 향해 질서정연하게 나아간다는 가정을 완전히 포기한다. 대신 학제적 프로젝트팀을 중심에 놓는데, 그것이 야심만만한 혁신에 직면해 거의 혼자 힘으로 해당 과제를 처리하리라는 것이다. 마지막으로 반데벤의 '폭죽' 모델은 기업에서의 혁신 과정을 느릿느릿 움직이는 단계와 눈부시게 빨리 움직이는 단계가 계속 교차되는 여행에 비교한다.[63] 그와 같은 비선형적 모델은 혁신을 불연속적 과정으로 제시하는 반면 그와 병행해 영구혁신이 가능하려면 어떤 구조적 조건이 갖추어져야 하는지에 대한 질문을 전면에 부각시켜왔다. 혁신경제에서 널리 보급되어 있는 그에 대한 대답은 이렇다. 즉 사회적 '네트워크'의 반관료주의적 구조, 다양한 조직과 그것의 정보 흐름은 상호 연결되어 있으며, '실천의 공동체', 즉 암묵적 지식을 공유하는 촘촘한 사회적 공동체의 혁신만큼이나 도움이

---

63 Stephen J. Kline/Nathan Rosenberg, "An Overview of Innovation", in: Ralph Landau/Nathan Rosenberg(Hg.), *The Positive Sum Strategy*, Washington D. C. 1986, S. 275-306; Hirotaka Takeuchi/Ikujiro Nonaka, "The New New Product Development Game", in: *Harvard Business Review* 64(1986), S. 137-146; Andrew H. van de Ven, *The Innovation Journey*, New York u. a. 1990을 참조하라.

될 수 있을 것이다. 상대적으로 평등한 커뮤니케이션 체계로서의 실천의 네트워크와 공동체 모두 혁신에 필요한 지식의 보급과 재결합을 촉진해야 한다.64

'인사' 이론과 혁신경제학을 함께 고찰해보면 두 경영학 이론 모두 조직의 관료주의적 합리주의를 포기할 것을 권하는 반면 영구혁신의 필요성을 주장하고 있음을 알 수 있다. 영구혁신은 한편으로는 피고용인의 변화욕과 관련해 심리적으로, 다른 한편으로는 끊임없이 변하는 조직의 외부 환경에 적응해야 하는 조직의 필요에 의해 정당화한다. 하지만 두 이론은 성숙한 형태의 미학경제로 나가는 도중의 단지 하나의 발전 가닥 그리고 앞으로 살펴볼 테지만 중간 단계를 이룰 뿐이다. 새로움은 맥락상 영구적으로 요구되지만 **미학적** 새로움을 매우 제한적으로만 발달시킨 것이다. 그리하여 창조성은 본질적으로 기술혁신 또는 조직혁신 수준에서만 도입된다. 회상해보면 미학경제가 등장해 확산되려면 두 번째 가닥의 발달이 필요했음이 분명하게 드러날 것이다. 보다 좁은 의미에서의 '창조산업'의 형성이 그것이다.

4 창조산업의 수립

'창조산업'이라는 용어는 1990년대에 등장했다. 아래에서는 시간의 선후관계를 무시하는 것이 됨에도 불구하고 일부러 보다 이전 시기

---

64 가령 John Seely Brown/Paul Duguid, "Organizational Learning and Communities-of-Practice", in: *Organization Science* 2(1991), S. 40-57을 참조하라.

를 가리키기 위해 그와 같은 용어를 사용하게 될 것이다. 1920년대에 포디즘이 등장한 이후 무엇보다 먼저 사물보다는 상징과 감각적 인상의 생산과 관련된 경제적 실천이 이미 존재했다. 이 종류의 상징경제의 보다 이전의 버전은 부르주아적 현대(성) 그리고 귀족계급의 사치문화까지 거슬러 올라간다.[65] 산업자본주의의 틀 내에서 상징경제와 감각경제는 처음에는 틈새로 나타난다. 하지만 동시에 무엇보다 먼저 보다 단기적으로는 주변적이었지만 장기적으로는 강력한 영향을 미친 미학경제의 세 가지 초기 형태가 이미 발전하고 있었는데, 패션, 광고 그리고 디자인이 그것이다.

패션, 광고 그리고 디자인에는 처음에는 설비투자재와 소비재의 대량생산에 비해 단지 보완적 지위만 주어진 것처럼 보인다. 디자인은 대상에 미학적인 부가가치 added value를 제공하는데, 그것은 본질적으로 기술적·기능적이다. 반면 광고는 기성품 판매를 촉진하기 위한 것으로, 주로 시각적 재현물의 도움을 받았다. 그리고 패션은 오트쿠튀르 Haute couture[1858년에 비르트가 상류계급 여성을 겨냥해 파리에서 개최한 일종의 패션쇼로, '패션디자이너'라는 용어를 처음 사용했다]라는 비일상적이고 심미적인 형식으로, 귀족사회 이후의 사치품 소비의 단순한 유물처럼 보일 수도 있을 것이다.

1920~2000년 사이에 그와 같은 주종 관계가 극적으로 뒤집어졌다. 즉 세 부문이 모두 주변적 부속물에서 지배적인 경제적 포맷이 됨으로써, 미학경제의 청사진이 되었다. 즉 경제적인 것의 미학화를 위

---

65 좀바르트, 이상률 역, 『사치와 자본주의』(1912), 문예출판사를 참조하라.

한 모델 격의 포맷이 되었다. 처음에 그것들은 대체로 상호 독립적으로 발달했지만 도중에 세 가지를 공동으로 주도하는 모델을 따르게 되었다. 1920년대 초기의 형성 단계에서 세 부문의 미학적 잠재력이 이미 존재했지만 체계적으로 제한되어 있었다. 그런 다음 1960년대에 변형 단계가 찾아왔다. 이 시기 젊은이의 스타일 지향적인 — [정치적 측면에서와 달리] 경제적 측면에서 그렇게 부를 수 있을 것이다 — 반문화가 역사적으로 변속기어를 포괄적인 미학적 동원 쪽으로 결정적으로 넣어버렸다. 1970년대에 세 번째 단계가 시작되었는데, 이 단계는 공고화 시기, '창조혁명' 시기로 반문화와 관계를 끊고 사회 전체로 확산되었으며, 창조산업이 일약 미학자본주의를 주도하는 부문으로 격상되었다. 아래 논의에서는 이 세 부문의 점진적 성장을 그것들이 미학경제의 핵심을 형성하는 과정으로 보다 상세히 탐구할 것이다.

패션

패션은 모호한 개념이다.[66] 한편으로 그것은 수제품이건 공산품이건 구체적 제품을, 주로 인간의 몸을 덮는 기능을 하는 의복을 가리킨다. 동시에 특정한 문화 모델을 가리킨다. 즉 새로움과 동시대성이라는 의미가 부여된 대상이 연달아 등장하면서 계속해서, 하지만 진보와는 무관하게 바뀌는 것을 말이다. 이 두 번째 의미에서 패션의 패러다

---

[66] 그에 대한 개관으로는 Malcolm Barnard, *Fashion Theory*, London 2007. 패션에 대한 사회학적 이론은 가령 바르트Roland Barthes, 『패션의 체계』와 Elena Esposito, *Die Verbindlichkeit des Vorübergehenden. Paradoxien der Mode*, Frankfurt/M. 2004이 제공하고 있다.

임적인 장은 먼저 의상apparel이다. 그것에는 주로 상징적·미학적 가치가 부여되며, 주체의 자기-스타일화[미화]에 이용되고, 지속적인 미학적 새로움을 제공해야 하는 제품을 위한 모델을 제공한다. 따라서 패션과 예술-장 사이에는 근본적인 구조적 유사성이 존재한다.

하지만 그렇게 이해된 패션 개념의 효력이 미치는 범위는 처음에는 제한적이었다. 의복을 최초로 상징적·미학적 용도로 사용하기 시작한 것은 18세기, 특히 프랑스 궁정의 사교계에서였다. 19세기의 유럽의 귀족계급은 패션 상품의 주요 수용자인 동시에 패션 체계의 주요 페이스메이커였다. 이 세기 하반기에 패션의 소비자로서의 신흥 중간계급의 경제적 엘리트의 중요성이 증가했는데, 특히 미국에서 그러했으며, 그것은 패션산업을 궁정에서 오트쿠튀르로 옮겨놓았다.67 파리에서는 워스Charles Worth와 프와레Paul Poiret가 명사 반열에 오른 최초의 패션 창조자로 등장했다. 그리하여 패션은 단순한 재단 일이기를 그치고 이제 예술적 수공예Kunsthandwerk[오트쿠튀르라는 말은 '고급의'라는 뜻의 '오트'와 '재봉' 또는 '맞춤복'을 뜻하는 '쿠튀르'를 합친 말이었다]로 인정받았다. 그것은 항상 새로운 '오리지널 아이템'을 창조하려는 야심을 지속적으로 발전시켰으며, 그리하여 산업화된 표준적 제품 시장에 대한 대안을 마련해주었다. 그리하여 패션은 경제의 유관 부문 중 예술과 유사하게 제품에 대해 그것을 만들어낸 개별적 '창조자'가 독창성을 주장하는 것을 허용해준 최초의 영역이 되었다. '예술가-디자이너'의 수제 패션 의복이 처음에 개별 고객을 겨냥했던 것은 흡사 근대에 예술

---

67 Bonnie English, *A Cultural History of Fashion in the 20th Century. From the Catwalk to the Sidewalk*, Oxford 2007, 1장을 참조하라.

작품을 주문하던 것과 비슷했다.

하지만 오트쿠튀르의 명품 패션은 사회 엘리트의 배타적 소유물이었으며, 여전히 전산업적 수제품이었다. 패션은, 짐멜이 1905년에 벼락부자들nouveaux riches의 사치품 소비에서 큰 인상을 받아 패션의 순환 주기라고 묘사한 것을 따랐다. 엘리트는 구별짓기의 정점으로 패션을 혁신하는 방식으로 자기를 치장했다. 그런 다음 그와 같은 혁신은 희석된 형태로 부유층에서 서민층으로 흘러내려 가며 짝퉁을 양산하는데, 그러면 이번에는 다시 위에서의 새로운 변형이 그것에 응답한다.68 따라서 패션은 주로 사회집단 간의 권력 차이를 여성의 신체에 투영하기 위한 수단이었다. 오트쿠튀르에서의 기호와 정동의 놀이는 원칙상 제한될 수밖에 없는데, 너무나도 분명한 사회집단 간의 사회적 경계가 그것을 통제했기 때문이다. 패션디자이너는 개별 품목의 의복과 의상 스타일 하나하나에 미학적 개성을 부여하려고 애쓰지만 입는 사람은 본질적으로 계급적인 문화적 구별짓기를 드러내는 데 신경을 쓴다. 더 나아가 오트쿠튀르는 패션의 순환주기로부터 인구의 대부분을 배제하며, 거의 전적으로 여성을 겨냥한다. 마지막으로 오트쿠튀르는 수제手製라는 이상에 의해 경제적·기술적으로 제한되었는데, 산업적 방직은 처음에는 그것보다 질적으로 떨어졌다.

따라서 오트쿠튀르는 배타적 포맷에 패션을 고정시켰다. 하지만 미래의 발견을 선취한 정반대 경향이 존재했다. 1880년에 소위 남녀 복식 개혁과 함께 오트쿠튀르의 독점을 무너뜨리려고 시도한 '반反패

---

68 Georg Simmel, "Philosophie der Mode"(1905), in: ders., *Gesamtausgabe*, Bd. 10., Frankfurt/M. 1995, S. 8-38을 참조하라.

션운동'이 최초로 등장했다. 1830년대 이래 댄디라는 형상이 배타적 패션의 미학적 제품을 개인으로서의 독창적 스타일화[미화] 수단으로 이용해왔다. 반문화적 패션의 경향은 또한 보헤미안 사이에서도 널리 퍼져 있었다. 마지막으로 1900년 이후 독특한 의류 제품을 만들어내려는 오트쿠튀르 디자이너들의 예술적 야망은, 불법으로 진품을 모방해 진짜처럼 속기 쉬운 짝퉁을 제조해내는 경향이 점점 강해지는 것 (제품의 불법복제)에 의해 도전받게 되었다.69

제1차세계대전 이후, 특히 1960년 이후 패션 시스템은 이중적 변형을 겪게 되었다. 먼저 배제 형태에서 포함 형태로 바뀌었으며, 이어 더 이상 특수한 계급이 아니라 오히려 유행을 따르길 원하는 개별 소비자라면 누구나 겨냥하는 복합적 스타일의 역동적 체제로 변했다.

1920년대 이래 산업적으로 생산된 제품이 질적으로 고급스런 것으로 인정되면서 패션은 점점 더 민주화되어왔으며, 그리하여 중간계급이 패션의 순환주기에 통합되었다. 그런 식으로 패션은 창조산업이 되었다. 프랑스 디자이너 샤넬이 오트쿠튀르를 사회적으로 개방한 전형적 인물로 두드러지는데, 그것은 동시에 '미학적 포함'을 즉 점점 더 많은 사회집단이 미학적 기준에 민감하게 반응하도록 만드는 결과를 가져왔다. 패션의 창조성에 대한 이해와 관련해 산업적으로 생산된 의류로의 이행은, 패션디자이너가 본질적으로 더 이상 '유니크 아이템'의 창조자가 아니라 대중적인 기성복 재품 디자인을 제공하는 사람이 되었음을 의미했다. 그럼에도 불구하고 그처럼 철저한 변화도 독창성

---

69 이 맥락들에 대해서는 Christopher Breward, *Fashion*, Oxford 2003, S. 65 이하와 S. 159 이하를 참조하라.

의 창조자라는 패션디자이너의 지위를 손상시키지는 않았다.70 [제1차 세계대전과 제2차세계 대전 사이의 20년의 과도기인] 전간기戰間期에 근로여성 뿐만 아니라 영화계 스타의 옷을 맞추어주게 됨에 따라 패션디자이너는 혼자 힘만으로도 창조적 명사로서의 상징자본을 점점 더 많이 축적하게 되었다. 독창성의 모델에서 일어난 그와 같은 변동은 아방가르드 예술에서 일어난 변동과 병행했다. 일단 엄격한 의미에서의 독창적 예술작품이라는 개념이 폐기되어도 뒤샹과 워홀 같은 예술가의 지위가 예술적 오브제의 기술복제 가능성에 의해 침해되지 않듯이 이제 패션디자이너는 디자인에 기반한 의류의 대량생산에도 불구하고 독창적 존재로 행세할 수 있었다.71

하지만 패션 시스템에서 일어난 배제에서 포함으로의 변동은 그와 같은 이야기의 마지막 장이 아니었다. 1960년경에 런던의 다양한 하위문화에서 장기적 관점에서 결정적인 사건이 일어났다. 패션산업이 스트리트패션street fashion을 발견한 것이다. 기성 패션산업 외부의 소호 같은 도시구역의 예술적인 학생가 분위기에서 사람들은 개별 스타일을 찾아내기 위한 의상 실험을 하고 있었다.72 그처럼 개인의 개성을 추구하는 실험적 패션은 전에, 다른 무엇보다 보헤미안 무리에서 존재

---

70 English, *A Cultural History of Fashion in the 20th Century*, S. 30 이하를 참조하라.
71 따라서 전간기부터 패션계와 아방가르드예술계가 겹치기 시작하는 일이 일어난 것은 놀랍지 않다. 아방가르드예술가 스키아파렐리Elsa Schiaparelli와 비오네Madeleine Vionnet의 패션 디자인이 그것의 초기 사례를 제공해준다.
72 Breward, *Fashion*, S. 182ff.; Diana Crane, *Fashion and Its Social Agendas. Class, Gender, and Identity in Clothing*, London, Chicago 2000, S. 132ff.; English, *A Cultural History of Fashion in the 20th Century*, S. 80ff.; 또한 Ted Polhemus, *Streetstyle. From Sidewalk to Catwalk*, London 1994를 참조하라.

한 적이 있었다. 하지만 런던이라는 무대는 훨씬 더 광범위한 토대를 갖추었으며, 인구의 보다 젊은 층을 흡수하고 있었다. 그와 같은 스트리트스타일이 패션산업에 수용되어 가일층 발달되었다. 런던의 미술학교와 디자인스쿨 또한 중요한 역할을 했는데, 그들은 패션디자이너를 예술가로 간주했다. 퀀트Mary Quant가 1955년에 의상실 〈바자〉를 개업함으로써 그와 같은 방향을 향한 길을 닦았다. 스트리트스타일은 처음에는 청년 대중을 겨냥했으며, 비록 1960년대에 팝문화의 소품을 공격적으로 사용한 입생로랑Yves Saint Laurent과 함께 이 스타일의 요소들 또한 오트쿠튀르와 중간계급 패션의 일부가 되지만 [여하튼] 오트쿠튀르에 적대적이었다. 1970년대 이래 이 틀 내에서 패션에 의해 라이프스타일이 광범위하게 미학적으로 동원되는 현상을 관찰할 수 있을 것이다. 그와 같은 동원은 미학경제 일반의 전형적 사례이다. 그것은 상호 관련된 세 가지 구조적 특징을 가진다.

(1) 패션산업은 개별적인 미학적 스타일화[미화]에 대한 관심을 기르는 큰 무리의 적극적이고 자가동역학적인 소비자를 광범위한 전선에서 '발견해왔다.' 그들은 기존의 패션의 견본을 복사하는 것이 아니라 본인에 고유한 조합물을 조립하는 자율적인 창조적 주체로 간주된다. 여기서 일탈이라는 규범이 예술 바깥에서 최초로 사회적 기준으로 타당성을 얻게 된다. 청년문화, 하위문화 그리고 도시의 예술계가 보다 광범위한 그와 같은 '미학적 행동주의'를 위한 소우주가 되었다. 본인의 스타일을 정교하게 만들어내는 개인으로서의 소비자에게 호소하는 것은 또한 중간계급 속으로까지 확대되어 들어가 여성과 남성 모

두에게 영향을 미쳤다.73 보다 오래된 계급 기반의 패션 시스템과 반대로 새로운 다원적 패션 시스템은 기호뿐만 아니라 정동에도 보다 크게 의존하며, 패션을 개인의 정체성과 결합시킨다. 퀸트가 발전시킨 개인적 룩look이라는 개념은 자아창조의 도구가 되었다.

(2) 보다 이전 패션의 순환주기가 계급 차이에 기반하며 사치품 취향에 의해 추동된 반면 다원적 스타일을 인정하는 새로운 패션 시스템의 주기는 이제 힙한 것hip/케케묵은 것square 간의 보다 추상적인 차이에 의해 구조화된다. 힙한 것/케케묵은 것이라는 코드, 쿨하고 '찐'인 스타일과 관습적 스타일 간의 구분은 스트리트스타일을 따르는 하위청년문화에서 유래했다. 그리고 1970년대 이후에는 그것을 넘어 외부로 확산되었다. 힙한 것/케케묵은 것이라는 코드는 보다 일반적인 패션 시스템의 새로운 것/낡은 것이라는 이항대립을 철저하게 수정했다. 엄격한 계급 차이에 더 이상 속박되지 않게 된 패션은 이제 **순수한 형태로 작동할 수 있을 것이다.** 이전에 패션의 기호계semiosis를 제한한 **위/아래**라는 이항대립은 이제 독창적인/케케묵은이라는 구분으로 대체되고 있다. 이 구분은 주로 신분 집단에 적용되는 것이 아니다. 오히려 성공적 개성 간의 차이에 초점을 맞춘다(그리고 이차적으로 라이프스타일적 집단으로까지 연장 가능하다). 이제 의도하건 그렇지 않건 도대체 어떤 것을 입는 것은 개성의 지표, 케케묵은 것인가 아니면 독창적인 것인가의 지표로서의 미학적 선택을 함축하고 있다. 이제 스타일, 패션이

---

73 그리하여 새로운 남성 패션잡지 *Gentlemen's Quaterly*(*GQ*)는 "우리가 보고 싶은 것은 본인의 성격과 창의성의 한계보다 더 많은 것을 입는 남성들이다"라고 말한다. *GQ* (Februar 1965), S. 84.

아닌 것은 더 이상 존재하지 않는다. 하지만 계급적 패션의 명료성과 반대로 힙한 것/케케묵은 것이라는 구분은 지속적으로 논란거리가 될 수밖에 없는데, 그때그때마다 구체적으로 만족스럽게 구현되는 방식이 다를 것이기 때문이다. 그 결과 새로운 패션 시스템에서 미학적 스타일이 계속 증가하는데, 그것들은 서로 병행하면서 상호 경쟁한다.74

(3) 비록 패션 시스템은 1970년대 이래 패션과 관련해 중간계급의 힘이 증대된 것에 기반해 있지만 디자이너라는 형상은 중요성을 잃지 않았다. 오히려 디자이너는 포스트모던 미술가가 앞서 서술한 대로 조정자이자 스타라는 이중적 모습으로 변신하는 것과 동일한 방향으로 형태를 바꾸었다.75 입생로랑, 웨스트우드Vivienne Westwood, 미야케 Issey Miyake, 캐런Donna Karan이 그와 같은 포스트모더니즘 디자이너의 전형적 모습이다.76 한편으로 상이하지만 항상 다시 새로워지는 문화적 충동을 결합해 새로운 스타일로 변형시키는 유형의 사람이 존재한다. 입생로랑과 웨스트우드가 그와 같은 분파에 속하는데, 입생로랑은 1960년대의 저항문화와 SF영화에 등장하는 액세서리를 수용했으며, 나중에는 영국 식민지 시대의 소품을 갖고 여러 가지를 실험했다. 처음부터 펑크문화 수용에 적극 나선 웨스트우드는 1981년의 '불법복

---

74 그와 관련해 또한 정크패션, 극단적 미니멀리즘을 추구하는 일본식 패션(가령 〈꼼 데 가르송Comme des Garçons〉의 '빈곤의 미학'), 외견상 시대에 뒤떨어진 것을 인용하는 리트로-운동 같은 반패션 운동 또한 아무 문제없이 패션의 순환주기에 에너지를 공급하고, 그리하여 의도와는 반대로 그것을 추가적으로 역동적으로 만들 수 있을 것이다. 그에 대해서는 English, *A Cultural History of Fashion in the 20th Century*, S. 102 이하를 참조하라.
75 그에 대해서는 앞의 3. 5에서 상술했다.
76 Breward, *Fashion*, S. 85 이하를 참조하라.

제' 컬렉션에서는 아프리카적 요소와 바로크적 요소를 사용했다. 다른 한편으로는 — 그것이 두 번째 가능성이다 — 일단 개발된 스타일을 계속 고수하며 단지 뉘앙스에서만 변화를 주는 패션디자이너가 존재한다. 이 두 번째 군에 신즉물주의neue Sachlichkeit의 냄새를 풍기는 미야케의 반디자인이 속하는데, 캐런의 내성적인 도시적 여성성의 룩look도 마찬가지이다. 따라서 포스트모더니즘 패션디자이너는 19세기 말 이래 계속 증가해온 창조적 스타 또는 명사로서의 지위를 구축할 수 있었으며, 신화적 예술가를 연상시키는 미디어의 유명인사로 자기를 연출할 수 있게 되었다.77

이처럼 패션 시스템이 변형되는 과정의 끝에서 두 번째 단계에서 패션산업은 패션, 디자인, 광고, 미디어, 예술, 스타시스템, 상업적 행위 간의 경계선이 유동화되는 미학경제 전체의 매듭이 된다. 보다 규모가 큰 패션회사가 1960년대 이래 점점 더 일반 디자인 및 라이프스타일 회사로 발전해 나간 방식이 그와 같은 경계 허물기의 전형적 모습을 보여준다.78 디자인이 보다 넓은 의미의 일종의 패션의 대상으로 바뀌었듯이 패션은 일상용품의 디자인의 구성요소가 되고 있다.

77 적어도 트위기Twiggy([본명은] 혼비Lesley Hornby) 이래 전에는 마네킹이라고 불린 모델 또한 대중 속에서 제힘으로 창조적 명사 지위를 차지할 수 있었다. 그에 대해서는 Harriet Quick, *Catwalking: A History of the Fashion Model*, London 1997을 참조하라.
78 Englisch, *A Cultural History of Fashion in the 20th Century*, S. 138 이하를 참조하라. 카르댕Pierre Cardin과 입생로랑이 일상의 미학적 오브제의 무리고 전체에 본인 이름을 뚜렷이 새겨 넣은 최초의 패션디자이너였다.

광고

 광고는 패션과 마찬가지로 자체에 고유한 기원을 갖고 있는데, 그 것은 또 다른, 현대(성)에 대한 합리주의적 개념에 비추어보자면 '비순수해' 보일 것이다. 그것은 베르사유 궁전이 아니라 미국의 시골 장터에서 대중오락과 함께 시작되었다. 리어즈Jackson Lears는 그처럼 논란이 많은 광고업의 뿌리를 18세기 시장의 카니발적 환경으로 소급해 추적한다. — 추상적인 교환경제라는 의미가 아니라 매대를 구비한 구체적인 장터라는 의미에서 말이다.[79] 그곳에서는 상품을 팔았을 뿐만 아니라 정교한 쇼를 통해 선전되었다. 의류와 장신구는 매혹적으로 진열되었으며, 약품은 이국적 물품처럼 손님의 관심을 끌 수 있도록 진열되었다. 경제적 시장은 마을 장터에서 유래했다.

 광고는 1900년 이후에야 비로소 포디즘적인 대량생산과 대량소비의 확산과 긴밀하게 관련되어 전문직업으로 발전했다. 상품 판매 또한 이제 영업 관리의 주목을 끌게 되었는데, 그리하여 체계적인 계획을 위한 전문부서가 회사에 설립되었다. 이어 1920년대 이래 미국에서 최초의 독립적인 광고대행사가 등장하기 시작했다.[80] 광고는 고객의 구매를 자극하기 위해 상품을 공개적으로 제시하는 행위로 이해되었기에 시각매체기술, 사진, 영화의 등장과 밀접하게 관련되었다. 처음부터 광고는 그것을 보는 사람에게서 감각적·정동적 반응을 그리고

---

[79] Jackson Lears, *Fables of Abundance. A Cultural History of Advertising in America*, New York 1994.
[80] Jackson Lears, *Fables of Abundance. A Cultural History of Advertising in America*, New York 1994.

상품과의 동일시를 촉발하기 위해 이미지를 만들어내는 창조노동이었다. 광고는 사물보다는 스타일과 미학적 앙상블을 제시하며, 1920년대의 그래픽디자인에서는 미학적 모더니즘의 요소를 차용했다.81

하지만 광고산업은 1950년대까지 계속되는 형성기에는 동시에 합리주의적 조직의 원형이기도 했다.82 엄격한 분업에 따라 구조화되었으며, 창조사업보다는 준-과학적 사업으로 간주되었다. 홉킨스의 저서 『과학적 광고』는 1950년대까지 그와 같은 분야의 표준 저술로 남아 있었는데, 광고가 소비자에게 영향을 미치기 위해서는 오직 과학에 의해 발견 가능한 일반적인 심리학적 법칙만 적용해야 한다고 주장했다.83 소비자에게는 자극-반응이라는 행동주의적 가정의 독특한 결합에 따라 접근해야 하는데, 여기에는 먼저 수치심과 지위에 대한 불안감을 겨냥한 메시지가 상품의 유용성과 효율성에 대한 합리적 설득 시도와 뒤섞여 있었다. 너무나 당연히도 1940~1950년대의 대중문화에서 광고인은 화이트William Whyte의 순응주의적인 '조직적 인간organization man'으로 재현되었다. 1961년에 개봉한 영화 〈연인, 돌아오다〉에서 록 허드슨이 맡은 배역이 잘 보여주듯이 그는 뉴욕의 메디슨가에 자리 잡은 한 대형 광고업체에서는 "회색의 플란넬 셔츠를 입은 남자"84였다.

81 Roland Marchand, *Advertising the American Dream. Making Way for Modernity, 1920-1940*, Berkeley 1985; Stuart Ewen, *All Consuming Images. The Politics of Style in Contemporary Culture*, New York 1988, S. 110 이하를 참조하라.
82 Thomas Frank, *The Conquest of Cool. Business Culture, Counterculture, and the Rise of Hip Consumerism*, Chicago 1997, S. 34 이하를 참조하라. 기록상의 설명으로는 또한 Martin Mayer, *Madison Avenue*, Köln 1959를 참조하라.
83 Claude C. Hopkins, *Scientific Advertising*(1923), New York 2010.
84 Delbert Mann, 〈*Lover Come Back*〉(독역. 〈*Ein Pyjama für zwei*〉), Film, USA 1961.

패커드가 저서 『은폐된 설득자들』에서 그와 같은 직업을 수상쩍고 조작을 일삼는 것으로 비판적으로 험담한 데서 잘 볼 수 있듯이 광고는 당시 긍정적 명성을 누리지 못했다.85

광고산업이 포디즘적 기업에서 진정 창조적인 산업으로 변형된 것은 1960~1970년대 사이에 일어났다. 로이스는 그와 같은 변화를 "창조혁명"86으로 극화했다. 그처럼 앞으로 등장할 새로운 형태의 광고회사의 원형을 잘 보여주는 것이 1949년에 번바크Bill Burnbach 주도로 뉴욕에서 개소한 〈도일데인번바크에이전시DDB〉였다. 그는 '반패션'과 '반디자인' 비슷하게 '반광고'처럼 보이는 광고를 발전시켰다. 그의 스타일은 과학성을 추구하는 이 장르의 규칙을 뒤집어엎고, 모든 것을 미학화하는 광고라는 이상을 발전시켰다. 그것은 1960년대 내내 무엇보다 먼저 새로 창립된 보다 소규모의 광고회사 사이에서 급속하게 확산되었다. 그것을 잘 보여주는 사례가 번바크의 전설적인 폭스바겐 광고이다. 거기서 단순한 모습의, 여러 해 동안 전혀 변하지 않은 폭스바겐VW 비틀이 익숙함 속에서도 특별한 것으로 제시된다. 앞의 광고의 한 장면에서는 비틀이 '작게 생각하라Think small'는 설명 글과 함께 아주 작은 크기로 나타난다. 그와 같은 차의 외견상의 약점은 아이러니하게 전도되어 장점이 된다.87 두 번째 장면에서는 비틀이 마치 자동차 쇼

---

85 Vance Packard, *The Hidden Persuaders*, New York 1957.
86 Frank, *The Conquest of Cool*, S. 5ff.; George Lois/Bill Pitts, *The Art of Advertising. George Lois on Mass Communication*, New York 1977.
87 Bob Levenson, *Bill Bernbach's Book: A History of Advertising That Changed the History of Advertising*, New York 1987, S. 28. 미국의 TV 시리즈물 〈미친 사람들Mad Men〉(바이너Matthew Weiner가 구상하고 책임 제작했으며, 2007~2010년에 4차례로 나

에서처럼 스포트라이트를 받으며 떠오른다. 그리고 아래에는 *The '51 '52 '53 …… '60 '61 Volkswagens*'이라는 텍스트가 놓여 있다. 다른 자동차 제조업체의 모델과 달리 비틀은 여러 해 동안 한결같음을 유지하고 있다는 것이었다. — 하지만 그와 같은 광고에서는 그처럼 외견상 고루해 보이는 관습성이 아이러니하게도 상품만의 독특한 셀링포인트로 제시되고 있다. 즉 이미 완벽한 것을 왜 바꾼단 말인가?88

번바크와 그 밖의 다른 사람들로부터 나온 '창조혁명'의 광고 포맷은 일련의 특징을 공유한다. 이제 광고업자의 원형은 더 이상 행정가나 자연과학자가 아니라 예술가였다. 광고는 표준화되어서는 안 되며, 독창적 아이디어를 개발해야 했다. 광고가 창조산업으로 변형된 것은 그에 상응하는 조직 개혁을 전제했다. 먼저 광고회사에서 '혼자 힘으로' 광고 전략 전체를 짜내기 위해 독립적으로 작업하는 창조적 프로젝트팀을 위해 포스트-관료주의적으로 분업과 위계를 해체한 것. 두 번째, 광고 위탁 고객의 바람으로부터 보다 크게 해방된 것. 번바크는 롤모델로서의 예술가의 중요성을 강조하면서 이렇게 쓴다.

> 사업에 의해 가장 큰 불신 대상이 된 것 자체가, 즉 예술적 기법이라고 불리는 저 무형의 것이 가용한 가장 실천적 도구임이 드러나는 것은 아이러니하다.89

뉘어 방송되었다)을 여러모로 1960년대 초에 광고가 관리부문에서 창조부문으로 이동하는 과정을 픽션으로 기록한 작품으로 이해할 수 있을 것이다.
88 Frank, *The Conquest of Cool*, S. 86 이하를 참조하라.
89 Levenson, *Bill Bernbach's Book*, S. 113.

그의 동료 고사주는 그에 발맞추어 광고의 목적은 제품이 아니라 아이디어를 파는 것이며, 아이디어는 가능하면 최대한 기발해야 한다고 선언했다.90

고사주와 번바크는 광고에서의 창조성을 위한 전제조건으로 포스트모더니즘의 미술 담론에서 이미 익숙한 것을 지명한다. 일상적 지각 능력과 분별 능력의 배양 그리고 현재 유행하는 기호학적 트렌드에 대한 감수성 배양이 그것이다. 두 사람에 따르면 광고업자는 대중문화건 예술이건 아니면 기술이건 당대의 문화적 발전과의 열정적 관계를 발전시켜야 한다. 그리하여 '창조혁명'의 광고는 예술 및 다른 창조산업으로부터 익숙해진 다양한 방법을 이용한다. 즉 외견상 공통점이 없는 것들을 결합시키며, 지적 말놀이를 발전시키고, (1960년대에 만화를 이용한 데서 볼 수 있듯이) 다양한 미디어를 재빨리 서로 엮거나 상호 텍스트적인 역사적 참조사항을 통합한다.91 번바크의 광고는 특히 여러모로 개념미술을 닮았다. 하나의 아이디어로 시작해 이어 그것이 시각적 형태로 전환되며, 지켜보는 사람을 '아하!' 효과 속으로 해소되어야 하는 퍼즐 앞에 놓는 점에서 말이다. 그와 함께 '새로운 광고'는 텅 빈 조작 대상으로서의 소비자 또는 단순한 비용-편익의 최적화 도구로서의 소비자가 아니라 순진함을 넘어 성숙에 이른 자기반성적 주체로서의 소비자를 대상으로 삼는다.

그와 함께 미국 광고는 처음에는 독자적 힘으로 창조혁명을 수행

---

90 Howard Luck Gossage, *Ist die Werbung noch zu retten?*, Berlin 1967을 참조하라.
91 Levenson, *Bill Bernbach*에 들어 있는 번바크의 광고의 목록화를 참조하라.

한 반면 두 번째의 결정적 발걸음은 — 패션에서와 비슷하게 — 1960 년대의 청년의 반문화에서 유래한 충격의 흡수에 의해 특징지어진다. 그것은 광고를 장기적으로는 포괄적 미학화의 대리인으로 변형시켰다. 이 맥락에서 패션업계와 관련해 이미 도입된 힙한 것/케케묵은 것이라는 이항대립이 광고에서도 중요한 구별 기준으로 널리 확산되었다. 동시에 광고의 초점이 제품 소개에서 라이프스타일을 체험 양식으로 연출하는 쪽으로 옮겨갔다. 반문화는 흔히 처음에는 소비에 대해 비판적 태도를 유지하였음에도 불구하고 실제로는 속도 조절자 역할을 하는 공격적 소비자의 대부대를 만들어냈는데, 그들은 미학적으로 현행의 규범적인 것과는 구분되는 비관습적인, '젊은' 제품을 요구하기 때문이다.92 어떤 대상의 가치는 피상적 유용성에 의해 가늠되는 것 이상이라는 포스트-물질주의적 견해를 발전시킨 것 또한 반문화였다. '진정한', 감각적으로 만족할 만한 라이프스타일에 기여해야 한다는 생각을 발전시킨 것 또한 그것이었다.

1970년대 이래 광고와 청년문화에서 일어난 앞의 두 가지 미학적 물결이 청년문화적 삶의 형태에 대한 지향을 넘어 사회 전체로 확산되어왔다. 광고는 이제 라이프스타일과 관련해 미학적으로 만족스러운 자아형성을 요구하는 소비자를 겨냥하고 있다. 그리하여 제품의 유용성을 입증하는 것이, 해당 제품을 사용하는 삶이 즐거움으로 가득 찬 독창적인 것임을 암시하는 것(또는 논의 수준을 조금 달리하자면, 광고 자체의 독창성)에 의해 빛을 잃게 되는 사태가 초래된다. 광고는 그에 상응

---

92 이 측면에 대한 전반적 개론으로는 Frank, *The Conquest of Cool*, S. 88 이하를 참조하라.

해 매력적인 라이프스타일을 재현하기 위해 시각자료의 감각적·정동적 잠재력을 총체적으로 활용하기 위해, 즉 욕망을 자극할 수 있는 이미지를 창조하기 위해 특별히 애쓴다.93 광고에서 일어난 그와 같은 미학화의 물결을 가장 잘 보여주는 최고의 사례는 1961년부터 시작된 펩시콜라 광고였다. 코카콜라와 벌인 '콜라 전쟁'에서 펩시는 두 제품이 뚜렷이 지각할 수 있는 차이를 거의 갖고 있지 않음에도 불구하고 힙한 것/케케묵은 것이라는 이항대립에 기대 자사 제품의 우월함을 과시하려고 했다.94 코카콜라는 대량생산된 촌스러운 제품으로 제시된 반면 펩시는 젊고 비관습적인 제품으로, 'think young'으로 보이는 사람들을 위한 체험, 진정성, 감정, 활동의 표현으로 연출되었다. '신난다! 당신은 펩시 세대야Come Alive! You're in the Pepsi Generation' (1963년). 이어 1969년 이후에는 기본 CM송인 〈You've got a lot to live, and Pepsi's got a lot to give〉이 울려 퍼지는 가운데 빠른 템포의 총천연색 광고 속에서 신나게 레저 활동을 하는 일련의 장면이 등장하는데, 거기서 펩시콜라 병은 단지 부차적 역할만 할 뿐이다. 비슷한 정신을 가진 동시대인 사이에서 적극적이고, 자연을 사랑하며, 감정적으로도 만족스럽게 사는 라이프스타일의 소품만 보여주는데, 펩시는 그것에 어울리는 것처럼 보였다.95

---

93 당연히 여기서 하이퍼텍스트에 대한 보드리야르의 진단을 추가할 수 있을 것이다. Jean Baudrillard, *Symbolic Exchange and Death*(1976), London 1993, S. 50 이하를 참조하라.
94 또한 J. C. Louis/Harvey Z. Yazijian, *The Cola Wars. The Story of the Global Battle between the Coca-Cola Company and PepsiCo*, Inc, New York 1980을 참조하라.
95 가령 〈야외*Outdoors*〉(1970년) — 이 캠페인광고의 일환으로 방송된 선구자적 의미를 가진 광고 영화 중 하나 — 에서 일군의 고무보트를 젓고 있는 사람, 자전거를 타고 있는

그와 함께 창조혁명 과정에서 광고산업은 물건을 파는 보조역에서 독창성을 주장하는 이미지와 텍스트를 만들어내는 기계로 진화했다. 광고업자는 종종 소비자의 주목을 끌기 위해 경쟁을 벌이면서 충격 효과에 의지하기도 했다. — 가령 에이즈환자와 전쟁 희생자를 보여주는 토스카니Oliviero Toscani 주도의 베네통의 1980~1990년대 광고가 그러했다.96 광고업계 종사자의 주체적 형상 또한 변했다. — '회색의 플란넬 셔츠를 입은' 진지한 사람에서 미학적으로 스타일을 의식하는 그때그때의 '신세대Now generation'의 일부로 말이다. 적어도 〈사치 앤드 사치 Saatchi and Saatchi〉처럼 광고가 아니라 예술을 하는 듯한 영국의 광고업자가 각광받게 된 1980년대 이래 이 산업은 일반적으로 미학경제의 최전선에 선 '창조' 부문으로 자신을 이해하고 있다.97

디자인

우리는 이미 '예술과 수공예' 운동과 바우하우스를 근대적 디자인의 수립을 위한 중요한 두 가지 역사적 자극으로 검토한 바 있다. 디자

두 사람, 암벽 등반자 한 명, 일군의 캠프파이어 하는 사람, 일군의 야외 도보 여행자가 하나씩 이어 교차 편집되면서 연속적으로 이어지는 모습을 볼 수 있다. 해당 광고 영상은 http://www.youtube.com/watch?v=gNdJN3tqVRw 〉(letzter Zugriff: 27. 7. 2011)에서 찾아볼 수 있다.
96 또한 Pasi Falk, "The Benetton-Toscani Effekt. Testing the Limits of Advertising", in: Mica Nava/Andrew Blake(Hg.), *Buy this Book. Studies in Advertising and Consumption*, London, New York 1997, S. 64-83을 참조하라.
97 그것의 원리에 대해서는 Martin Davidson, *The Consumerist Manifesto. Advertising in Postmodern Times*, London 1992를 참조하라. 광고업자의 이미지 변화에 대해서는 Frank, *The Conquest of Cool*, S. 111 이하를 보라.

인은 일상생활의 대상이 사용가치를 넘어 일차적으로 또는 이차적으로 미학적 특징을 갖도록 만들어지는 모든 활동을 포함한다. 그것은 이 의미에서 다양한 소재를 갖고 수행되는 미학적 노동의 한 형태이며, 따라서 미학화의 사례 자체이다. 디자인은 이전에는 비미학적이었던 것을 미학적인 것으로 변형시킨다. 수공예적 버전의 디자인은 근대에는 특히 귀족문화 주변에서 찾아볼 수 있었으며, 본래적 의미의 근대적 디자인의 시작은 '예술과 수공예' 개혁 운동에서 찾을 수 있는데, 그것은 산업화의 결과로 나타난 미학적 특징의 상실에 대해 비판적 태도를 취했다.

20세기 초에 광범위한 토대를 가진 두 가지 디자인 운동이 상호 경쟁에 들어갔는데, 양자 모두 공업적 제작 방식을 채택했다. 장식적인 아르데코가 기술적·추상적 형태의 미학적 힘에 의지하는 반장식적인 모더니즘 및 기능주의가 대결했다.[98] 미학적·기술적 개혁 프로그램으로서의 앞의 모더니즘은 전간기에 바우하우스에 의해 부양된 후 1930년대에 미국부터 시작해 '국제스타일International Style'로 국제적인 문화적 헤게모니를 행사하게 되었다. 1932년에 뉴욕의 〈현대미술관〉에서 개최된 〈근대건축국제전시회〉는 실내디자인, 건축, 오브제디자인과 그래픽디자인에서 그것이 서구의 문화 엘리트의 디자인 스타일로 국제적 성공을 거두고 정전화된 것을 표시했다. 제2차세계대전 이후 처음에는 서구에서 그와 같은 모더니즘을 대체할 수 있는 것은 없어 보였으며, 독일에서는 가령 〈울름디자인스쿨〉을 통해 정착되었

---

98 20세기 디자인의 역사에 대해서는 Lees-Maffei/Houze(Hg.), *The Design History Reader*; Peter Dormer, *Design since 1945*, London 1993을 참조하라.

다. 그리고 그로부터 필립스와 브라운 같은 회사의 전자 제품디자인을 통해 국제적으로 확산되었다.99 여기서 기능주의는 미학적일 뿐만 아니라 실용 지향적으로, 각각의 목적에 맞는 '최고 형태'를 찾으려고 했다. 하지만 외견과 반대로 모더니즘이 아무런 도전도 받지 않고 업계를 지배한 것은 아니었다. 미국에서 가령 자동차산업에서 공격적인 제품 홍보를 목적으로 사용되기 시작한 1930년대에 디자인은 아르데코의 화려함에 의존하는 미학적 전략에 종종 기댔다. 이 스타일의 원형을 보여주는 것이 미국 디자이너 로위Raymond Loewy로, 그는 1936년에 본인의 디자인회사를 설립해 "스타일이 좋아야 제품을 더 많이 판다"100는 원리를 정식화했다. 이 맥락에서 디자인은 대중 소비자에게 추가적인 미학적 가치를 부여하는 데 이용되었다. 그와 관련해 그는 가령 자동차의 유선형화streamlining 같은 장대한 반모더니즘적 형태를 선택했다.

그리하여 20세기 전반기에, 특히 산업디자인과 제품디자인에서 디자인산업이 점차 형성된 것은 비록 **억제된** 형태이긴 하지만 대상 세계의 근본적 미학화로 이어졌다. 그와 같은 제한은 모더니즘뿐만 아니라 아르데코 모두에게 적용되었다. 아르데코는 제품의 표면의 미학화에 제한되었는데, 본질적으로 기술적이던 제품에 가령 로위의 자동차가 예시하듯이 단지 생산 이후에나 미학적으로 이것저것을 보충했을

---

99 특히 John Heskett, *Philips. A Study of the Corporate Management of Design*, London 1989를 참조하라.
100 Dormer, *Design since 1945*, S. 8 이하를 참조하라. 로위는 'good style sells more product'라는 본인의 전략을 Loewy, *Never Leave Well Enough Alone*, New York 1951에서 선언하고 있다.

뿐이다. 제품을 위한 디자인의 기능은 부가가치, 즉 기본적으로 기술적인 제품을 위한 미학적 보충물을 제공하는 데 있었다. 반대로 모더니즘디자인은 베르크분트Werkbund와 바우하우스 전통을 따라 일상용품을 처음부터 완전히 새롭게 만드는 것을 지향했는데, 거기서 기능적 측면과 감각적 측면은 처음부터 통합되어야 했다. 하지만 용품을 다루면서 하게 되는 의미와 정동의 놀이는 아래와 같은 것을 통해 얼어붙게 될 것이다. 즉 모더니즘은 미학적인 것을 기술적·기능적인 것으로부터 연역하기 때문에(형태는 기능을 따른다forms follow function) 디자인 문제에 대해서는 오직 하나의 최종적 해법만 존재한다고 암시하게 되는 것이 그것이다.

디자인산업에서 이루어진 미학화에 대한 그와 같은 제한과 브레이크가 풀리는 것은 시간적·사회적·내용적으로 패션과 광고산업에서의 그에 상응하는 과정과 유사하게 일어났다. 결정적 변화를 가져온 것은 다시 1960~1970년대의 반문화였다. 이 시기에 국제디자인계에 모더니즘이 사전에 정해둔 원칙을 겨냥한 비판적인 반디자인 운동, '래디컬디자인Radical Design'이 형성되었는데, 주로 소규모의 신규 디자인회사에서 등장했다.101 이 과정에서 〈아르키줌〉, 〈슈퍼스튜디오〉, 〈그루페글로벌툴스〉 등 이탈리아의 전통적인 예술 지향적 회사뿐만 아니라 〈아키그램〉 같은 영국 회사가 중요한 역할을 했다. 그것들은 모두 포스트모던 미술계, 저항운동의 소비비판과 권력엘리트 비판 그리고 도시적 삶을 감각적으로 재전유하는 쪽을 향한 비판적 경향에 의

---

101 Dormer, *Design since 1945*, S. 83ff., S. 101ff. und S. 120ff.

해 영향을 받았다.102 이 분파는 또한 〈아르키줌〉의 1969년도 프로젝트 '노-스톱 시티'에서 볼 수 있듯이 디자인과 관련된 쟁점에 대한 인식을 제고시키고, 디자인을 사회 전체를 위한 사회적 공간을 만들어내기 위한 과제로 제시하려는 시도 속에서 디자인과 예술을 교차시키려는 캠페인을 개시했다.103 이 디자인의 오브제는 대중적인 것의 장식적 미학(이를 잘 보여주는 최고의 예는 1972년의 소트사스$^{Ettore\ Sottsass}$의 미키 마우스 테이블이었다)을 이용했으며, 종종 예술 조각 형태를 띠었다.

그와 같은 변형 단계에서 '래디컬디자인'은, 패션과 광고에서도 비슷한 형태로 등장한 세 가지 경향에 의해 추동되었다. 첫 번째, 대중의 발견으로, 소비자를 자체에 고유한 미학적 관심을 가진 해방된 소비자 공동체로 대하게 되었다. '디자인 민족지학' 같은 광고의 접근법을 통해 그에 상응하는 라이프스타일 그리고 그것의 일상의 디자인을 조망할 수 있었다.104 두 번째, 모더니즘의 헤게모니가 몰락한 후 항상 새로운 미학적 스타일의 차이의 놀이가 등장했다. 특히 고급문화와 대중문화의 이질적 요소들의 결합 가능성이 무한한 가능성을 열어주는 것처럼 보였다. 세 번째, 디자인은 인공물의 세계 전체의 변형이라는 방향으로 자체에 고유한 과제의 범위를 넓혀갔다. 그것은 제품디자인의 단순한 틈새로 더 이상 이해되지 않았으며, 인간의 환경 전체에 의미

---

102 Andrea Branzi, *The Hot House. Italian New Wave Design*, Cambridge 1984; Peter Cook, *Archigram*, Basel 1991을 참조하라.
103 그에 대해서는 Andrea Branzi, *No-stop city: Archizoom Associati*, Orléans 2006 을 참조하라.
104 그에 대한 요약으로는 Tony Salvador u. a., "Design Ethnography", in: *Design. Management Journal*, 10(1999), S. 35-41을 참조하라.

를 충족시켜주고 실천적으로 조작 가능한 형태를 부여한다는 정치적 프로젝트를 추구했다. 그와 관련해 담론사적으로 특히 중요한 것이 벤투리의 『라스베이거스의 교훈』으로, 그는 단호하게 대중미학 그리고 유비, 상징, 이미지의 사용을 요구했다. 또 다른 책은 파파넥의 『인간을 위한 디자인』으로, 기능이 기호적으로 열려 있는 포괄적 디자인을 호소했다.105

그와 함께 그와 같은 변형 단계에서 1980년대에 일반화되며, 비판적인 '래디컬디자인'과의 관련성으로부터 자유로워지는 하나의 구조가 시험되었다. 이제 디자인은 창조경제의 일반 원리라는 지위를 갖게 되었다. 한편으로 점증하는 숫자의 제품의 미학적 가치는 부가가치에서 본래의 가치로 승급되었으며, 그리하여 제품의 의미론이 상품의 핵심을 이루게 되었다.106 또한 그것이 물질재뿐만 아니라 환경과 분위기 전체가 디자인의 오브제가 되는 것을 가능하게 해주었다. 다른 한편 1980년대 이래 일반 원리로서의 디자인은 자기-미학화에 관심이 있는 대중을 위해 새로움과 차이의 역동적인, 무한한 놀이를 계속 앞

---

105 벤투리 등Robert Venturi/Denise Scott Brown u. a., 이상원 역, 『라스베이거스의 교훈』, 청하; 파파넥Victor Papanek, 현용순 외 역, 『인간을 위한 디자인』, 미진사.
106 Guy Julier, *The Culture of Design*(2000), London 2008, S. 93ff.; C. Thomas Mitchell, *Redefining Designing. From Form to Experience*, New York 1993을, 제품의 의미론에 대해서는 Klaus Krippendorf/Reinhart Butter, "Product Semantics. Exploring the Symbolic Qualities of Form", in: *innovation* 3(1984), S. 4-9를 참조하라. 이전에는 미학적인 것에 대해 관심이 없던 기업이 그렇게 디자인에 초점을 맞추는 사례 중 하나가 1980년대에 있은 가정용품 회사 〈알렉시〉의 변신이었다. 환경디자인을 향한 경향을 잘 보여주는 사례 중 하나로 '사무실-풍경'이 디자이너의 활동 영역 중 하나로 발견된 것을 꼽을 수 있을 것이다. 그에 대해서는 Julier, *The Culture of Design*, S. 75 이하를 참조하라.

으로 밀고 나갔다. 1980년대 이래 패션과 비슷한 방식으로 지속적으로 새로운 스타일을 개발하는 것(가령 '신원시주의', 또는 '수퍼-노말' 운동 등)에 의해서 말이다. 그 결과 '디자인-고전주의자'의 모더니즘적 디자인은 많은 스타일 중 단지 하나에 불과하게 되었다.107 상이한 디자인 스타일이 그렇게 폭발하듯이 터져 나온 것에 대해 대중이 매료되었음은 디자인 그리고 그것의 문화상품으로서의 제도화에 매스미디어가 보여준 광범위한 관심 그리고 디자인 미술관 건립(1989년에 최초의 미술관이 개관했다), 디자인 잡지(가령 1996년에 창간된『월페이퍼 Wallpaper』), 디자인출판사의 등장(가령 1980년에 설립된 국제적인 타셴 Taschen 출판사)을 보면 분명하게 확인할 수 있다. 디자인의 장은 1980년대 이래 성공적인 예술가를 본따 가령 스탁 Philippe Patrick Starck 과 콘랜 Terence Conran 같은 디자이너/디자인계의 스타를 매력적인 창조적 주체로 제시해왔다. 디자이너 속에서 미학적 구성요소와 경제적 구성요소는 하나의 생태계 속으로 들어가는 것처럼 보인다.

하지만 디자인은 단지 제품의 기호학을 넘어 장기적으로 브랜드에게 효과적일 수 있도록, 결국 집단적 정체성을 부여할 수 있도록 어떤 것을 미학적으로 형성하는 것을 목표로 할 때만 창조경제의 일반 규율이 될 수 있을 것이다. 그러면 미학적인 것을 지향하는 가운데 회사의 일반 사업이나 조직 문제를 자문하는 쪽으로 역할을 바꿀 수 있을 것이다.108 디자인의 목표는 항상 소비자가 특정 브랜드와 자신을 상징

---

107 보다 최근의 그와 같은 사태전개에 대해서는 Mateo Kries, *Total Design. Die Inflation moderner Gestaltung*, Berlin 2010, S. 46 이하를 참조하라.
108 Bernd Schmitt/Alexander Simonson, *Marketing-Ästhetik. Strategisches Mana-*

적·정동적으로 동일시하도록 만들고, 브랜드가 확실히 구분되도록 하는 데 있다. 브랜드화를 향한 그와 같은 전반적 정향을 촉발한 저서가 올린즈의 『기업의 인격』이었다.109 브랜드화는 반드시 상업기업에 국한될 필요가 없으며 또한 국가나 공공기관 그리고 정체성과 관련해 감각적·정동적 '개조'가 필요한 나라 전체에도 적용될 수 있을 것이다.110 디자인은 그처럼 확대된 맥락에서 더 이상 단일한 제품의 시각적 표면에만 국한되지 않으며 또한 공간적 환경, 그리고 결국 조직 전체의 문화에까지 확대되었다.111 조직 내부에서 이루어지는 그와 같은 내부 디자인 — 가령 노동환경, 직원 행사, 조직 내부의 각종 의식儀式의 디자인 — 은 더 이상 앞으로 만들 제품의 고객이 아니라 오히려 조직의 직원들 자체를 겨냥했는데, 그들의 동기부여를 강화하고 일체감을 증진시키기 위해서였다. 그와 함께 디자인 프로듀서는 노동 과정에서는 디자인 소비자가 되었다. 보다 폭넓은 의미에서 디자인된 근로 환경은 후기산업 노동을 위한 전제조건이 되었다.

gement von Marken, Identity und Image, München, Düsseldorf 1998을 참조하라.
109 Wally Olins, *The Corporate Personality. An Inquiry into the Nature of Corporate Identity*(1978), London 1987.
110 Dormer, *Design since 1945*, S. 109 이하를 참조하라. 1980년대에 있은 그와 같은 전면적 디자인-개편의 최초 사례 중 하나는 〈브리티시 에어웨이즈British Airways〉 로고 개조작업이었으며, 두 번째는 1987년에 시애틀에서 스타벅스가 창립된 것이며, 세 번째는 1998년에 영국의 국제 문화정책이 〈쿨 브리태니아Cool Britannia〉라는 멋진 통칭을 갖게 된 것이었다. 스타벅스에 대해서는 Schmitt/Simonson, *Marketing-Ästhetik*, S. 113 이하를, 〈쿨 브리태니아〉에 대해서는 John Ayto, *Movers and Shakers. A Chronology of Words that Shaped our Age*, Oxford 2006, S. 233을 참조하라.
111 Julier, *The Culture of Design*, S. 191ff.; John Heskett, *Design: A Very Short Introduction*, Oxford 2002, S. 68 이하를 참조하라.

그와 함께 디자인은 정동적으로 만족스러운 환경 전체를 지적으로 창조하기 위한 패러다임적 실천으로 바뀌며, 경영학의 영역과 점점 더 긴밀하게 맞물리고 있다. 경영학과 디자인의 그와 같은 융복합 그리고 **디자인경제**의 수립이 '미학경제'의 확산의 마지막 단계를 표시한다. 본 장의 마지막 절에서는 결론 격으로 이 주제를 다룰 것이다.

5 '디자인-경영'

우리는 미학경제가 어떻게 생성되는지를 설명하기 위해 문화발전과 관련된 두 가닥을 예비적으로 살펴보았는데, 둘은 처음에는 서로 분리되어 있었다. 먼저 '인사'학파 그리고 혁신경제에서 이루어진 경영관리의 혁신을 살펴보았다. 이어 창조경제의 세 주도 영역, 즉 패션, 광고, 디자인의 전개 과정에 대해 살펴보았다. 앞서 말한 대로 이 두 가닥은 본질적으로 상호 독립적으로 진행되었다. 두 가닥이 마주쳐 서로 꼬이기 시작하는 순간 미학경제의 성립에서 결정적인 때가 시작되는데, 이 과정은 돌이켜보면 질문과 대답의 관계처럼 읽어볼 수 있을 것이다. 포디즘을 넘어 경제조직을 재구조화할 필요성이 감지된 것을 배경으로 창조산업에서의 노동 형태가 구조적 문제에 대한 대답으로 제시되었다. 창조경제는 노동을 미학적 노동으로 모델화함으로써 앞서 검토한 문제, 즉 관료주의적 조직에서의 동기부여 문제에 대한 대답을 제공했다. 창조경제는 공격적인 태도를 취해 소비자를 미학적 개인으로 다루는 가운데 스타일과 체험 대상으로 주어지는 것에 대한 상이한 놀이로 미학적 감수성을 기르도록 부추킴으로써 영구혁신에 기술발전을 넘어선 방향을 제시해왔다. 그것과 함께 또한 관료조직의 두 번째 문제, 즉 환경 문제에 대한 해결책을 약속한다. 1980년대 이래 경영학 이론은 분명히 그와 같은 방향으로, 두 가지 구별 가능한 맥락에서 발전했다. 먼저 피터스Tom Peters와 그 밖의 다른 사람들에 의해 1980년대에 발전된 '포스트모더니즘' 경영학 이론은 창조성을 기업가 정신과 짝지었다. 두 번째로 경영기법으로서의 '디자인경제'는 미학적 노동을 모든 탈산업주의적 비즈니스 모델로 공격적으로 제시한다.

피터스, 캔터 그리고 핸디 그리고 그 밖의 다른 사람들이 1980년대에 발전시킨 포스트모던 경영학 이론은, 혁신경제(학)에서 차용한 영구혁신이라는 주도 이념을 계속 이어나갔다.112 하지만 이 이론은 한편으로는 조직 혁신의 필요성 그리고 다른 한편으로는 늘상 하는 대로 하자고 주장하며 안전을 지향하는 종업원들의 관성 간에 긴장이 존재한다고 거듭 가정하면서113 '인사' 이론의 핵심적 가정, 즉 모든 노

---

112 전형적 사례를 몇 가지 들자면 피터스 외Tom Peters/Robert H. Waterman, 이동현 역, 『초우량기업의 조건』, 더난출판사; 피터스, 노부호 역, 『경영혁명』, 한국경제신문; ders., *Liberation Management. Necessary Disorganization for the Nanosecond Nineties*, London 1992; ders., *The Circle of Innovation. You Can't Shrink Your Way to Greatness*, London 1998; Rosabeth Moss Kanter, *The Change Masters. Innovation and Entrepreneurship in the American Corporation*, New York 1983; dies., *When Giants Learn to Dance. Mastering the Challenge of Strategy, Management, and Careers in the 1990s*, New York 1989; 핸디Charles Handy, 강헌정 역, 『비이성의 시대』, 21세기북스가 있다. 이 복합체에 대해서는 또한 Rose, *Governing the Soul*, S. 103 이하를 참조하라.
113 가령 Jürgen Hauschildt, *Innovationsmanagement*, München 2004, S. 155 이하를 참조하라.

동자는 개인의 발달을 위한 선천적 성향을 갖고 있다는 이론을 수용했다. 그리하여 포스트-관료주의적 경영학이 경제 주체와 조직을 그에 맞게 재규정함으로써 역동적 개인과 역동적 제도가 외견상 아무 갈등도 없이 서로에게 잘 어울리는 것 — 앞의 이론에 따르면 결과적으로 그렇게 되어야 한다 — 은 얼마든지 생각 가능하며 심지어 부득이한 것처럼 보인다. 따라서 노동하는 사람은 이중적 층위에서 선천적으로 혁신적인 것으로 전제된다. 즉 개인의 발달을 위해 그리고 지속적으로 새로운 아이디어를 내기 위해 애쓰는 창조적 개인으로서 그리고 역동적 환경 속에서 본인과 본인의 아이디어를 주장할 수 있는 도전적 방식을 찾는 기업가적 자아로서 말이다. 이 관점에서 볼 때 아지리스의 자아실현적 개인과 슘페터의 기업가는 동일인임이 드러난다. 이 정신에 따라 캔터의 경영 매뉴얼 『변화의 대가들』은 조직혁신 요구 그리고 개인에게 선천적으로 존재하는 창조성 간의 상보성을 상정한다. 삶과 형식을 구분하는 생철학Lebensphilosophie을 연상시키는 방식으로 '사람'과 '기계'가 구분되는 가운데 인간 주체에게는 활력 넘치는 '창조능력' 그리고 탐욕을 부리듯 실행 가능성을 찾아다니는 '아이디어의 힘idea power'이 있다고 여겨진다. 캔터는 그와 같은 창조적 주체를 '내부 기업가internal entrepreneur'라는 형상과 짝짓는데, 그는 슘페터적 의미에서 기업가처럼 행동하지만 이제는 또한 조직 **내부에서** 움직인다는 것이다.[114]

---

[114] Kanter, *The Change Masters*, S. 23 이하를 참조하라. 창조성과 내부 기업가를 그와 비슷하게 짝짓는 것을 F. Drucker, *Innovation and Entrepreneurship*, Oxford/Burlington 2007, S. 30 이하에서도 찾아볼 수 있다. '기업가적인 것'이 경영기법으로 일반화되는 것에 대해서는 특히 Rose, "Governing Enterprising Individuals"을 참조하라.

창조적 자아와 기업가적 자아 그리고 혁신조직으로 이루어지는 생태계는 또한 경영학 이론이 조직을 기술관료주의적 이해로부터 분명하게 분리시키는 것에 의해서도 상상 가능해진다. 즉 조직은 이제 문화적·정동적 과정으로 파악되며, 피고용인은 해석하는 정서적 존재로 조직 안에 내장된다. 그와 함께 문화화가 조직적 배경뿐만 아니라 노동의 실천 ─ 아이디어, 상징, 소비자 체험의 창조 ─ 의 형식과 내용 모두와 관련된다. 그리하여 조직은 이제 주로 함축된 지식, 루틴, 가치, 자기해석으로 이루어진 문화적 구성물로 보이게 된다. 1980년대 이래 출판물과 비즈니스 컨설턴트 활동을 통해 경영학 이론에 어마어마한 영향을 행사해온 피터스는 오래된 관료주의 조직의 '합리성' 그리고 새로운, 역동적 조직의 '문화' 간의 적대성을 분명하게 본인의 출발점으로 선택하고 있다.115 여기서 문화에는 두 가지 의미가 부여된다. 한편으로 조직은 아이디어, 기호, 체험의 영구적 창조와 관련되어 있기에 문화적이다. 하지만 다른 한편으로 '조직문화'가 공동 노동 ─ 이것은 여러 의미와 가치를 함축한다 ─ 이 이루어지는 배경으로 이용하는 가치와 정체성의 앙상블 또한 문화적이다. 문화는 한 수준에서는 내재적으로 역동적이고 유동적인 것처럼 보이는 반면 다른 수준에서는 안정적이다. 사업이 새로운 아이디어의 영구적 생산을 지향할 수 있으려면 창조성을 촉진하는 동시에 공동의 정체성과 가치 체계를 안전하게 보장해주는 틀이 필요하다.116

---

115 피터스, 『초우량기업의 조건』, 29페이지 이하.
116 조직 내 문화의 두 가지 기능 모두를 다른 식으로 표현하기 위해 피터스가 어떤 의미론을 수입하는지를 보는 것은 시사적이다. 그는 아이디어와 기호의 역동성은 예술, 놀이,

경제적인 것의 문화화에 덧붙여 포스트모던 경영기법에는 조직과 노동 형태의 정서화가 핵심적임이 입증되고 있다. 안정을 위해 노력한 다는 모든 가정과 정반대로 이제 피고용인도 사업의 역동성과 예측 불 가능성에 의해 긍정적으로 — 실로 열정적으로 — 영향을 받는다고 가정된다. 그와 같은 긍정적 정동은 무엇보다 먼저 팀에 의한 상징의 집단적 생산뿐만 아니라 시장의 경쟁 상황에서 유래하는 유동성 쪽을 향한다. 열정은 어떤 일이 일어나고 만들어지는 순간의 격동에서 기인 한다. 캔터는 그와 같은 취지로 칩코^{Chipco}의 한 관리자 말을 인용한다. '날뛰는 야생마를 타는 것 같아요', '롤러코스터를 타는 것 같아요', '진짜 신나요', '재미있어요', '결코 지루할 틈이 없어요', "시간이 쏜살 같이 지나간다."117 피터스는 매 순간 유동적인 조직의 매력과 정서의 강도를 다른 식으로 표현하기 위해 강한 정동적 어휘를 동원하며 그것 을 일종의 "카니발 같은 영구적 흐름 상태"118에 있다고 말한다.

경영관리에 대한 그와 같은 이해, 그에 따라 시장 환경을 문화적·정동적 실천의 장소로 바라보는 관점 그리고 피고용인을 창조 정신과 기업가 정신의 복합체로 바라보는 관점으로부터 출발해 우리는 조만 간 미학적 노동을 선진적인 후기산업경제의 기본 구조로 요구하는 경 영학 이론에 이르게 될 것이다. 미학적 노동 모델의 그와 같은 일반화 는 '디자인경제'에서 발견되는데, 그것은 1990년대 이후 일반적인 경

실험과학에서 사용하는 은유를 사용해 논하는 반면 문화적 배경의 안정성은 종교적 신앙의 영역에서 나온 개념으로 뒷받침하고 있다.
117 Kanter, *The Change Masters*, S. 69.
118 Peters, *Liberation Management*, S. 15.

영기법으로 점점 더 두드러져왔다. 조직의 R&D 부서로 변하는 순간 디자인 담당 부서는 성공적인 비즈니스 조직 전체를 위한 경영의 토대를 제공하려고 하는데, 그것은 다시 디자인산업을 모델로 삼는다. 그와 같은 공생의 모토가 **디자인-경영**management by design이다.

그에 따라 켈리의 『창의성의 법칙: IDEO로부터 얻는 창조성의 교훈』과 브라운의 『디자인에 집중하라』 — 두 책의 지도 원리는 미국 기업에 대한 컨설팅 경험에서 발전해 나왔다[119] — 에서는 비관료주의적 프로젝트팀 — 열정적인 '창조적' 세포로 이해된다 — 노동이 모든 성공적 사업을 위해서는 선택의 여지가 없는 것으로 전제된다. 사업은 상품과 체험을 다루는 명민함과 독창성이라는 소비자의 특징을 철저하게 이용해야 한다.

우리는 소비자 입장에서 다양하고 새로운 요구를 만들어내고 있다.[120]

경영기법으로서의 '디자인적 사고design thinking'은 상징, 지각 대상, 정동의 담지자로서의 모든 서비스와 재화의 미학화 가능성으로부터 출발한다. 켈리는 유행어를 하나 사용해 디자인경제는 명사가 아니라 오

---

[119] 브라운Tim Brown, 고성연 역, 『디자인에 집중하라』, 김영사; 켈리Tom Kelley, 범어디자인연구소 역, 『창의성의 법칙』, 유엑스리뷰. 에이전시인 IDEO — 앞의 두 저서는 그곳에서의 작업의 결과로 나온 것이다 — 는 1991년에 창립되었으며, 디자인-경영 사례를 제공해준다. 그와 유사한 지향성을 가진 연구로는 또한 Michael Shamiyeh, *Creating Desired Futures. Solving Complex Business Problems with Design Thinking*, Basel 2010; Thomas Lockwood, *Design Thinking. Integrating Innovation, Customer Experience, and Brand Value*, New York 2009를 참조하라.

[120] 브라운, 『디자인에 집중하라』, 256페이지.

히려 동사의 개발을 목표로 추구한다고 주장한다. 즉 소유자가 바뀔 수 있는 물건으로서 소비자에게 감각적·정서적으로 만족스러운 이벤트를 제공하는 것이 중요하다. 그는 그와 같은 프로젝트를 "새로운 경험을 디자인하기"121라고 부른다. 그와 함께 현존의 미학의 경영적 버전에서 상품의 기호적·상징적 의미는 감각적·정동적 체험에 의해 뒤로 밀려난다.122

디자인경제는 미학적 노동을 포스트포디즘적 비즈니스에서 이루어지는 프로젝트 노동의 모델 사례로 공격적으로 제시한다.123 여기서 본보기가 되는 것은 고독한 예술가가 아니라 오히려 포스트모던 예술가 집단이다. '디자인주도혁신'은 포스트모던 미술로부터 우리에게 익숙해진 두 가지 노동 형태를 결합시킨다. '외부적으로는' 당대의 문화 속에서 통용되는 기호와 정동에 대한 주의 깊은 관찰 그리고 '내부적으로는' 자율성의 프로그램화 시도가 그것이다. 베르간티가 〈알레시〉, 〈멤피스〉, 〈아르테미데〉 등 이탈리아의 디자인회사뿐만 아니라 애플의 작업으로부터 추론해 경영 전체에 응용하고 있는 일련의 공준에 따르면124, '디자인주도혁신'은 글로벌한 의미-제안뿐만 아니라 지역

---

121 켈리,『창의성의 법칙』, 214페이지.
122 브라운,『디자인에 집중하라』, 28페이지 이하를 참조하라. 그는 컨설팅업계의 관행 중 하나를 인용하는데, 그것이 그와 같은 미학화 전략을 예시해줄 수 있을 것이다. 어떤 컨설팅 과제를 수주하게 된 IDEO는 단지 기술적으로 새로운 자전거를 제조하는 것으로 충분하지 않다는 결정을 내리면서 제대로 하자면 '자전거 타기'라는 새로운 '범주'를 만들어내야 함을 깨달았다. 그에 따라 다른 디자인 과제도 단순한 식품이 아니라 '음식 경험food experience', 단순한 호텔 숙박이 아니라 '체크인 경험하기'로 새로 설계되어야 했다.
123 Rob Austin/Lee Devin, *Artful Making. What Managers Need to Know About How Artists Work*, New York 2003을 참조하라.

적 의미-제안 그리고 문화의 흐름을 주의 깊게 추적해야 한다. 거기서 빈틈과 채 다 채워지지 않은 욕망을 찾아내기 위해 말이다. 디자인 경영자로서의 관리자는 그와 같은 기호 순환의 전문가로, 엔지니어, 하위문화, 창조적 소비자 집단뿐만 아니라 디자인스쿨, 예술가, 문화인류학자, 패션디자이너, 시장조사전문가, 저널리스트를 문화적 R&D의 원천으로 활용한다.

'디자인주도혁신'에 따르면 기호와 정동의 그와 같은 전 지구적 순환을 배경으로 미학적 새로움을 창조하기 위해서는 예술가 집단의 작업으로부터 프로젝트 노동 전체에 전용될 수 있는 두 가지 자아의 테크놀로지가 요구된다. '긴장완화release'와 '예술적 협력artful collaboration' 이 그것이다. 오스틴과 데빈은 미학경제에게 한 편의 연극 무대에서의 배우와 감독의 작업을 양 측면 모두에서 모델로 삼을 것을 추천한다. '긴장완화'는 거기서 개인을 정신적 속박으로부터 풀어주는 것을 가리킨다. 하지만 동시에 그것은 내면에서의 정신집중을 촉진하고, 그와 함께 창조 과정을 가동시킬 것이다. 매니저를 대상으로 하건 아니면 팀 리더를 대상으로 하건 예술감독의 과제는 '긴장완화'의 촉진에 있는데, 그리하여 그것은 간접 조종 기법임이 드러날 것이다. 다른 한편 '예술적 협력'은 공동으로 수행하는 실험을 가리키는데, 어떤 개인의 예견 불가능한 행동이 다른 참여자에 의해 본인만의 아이디어를 갖고 반응할 수 있는 환영할 만한 계기로 받아들여질 수 있는지를 살펴보는 것이다. 나의 놀라운 행태가 다른 사람들에 의해 당황스럽거나 일을

124 베르간티Roberto Verganti, 범어디자인연구소, 『의미를 파는 디자인』, 유엑스리뷰.

방해하는 성가신 것, 또는 매운 위험한 것으로 지각되지 않으며 오히려 가일층 전유되어 정교화될 소재로 환영받는지를 보는 것이다. 전체적으로 볼 때 디자인-경영의 틀 내에서 미학적 노동은 엄청난 정동적 강도를 지닌 대단히 모호한 활동으로 나타난다. 즉 그것은 또한 새로움의 창조와 상호 격려에 따른 정서적 자극 외에도 또한 실패 위험 그리고 지나친 요구에 의해 압도될지 모른다는 느낌, 그리고 창조 과정에서 "위태위태한 상태"[125]로 이루어지는 작업에 어쩔 수 없이 거듭 등장해 우리를 갉아먹는, 의심스럽다는 느낌을 포함한다. 비록 두 사람은 미학적 노동의 보편화 가능성에서 출발하지만 모두가 그와 같은 정서적 노력에 적합한 것은 아니라는 보다 제한된 결론에 이른다.

이 절묘한 작업은 모두를 위한 것은 아니다.[126]

6 경제적인 것의 미학화와 정동자본주의

우리는 지금까지 상반된 맥락으로부터 미학경제의 생성을 추적해 왔는데, 그것이 창조성-장치 전체의 특징을 이루는 교차라는 패턴을 따르고 있음을 확인했다. 즉 새로움의 사회체제 그리고 미학화 과정 간의 교차가 그것이다. 새로움의 체제는, 미학화 과정이 새로움 쪽으로 정향되어야 할 필요가 없는 만큼 원칙적으로 미학적으로 정향될 필

---

125 Robert D. Austin/Lee Devin, *Artful Making*, S. 123.
126 앞의 책, 180페이지.

요가 없다. 하지만 창조성-장치는 이 두 과정의 교집합을 구성하며, 미학경제의 생성은 그와 같은 교집합이 어떻게 성립되는지를 예시해 준다. 혁신경제 체제의 철저화 그리고 경제적인 것의 미학화가 처음에는 상호 독립적으로 진행되었음이 분명해졌다. 두 경향 모두 각자에 고유한 방식으로 형식 합리주의적으로 조직화된 자본주의 ― 새로움에의 정향을 기술혁신에 국한시키며, 그와 함께 탈미학화시킨다 ― 와 구분된다. 이 두 과정이 하나로 결합되어 관료주의적 노동과 표준화된 소비로 이루어진 포디즘적 모델에 대한 대안을 출범시킨다.

궁극적으로 미학경제 속에서 세공細工되는 이 두 가지 문화적 가닥은 1900년 이래 처음에는 상보적으로 진행되었다. 한쪽에는 본질적으로 미학적일 필요 없이 새로움이라는 급진화된 경제체제를 도입하기 위해 형식적·합리주의적 경제에 내재적인 새로움이라는 이중적 역설을 깨뜨려 버리려고 시도한 경제문화의 여러 버전이 존재했다. 20세기로의 전환기의 부르주아적인 기업가 담론 ― 후일 신자유주의에 의해 재전유된다 ― 은 경제적인 것, 그리고 그것의 담지자, 즉 기업가의 역동화를 목표로 했다. [다른 한편으로] 1950~1960년대의 혁신경제는 끊임없이 변하는 시장 환경에 직면해 지속적으로 자신을 변형시켜야 하는 단위로 기업을 재구조화하는 작업을 수행했다. 영구혁신은 이 두 가지 맥락 어디에서도 미학적 노동과 동일시되지 않았지만 그럼에도 불구하고 두 가지 모두 대상화된 기술혁신 모델로부터는 이미 거리를 두었다. 기업가 담론이 기업가 활동을 고도의 정동적 강도로 가득 찬 것으로 간주한 반면 혁신경제는 '조직문화'라는 관념을 실험해 혁신 친화성을 검토하기 시작했다. 그리고 이어 '인사' 담론이 혁신경제에 심리학적 반주를 제공했으며, 조직 구성원을 자아창조를 위해 분투하는 개인으로 간주했다.

처음에는 '예술과 수공예' 운동 그리고 초기의 창조산업에서 찾아낼 수 있는 미학화 경향이, 경영개혁의 그와 같은 단초와 처음에는 분리된 채 그리고 포디즘경제의 가장자리에서 등장했다. 거기서 재화 생산은 주로 기호적·감각적 체험과 긍정적 정동의 생산을 중심으로 하는 미학적 노동 형태를 띠었다. 이 모든 맥락에서 예술-장과의 네트워크화를 찾아볼 수 있었다. 하지만 '예술과 수공업' 운동의 미학화 전략은 상품 혁신의 무한한 순환과는 거리를 두었다. 또한 초기 디자인은, 특히 바우하우스와 기능주의의 맥락에서, 새로움이 직전의 마지막 새로움을 연속해서 대신하는 것과는 양립하기 어려웠으며, 반대로 안정적이고 복제 가능한 미학적 형태를 추구했다. 게다가 '창조산업' 자체가 무제한적으로 미학을 지향했던 것은 아니다. 이 산업의 생산양식은 비미학적 요소의 영향 아래 있었다. 가령 광고에서 사실적 정보 쪽으로 그리고 패션에서 계급적 구분을 위한 상징체계 쪽으로 정향되었던 것을 보라. 우리는 위에서 1950~1960년대의 청년문화, 반문화, 비판미학 담론에 의한 그것의 소화가 어떻게 패션, 디자인, 광고의 미학적 잠재력을 '풀어놓았는지'를 살펴보았는데, 그리하여 앞의 세 장은 미학적 새로움의 장치로 명확하게 정향된다. 그와 함께 창조산업은 포스트포디즘경제의 급진적 미학화를 추동하는 동력이 되었다.

발전의 두 가닥 — 일반화된 경제혁신 체제와 경제적인 것의 미학화 — 은 1980년대 이래 발전되어온 미학경제 속에서 수렴되는데, 그것은 '디자인-경영'만큼이나 조직의 문화화와 정서화를 목표로 하는 포스트모던 경영학 이론에 의해서도 똑같이 영향을 받았다. 미학경제는 지금 가장 일반적인 의미에서의 디자인경제로 나타나고 있다. 그것이 **미학적 경영**을 추동하고 있다. 그것의 가장 중심부에 있는 구조가 미학-장에 처음부터 존재해온 미학적 사회성의 청사진을 재생산한다. 사회적 실천이 미학적 체험의 생산과 수용을 지향하는 것, 미학적인 것이 새로움, 독창성, 놀라움을 겨냥하는 것 그리고 마지막으로 사회적인 것과 관련된 청사진이 존재한다. 그것의 틀 내에서 창조자, 창조적 실천, 미학적 체험에 관심을 가진 대중은 균일하게 미학적 오브제를 지향하며, 그와 함께 주목조절메커니즘의 틀 내에 끼워 넣어지게 된다.

예술에 의해 예비적으로 각인된 바로 그와 같은 청사진 속에서 미학경제가 형성되었는데, 그것은 경제와 예술, 경제적인 것과 미학적인 것을 대립시키는 고전적 방식과는 정반대이다. 경제의 생산은 이제 표준화된 재화가 아니라 미학적 노동, 무엇보다 먼저 미학적으로 새롭고 독특한 것의 생산을 지향하는 '창조노동'이 되었다. 생산된 대상이 물질적인 것이건 아니면 비물질적인 것이건 일차적으로 중요한 것은 사용가치와 지위가치를 넘어서는 감각적·정서적 상관 가치이다. 소비자는 이제 무엇보다 먼저 그와 같은 감각적·정서적 이용에 관심을 가지며, 일반적인 놀라움의 기대에 의해 정향된 수용자가 되었다. 이어 수용자와 창조자 간의 관계는 감각적 자극과 정서적 약속과 관련된 주목의 관리[경영]에 의해 조절되는데, 앞의 두 가지는 도시적 체험경제와 광고의 전시공간에 집중되며, 매스미디어의 광고를 통해 전파된다.[127]

포스트모던의 원심적 예술-장 속에서 미학적 사회성을 구성하는 모든 네 가지 요소 간의 경계가 해소되는 경향이 확연해졌다. 미학경제는 또한 그리고 바로 그와 같은 경계 허물기가 없었다면 상상조차 할 수 없었을 것이다. 포스트모던 미술과 미학경제라는 두 영역 모두에서 새로움의 창조는 미학적 노동의 결과로, 그것은 주로 독창성의 창조보다는 문화적 발달에 상응하는 기호적·감각적 자극과 정동의 재배치로 이해된다. 두 영역 모두에서 미학적 오브제는 더 이상 오직 물질적인 것이 아니라 점점 더 또한 비물질적 환경이기도 하다. 두 영역 모두에서 미학적 노동은 적극화된 대중으로부터 시작된다. 마지막으로 주목의 관리는 새로움의 제시 그리고 오래된 것의 망각을 분명히 지향한다.

그와 함께 미학경제의 조직 — 무엇보다 먼저 광고, 디자인, 패션, 건축, 연예, 미디어 — 이 **미학-장치**ästhetische Apparate128라고 부를 수 있는 것, 즉 생산, 제시, 소비, 미학적·비미학적 실천으로 이루어지는 혼합 형태 — 그럼에도 불구하고 그것의 중심 목표는 미학이벤트의 산출에 있다 — 로 구성되는 제도적 복합체의 원형을 구성한다. 앞의 미학-장치는 대부분 합목적적·합리적·규범적인 실천, 가령 인사, 판매, 행정, 시장분석, 내부커뮤니케이션과 담판 등으로 이루어진다. 하지만 그것의 결정적 특징은 그처럼 합목적적·규범적 포맷이 감각적·정동적 목적을 위한 수단으로 기능하는 데 있다. 항상 보다 새로

---

127 체험경제 개념에 대해서는 Joseph Pine/James Gilmore, *The Experience Economy. Work is Theatre and Every Business a Stage*, Cambridge 1999를 참조하라.
128 이 개념에 대해서는 또한 1. 3을 참조하라. 관련된 흥미로운 연구서인 Pierre Guillet de Monthoux, *The Art Firm. Aesthetic Management and Metaphysical Marketing*, Stanford 2004를 참조하라.

운 미학이벤트의 산출이 그것이다. 그와 같은 이벤트는 한편으로는 소비, 특히 미학적 소비에서도 일어나지만 동시에 미학적 노동 자체에서도 찾아볼 수 있다. 그와 함께 미학적 노동은 혼합된 실천을, 즉 목적합리성과 감각적 자기합리성이 상호 융합되는 실천을 가리키게 되었다. 노동의 실천은 교환 가능한 다른 주체를 위해 재화와 서비스를 생산하고, 그것을 통해 생계수단이나 이윤의 획득을 목표로 하는 점에서 일반적으로 목적 지향적이다. 하지만 미학적 노동에서 재화와 서비스는 타자에게 미학적 체험을 마련해주려고 한다는 점에서 미학적 성격을 가진다. 동시에 이 유형의 노동은 창조 과정 자체에서 자기관련적인 것[자기-참조적인 것]으로 체험되는 지각과 느낌을 포함하는 것을 특징으로 한다.129

탈조직화된 자본주의는 종종 기본적으로 유연화되고 성찰적인 지식경제로, "인지자본주의"130로 묘사되어왔다. 그것의 핵심에는 이론적·실천적 지식의 수집, 처리, 적용 과정이 존재하는데, 그것에의 접근 가능성과 변형 가능성은 디지털혁명과 함께 전례 없는 차원을 갖

---

129 그와 관련해 창조노동자의 감각적 체험을 연구한 노동사회학 분석으로는 가령 Martin Baethge, "Arbeit, Vergesellschaftung, Identität. Zur zunehmenden normativen Subjektivierung der Arbeit", in *Soziale Welt*(1991), S. 6-19; Paul Leinberger/Bruce Tucker, *The New Individualists. The Generation After the Organization Man*, New York 1991, S. 226-268; 352-387; Hans J. Pongratz/G. Günter Voβ , *Arbeitskraftunternehmer. Erwerbsorientierungen in entgrenzten Arbeitsformen*, Berlin 2003, S. 65 이하를 참조하라.
130 이 해석 노선은 벨에서 유래한다(『탈산업사회의 도래』, 김원동 외 역, 아카넷). 또한 Stehr, *Wissen und Wirtschaften. Zum Begriff des kognitiven Kapitalismus*와 Carlo Vercellone(Hg.), *Capitalismo cognitivo. Conoscenza e finanzane —ll'epoca postfordista*, Rom 2006을 참조하라.

게 되었다. 그와 같은 지식 기반 행동은 더 이상 R&D 부서의 소수 전문가에 국한되어 있지 않다. 따라서 보다 이전의 산업사회와 반대로 인지자본주의는 각종 자격을 엄격하게 갱신하는 피고용인 그리고 각종 정보에 정통한 소비자에 기반한다. 그렇게 포스트포디즘경제를 지식경제로 해석하는 것은 1970년대 이래 우리가 관찰할 수 있던 변형 과정, 즉 노동 조직, 미디어의 토대, 각종 자격 프로필에서 일어난 변형을 조명해주어왔다. 하지만 그것은 인지자본주의를 결국 조직화된 자본주의의 선진화된 버전으로 환원시켜야 하는 개념적 틀 속에 집어넣어버렸다. 인지자본주의 이론은 현재의 경제 내부에서 진행 중인 철저화된 **혁신 지향**에 대한 의식을 발달시켜 주지만 그와 같은 영구혁신의 철저한 **미학화**를 파악할 수 있는 개념은 결여하고 있다.

만약 후기현대사회는 본질적으로 창조성-장치에 의해 특징지어진다는 입장에서 출발한다면 미학적 노동과 미학적 소비에서 유래하는 경제적인 것의 철저한 미학화를 볼 수 있을 것이다. 미학경제는 원칙적으로 정보가 아니라 상징적·감각적 체험 및 정서의 순환과 관련되어 있다. 핵심에서는 결코 인지적이지 않으며, 미학적이다. 지식의 성찰화는 이 틀 내에서는 오히려 그저 창조노동뿐만 아니라 미학적인 것에 관심을 가진 소비자를 완벽하게 만들기 위한 도구일 뿐임이 드러난다. 그와 같은 미학경제의 패러다임이 **디자인경제**이다. 따라서 **디자인**은 대상, 도식, 기호, 감각적 인상, 정동의 배치를 미학적·정보적 사용자를 위해 지적·전략적으로 구성하는 것을 포괄적으로 가리킨다. 디자인은 개별적 인공물뿐만 아니라 서비스, 미디어적 기호의 담지자, 공간환경과 가상환경 전체를 겨냥할 수 있을 것이다. 그리고 미학적 경영이란 이 디자인 활동을 둘러싼 조건을 구성하는 틀을 준비하는 조직 형태를 말한다. 그것의 중요한 결과는 이렇다. 즉 그와 함께 미학경제는 상징경제나 기호경제 이상의 것이 되어버린다는 점이다. 기호와 상징은 실제로 미학경제의 기본 구성요소이지만 그것의 일차적 기능은 단순한 의미의 담지자가 아니라 감각과 감정을 자극하는 도구가 되는 데 있다.131

『자본주의의 새로운 정신』에서 볼탄스키와 키아펠로는 탈조직화된 자본주의의 특징인 프로젝트기반 노동이라는 문화 모델이 어떻게 1960년대 이래, 특히 고학력 중간계급에서 계속 변해온 노동에 대한 동기부여 — 그것은 소외되지 않은, 표현적 노동을 하는 예술가 모델을 따른다 — 에 근거하는지를 명확한 용어로 보여준다. 두 사람은 1960~1970년대의 대안문화와 반문화가 뒤이어 포스트-물질주의적 노동의 에토스가 확산되도록 해준 역사적 결절점을 표시한다고 정확하게 지적한다.132 하지만 두 사람은 또한 그와 함께 미학경제의 구조를 매우 불완전하게 포착하고 만다. 즉 그와 같은 미학경제는 노동은 자아실현 수단이라는 식으로 동기를 부여하는 데 있을 뿐만 아니라 또

---

131 기호경제 개념에 대해서는 래시/어리Lash/Urry, 권기돈 외 역, 『기호와 공간의 경제』, 현대미학사를 참조하라.
132 일반적으로 반문화는 역사적으로 1950~1960년대의 보다 폭넓은 문화적 네트워크 속에 삽입되었다고 할 수 있다. 당시에는 또한 그에 견줄 만하지만 덜 급진적인 요구조건을 내세운 유형도 존재했다. 가령 팝음악 중심이던 1950년대의 청년문화 또는 조직사회학(아지리스)이나 자아실현심리학 같은 비판적인 부르주아 담론이 그것이었다. 그것을 둘러싼 포괄적인 역사적 관련성을 살펴보면 '68운동'의 자릿값은 상대적으로 떨어지게 될 것이다. 그에 대해서는 Detlef Siegfried, *Time is on My Side. Konsum und Politik in der westdeutschen Jugendkultur der 60er Jahre*, Göttingen 2006을 참조하라.

한 미학적 노동에 특수한 **테크닉과 스킬**에도, 즉 상징, 지각 그리고 정동을 능숙하게 다룰 수 있는 능력 — 그것은 학습 가능하다 — 에도 존재한다. 마지막으로 소비자가 미학적으로 자기-감수성을 키우는 것 그리고 경제가 소비자의 바람 쪽으로 정향되는 것 속에도 존재한다. 창조성 쪽으로 정향된 동기부여만으로는 오늘날 우리가 알고 있는 미학경제를 실현하기에는 충분치 않았을 것이다. 그것을 넘어 무엇보다 먼저 필요했던 것은 미학적 노동을 수행할 수 있는 능력으로, 그것은 20세기 초부터 대상의 미학적 가공과 구성 기술을 길러온 창조산업에서 유래했다. 마지막으로 두 사람은 특이하게도 소비자가 노동문화의 변형에 미친 결과를 간과한다. 하지만 미학경제의 수립은 또한 미학적 재화 그리고 소비행위 속에서의 창조적 자아실현에 대한 대중의 욕망을 체계적으로 관찰하고 예견하는 기업 쪽에서 수용자의 존재를 발견할 것을 전제한다.

여기서 다시 한 번 강조하지만 미학경제의 기본 특징은 정동적 강도에 초점을 맞추는 데 있다. 미학자본주의의 실천은 동시에 **정동자본주의**의 실천이다. 그리고 창조성 쪽으로의, 즉 미학적 새로움의 생산과 소비 쪽으로의 정향을 중심으로 한다. 정동적 노동 개념을 갖고 하트는 포스트포디즘적 경제의 핵심에 그와 같은 감정적 과정이 존재함을 지적하는 반면 정동적인 것의 중요성을 평가절하한다.[133] 반대로 스리

---

[133] Michael Hardt, "Affektive Arbeit", in: Marion von Osten(Hg.), *Norm der Abweichung*, Zürich 2003, S. 211-224를 참조하라. 하트는 여기서 특히 헬스 영역이건 아니면 오락 영역이건 고객과의 공감을 포함해 강하게 상호주관적 측면을 가진 노동 형태를 가리킨다. 그에 대해서는 또한 혹실드Arlie Russell Hochschild, 이가람 역, 『감정노동』, 이매진을 참조하라.

프트는 정동적인 소비자 공동체가 형성되도록 해준 쪽에서도 오늘날의 경제와 동일한 정도의 정동성을 발견해왔다.134 몇몇 사람은 감각적으로 영향을 미치고 영향을 받으며 정서적으로 자극하고 자극받는 이 모든 과정 — 그것이 오늘날의 경제-장의 특징을 이룬다 — 의 정점定點을 창조성을 지향하는 것 속에서, 새로움을 미학이벤트로 산출하고 수용하는 것 속에서 볼 것을 주장한다. 그와 같은 정동성은 창조성의 노동 쪽뿐만 아니라 소비 쪽 모두에 부착된다. 그것은 미학적 노동 속에서 새로운 종류의 상징적·지각적 대상과 환경의 생산에서 유래하는 열정을 포함한다. 또한 소비 속에서 미학적으로 새로운 종류의 제품과 체험의 환경과 마주치는 것에서 귀결되는 매혹도 포함한다. 또 미학적 스타일을 만들어내려는 목적으로 제품을 개인이 자율적으로 가공하는 것과 관련된 매혹도 포함한다. 자본주의 이외의 다른 경제 형태도 모두 보다 약하건 아니면 보다 강하건 분명히 자체에 고유한 특수한 정동의 구조를 갖고 있다. 상징적 교환, 사회적 구별짓기, 자연의 가공, 안녕, 편안함 또는 연대와 관련해 정서적 잠재성을 갖고 있다. 하지만 미학자본주의의 정동성은 그에 비해 양적으로 보다 포괄적일 뿐만 아니라 질적으로도 생산 및 소비행위와 직접적으로 관련되어 있다. 그와 같은 정동성은 미학화에서 기인한다. 미학화 과정은 생산과 소비를 단락短絡시킨다. 거기서 생산한다는 것은 항상 또한 소비한다는 것을 말하는데, 제작 과정 자체의 감각적·정동적 자극을 내포한다. 또한 소비한다는 것은 항상 생산한다는 것을 말한다. 즉 경험과 스타

---

134 Nigel Thrift, *Non-Representational Theory. Space, Politics, Affect*, London, New York 2008, S. 29 이하를 참조하라.

일의 적극적 생산을 내포한다. 그와 함께 예술에서와 마찬가지로 경제에서도 정동적 관계는 상호 주관적으로보다는 상호 대상적으로 구조화된다. 그것은 다른 주체를 대상으로 하는 것이 아니라 매혹된 사람에 의한 매혹적 대상의 제조와 사용을 겨냥한다.135

135 자연과학 및 금융경제과 관련해 그와 비슷한 명제에 대해서는 Karin Knorr Cetina, "Sociality with objects: social relations in postsocial knowledge societies", in: *Theory, Culture & Society*, 14(1997), S. 1-30을 참조하라.

5장

창조성의 심리(학)적 전환:
병리(학)적 천재로부터 자아의 정상화로
― '내'가 모든 것의 원천이다

1 로르샤흐잉크반점 검사

창조성에 대한 최초의 심리(학) 검사가 로르샤흐Hermann Rorschach에 의해 1911~1922년에 뮌스터링엔, 베른, 헤리자우에서 부지불식간에, 본인 의도에 반해 이루어졌다. 의사로 정신과전문의이던 그는 당시 막 등장 중이던 정신분석과 당대의 아방가르드예술 조류에 강한 관심을 갖고 있던 중 잉크반점을 이용해 피험자를 체계적으로 검사하게 되었다.1 로르샤흐잉크반점은 양쪽이 대칭을 이루도록 임의로 만든 10개의 패턴이 한 군을 이루는데, 그중 7개는 검정색이고 나머지 3개는 컬러였다. 그것들 사이에서 어떤 대상을 알아볼 수 있느냐를 질문 받는 피험자는 다양한 방식으로 잉크반점 형태에 관심을 보일 수 있을 것이다. 가령 세 번째 잉크반점은 발에 피를 묻히고 춤추는 난쟁이 또는 두 겹

---

1 Ewald Bohm, *Lehrbuch der Rorschach-Psychodiagnostik. für Psychologen, Arzte und Padagogen*, Bern 1951을 참조하라.

으로 만든 남극대륙의 지도처럼 보일 수 있다. 일곱 번째 잉크반점은 옆구리를 쥐 두 마리가 쏠고 있는 인간의 상반신의 기관들처럼 또는 풍부하게 장식된 수프 대접처럼 보일 수도 있다. 피험자가 그것을 보고 상상할 수 있는 것에는 어떤 한계도 없어 보인다.

잉크반점을 갖고 하는 그와 같은 종류의 시험은 결코 로르샤흐가 발명한 것이 아니었다. 1857년에 케르너Justinus Kerner가 『얼룩기록』이라는 소책자를 출간했는데, 중간계급 모임에 잉크반점을 만들어 무슨 모양이 보이는지를 맞추는 실내 놀이를 도입해 즐길 수 있도록 했다.2 놀이의 요점은 반점에 대한 가장 독창적이고 흥미진진한 해석을 찾아내는 것이었는데, 각자가 그것을 만들어냈다. 하지만 보다 많은 청중을 겨냥한 로르샤흐의 『심리진단』(1921년)은 그와는 완전히 다른 것에 관심을 두고 있었다. 즉 피험자의 독창성이 아니라 심리적 정상성의 정도를 확인하려고 했다.3 그가 잉크반점을 엄격하고 상호주체적으로 검증 가능한 검사 방법으로 도입한 것은 의도가 무엇이었건 심리학의 계보에서 주목할 만한 진전을 표시하는 것이었다. 1900년 이래 심리학은 새로운 지적 테크놀로지로서 사회적 영향력을 획득해왔는데, 특히 정신 능력에 대한 임상적·비교적 검사 방법의 발전 덕분이었다.4 검사는 대개 표준화되고, 문서로 작성된 형태로, 양적 평가 위주로 이루어졌다. 그와 같은 접근법은 주로 미국에서 가령 지능검사에 이용되었다. 로르

---

2 Justinus Kerner, *Klecksographien*, Stuttgart 1857.
3 Hermann Rorschach, *Psychodiagnostik. Methodik und Ergebnisse eines wahrnehmungsdiagnostischen Experiments*, Bern 1921.
4 그에 대해서는 Michael M. Sokal, *Psychological Testing and American Society, 1890 -1930*, New Brunswick 1990을 참조하라.

샤흐검사는 부분적으로는 그와 같은 심리검사 운동에 속했다. 하지만 그것의 결과의 개방성 — 그것은 질적으로 규정되어야 했다 — 이 철저하게 표준화된 정신 측정 검사보다 그것을 훨씬 더 개인적인 것으로 만들었다.

우선 로르샤흐검사의 목표는 분명했다. 즉 정신과 진료소에서 '병든' 환자로부터 '정상적' 환자를 구분하고, 다양한 심리적 질병을 식별하기 위해 이용되었다. 평가는 정신분석에서처럼 가령 피험자가 X를 Y로 해석할 때처럼 해석 내용보다는 형태에, 개별적 해석이 속한 지각의 일반적 유형에 초점을 맞추었다. 로르샤흐의 절차에서 주목할 만한 것은 사전에 미리 정해진 정상성의 기준이 부재하는 것이다. 검사 자체 속에서 만들어져야 했다. 잉크반점검사를 수행하는 심리학자는 피험자에게 분명히 틀린 대답이나 맞는 대답이 지시할 수도 있을 어떤 상식적 문장이나 이미지도 암시하지 않으며 대신 선험적으로 열려 있는 해석에 환자가 이르도록 하기 위해 임의로 만들어낸 이미지를 이용했다. 이 점에서 해당 절차는 본의 아니게 심리적 정상성이 관습적 성격을 갖고 있음을 입증한다. 검사 목적은 피험자가 '좋은 형태'를 만들어낼 수 있는지를 확인하는 데 있다. 어떤 형태가 좋은지 그렇지 않은지는 대답의 빈도에 의해 규정되었다. 그에 대해 로르샤흐는 이렇게 쓴다.

> 형태와 관련해 많은 숫자의 정상적 피험자가 한 대답이 기준과 토대로 이용되었다.[5]

---

5 Rorschach, *Psychodiagnostik*, S. 23.

따라서 '건강한'/'병든'이라는 절대적 구분이 먼저 '더 나은'/'더 나쁜'이라는 단계적·질적 구분으로 옮겨졌다. 그런 다음 결국 양적으로 규정되었다. 그와 같은 방법은 원환적이다. 결국 '건강한'/'정상적'을 통계적 빈도와 등치시키게 된다.

하지만 로르샤흐검사 진행 도중 검사자의 관심사와 평가기준이 뚜렷이 바뀌었다. 즉 초점이 심리적 정상성과 표준성이라는 기준에는 완전히 부합하지 않는 '독창성'으로 옮겨갔다. '독창적인 것'은 더 이상 병리(학)적인 것이 아니라 오히려 가치 있는 것으로 간주되었다. 로르샤흐는 이제 원래의 '건강한'/'병든'이라는 구분에 '좋은' 형태/'나쁜' 형태라는 구분을 추가해 '정형화된' 대답과 '독창적인' 대답이라는 구분을 도입했다.[6] 잉크반점에 대한 가장 흔한 해석, 가령 얼룩에서 동물 모양이 보인다는 대답이 정형화된 사유의 지표로 규정되었다. 그는 그와 같은 정형화된 대답은 아무리 많이 쌓이더라도 추론의 어떤 독창성도 또 사물에 대한 어떤 실천적 감각도 보여주지 못하며, 따라서 "정신적으로 불임이지만 자부심은 강한 논리와 기억의 단순한 기술자"[7]를 가리키는데 불과하다고 지나가는 투로 가치판단적 촌평을 덧붙인다. 따라서 그와 같은 검사법이 추구하는 정상성은 단순히 순응주의적인 것임을 보여주는 반면 '독창적인 대답', 즉 비범하고 놀라운 해석이 보다 가치 있는 것으로 간주되었다. 그처럼 사방으로 갈라지는 해석은 그의 원래 전제에 따르면 노이로제나 다른 정신의학적 성향을 가리키는

---

6 앞의 책, 43페이지.
7 앞의 책, 36페이지.

것이었지만 이제는 거꾸로 독창성의 지표로 긍정적으로 평가받을 수 있게 되었다. 비정상적 지각의 경우 그는 그것을 처음에는 병리(학)적인 심리(학)적 일탈의 징후로 해석했지만 이제는 '비정형적 사고'의 표시가 되었다. 독창적 대답 또한 처음에는 그에 의해 순전히 양적 측면에서만 평가되었다. ― 즉 보다 드문 것으로. 하지만 나중에 '좋은' 독창적 대답과 '나쁜' 독창적 대답을 그때그때마다 구분하는 방법을 도입해야 할 필요가 있다고 느꼈다. 비록 그렇게 구분하는 것을 정당화할 수 있는 방법을 제시하지는 않았지만 말이다. '정신분열증자에게서 볼 수 있는 가장 황당하고 또 가장 현저하게 나타나는 해석은 서로가 서로를 따라 하는 것'이라고 말하는 것을 볼 때 그는 그것에 대한 탐구를 포기한 것처럼 보였다. 그것은 무가치한 독창적 대답/가치 있는 독창적 대답 간의 구분이 '건강한'/'병든' 간의 구분과 일치하지 않음을 보여준다. 그럼에도 불구하고 독창성의 과잉을 "세상과 동떨어진weltfremd"8 유형으로 해석하는 것을 볼 때 심지어 '좋은' 독창적 응답에 대한 그의 평가조차도 양가적인 것으로 머물러 있었다.

그는 본인의 기본 가정을 해체했지만 그것이 제2차세계대전 이후 로르샤흐잉크반점 검사가 미국에서 걸어간 기이한 여정에 해를 끼친 것은 아니었다.9 클롭퍼Bruno Klopfer에 의해 성격심리학Persönlichkeitspsychologie의 '심리학적 X레이'로 찬양된 로르샤흐검사는 귀환장병, 나중에는 학생을 대상으로 대규모로 사용되었으며, 마침내 경력 상담과 범죄과

---

8 앞의 책, 45페이지와 59페이지.
9 James Wood/M. Teresa Nezworski/Scott O. Lilienfeld, *What's Wrong with the Rorschach?*, San Francisco 2003을 참조하라.

학의 정신의학실험을 위해서도 사용되었다. 이 모든 경우 검사는 피험자가 정신의학적으로 정상인지 비정상인지를 평가하기 위해 사용되었다. 하지만 우리 맥락에서 중요한 것은 원래의 로르샤흐검사가 인간 성격에 대한 두 가지의 중첩되며 대조적인 이론을 포괄한다는 사실이다. 즉 19세기 중반에 정신의학에서 등장한 유형의 비정상성의 심리학 그리고 상이한 성격 유형의 심리학이 그것이다. 후자는 점차 색다른 지각과 행동을 만들어낼 수 있는 인간의 능력을 다루면서 이론, 검사 그리고 궁극적으로는 치료법을 '창조적' 소질에 집중시켰다. 그리고 창조성을 병리(학)적 일탈이 아니라 오히려 심리적 건강의 징후로 간주했다. 로르샤흐검사는 처음에는 비정상성의 심리학 장치의 일부로 시작되었지만 그런 다음 원래 의도와 달리 창의성 테스트로 변했는데, 그것이 다시 창조성의 심리학을 위한 토대를 마련해주었다.

2 '천재'의 정신병리(학)화

현대 심리학은 일군의 이론과 담론뿐만 아니라 치료법의 맥락에서 어떤 종류의 자아나 정신이 정상적이며 바람직한가 그리고 어떤 종류가 병리(학)적이고 바람직하지 않은가를 규정하기 위한 주체화의 테크놀로지의 복합체로 이해될 수 있을 것이다. 심리학의 전사는 19세기 초로 거슬러 올라갈 수 있다. 1900년경부터 심리학은 독일, 미국, 영국, 프랑스에서 학문과 임상 분과로 자리 잡고, 특히 국가와 산업계에서 다면적으로 활용되었다. 심리학은 자아에 고유한 어휘를 사용했으며, 자아를 평가하고 변화시키는 자체의 테크닉을 소유하고 있었다. 푸코 지적대로 심리학이라는 담론적·실천적 장은 근대의 인간과학 내부에서 "진실 게임"[10]으로서 핵심적인 의미를 갖고 있었다. 현대(성)문화는 처음부터 주체에 고정되었다고까지는 말할 수 없지만 그것에 초점을 맞추고 주관적 내면성 그리고 대상 및 다른 주체의 외부성 간의 구분을 그칠 줄 모르고 재설정해왔다고 주장할 수 있을 것이다. 만약 그것이 사실이라면 20세기 심리학은 주관적인 내면의 세계가 과학적 탐구대상이 되도록 해준 가장 중요한 수단이었다. 동시에 자아와 관련된 그와 같은 과학적 개념은 대중의 상상력 속으로 들어가 그에 상응하는 자아의 테크놀로지를 발전시키는 데 기여했다.

과학적 심리학과 대중심리학, 심리요법, 응용심리학, 정신의학, 심리검사를 포함하는 그와 같은 장은 심리학의 창조성-장치의 형성에 각각의 방식으로 결정적 영향을 미쳤다. 앞의 두 장에서 우리는 심리학의 담론과 테크닉이 1920년대부터 사업의 경영[관리]뿐만 아니라 예술에서 어떻게 수용되어왔는지를 살펴보았다. 하지만 그와 같은 영향과는 별도로 심리학은 자아를 본질적으로 창조적인 것으로 이해하는 경향을 점점 더 발전시키고 확산시켰다. 현대적 자아를 창조적 주체로 보는 그와 같은 재해석은 심리학적 진단과 치료를 넘어 실천적 결과를 가져왔

---

10 심리학에 대한 그와 같은 해석에 대해서는 Nikolas Rose, *Inventing Our Selves. Psychology, Power, and Personhood*, Cambridge 1996을 참조하라. 일루즈와 기든스의 작업은 그것과는 방향을 달리하지만 심리학을 자아를 규정하기 위한 문화적 전시장으로 보는 점에서는 동일하다. Eva Illouz, *Die Errettung der modernen Seele. Therapien, Gefühle und die Kultur der Selbsthilfe*, Frankfurt/M. 2009; 기든스, 권기돈 역, 『현대성과 자아정체성』, 새물결출판사.

다. 즉 1960년대 이래 '심리적으로 안정된 사람', '만족할 만한 삶을 영위하다'는 말에 대한 대중의 이해방식에 계속 영향을 미쳤다. 특히 심리학의 영향에 누구보다 개방적인 지식 중산층 사이에서 널리 퍼졌다.

심리학 분야에서 자아의 어휘 및 테크놀로지와 관련해 창조적 성격을 불신하던 데서 정상화하는 쪽으로 나아간 과정은 일직선적인 발전이 아니었다. 오히려 심리학에서 창조성을 인간의 기본값일 뿐만 아니라 이상으로까지 발견한 것은 얼핏 역사적으로 전혀 비개연적 전환처럼 보일 수도 있을 것이다. 19세기 말의 초기 심리학은 의학과 정신의학의 영향을 받아 창조성과 관련되었을 수도 있을 심리적 현상을 하나부터 열까지 모두 염두에 두었다. 그와 관련해 '천재'라는 칭호와 '천재미학'에 의존하게 되었다. 하지만 당시의 심리학은 천재를 격렬하게 병리적인 것으로 보았다. 20세기 전반기의 아카데믹한 과학주의 심리학 — 인지주의 혹은 행동주의심리학 — 은 부분적으로 앞의 판결을 기각했지만 지각 및 행동에 관한 경험과학을 위한 것이었을 뿐 거기에 창조적 현상은 체계적으로 포함되지 않았다.

19세기 중반에 현대 심리학의 선구자로 등장한 정신의학은 기본적으로 비정상성의 심리학으로, 정신병을 출발점으로 삼았지만 그로부터 "일탈"[11] 행동이라는 보다 넓은 장으로 관심을 확대했다. 당시 이루어진 '천재' 논의가 정상성 논의라는 앞의 맥락 속에서 국지적으로 진행되었음을 확인할 수 있을 것이다. 비정상성 심리학의 대상은 자동행동 — 그것의 대표적 사례는 간질이었다 — 처럼 비자발적으로, 즉 주체

---

11 푸코, 박정자 역, 『비정상인들』, 동문선, 188페이지 이하를 참조하라.

의 통제를 벗어난 형태로 진행되는 행동으로 표현되는 일탈이었다. 푸코는 19세기에 병리적 섹슈얼리티가 담론화되는 것을 정상성/비정상성에 대한 그와 같은 관심의 중요한 표명으로 본다. 베커가 1850~1910년에 벌어진 '광인 천재 논쟁'으로 언급하는 것, 즉 '천재적' 개인은 심리적으로 결함이 있는지 여부를 둘러싸고 광범위한 논의가 이루어진 것을 비정상성의 정신의학 속에 등장한 두 번째의 중요한 갈래로 이해할 수 있을 것이다.12 우리는 천재의 그와 같은 병리(학)화가 어떻게 역설적으로 천재미학으로 연결되는지를 살펴보았다.13 천재미학은 예술가의 창조력과 대중의 평균성 간의 대립에 입각하게 되었다. 천재에 대한 심리학적 병리(학)화는 가치를 전도시켜 그와 같은 이분법적 구분을 받아들였다. 이제 다수는 심리학적으로 예견 가능한 것으로 여겨진 반면 천재는 위험스런 정도로 변덕스러운 것으로 간주되었다. 따라서 — 렐뤼와 모로부터 롬브로조와 로이즈에 이르는 — 정신의학 그리고 심리학적 문화비판에서 천재의 예외적인 지각적 감수성은 더 이상 성취가 아니라 합리성의 결여의 징후로 간주되었다.14

12 George Becker, *Mad Genius Controversy. Study in the Sociology of Deviance*, Beverly Hills 1978을 참조하라.
13 앞의 2. 3을 보라.
14 그와 같은 원-심리학적 연구서들은 종종 비교전기적 탐구에 기반했다. 첫 번째 것은 저명한 철학적 천재 소크라테스를 대상으로 한 병적학Pathografie, 病跡學으로, 1836년에 나온 그것에 뒤이어 1856년에는 예술적·지적 예외 현상에 대한 모로의 경험적 비교 연구서가 출판되었다. 그들은 주로 정신이라는 측면에서 진단되었다. 그리고 국제적으로 널리 수용되고 논란도 많았던 롬브로조의 『천재와 광기』를 넘어 로이즈의 학술적 연구서 『천재 연구』 그리고 마지막으로 보다 신중하게 논의를 전개하는 랑게-아이히바움의 『광기와 명성』까지 이어졌다. Louis F. Lélut, *Du Demon de Socrate*, Paris 1836; Jacques-Joseph

그런 식으로 천재를 정신의학의 틀 속에 집어넣는 것은 문제가 많은 예외적 개인의 창조적 성취를 천재의 기준으로 간주하는 점이 특징적이다. 비록 심리학적 분석에서는 그와 동일한 성취에 단지 이차적 중요성만 부여됨에도 불구하고 말이다. 그와 같은 정신의학의 목표는 창조 행위를 가능하게 해주는 능력을 찾아내는 것이 아니라 오히려 심리학적 예견 가능성이라는 관점에서 천재의 성격 전체를 검토하는 데 있었다. 천재의 심리학적 불균형에 대한 설명은 신경감각의 구성부터 생물학적 퇴보라는 명제에까지 걸쳐 있었다. 가령 1890년에 로이즈는 심리적 '에너지'의 불균등한 배분이 괴짜 천재가 정신적·육체적으로 병에 시달리도록 운명짓는다고 주장했다. 롬브로조는 과도한 정서적 감수성을 천재의 속성으로 규정했다. 마지막으로 밥콕은 천재를 기능적으로 등가인 네 가지의 가능한 삶의 경로를 가진 생물학적 퇴보의 특수한 사례로 간주했다. 즉 천재는 몸이 쇠약해 요절하거나, 범죄자로서의 경력을 걷거나, 정신병을 앓거나 예술적 또는 지적으로 성공한 삶을 이끈다는 것이다.15 흥미롭게도 19세기 말에 창조적인 사람은 정신적으로 불안정하다고 가정되었는데, 그것은 점점 더 천재의 아노미적 성격

Moreau, *La psychologie morbide dans ses rapports avec la philosophie de l'histoire, ou De l'influence des neuropathies sur le dynamisme intellectuel*, Paris 1859; 롬브로조Cesare Lombroso, 김은영 역, 『미쳤거나 천재거나: 천재를 위한 변명, 천재론』, 책읽는 귀족, 2015(*Genio e follia*, Rom 1864); Noble Kibby Royse, *A Study of Genius*, Chicago 1890; Wilhelm Lange-Eichbaum, *Genie, Irrsinn und Ruhm. Mythos und Pathographie des Genies*, München 1928을 보라.

15 Royse, *A Study of Genius*; Lombroso, *Genio e follia*; Warren La Verne Babcock, "On the Morbid Heredity and Predisposition to Insanity of the Man of Genius", in *Journal of Nervous and Mental Disease* 20(1895), S. 749-769를 보라.

과 보헤미안적 라이프스타일이라는 사회학적 주장과 결합되었다. 이 둘은 모두 사회적 통합을 결여하고 있다.16

하지만 19세기 하반기에 천재의 병리(학)화와 병행해 그것을 상쇄하는 두 가지 경향이 등장했는데, 그것은 원-심리학의 장 내부에서 비록 처음에는 다소 미심쩍은 방식이지만 천재는 정상이라는 개념을 실험하려는 시도와 함께 시작되었다. 그중의 한 경향이 골상학으로, 파울러 형제에 의해 뇌에 대한 실천적 연구로 옹호된 그것은 1830년대에 미국에서 인기를 얻었다.17 골상학은 본질적으로 차별심리학의 초기 버전으로 개인의 불가침의 독특성을 전제했으며, 그로부터 지적 능력이나 예술적 능력 등 '비범한' 것으로 천명된 인간의 특징은 병리(학)적인 것으로 간주되어서는 안 된다는 결론이 도출되었다. 두 번째 경향도 비슷한 결과를 가져왔는데, 천재성의 유전성에 대한 골턴의 성찰이 그것이었다. 그는 천재성을 본질적으로 과도하게 주어진 지적 재능으로 이해했으며, 예술, 정치, 과학계의 '천재들'의 친족관계를 탐구했다.18 골턴의 유전 이론은 인지주의적 영재성을 사회적으로 필요한 것으로 특권화하는 다원주의적 이론으로 이어졌는데, 그것은 만약 사회가 사회적으로 유용하고, 엄청난 재능을 가진 개인을 얻기를 원한다면 혈통

---

16 그에 대해서는 Becker, *Mad Genius Controversy*, S. 38 이하를 보라.
17 그에 대해서는 Michael M. Sokal, "Practical Phrenology as Psychological Counselling in the 19th-Century United States", in: Christopher D. Green/Marlene G. Shore (Hg.), *The Transformation of Psychology. Influences of 19th-Century Philosophy, Technology and Natural Science*, Washington 2001, S. 21-44를 참조하라.
18 Francis Galton, *Hereditary Genius. An Inquiry into its Laws and Consequences*, London 1869를 참조하라.

에서 유래하는 정신적 불안전성을 어느 정도까지는 용납해야 한다는 원리를 둘러싼 인종주의적·우생학적 환상으로까지 이어졌다.

골턴과 골상학자들은 천재의 병리(학)화와 관련해 생물학적으로 정향된 정반대의 두 가지 운동을 대변한다. 두 이론 모두에서 천재는 더 이상 모종의 '퇴보'와 관련되지 않았는데, 그와 같은 태도는 창조성을 예술가성과 동일시하던 입장을 철회하는 것과 결합되어 있었다. 오히려 이제 천재는 본질적으로 예외적 인지 능력을 가진 개인으로 간주되었다. 하지만 여기서 창조 능력을 가졌을 수도 있을 인지 능력이 어떤 관계 속에서 미학적 새로움을 생산할 수 있는지는 열린 물음으로 남아 있다. 천재 개념에서 골턴에 의해 도입된 변화 — 그에 따르면 천재는 더 이상 무엇보다 예술의 창조성이 아니라 지적 영재성에 의해 구분된다 — 가, 회고해 보건대, 계보학적 전환점이었음이 드러난다. 평균 이상의 능력을 인지적 지능 영역에 귀속시킴으로써 천재라는 형상으로부터 병리(학)적 속성을 제거할 수 있었으며, 그리하여 이제 그것은 대신 긍정적 역할 모델을 하게 되었다. 그와 같은 지능연구 맥락에서 1950년대 이래 창조성 개념 — 이제 분명히 그렇게 사용되고 있었다 — 또한 광기와 연결되던 부담을 완전히 덜어버리고 결국 골턴과 골상학자들에게 가능했던 것 — 천재는 타고나는 것이라고 가정했다 — 을 넘어 심리(학)에서 추구해야 할 규범적 목표가 되었다. 그처럼 완화된 상황이 창조성 배양을 위한 필요조건이었는데, 이제 창조성은 자기표현적인 예술가를 모델로 한 유사-미학적 능력으로 새롭게 이해되었으며, 심리학적 실천에서 달성해야 할 긍정적·보편적 공격목표로 최초로 설정되었다.

아래 논의에서 우리는 20세기 이래 그리고 21세기에 접어들어서도 심리학이 어떻게 다양한 형태와 맥락에서 창조성이라는 주제에 관심을 가져왔는지를 좀 더 자세히 탐구해보려고 한다. 1910년대에 인 첫 번째 물결과 1950년대에 인 두 번째 물결과 함께 다수의 심리학적 맥락이 상호 독립적으로 형성되었는데, 모두 과거의 오래된 병리(학)화 담론에 맞서 창조적 자아라는 형상을 긍정적으로 틀지었다. 1910년대부터 시작해 아카데미심리학의 가장자리에서 두 가지 지적 가닥 ― 정신분석과 게슈탈트심리학 ― 이 먼저 창조성의 복권을 심리학적으로 가능하게 해준 전통을 정초했다. 여기서 정신분석에 의해 발전된 가닥은 성격을 겨냥한 반면 게슈탈트심리학의 그것은 인지와 관련되었다. 하지만 창조성이라는 주제는 자아실현심리학과 창조지능심리학이 이 두 가닥을 수용해 한층 더 앞으로 밀고 나간 1950년대까지는 심리학적 실천에 의해 광범위하게, 실천 지향적으로 수용되지 않았다. 마침내 일상생활에서 창조성을 배양하기 위한 일반적인 심리학 프로그램이 1980년대부터 발전하게 되었다. 여기서 창조성의 심리학의 성격 중심 가닥과 인지 중심 가닥이 종합됨으로써 창조성-장치를 떠받치는 기둥 중 하나가 만들어졌다.

3 아카데미심리학 주변부에서의 창조성

정신분석과 창조: 승화와 단절 사이에서
20세기로의 전환기에 아카데미심리학은 지각의 일반 법칙을 찾아

내기 위한 경험적 연구에 주로 관심을 갖고 있었다. 다른 한편 프로이트의 정신분석은 창조성의 심리적 구조에 관한 물음을 다루었다. 무엇보다도 천재적 예술가라는 고전적 형상을 참조하는 가운데 그리고 여기저기 흩어져 있는 저술에 등장하는 주제를 부차적 주제로 삼아서 말이다. 하지만 그것이 그에게서 중심적 주제를 이룬 것은 아니었다. 프로이트는 정상성과 비정상성을 엄격하게 대립시키는 사유와는 전혀 거리가 멀었다. 이 주제에 대한 주저인 「레오나르도 다빈치의 유년의 기억」은 창조적 주체의 동역학을 성적 승화라는 주제로 설명한다.[19] 그는 개별적인 창조 행위의 가능성에는 관심이 없었다. 대신 어떻게 예외적인, 창조적 성격의 구조가 나타나는가를 설명하고 싶어 했다. 그가 보기에 그것은 전제될 수 없으며, 다른 어떤 것, 배후에 놓인 어떤 것으로부터 끌어내야 했다. 리비도적·성적 에너지가 예술적·지적·창조적 기쁨으로 방향을 돌리는 것으로서의 창조성이 그것이다. 그의 이론의 수용사와 관련된 대중적 오해에 따르면 그는 예술을 신경증과 등치시키는 것에 의해 병리(학)화 담론을 유지했다. 하지만 실제로 그의 진술은 보다 미묘한 뉘앙스를 띤다. 결국 밥콕뿐만 아니라 프로이트에게서도 신경증에 걸린 성격과 창조적 성격은 기능적으로 등가적이지만 물론 프로이트는 신경증과 정상성 간의 대립을 조야한 것으로 기각한다는 결정적 차이가 존재한다.

그는 다빈치를 사례로 이용해 그와 같은 기능적 등가성의 메커니즘을 밝힌다. 프로이트는 유년기 초기의 초보적 성충동 그리고 어떤

---

[19] 프로이트, 정장진 역, 『예술과 정신분석』, 「레오나르도 다빈치의 유년기의 기억」, 33페이지.

것을 몹시 알고 싶어하는 욕망 간의 일반적 연관성을 상정하는데, 일종의 유아기의 성적 탐구인 그것은 나중에 초자아에 의해 금지되면서 성충동으로부터 분리된다. 그러다가 사춘기 이후 탐구 충동과 섹슈얼리티 간의 관계가 세 가지 상이한 시나리오 속에서 발달한다. 먼저 신경증적 금지의 경우 가령 과도한 도덕 탓에 새로운 경험에 대한 욕망과 성충동 모두 제한된다. 그와 대조적인 '신경증적인 강박적 사고'의 경우 어떤 것을 몹시 알고 싶어하는 욕망은 강력하고 금지되지 않은 채 남으며 성화된다. 즉 섹슈얼리티가 무의식으로부터 항상 다시 뚫고 나온다. 마지막으로 창조적 승화의 경우 리비도는 억압되었다가 다시 무의식적으로 주체를 엄습하는 것이 아니라 오히려 새로운 통찰과 경험에 대한 예술적·지적 욕망 속으로 처음부터 승화된다. 프로이트에 따르면 아무런 신경증 증세도 찾아볼 수 없는 다빈치의 경우가 보여주듯이 이 유형이 가장 균형이 잘 잡혀 있다. 그의 이론이 '창조력'이라고 부르는 것은 결코 불특정의 힘이 아니라 호기심, 즉 새로운 것, 은폐되고 놀라운 것에 대한 욕망이다. 따라서 그에게서 창조성을 지향하는 것은 분명히 성적 보상물을 찾는 리비도의 **이차적인** 대리 기능이다.

프로이트 이후의 정신분석은 바로 이 지점으로부터 발전하며, 영혼 속에서 찾아볼 수 있는 창조적 정향의 일차적 연관성을 정초하고, 성향적인 것으로 보편화하고, 그것을 보편화하고 규범화하려는 다양한 시도를 행했다. 랑크의 『예술과 예술가: 창조적 충동의 발전과 생성 연구』[20]와 함께 중요한 담론적 전환이 초래되었다. 그는 처음에는

---

[20] Otto Rank, *Kunst und Künstler. Studien zur Genese und Entwicklungen des Schaffensdranges*(1932), Gieβen 2000. 랑크의 논의를 계속 이어나가는 최근 작업으로는

프로이트의 충동 이론을 따라 작업한 이후[21] 후기 작업에서는 인간의 '창조-충동'을 충동에의 주체의 고착 때문이라고 잘못 다루었다고 스승을 고발했다. 생철학의 영향을 받은 랑크는 인간에 보편적인 창조적 열망의 존재를 전제했다. 그에 따르면 실제로 인간의 영혼은 충동에 종속되어 있을 뿐만 아니라 또한 자체에 고유한 의지를 갖고 있는데, 그와 같은 의지는 결코 단순한 무의식적 힘이 아니며 오히려 자유롭고 의식적이며, 자아의 본원적 활력의 표현으로 자기를 실현하고 세계를 형성하기 위해 애쓴다. 그와 같은 형성의지는 탈성적이며, 따라서 승화에 의해 말끔히 설명될 수 없다.

창조적 열망을 보편적인 것으로 해석함으로써 그는 여러모로 보다 이후의 자아성장심리학을 준비하는 데 도움을 주었다. 동시에 창조와 충동의 관계를 그의 방식으로 틀 짓는 것은 19세기의 쇼펜하우어와 니체의 담론에 깊이 뿌리내리고 있었다. 그의 독법에서 창조 행위의 대상 그리고 그와 같은 행위 자체는 기이하게도 불가해한 것으로 남는다. 그럼에도 불구하고 그의 설명은 인간의 일반적인 창조의지 그리고 보다 좁은 의미의 현대적 유형의 예술가를 체계적으로 분리시키는 데서 정점에 이르는데, 그것은 '개인적 예술가 유형이라는 이데올로기'를 함축한다. 즉 현대예술가는 창조적 충동을 펼치는 대신 억제시킨다. 그에 따르면 예술가는 작품과 삶을 마치 상호 배타적인 대안인 것처럼 대립시키는 가운데 자기를 학대해왔는데, 둘은 상호 결합 불가능한 것처럼 보였기 때문이다. 예술가는 항상 포기로 인해 고통받는다. 이제

Andrew Brink, *The Creative Matrix*, New York 2000이 있다.
21 Otto Rank, *Der Künstler. Ansätze zu einer Sexual-Psychologie*, Leipzig 1918.

창조의지를 예술가의 이데올로기로부터 그리고 그와 함께 궁극적으로 예술 자체로부터 해방시키는 것이 목표가 되어야 한다. 랑크는 이렇게 쓴다.

> 창조적 재능을 부여받았지만 — 더 이상 예술을 이미 발달된 성격의 표현으로 사용할 수 없기 때문에 — 성격형성을 위해 예술적 표현을 포기할 수 있는 사람은 자아창조적 유형을 새로 만들어낼 것인데, 이 유형은 창조적 충동을 직접 본인의 성격을 위해 쓰이도록 할 수 있을 것이다.

그러한 창조력의 소유자는 "의지주의적인 삶의 예술"[22]을 추구할 것이다. 따라서 랑크는 오래된 병리(학) 담론을 수용하면서도 거부한다. 그에게서 현대적 예술가는 실제로 병리(학)적인 병례였다. 비록 삶을 비부르주아적 방식으로 너무 많이 예술로 변형시켰기 때문이 아니라 오히려 작품을 일상적 실천으로부터 분리시킨 결과 변형을 충분히 밀고 나가지 못하기 때문에 그렇지만 말이다.

랑크는 특수한 성격 형태에 집착하는데, 그것이 창조 **과정**의 구조 자체를 공백으로 남겨두게 된다. 창조성에 대한 정신분석적 개념의 보다 최신 버전을 쿠비에게서 찾아볼 수 있는데, 거기서는 창조 과정이 중심에 놓인다.[23] 제2차세계대전 이후 정신분석은 미국에서 심리치료의 지배적 형태가 된 반면 병리(학)화 담론은 소멸되었다. 그와 같은

---

22 Lawrence Kubie, *Psychoanalyse und Genie. Der schöpferische Prozeß* (1958), Reinbek bei Hamburg 1966을 참조하라.
23 앞의 책, S. 33.

역사를 배경으로 쿠비는 비록 랑크의 의지 이론으로 돌아가지는 않지만 창조성과 신경증의 대립을 받아들였다. 대신 그는 창조 과정을 특수한 형태의 지각과 해석으로 또는 보다 정확하게는 상징계를 다루는 특수한 형태로 규정했다. 그에 따르면 우리는 정도차는 있지만 자동모방에 의해 일상적 형태의 행동을 배우는데, 이후 그것은 자아성찰적 통제에 종속됨으로써 관행적인 것으로 수립된다. 하지만 결정적인 점은 이렇다. 즉 전의식적 모방, 성찰적 통제, 재자동화 간의 이행의 지점에서 다양한 내용의 느낌, 생각, 지각 그리고 행동이 상호 분리된다. 그와 같은 '해리解離'가 신경증과 창조성 모두를 위한 전제조건임이 드러날 것이다. 신경증자의 경우 해리는 처음에 등장한 상황으로부터 분리된 정동의 반복 같은 강박적 반복 속에서 드러난다. 창조성의 경우 해리는 반대로 새롭고 놀라울 만한 방식으로 상호 결합되는 다양한 요소를 위한 전제조건이다.

쿠비에 따르면 이 과정을 추동하는 힘은 무의식적 리비도도 의식적 의지도 아니다. 대신 결정적 심급은 전의식의 중간 수준이다. 전의식은 그렇지 않았더라면 엄격했을 상징의 속성을 느슨하게 하는 작업을 한다. 그것이 무엇보다도 창조성을 가능하게 만든다. 그는 이렇게 쓴다.

아주 일반적으로 우리의 정신적 장치(그리고 보다 특수하게는 상징적 과정)를 엄격함으로부터 해방시켜주는 것이 전의식의 상징적 기능이다.24

---

24 앞의 책, 33페이지.

따라서 사회적 실천의 기본 관심사는 반복을 다루는 문제인 것처럼 보인다. 반복은 일상적 관행에서는 병리적인 것이 아니지만 쿠비가 보기에 도처에 존재하는 신경증자에게 그것을 환자가 정동적으로 묶여 있는 강박적 행동으로 변형될 조짐으로 느껴진다. 창조 행위는 다름 아니라 바로 그와 같은 강박적 반복에서 벗어나는 것을 가능하게 해준다. 그는 이 의미에서 탈구조주의의 선구자로, 예술적 천재에 특수한 문제를, 유희를 통해 루틴으로부터 벗어날 필요가 있다는 일반 가정으로 대체했다. 전의식을 통해 상징계를 그런 식으로 완화하는 것에 대한 그의 묘사는 예술적 아방가르드의 창조성이라는 모델에서 많은 것을 차용했다.

게슈탈트심리학과 '생산적 사고'

정신분석은 심적 '장치'의 내적 구조 그리고 상이한 유형의 성격 간의 차이에 집중한다. 반대로 1910~1930년대에 주로 독일에서 발달한 게슈탈트심리학은 개인의 성격에는 덜 주목하는 대신 특수한 행동과 사유 과정을 다양한 성격 유형과는 독립적으로 일어나는 사건으로 탐구했다.[25] 정신분석과 마찬가지로 게슈탈트심리학은 당시의 아카데미심리학 — 감각론을 따랐으며, 점점 더 행동주의 쪽으로 기울었다 — 에 대한 대안을 제공했다. 게슈탈트 이론은 주로 베르트하이머

---

[25] 게슈탈트심리학 전체에 대해서는 Herbert Fitzek/Wilhelm Salber, *Gestaltpsychologie*, Darmstadt 1996; Mitchell G. Ash, *Gestalt Psychology in German Culture, 1890-1967. Holism and the Quest for Objectivity*, Cambridge u. a. 1988을 참조하라.

Max Wertheimer가 '생산적 사고'라고 부른 것, 즉 문제 해결의 일상적 과정을 탐구하는 데 관심을 가졌다. 개인 속에서 표현되기 위해 애쓰는 것으로 추정되는 창조 잠재력이라는 의미의 창조성이 아니라 오히려 행위 문제에 실천적으로 대처하는 가운데 마련되는 구성적 대응에 관심을 가졌다. 이 맥락에서 새로움의 생산은 예술가 모델에서처럼 행위하려는 충동으로부터 자유롭지 않으며 오히려 합목적적 행동의 수행 내부의 구성적 반응이다. 따라서 게슈탈트심리학은 새로움을 창조하는 형태의 행위를 일상화, 보편화, 인류학화한다. 예술이 아니라 경험과학이 그것의 패러다임이다.

베르트하이머, 둔커Karl Duncker, 쾰러Wolfgang Köhler, 레빈Kurt Levine 등에 의해 전파된 게슈탈트심리학은 분트Wilhelm Wundt의 지각심리학을 겨냥했다. 그들의 비판은 특히 그의 '요소주의적' 접근법을 겨냥했는데, 그것을 전체론적·게슈탈트 지향적 관점으로 대체했다. 분트가 감각적 지각에서 분석 가능한 것으로 주어진 기본 요소를 갖고 작업을 시작한 반면 그들은 유의미한 지각은 특정한 패턴의 형성물, 감각적·인지주의적 도식, 즉 '게슈탈트' 속에 있다고 주장했다.26 본래적 의미의 게슈탈트심리학의 창립 문서인 베르트하이머의 논문「움직임을 보는 것에 대한 실험 연구들」27이 영화 속의 동영상에 대해 당시 막 등장하고

---

26 게슈탈트심리학에 대한 초기의 정초 작업은 에렌펠스에게서 찾아볼 수 있다. 개별적인 감각적 인상보다 지각의 틀이 우위를 차지한다는 주장에 대해 그가 제시하는 적절한 예가 바로 모든 개별 음표를 바꾸어 놓는 핵심적 변화에도 불구하고 하나의 선율을 가려들을 수 있는 능력이다. 그의 주장에 따르면 그와 같은 능력이 지각 행위를 생산행위로 만든다. Christian von Ehrenfels, "Über Gestaltqualitäten", in *Vierteljahresschrift für wissenschaftliche Philosophie* 14(1890), S. 242-292를 보라.

있던 관심을 이해할 수 있는 출발점을 제공해준다. 그는 지각된 대상에 상응하는 운동이 결여되어 있음에도 불구하고 연속적인 이미지가 운동에 대한 지각을 만들어낼 수 있음을 실험을 통해 입증하려고 시도했다. 여기서 감각적 지각 자체에서는 아무런 토대도 갖고 있지 않은 연속적 이미지의 게슈탈트 구조가 동원되었다.

하지만 '낡은' 게슈탈트로부터 '새로운' 게슈탈트로의 이행과 관련된 물음이 제기되었다. 인지주의적 도식은 대체로 관행적으로 적용될 수 있지만 행동의 실천에서는 새로운 게슈탈트를 처리해야 할 상황이 항상 재삼재사 발생한다. 그에 따라 동일한 감각적 지각도 이전과는 완전히 다르게 처리된다. 그에 상응해 게슈탈트심리학에서 가장 중요한 개념은 **재구조화**Umstrukturierung 또는 **다안정성**이다. 베르트하이머는 새로움의 성립을 설명하려는 지금까지의 철학적 시도를 불충분한 것으로 비판했다.28 한 학파는 새로움을 아리스토텔레스적 삼단논법 전통을 따르는 형식논리학 과정으로 이해했는데, 거기서 새로움은 추론 절차를 통해 알려진 전제로부터 연역되었다. 그에 따르면 그와 같은 접근법은 지각 과정의 구성적 성격을 고려하는 데 실패했고, 낡은 것으로부터 단지 상대적으로만 새로운 것으로의 솔기 하나 없고, 예측 가능한 이행을 제시할 뿐이다. 다른 접근법은 흄의 연상심리학을 따라 새로움을 지각의 궁극적으로 자의적인 결합으로 해석했다. — 하지만 그와 같은 설명은 **생산적 사고**의 문제 해결적 성격을 진지하게 고려하

---

27 Max Wertheimer, "Experimentelle Studien über das Sehen von Bewegung", in *Zeitschrift für Psychologie* 61(1912), S. 161-265.
28 Max Wertheimer, *Productive Thinking*, New York, London 1945를 참조하라.

는 데 실패한다. 대신 게슈탈트심리학에게 새로움의 등장의 가장 두드러진 특징은 사전에 예측 가능하지 않지만 그럼에도 적절한 지각으로 나가는 도정에서의 일보전진처럼 보이는 식으로 게슈탈트가 변형되는 것이다. 재구조화 또는 다안정화의 기본 과정으로서의 게슈탈트 변형, 즉 반전 이미지Kippfigur 형태를 소유한 '게슈탈트 변형'(쾰러)은 게슈탈트심리학에 의해 실천적 문제에 보다 성공적으로 대처할 수 있는 방법을 약속해주게 된다. 그것은 관련자가 장애나 방해물로 지각되는 행동의 장애를 지각된 게슈탈트를 바꿈으로써 다루는 문제에 대해 아리스토텔레스나 흄의 설명보다 더 그럴 듯한 설명으로 간주된다.

비록 게슈탈트 변형은 인지적·지적 행위지만 게슈탈트심리학은 또한 그것을 감각적·정서적 과정으로도, 즉 감각적 지각을 재배열하는 과정으로도 묘사한다. 게슈탈트 변형은 내적인 정신적 반성이 아니며 오히려 개별적 감각기관으로부터 얻은 데이터 간의 관계로부터 귀결되는 유형의 변화이다. 따라서 게슈탈트 변형이 흔히 반전 이미지 방식으로 **정신적 이미지**가 정반대 것으로 뒤집히는 과정으로 해석되는 것은 놀랍지 않다. 이 경우에 일어나는 재구조화와 재중심화도 정동으로부터 자유롭지 않다. 가령 잔더Friedrich Sander는 그처럼 새로운 유형의 생산이 정서적 동요에 의해 어떻게 추동되는지를 분석했다.29 그때 정동은 새로움에 새로운 것으로 부착되지 않으며 오히려 실천적 상황을 해결하는 것과 관련된다. 정서적 긴장이 지배력을 발휘하는데, 그것은 지각적 요소가 '어울리는' '좋은 게슈탈트' 속으로 자기를 해소시키려

---

29 Fitzek/Salber, *Gestaltpsychologie*, S. 45 이하를 참조하라.

고 애쓴다.

앞서 언급한 대로 게슈탈트심리학은 주체성 개념에 의존하지 않고 생산적 사고의 모든 과정을 설명할 수 있는 어휘를 발전시키려고 시도했다. 예견 불가능하고, 종종 장애를 초래하는 속성을 갖고 모종의 해결책을 찾기 위해 애쓰는 주체가 아니라 오히려 게슈탈트적 구조 자체가 자가동역학적으로 이런저런 행동과 관련된 상황을 처리하는 가운데 해결책을 찾으려고 한다. 따라서 "상황의 구조적 동역학"30이 중요하다. 게슈탈트심리학의 이 측면은 예술적 아방가르드가 제공하는 창조성에 대한 새로운 묘사와 유사한데, 그에 따르면 새로움은 저절로 생겨나는 것처럼 보이며, 주체는 과정의 주인이 아니다. 하지만 예술의 창조성의 모델 및 실천과 반대로 게슈탈트심리학은 게슈탈트 변형의 **합리적** 성격과 **의도적** 구조를 반복해서 강조한다. 물론 흥미롭게도 베르트하이머는 『생산적 사고』의 결론에서 새로움의 생산을 문제 해결 과정 — 그것이 진행되는 동안 불안정한 출발 상황은 안정적이고 만족할 만한 결론에 이르게 된다 — 과 완전히 동일시하는 것은 불완전한 파악임을 인정한다.31 외견상 문제되지 않는 것 같은 상황 속에서 어떤 문제를 식별하는 것은 이미 생산적으로 사유하는 것이다. 거기서는 실천적 문제에 직면하지 않고도 지각 속에서 변형이 이루어진다. 또한 게슈탈트 변형 과정은 외적 계기 없이도 놀이 또는 실험에서도 일어날 수 있다. 따라서 두 가지의 정황 모두에서 베르트하이머는 문제 해결 그리고 행동하라는 압력과는 독립적인 새로운 종류의 지각

30 Wertheimer, *Productive Thinking*, S. 238.
31 앞의 책, 242페이지 이하를 참조하라.

이 일상적으로 이루어짐을 인정한다.

게슈탈트심리학은 1960년대 말에 심리학에서 이루어진 인지주의적 전환cognitive turn으로 나가는 길을 닦았다. 그것은 창조성을 인간의 일반적인 문제 해결 능력으로 이해함으로써 그것을 유용하고 바람직한 특징으로 가치화했다. 하지만 심리학 연구라는 좁은 장에 국한된 채 머물러 있었다. 창조성의 심리학은 1950년대에 자아성장심리학과 지능검사로부터 더 큰 추진력을 얻었는데, 그것은 창조성을 개인적 자아와 사회적 자아의 테크놀로지가 추구하는 목표로 격상시켰다. 두 학파 모두 정신분석과 게슈탈트심리학의, 성격심리학과 인지주의 간의 분열을 각자의 방식으로 계속 이어나갔다.

4 심리학적 필연성으로서의 창조성

자아실현심리학과 '자아성장심리학'

1950년대 이래 자아와 관련된 사회적 어휘의 변형에 대해 자아성장심리학에 부여된 의미는 결코 과대평가될 수 없을 것이다. 이 심리학은 처음에는 미국 기반의 운동으로 또한 휴머니즘심리학, 긍정심리학, 인간잠재력운동human potential movement 등의 이름으로도 수행되었는데, 주로 인간의 자아는 개인적 조언과 치유, 또한 교육과 조직상담을 통해 자아실현을 원하고 또 원할 수 있고 또 원해야 한다는 영향력 있는 모델을 발달시켰다. 이 운동의 중심인물 중에는 매슬로, 로저스Carl Rogers, 메이Rollo May가 있었는데, 보다 넓은 의미에서는 프롬Erich Fromm,

알포트Gordon W. Allport, 페를스Fritz Perls도 일원이라고 할 수 있었다.32 자아성장심리학은 1950년대에 아카데미심리학 — 대부분 행동주의 경향을 띠었다 — 그리고 치료 지향의 정신분석 간의 간극 속에서 미국에서 성장했다. 1962년에 〈미국휴머니즘심리학협회AHP〉가 창립되고, 1년 후『휴머니즘심리학보Journal for Humanistic Psychology』의 창간과 함께 제도화되기 시작했다. 처음부터 이 심리학은 로저스의 고객 중심 대화 치료, 페를스의 게슈탈트 치료 등과 같은 새로운 형태의 치료적 실천과 긴밀하게 관련되어 있었다.

자아성장심리학은 광고와 패션 등의 창조산업 같은 다른 사회 영역에서 볼 수 있는 것과 동일한 종류의 3단계의 문화적 변형을 가져왔다.33 1950년대의 배양 단계는 1960년대 말의 반문화적 급진화 단계로 이어졌으며, 그런 다음 1970년대 중반부터 오늘날까지 계속된 헤게모니화 단계로 바뀌었다. 휴머니즘심리학은 제2차세계대전 이후 시기에 사회적 순응주의를 겨냥한 사회비판의 한 형태였다. 일반적으로 학생운동과 반문화에 의해 집중적으로 수용된 그것은 마르쿠제, 리어리Timothy Leary 같은 급진적 인물이 제공한 급진적 요소로 가득 차게 되었는데, 그것이 대중적 인기를 보장해주었다. 마지막으로 그것은 반문화적 지위를 잃고, 새로운, 지배적인 치료적 실천의 핵심으로 등장해 심리적으로 예민해지고 심리의 지속적 발전에 관심을 가진 중간지식

---

32 자아성장심리학 전체에 대해서는 Duane Philip Schultz, *Growth Psychology*, New York, London 1977와 M. Seligman/Mihaly Csíkszentmihályi, "Positive Psychology. An Introduction", in *American Psychologist* 55(2000), S. 5-14를 참조하라.
33 그에 대해서는 앞의 4. 4를 참조하라.

계급에 널리 영합하게 되었다.

자아성장심리학은 분명히 자아실현이라는 이념을 발명하지 않았다. 그것은 오히려 독일과 영국의 낭만주의 그리고 독일관념론의 성취였다.34 하지만 낭만주의와 관념론 담론에 대한 직접적 참조는 자아성장심리학 문헌에서는 희귀하다. 가장 두드러진 언급은 "유희충동"35이라는 실러의 모델을 마르쿠제가 명시적으로 차용하는 것이다. 그처럼 장기간의 역사적 도움닫기에도 불구하고 표현적 주체성이라는 개념을 심리학이라는 특수한 장에서 과학화하고 치료적으로 보편화하기 위한 가공 작업이 이루어진 것은 후일에 일어난 일로, 자아성장심리학 속에서 비로소 국한되어 나타나게 되었다. 심리학의 장 내부에서 결정적 전환점 — 자아성장심리학에서 완수되었다 — 은 병리적인 것과 정상성 심리학으로부터 듀몬트가 "인간 본성의 건강-모델wellness model of human nature"36로 부른 것으로의 전환이었다. 정신의학, 정신분석 그리고 행동주의심리학 등 너무나 다양한 학파의 성격 모델은 병리적인 심리적 반응을 설명하고 극복하는 데 주된 관심을 갖고 있다. 반대로 긍정심리학의 성격 이론은 이전처럼 환자의 치유가 아니라 오히려 평균인의 질적 개선에 초점을 맞추었다. 관점의 그와 같은 이동의 결과, 심리치료와 조언을 필요로 하는 사람 숫자가 대폭 늘어나게 되었다.

---

34 그에 대해서는 테일러, 『자아의 원천들』, 743페이지 이하를 보라.
35 Herbert Marcuse, *Triebstruktur und Gesellschaft. Ein philosophischer Beitrag zu Sigmund Freud*(1955), Frankfurt/M. 1995, 171페이지 이하를 참조하라.
36 Frank Dumont, "From Illness to Wellness Models of Human Nature", in ders., *A History of Personality Psychology. Theory, Science, and Research from Hellenism to the Twenty-First Century*, Cambridge 2010, S. 35-74를 참조하라.

심리학 작업이 시작되려면 더 이상 불안과 관련된 심리적 증상이나 규범으로부터의 일탈이 요구되지 않았다. 심리학은 즉시 작업에 착수해 정상인이건 순응주의자건 또는 단순히 눈에 띄지 않게 행동하는 사람이건 누구를 위해서건 점진적 개선을 이룰 수 있을 것이다. 그와 함께 주체화의 심리학적 기술의 구조변동을 가져왔다. 심리학은 이제 바람직하지 못한 심리적 조건에 대한 수색, 섬멸 작전 대신 개선과 강화를 위해 원리상 무제한인 심리적 잠재력을 동원하기 위해 존재했다. 이 형태의 심리학은 제한하는 것이기보다는 역치 같은 것이다. 즉 개인은 심리적 성숙과 건강함의 상상적 극한 상태를 향해 나가려고 애쓰지만 결코 그것에 도달하지 못하는 것으로 가정되었다.

심리학의 기능의 그와 같은 변형은 미국에서는 이미 1910년경부터 진행되어왔는데, 처음에는 직업적 성공, 개인적 인기 또는 결혼과 육아에서 성공을 달성할 수 있는 안내를 제공하는 자조自助 문헌에서 시작되었다.37 물론 1950년대에 자아성장심리학이 등장한 배경에는 평균적인 사회 순응주의적 태도에 대한 비판이 자리잡고 있었는데, 리스먼, 화이트, 맥그리거 같은 저자가 주요 인물이었다.38 그런데 그와 같은 사회 순응주의적인, 소위 사회적응 유형의 행동은 1930~1940년

---

37 그에 대해서는 T. J. Jackson Lears, "From Salvation to Self-Realization. Advertising and the Therapeutic Roots of the Consumer Culture, 1880-1930", in ders./Richard Wightman Fox, *The Culture of Consumption. Critical Essays in American History 1880-1980*, New York 1983, S. 1-38을 참조하라.
38 리스먼, 『고독한 군중』, 동서문화사; William H. Whyte, *The Organization Man*, New York 1956; Douglas McGregor, *The Human Side of Enterprise*, New York 1960을 참조하라.

대에 가령 교육 영역과 조직상담에서 실제로는 미국의 사회심리학의 핵심적 목표로, 또한 대중적 자조 문헌 대부분에 모델을 제공했다.39 이 사회심리학이 사회적 순응성 그리고 규범으로부터의 반사회적 일탈이라는 구분을 바탕삼아 작업한 반면 자아성장심리학은 이제 이 장을 다르게, 즉 매슬로가 말하는 '자아 실현자self-actualizing people'와 나머지 즉 본성상 자아실현이 허용되지 않은 사람으로 나누었다.40 하지만 자아실현이라는 이상에의 정향은 인간의 창조성이라는 개념과 긴밀하게 결합되어 있었다. 매슬로와 로저스 등은 자아실현 모델에서 유형화와 보편화라는 양날 전략을 사용했다. 차별심리학 전통에서 자아를 실현하는 유형의 성격은 한편으로 순응주의적 유형의 성격과 구분되어야 하며, 다른 한편으로는 모든 인간존재는 내재적으로 자아실현 능력이 있는 것으로 간주되었다. 따라서 자아실현이라는 개념은 자아를 실현하는 방향으로 적극적으로 자신을 발전시키라는 임상적 정언명령으로 이어진다.

그런데 자아실현이란 정확히 무엇일까? 그것은 심리학 모델로는 두 가지 요소를 함축한다. 먼저 외부의 저항에 맞서 개인적 잠재력의 내적 핵심을 펼치는 것, 그리고 두 번째로는 일상적 지각의 미학적 변형이 그것인데, 이 말은 가장 넓은 의미로 이해되어야 한다. 첫 번째

---

39 William Graebner, *The Engineering of Consent. Democracy and Authority in Twentieth-Century America*, Madison 1987; Rose, *Inventing Our Selves*, S. 114-149를 참조하라.
40 매슬로Abraham Harold Maslow, 오혜경 역, 『동기와 성격: 인간 본성에 대한 탁월한 통찰』, 연암서가, 2021; 정태현 외 역, 『존재의 심리학: 자아실현에 이르는 인간 행동과 욕구의 매니지먼트』, 문예출판사, 2005; 로저스Carl R. Rogers, 주은선 역, 『진정한 사람 되기: 칼 로저스 상담의 원리와 실체』, 학지사, 2009를 참조하라.

것은 "자기 자신을 실현하려는, 자기의 잠재력을 펼치려는 인간의 성향"41을 말한다. 그것은 "사람은 자기가 될 수 있는 것이 되어야 한다. 본능에 충실해야 한다"42는 정언명령으로 요약될 수 있을 것이다. 진정한 내적 자아의 그와 같은 펼침은 자아성장을 의미하며, 개인의 전기 전체에 적용될 수 있을 것이다. 다른 한편 자아실현은 매슬로가 결핍-동기[부여]Deficiency-motivation와 반대되는 존재-동기[부여]Being-otivation 라는 용어로 부르는 일상적 태도를 의미하는데, 그는 그것을 "절정 경험peak experience"43을 위해 영원히 애쓰는 것과 동일시했다. 보다 흔한 결여-동기부여가 합목적성, 즉 사회적 기대를 충족시키고, 결국 결여의 보상을 지향하는 경향이 있는 반면 존재-동기부여는 완전한 강도 속에서 어떤 순간을 목적으로부터 자유롭게 경험하는 것을 지향한다. 따라서 그와 같은 성격 유형의 양극성은 합목적적 행동 그리고 그 자체를 위한 지각 행위의 차이에 상응한다. 따라서 자기를 실현할 수 있는 사람은 일상생활의 더 많은 요소를 자체의 목적을 위해 수행되는 그와 같은 지각 행위로 변형시킬 수 있다. 특수한 유형의 경험은 "부모가 되는 경험, 사랑의 경험, 신비 체험, 광활함 체험, 자연 체험, 미학적 지각, 창조적 순간, 치료적 또는 지적 통찰, 오르가즘 체험, 특정 운동에서 성취를 맛보는 순간 등"44 그와 같은 자기목적성이 될 운명을 사전에 갖고 있다.

41 로저스, 『진정한 사람 되기: 칼 로저스 상담의 원리와 실체』, 395페이지.
42 매슬로, 『동기와 성격: 인간 본성에 대한 탁월한 통찰』, 67페이지.
43 같은 저자의 『존재의 심리학: 자아실현에 이르는 인간 행동과 욕구의 매니지먼트』, 185페이지 이하를 참조하라.
44 앞의 책, 187페이지.

매슬로가 말하는 그와 같은 '절정 경험'은 평균적인 합목적적 행동에 묶여 있는 지각과는 철저하게 구분되어야 한다. 그것은 지각 자체를 위한 지각의 대상에 총체적으로 주목을 집중하고, 보다 복잡하며 덜 선별적이며, 미지의 것과 불안감을 주는 것을 두려워하지 않기 때문이다. 그와 같은 상태가 로저스가 "경험에 열려 있음"[45]이라고 부르는 것에 상응한다. 절정 경험에 대한 그와 같은 이해와 함께 그와 다른 자아성장심리학 저자들은 다름 아니라 고전미학 담론에서 목적으로부터 자유로운 미학적 경험으로 부르는 것에 대한 재정식화를 제공했다. 그리하여 이 유형의 경험은 이제 전적으로 일상생활 속으로 통합되며, 그와 함께 점점 더 미학적 성격을 띤다는 차이가 존재한다. 이 의미에서 긍정심리학은 일상생활의 포괄적 미학화를 위한 프로그램, "그 자체로서 타당하고 정당한 순간, 다시 말해 그 자체로서 본질적 가치를 지닌 순간으로 느껴지는"[46] 절정 경험으로 충만해진 일상생활의 프로그램을 대변한다.

자아실현을 생활세계의 미학화로 바라보는 보다 포괄적인, 보다 근본적인 개념 그리고 인간 잠재력의 전기적(傳記的) 전개라는 보다 좁은 개념 모두 삶 전체로 확대된 창조성 개념을 수반한다.[47] 그와 같은 이해에서 창조성은 단지 두드러진 창조 행위나 인지주의적인 문제 해결 능력에만 국한되지 않는다. 그것은 일상적이고 선별적이며, '얇은' 지각을 총체적이고 '두꺼운' 지각으로 변형시키는 것과 관련되어 있다.

---

45 로저스, 『진정한 사람 되기』를 참조하라.
46 매슬로, 『존재의 심리학』, 196페이지(강조는 원저자 것이다).
47 아래 논의에 대해서는 앞의 책, 282페이지 이하를 참조하라.

삶의 실천의 모든 영역에서 그와 같은 변형을 완수하는 것이 자아실현자의 전기의 특수한 구조를 이룬다. 그와 함께 '자기를 실현하는(SA) self-actualizing' 창조성 — 매슬로는 그것을 예술가와 발명가의 단순히 전문화된 '특수한 재능으로서의 창조성'과 구분한다 — 은 그와 같은 기본적 능력, 즉 대상의 놀라운 속성 그리고 일상세계의 상황을 가시화하고 그것을 가능하게 만들 수 있는 새로운, 미학적인 지각적 태도를 발달시키는 능력으로 이루어져 있다. 지각은 두려움으로부터 자유롭고 비도식적으로 이루어지므로 놀라운 세목이 주목받도록 만들 수 있다. 이 노선을 따라 메이는 창조성을, 세계를 재형성하기를 원하는 대신 있는 그대로 받아들이기를 바라면서 대면할 수 있는 능력으로 규정한다.[48]

1세대 자아성장심리학은 자아를 사슬로부터 해방시킨다는 수사학적 제스처와 함께 등장했다. 결여-동기부여를 가진 사람과 존재-동기부여를 가진 사람 간의 주요한 차이는 내재적으로 비대칭적인 것으로 간주되었다. 첫 번째 유형은 사회적 기대를 따르는 반면 두 번째 유형은 만약 단지 할 수만 있다면 자아가 자연스럽게 지향해야 할 이상을 가리켰다. 하지만 자아성장심리학이 1960년대 말 이래 점점 더 대중적 인기를 끌게 되자 자아실현 유형이 심리적 정상화 프로그램의 모델이 되었는데, 그것은 정상성을 궁극적으로는 미학적 · 창조적 활기 — 모든 인간존재는 선천적으로 그렇게 될 수 있는 잠재력을 가진다 — 의 최대치를 구현하는 규범적 이상으로 확립하려고 했다. 모든 인간존

---

[48] Rollo May, *The Courage to Create*, New York 1975를 참조하라.

재는 그와 같은 상태를 획득해야 하며, 동시에 의식적으로건 그렇지 않
건 그것을 얻기를 원하는 것으로 추정되었다. 개인이 어떤 방식으로 창
조성을 개별적으로 발달시키는가는 분명히 개별적인 경우마다 다를
것이므로 핵심적 의미를 갖지 않는다. 결정적인 것은 창조적 자아의
일반적 형태에 이르기까지 지각의 구조와 전기傳記가 변형되는 일이 일
어나는 것이다.

자아성장심리학 속에서는 분명히 그와 같은 심리학적 정상화 경향
의 뚜렷한 형태를 볼 수 있는데, 가령 고완의 『창조적 개인의 발달』[49]
이 그렇다. 그는 여기서 창조적 자아의 발달단계라는 심리학 모델의
윤곽을 그려 보인다. 그는 피아제와 에릭슨의 인지주의적·도덕적 발
달심리학을 약탈한 다음 자아성장 측면에서 재정식화하면서 창조적
자아와 창조적 자아실현을 인간발달의 진정한 목표로 제시한다. 여기
서 창조성은 본질적으로 항상 무시무시한 무질서를 즐거운 복합성으
로 변형시키는 것을 전제한다. 에릭슨의 발달단계론에 따르면 개체발
생에서 결정적 단계는 3단계, 즉 학령 이전 단계, 그리고 6단계, 즉 청
년기 이후 단계이다. 고완에 따르면 사회적 문제는 대다수 사람이 그
와 같은 창조적 단계까지 성공적으로 오르는 데 실패하고 보다 낮은
단계에 퇴행적으로 머무는 데서 기인한다. 그는 이렇게 말한다.

> 창조적으로 되는 데 실패한다는 것 …… 은 완전한 발달에 실패하고, 그것
> 에 미치지 못함을 의미한다.[50]

49 John Curtis Gowan, *The Development of the Creative Individual*, San Diego 1972.
50 앞의 책, 101페이지.

이 주장은 비정상성에 대한 고전 심리학의 주장을 뒤집고 있다. 즉 고완은 신경증자와 정신병자에게 과도한 천재성이나 창조성이라는 속성을 부여하는 대신 둘을 지체의 극단적 사례로, 창조 이전의, 두려움으로 가득한, 엄격한 규칙에 의해 지배되는 상태 속에 얼어붙은 극단적 사례로 해석한다. 그가 말하는 창조적 자아의 발달심리학은 심리치료와 조언 그리고 "완전한 성인이 되기 위한 발달 과정에서의 지원"[51]에 대한 요구를 위한 폭넓은 프로그램에서 정점에 달한다. 그와 같은 지원은 새로운 형태의 영구적이고 폭넓은 토대를 가진 심리학적 도움으로 이어지며, 모든 사람이 창조성의 개체발생적 사다리의 여러 단을 오르는 데 도움이 되는 것으로 가정된다.

창조성과 지능검사

1950년 9월에 길포드는 펜실베니아주립대학교에서 열린 제 58회 〈미국심리학회〉에서 개막연설을 했다. 강의 제목은 '창조성'[52]이었다. 그는 지금까지 심리학 연구가 창조성의 전제조건을 다루는 것을 게을리하다 제대로 다루는 데 실패한 것을 개탄하면서 그와 같은 무지 상태를 당대의 미국문화의 골칫거리로 비난했다. 전 지구적 차원에서 체제대결을 위해 하이테크경제가 글로벌 시장을 놓고 경쟁하면서 미국은 창조적 재능을 최대한 이용할 필요가 있었다. 제2차세계대전 종전

---

51 앞의 책, 109페이지.
52 Joy Paul Guilford, "Creativity", in *American Psychologist* 5(1950), S. 444-454를 참조하라.

5년 후인 그때까지도 추축국에 대해 군사기술적 우위를 점할 필요에 대한 기억이 아직도 생생했으며, 그것은 소련과의 정치적·경제적 경쟁이 시작되었다는 의식을 고조시켰다. 그에 따르면 최고의 경제적·기술적 성취에 이르는 길은 국민의 뇌 속에서, 창조성에서 시작된다. 그것은 그로 하여금 이렇게 묻도록 촉구했다.

> 왜 우리는 지금보다 더 많은 숫자의 창조적 천재를 만들어내지 못하는가? 계몽된 근대적 교육을 실천하고 있다고 말하면서 말이다.53

심리학은 여기서 병리와 정신적 고통을 물리치기 위한 도구보다는 정신적 자원의 증진을 위한 제도로 다시 한 번 파악되었다. 자아성장 심리학과 마찬가지로 그의 인지주의적 창조심리학 또한 창조 잠재력의 모든 가능성을 이용하고 다 찾아 쓰는 것을 목표로 했다. 자아성장 심리학이 사회적 기대에 대한 고려로부터 자유로운 전체론적 성격을 만들어내는 것을 추구한 반면 길포드는 물론 심리학의 사회적 유용성을 강조했다. 그리하여 창조성은 인지주의적 문제 해결 능력으로 파악되며, 그것을 위한 모델 또한 예술가가 아니라 과학자와 발명가였다.

1950~1960년대에 그와 같은 인지주의적인 창조성의 심리학은 물론 비록 지능검사라는 맥락에서였지만 또한 성격의 전체성에도 관심을 가졌다. 그것이 20세기 전반기에 가장 큰 영향을 미친 차별심리학의 한 버전으로, 성격 유형뿐만 아니라 또한 개인능력 간의 차이에

---

53 앞의 책, 26페이지.

도 관심을 가졌다. 20세기 초의 지능연구는 비네$^{Alfred\ Binet}$와 스턴즈 $^{William\ Sterns}$가 이 장 전체를 'IQ'로 뒤덮어버릴 때까지는 무엇보다도 아이와 청소년의 학업성취 문제에 초점을 맞추었다. 1920년대에 터먼에 의해 광범위한 검사가 연속 시행됨에 따라 지능연구가 예외적인 인지적 재능에 대한 심리학의 관심을 집중시키기 시작했다.[54] 그는 천재라는 고전적 형상을 명시적으로 언급하며 그것을 '예외적 재능$^{exceptional\ talent}$'으로 개주改鑄했다. 그는 지능을 본질적으로 학업 성취와 관련된 수학과 언어 능력으로 국한시켰으며, 애초부터 통계적으로 정상분포된 것으로 간주했다. 그는 천재 담론에 의해 병리적인 것으로 불신 대상이 되어온 예외적인 인지적 재능을 복권시켜 그것을 미심쩍은 외부자의 속성이 아니라 오히려 전문직업을 가진 사회 엘리트의 자격 프로필로 만들길 원했다. 따라서 그의 검사의 중심에는 성공한 예외적 재능과 성격적·도덕적 안정성 사이뿐만 아니라 어린 나이의 예외적 재능과 후일의 전문직업적 성공 간의 의존관계를 증명해줄 것으로 기대되는 장기연구가 계속 쌓여갔다. 하지만 널리 수용된 터먼의 지능 개념에서 창조성은 별도 주제로 다루어지지는 않았다. 대신 일반인지지능 또는 '일반 능력 g'의 한 구성요소로 포함되었다.

인지주의적 창조성 연구 운동은 바로 이 지점을 공격했는데, 길포드와 함께 시작된 그것은 1966년에 『토란스의 창의성 테스트^{TTCT}』[55]

---

[54] Lewis Madison Terman, *Mental and Physical Traits of a Thousand Gifted Children. Genetic Studies of Genius*, 5 Bde., Stanford 1925. 터먼의 책에 대한 비판적 검토로는 Joy Paul Guilford, "Creativity. Yesterday, Today, and Tomorrow", in *Journal of Creative Behaviour* 1(1967), S. 3-14를 보라.

[55] Ellis Paul Torrance, *Torrance Tests of Creative Thinking*, Princeton 1966을 보라.

와 함께 정점에 달했다. 여기서 창조성[창의성]은 여러 능력의 자율적 묶음으로 이해되었으며, 그것이 수학적 지능 및 언어적 지능과 맺는 정확한 관계는 이론적으로 사전에 규정될 수 없을 것이다. 이 검사는 지금까지의 지능연구가 인간 지능의 다면성과 복합성을 무시해왔음을 주장한다. 창조성의 심리학은 복합 지능 유형 모델을 통해 지금까지의 연구와 결별했는데, 여기서 창조성은 '단순한' 수학적 지능과 언어적 지능에 비해 보다 높은 자릿값을 갖는다. 창조성은 지금까지 인지적 지능이 그랬던 대로 표준적인 경험적 검사에도 수용 가능한 것으로 간주되었다. 길포드는 창조지능을 분리시키기 위해 '수렴적 사고 convergent thinking'와 '발산적 사고 divergent thinking'라는 결정적 구분을 도입했는데, 그것은 광범위한 범위에 걸쳐 한층 더 자세하게 분기되어 나갔다. 지금까지의 지능연구는 지능이 수렴적 사고, 즉 논리적 조작을 정확하게 수행할 수 있는 능력과 등가임을 당연시해왔다. 길포드에게 그것은 결국 단지 학교에서 공부를 잘하는 데나 유용한 재생적 사고일 뿐이다. 반대로 창조성은 발산적 사고, 즉 비관습적 관점을 발달시키고 기왕의 해법이라는 상도常道에서 벗어날 수 있는 능력이다.

이 의미에서 창조성은 질적으로 뿐만 아니라 양적으로도 규정될 수 있을 것이다. 순전히 양적인 규정은 배런의 저서『창조성과 심리적 건강』에서 발견되는데, 그것은 가장 독창적인 대답을 가장 드물게 주어지는 것으로 규정했다.56 질적 창조성 개념은 새로운 패턴과 연합을 만들어낼 수 있는 능력과의 일반적 동일시 그리고 실천적 문제를 해결

---

56 Frank Barron, *Creativity and Psychological Health*, New York 1963, 200페이지 이하를 보라.

할 수 있는 보다 특수한 능력과의 일반적 동일시 사이를 동요했다. 토란스의 광범위한 『TTCT』는 두 요소를 모두 포함하며, 그리하여 이론과 실천 간의 일정한 모순으로 이어진다. 토란스는 창조성을 이렇게 도구적으로 규정한다. 즉 합목적이며, 지식에서 나타나는 문제, 결여, 간격, 빠진 요소, 부조화 등을 찾아낼 수 있는 감각을 발전시키고, 그때그때마다 부딪히는 어려움을 식별하고, 해결책을 찾으며, 결여된 것을 추측하거나 가설을 정식화하며, 검증하고 재검증하며, 가능하면 수정해 재검증하며, 마지막으로 결과를 전달하는"[57] 질서정연한 과정이라는 것이다. 동시에 이 문제 해결 과정을 넘어서는 실험적·유희적 사고를 측정하기 위한 일련의 검사가 디자인되었다. 그와 같은 시험의 언어 부분에서 피험자는 가령 일상용품에 대한 비일상적 사용법을 떠올려보거나 주어진 이미지로 재현된 사건에 대해 이야기를 고안할 것을 요구받았다.

1950년대부터 창의성 테스트와 병행해 창조성을 배양하기 위한 실천적 기술을 발전시키기 위한 작업이 이루어졌다. 가령 오스번은 창조성 테크닉으로서의 브레인스토밍 방법을 발전시켰다.[58] 그는 새로운 생각의 생산을 팀 전체의 집단적 노력으로 이해했으며, 생각의 발생을 작동시키기 위한 설문지를 개발했다. 초현실주의의 실험적 탐구 recherches experimentales에서처럼 오스번식 버전의 창조성의 기술은 집단 내의 방해요소 — 무엇보다 상호 제재의 위험 — 를 피하고 상호 자극을 증가시키는 것을 목표로 했다. 고든이 하버드대학교에 설치한 〈창

---

[57] Torrance, *Torrance Test of Creative Thinking*, Bd. 1, S. 6.
[58] 오스번Alex Osborn, 『창의력 개발을 위한 교육』, 교육과학사, 1999를 참조하라.

조공학^{Synectics}-그룹〉을 통해 발전시킨 창조성의 기술도 그와 비슷한 방향으로 나아갔다. 거기서도 또한 이질적 집단이 창조적 자극을 위한 조건으로 간주되었다. 그와 같은 프로그램은 창조성을 촉진하기 위한 정언명령을 예술적 아방가르드에게서 차용했다. 그에 따르면 **창조공학** 과정은 '낯선 것을 익숙하게 만들고', "익숙한 것을 낯설게 만드는 것"59을 포함한다.

하지만 그렇게 해서 자리 잡게 된 인지주의적인 창조성의 심리학은 창조성 배양이라는 실천적 목표 속에 포함된 어려움을 반영한 경계 구분 문제에 직면했다.60 한편으로 창조성의 심리학의 목표는 창조성을 사회에 바람직한 것으로 분명히 긍정적으로 평가하는 데 있었다. 다른 한편 이 이론은 바람직한 유형의 새로운 창조적 생각과 미심쩍은 유형의 새로운 창조적 생각을 구분할 것을 강요받았다. 종류를 불문하고 무조건 요구만 하는 발산적 사고는 위험한 것으로 드러날 수 있었다. 이 맥락에서 순응주의적 성격과 창조적 성격 그리고 반순응주의적 counterformist 성격을 구분하는 크러치필드 입장은 여러모로 시사적이다.61 창조적 유형과 순응주의적 유형 간의 대립이 그와 같은 논쟁에 문화비판적 추동력을 부여했다. 창조적 유형은 — 불행히도 이 장을 지속적으로 지배하는 사회적 순응주의 유형과 반대로 — 자아의 힘 덕

---

59 William J. J. Gordon, *Synectics*, New York 1961, S. 35.
60 이 과정에서 이미 1949년에 버클리에서 〈Institute for Personality Assessment and Research〉가 그리고 1954년에 〈Creative Problem Solving Institute〉가 설립된 것이 중요한 일보를 이루었다.
61 Richard S. Crutchfield, "Detrimental Effects of Conformity Pressures on Creative Thinking", in: *Psychologische Beitraege* 6(1962), S. 436-471.

분에 충분한 발산적 사고가 가능하다. 여기서 다시 한 번 창조성은 단순한 인지적 지능과 관련될 필요가 없다. 즉 순응주의는 단순한 인지적·논리적 지능과 완전히 관련되는 경향이 있다. 하지만 앞의 대립의 다른 쪽에서 그는 창조 능력의 소유자를 '반순응주의자'와 구분한다. 창조자와 반순응주의자 모두 새롭고 비범한 생각을 생산하지만 반순응주의자의 생각은 내구성을 결여하고 있다. 반순응주의자는 원리상 다수와 상충되며, '차이를 위한 차이'를 추구하기 때문이다. 그 결과가 유사-창조 행위로, 그것이 그를 가령 "상류사회의 부유층이 애호하는 총아"[62]로 만든다. 크러치필드는 반순응주의자를 눈에 띄게 미학적·예술적 성격과, 보헤미안 문화 그리고 '기이한 것'을 선호하는 보헤미안의 성향과 결합시킨다.

1960년대 중반에 잭슨과 메식 또한 생산적 창조성을 비생산적 창조성과 구분할 필요가 있다고 보았다. 당연히 두 사람은 새로움과 비범함을 창조 행위에 필수적인 특징으로 받아들였지만 그것 자체만으로는 불충분한 것으로 간주했다. 두 사람이 쓰고 있듯이 "어쨌건 그저 특이하기만 한 것oddities은 제거되어야 한다."[63] 진정한 창조성은 또한 사회적으로 적절하고 맥락에도 부합해야 한다. 비록 두 저자 모두 받아들이듯이 창조자가 비판자보다 우월함이 결국 드러나지만 말이다. 하지만 두 사람은 심지어 지속적으로 변하는 해석을 제공할 수 있는

---

[62] 앞의 책, S. 469.
[63] Philip W. Jackson/Samuel Messick, "The Person, the Product and the Response: Conceptual Problems in the Assessment of Creativity", in *Journal of Personality* 33(1965), S. 309-329, 여기서는 313페이지를 참조하라.

예술작품 같은 최고의 창조적 단계에서도 앞의 구분을 고수한다. 두 사람은 이렇게 쓴다.

> 한편으로는 응축[의미의 단일성과 일관성]과 다른 한편으로는 카오스적 복잡성을 구분할 필요가 있다.[64]

창조성이 교육적·정치적으로 배양할 만한 가치가 있는 것으로 간주되자마자 그와 함께 독창성의 역설 문제가 새로운 형태로 제기되었다. 우리는 이미 예술의 사회적 장에서 그와 같은 역설의 한 버전을 살펴본 바 있다.[65] 어떤 새로움의 진정한 가치는 동시대인에 의해 무조건적으로 판단될 수는 없다. 하지만 만약 창조성이 제도적 틀 내에서 교육학적·교육적·직업 훈련적 수단의 목적이라면 그것은 판단되어야 한다. 그와 같은 필요성이 종종 인지주의적인 창조성의 심리학으로 하여금 심리학적·인지주의적 어휘로부터 사회적 어휘로, 흔히 심리학자들로만 이루어진 청중에게만 창조성을 증명하는 것에만 관심을 두도록 방향을 바꾸어버린다. 하지만 동시에 그와 같은 공적 관찰자는 불가피하게 예외적으로 창조적 재능을 측정하고, 인간의 정신 속에 들어 있는 인지구조로서의 창조성을 논리적 지능을 측정하는 것과 유사한 방식으로 측정하기 위한 시도에 경험적으로 개입할 것이다. 가령 만약 크러치필드의 반순응주의자가 청중을 전략적으로 고려해 그에게 자기의 창조성을 설득하려고 한다면 그것은 실험에 수용 불가능한 영

---

64 앞의 책, 320페이지.
65 앞의 2. 2를 참조하라.

향을 끼칠 것이다. 따라서 인지주의적인 창조성의 심리학은, 그것이 진정한 창조성으로 간주하는 것을 단지 겉만 창조적인 것 — 그것은 청중에 지나치게 초점을 맞추거나(유행의 반순응주의자) 아니면 충분히 맞추지 못하거나(미친 것 또는 기이한 것의 터무니없음) 둘 중 하나이다 — 으로부터 구분하기 위해 지속적으로 새로운 접근법을 수용할 것을 강요받게 된다.

5 규범으로서의 창조성: 창조적 실천의 심리학 이론들

우리는 제2차세계대전 이후, 심리학에서 창조성을 주제로 그것을 정교화하려는 노력이 두 개의 상보적 장으로 나뉘지고 있음을 살펴보았다. 자아성장심리학은 사적 자아의 치료에 중심을 둔 반면 인지주의적인 창조성의 심리학은 직업에서 유용한 창조 능력의 진단과 촉진에 관심을 갖고 있었다. 이 두 주체화 프로그램이 1980년대 이후 상호 수렴되고 서로를 지지하기 시작했음을 암시하는 많은 증거가 존재한다. 창조적 자아와 관련해 당시 심리학적으로 그와 다른 대안이 존재하지 않는 것처럼 보이게 된 것은 특히 그처럼 둘이 복잡하게 얽히게 된 덕분이었는데, 그것이 사회적인 창조성-장치의 수립에 필요한 중요한 초석을 제공했다. 그 결과 *창조적 실천의 심리학*이라고 부를 수 있는 것이 등장하게 되었다. 이제 창조성이 심리적 삶의 프로그램 전체와 일상의 실천 모두의 지향점이 되는데, 그것의 중심에는 '창조적 하비투스', 즉 일군의 구현된 도식과 전략이 자리 잡게 되었다. 그것이 주체가 새로움을 유쾌하게 지각하고 산출하는 것을 영구적으로, 그리고 외견상 자연스럽게 할 수 있도록 해주며 또 자기-실험을 가능하게 해준다. 창조적 실천이라는 심리학 이론은 창조적 자아라는 이상을 사적이고 전문직업적인 일상생활의 실용주의Pragmatismus 속으로 통합했다. 무엇보다도 세 가지 정언명령이 자아의 그와 같은 테크놀로지를 특징지었다. 즉 일상의 지각의 변형이라는 미시논리, 예술가의 이상을 확장해 그것이 모두를 포함할 수 있도록 만든다는 의미에서 일상의 창조 테크닉을 발전시키는 것 그리고 주목시장에서 사회 전략으로서 창조성에 집착하는 태도를 발전시키는 것이 그것이다.

1980년대 이래 '긍정심리학'에서는 개인의 자아실현이라는 대규모 프로젝트를 일상생활이라는 미시적 수준에서 주목의 영구적 변형으로 리모델링하려는 경향이 점점 두드러져왔다. 매슬로의 원대한 '절정 경험'은 여기서 칙센트미하이에 의해 창조적 자아의 목표로서의 보다 일상적인 몰입flow 경험으로 교체되었다. 브로드벡은 이렇게 주장하며 본인 저서를 이 맥락 속에 위치시킨다.

> 창조성은 일상적이다. 외견상 중요해 보이지 않는 모든 행위도 발견될 필요가 있는 창조적 측면을 감추고 있다. 그것을 간단히 역설적으로 표현해보자면, 당신은 창조적으로 되자고 결정함으로써 창조적으로 될 수 있다.[66]

여기서 결정적인 것은 인간 주체가 아니라 변화하는 개별적 상황 속에

---

[66] Karl-Heinz Brodbeck, *Entscheidung zur Kreativität*, Darmstadt 1995, S. 2.

서 이루어지는 행동의 실천의 흐름과 함께 시작하는 것이다. 이 관점에서 볼 때 창조성은 상황의 독특성에 '주의를 기울일 것'을 요구한다. 창조성은 기회가 주어지기만 한다면 저절로 발휘될 것이다. 우리가 있는 그대로 놔둘 때의 일상적 사물의 자연적 존재로 나타날 것이 그것이다. 더 나아가 그런 식으로 우리의 지각 능력을 열어주기 위한 일상의 기술이 풍부하게 이미 존재한다.

칙센트미하이는 처음에는 고전적 방식으로 예술가가 하는 창조노동을 위한 조건에 관심을 두었지만 그와 같은 종류의 일상의 창조적 상태의 핵심으로서의 몰입 현상을 발견했다. 지각을 넓게 열어주는 그것은 특정한 과제에의 철저한 집중을 의미하며, 주체에 의해 무한하고 만족스러운 것으로 지각될 수 있다.[67] 그와 같은 상태와 관련해 가장 주목할 만한 가치가 있는 것은 그것이 합목적적 행위와 목적으로부터 자유로운 지각을 구분하는 고전미학의 입장을 토대부터 훼손시키는 것이다. 한편으로 몰입 같은 행위는 행동할 필요로부터 자유로운 행위가 결코 아니기 때문이다. 실제로 그것은 집중을 요하는 도전적 과제에 적극 개입하는 것을 포함한다. 다른 한편 그에 따르면 그와 같은 행동은 '자기목적적 경험'으로 체험된다. 지각 전체를 강화하고 복잡성을 높이는 일이 자기목적으로 일어나며 쾌락-감각과 결합된다. 그것이 '최상의 체험optimal experience'이다. 몰입-상태는 '지루함'과 '불안' 사이의 정중앙을 차지한다. 그것은 집중의 기분 좋은 상태로, 강요되

---

[67] 칙센트미하이Mihály Csíkszentmihályi, 최인수 역, 『몰입』, 한울림; *The Evolving Self. A Psychology For The Third Millenium*, New York 1993; 노혜숙 역, 『창의성의 즐거움』, 북로드를 참조하라.

지 않은 상태와 안도감을 결합시킨다. 따라서 창조성은 모종의 새로운 종류의 행위의 결과가 아니라 지각의 구성을 바꾸는 데 들어 있다. 창조성은 그 자체로서 포괄적 능력이다. 창조적 하비투스는 가장 통속적인 종류의 행위도 도전적 상황으로 변형시킬 수 있다.

일상생활의 영위 방식의 총체적 변형은 또한 1990년대 이래 창조성의 테크놀로지의 목표이자 (원-)심리적 치유 실천으로 나타났다. 브레인스토밍이 단지 아이디어를 생성하는 방법만 제공한 반면 창조성의 테크놀로지는 일상생활을 영구적으로, 지속적이고 창조적으로 변형시키는 경향을 보였다. 그에 상응하는 자조 문헌에서 예술가가 명시적으로 모델로 형상화되었는데, 그는 결국 일상의 과정을 의미론적으로, 지각적으로 배치하는 포스트모더니즘예술가 유형을 점차 닮아갔다. 작품과 사적 영역 간의 경계 해소는 예술가라는 전문직뿐만 아니라 창조산업에 고유한 특징이기도 한데, 그것이 그와 같은 종류의 영구적인 창조적 자기-계발을 위한 문화적 배경을 제공한다. 타프의 창조성 매뉴얼인 『창조적 습관: 삶을 위해 그것을 배우고 사용하자』[68]가 좋은 예를 제공해준다. 그녀 설명에 따르면 전문직업적 창조작업은 개인을 자원으로 삼아 창조성을 발전시키는 일반 노동이 되는데, 그와 같은 자원은 우연의 산물도 또 재능의 결과도 또 어떤 특수한 기술도 아니다. 오히려 창조성은 지속적인 수용의 태도, 새로운 자극을 찾아 환경을 항상 꼼꼼히 살펴보는 성향이다. 타프 말대로 "모든 것이 나의 창조성을 살찌운다."[69] 창조적 자아는 자신의 생애 전체와 성찰적 관

---

[68] 타프Twyla Tharp, 노진선 역, 『천재들의 창조적 습관』, 문예출판사, 2006. 타프는 뉴욕의 저명한 무용가이다.

계를 발전시켜야 한다. 그와 같은 저자는 '당신이 기억하는 최초의 창조적 순간은 무엇인가?', '당신이 지금까지 해본 최고의 생각은 무엇인가?', '당신의 창조적 야심은 무엇인가?'와 동일한 질문 노선에 따라 모든 독자에게 적절한 자기-시험을 이용해 '창조적 자서전'을 작성할 것을 권한다. 모두가 본인에게 고유한 창조적 코드creative code를 발전시켜야 하는데, 그것의 잠재적 존재를 타프는 의문의 여지가 없는 것으로 간주한다. 스미스의 조언집 『어떻게 세계의 탐구자가 될 것인가?』[70] 또한 비슷한 방향으로 나간다. 그는 포스트모더니즘미술의 민족지학적 경향을 수용하며 모든 사람이 수집가의 태도를 받아들여 일상의 대상과 상황을 '탐구하듯이' 접근할 것을 권한다. 일종의 야장野帳[야외 지질조사 시 답사 내용을 자세하게 기록하는 노트]에 의해 방법론적으로 지원받는 그와 같은 일상 실험적 하비투스가 창조적 전문직이나 예술의 프로젝트 같은 특수한 목적을 갖는지 여부는 그의 저서에서는 다루어지지 않는다. 단지 실험적 태도가 일상의 실천의 자기목적이 되어야 한다고만 암시할 뿐이다.

마지막으로 실천 지향적 창조성 훈련에 의해 이루어진 추가적 전환으로는 상호주관적 맥락을 구체적 노력 속으로 체계적으로 통합시킨 것을 들 수 있을 것이다. 여기서 '상호주관적'이란 — 비록 이것 또한 이 유형의 훈련에 의해 지속적으로 권고되지만 — 아이디어의 집단적 생산이 아니라 창조적 성취를 수용자 관점에서 새롭고 귀중한 것으로 사회적으로 인정하는 것을 가리킨다. 그처럼 수용자에게 초점을 맞

---

69 앞의 책, 23페이지.
70 스미스Keri Smith, 신현림 역, 『예술가들에게 슬쩍한 크리에이티브 킷 59』, 갤러온, 2010.

추는 것은 가령 스턴버그의 창조성 **투자** 이론에서 찾아볼 수 있다.71 그에게 창조성의 심리학이 처음부터 강조해온 자유연상 능력은 단지 많은 창조 능력 중 **하나**일 뿐이다. 세 개의 다른 성향 또한 적어도 앞의 것만큼 중요하다. 아이디어 시장에서 사건을 정확히 관찰할 수 있는 능력, 자기 아이디어를 타인에게 설득시킬 수 있는 능력, 마지막으로 이견에 대한 자신감이 그것이다. 창조적 자아는 의식적으로 상대적으로 미지의 아이디어를 추구하는데, 그것은 저항에 부딪히는 동시에 '성장 잠재력'을 품고 있다(그것에 대해서는 앞의 4. 2에서의 논의를 참조하라). 창조적 자아는 위험을 감수하며, 그것의 도움으로 아방가르드의 일부가 되기를 기대할 때는 아이디어 시장에서 비범한 아이디어에 '투자한다.' 반순응주의자 — 유행을 선도하지만 그의 창조성은 진정하지 않으며 문제적인 것처럼 보인다 — 에 대한 크러치필드의 비판과 반대로 스턴버그는 주목을 위한 다툼에 의해 훈련된 창조적 개인이라는 긍정적 모델을 제시한다. 창조적 성취가 처음에는 여전히 새롭고 논쟁적이지만 나중에 — 비록 결코 보장된 것은 아니지만 — 인정받을 수 있는 잠재력을 갖고 있을 때는 비록 지금은 결여되어 있지만 미래에는 수용자의 인정을 확보할 수 있으리라 기대되는 올바른 아이디어에 내기를 걸기 위한 창조적 기획과 임기응변의 재능이 요구된다. 창조적 개인은 아이디어 시장에서의 미래의 사태전개를 예견할 수 있는 그와 같은 능력 외에도 타자에게 자기 아이디어의 타당성을 설득시키기 위

---

71 Robert J. Sternberg, "The Development of Creativity as a Decision-Making Process", in Robert Keith Sawyer(Hg.), *Creativity and Development*, Oxford 2003, S. 91-138.

해 필요한 작업을 기꺼이 수행할 자세를 갖추고 있어야 한다. 성공한 창조적 개인은 이제는 세상사에 어두운 예술가나 과학자 유형이 아니라 오히려 약삭빠른 자기-판매자이다. 하지만 결국 세 번째의 가장 중요한 전제조건은 창조적이길 원하는 것이다. 창조적 개인은 다수에 기꺼이 저항하려고 해야 하며 또 그렇게 할 수 있다. 한동안 논쟁을 무릅쓸 위험을 감수할 준비가 되어 있지 않다면 결코 혁신가로 인정받을 수 없을 것이다.

칙센트미하이와 달리 스턴버그는 모든 삶을 창조성 위에 정초하도록 제안하지는 않는다. 대신 (비록 그의 창조성 모델은 분명히 창조적 자아로서의 인정을 위한 사적 시장 같은 다른 장에도 적용 가능한 것처럼 보임에도 불구하고) 전문직업적 삶에서의 창조적 성취에 관심을 갖고 있다. 그에게서 주목할 만한 것은 이렇다. 즉 뚜렷하게 진단적인 동시에 치료적이며, 규범적인 그의 모델은 연상과 유비를 통한 발산적 사고 능력을 틀 짓는데, 그것은 예술가와 1900년경의 '기업가' 담론 속의 아이디어 기업가Ideenunternehmer를 모두 연상시킨다.[72] 미제스의 투기 개념 그리고 슘페터의 '기업가적 의지' 개념은 모두 '기업가적 자아'라는 맥락에서 신자유주의 담론에서 재등장 중인데, 지금은 상품 대신 문화적 아이디어에 적용되며, 성공적인 창조적 하비투스라는 모델 속에 통합되고 있다. 하지만 창조적 주체의 그와 같은 시장화는 동시에 사회 지향화이기도 하다. 성공한 창조적 인간은 창조성에 대한 수용자의 검증이라는 사회적 게임을 꿰뚫어보며, 대신 이 맥락에서 비판적 일탈과 지연된 수용

---

72 그에 대해서는 앞의 4. 2를 참조하라.

전략을 추구한다. 그 결과 '창조성의 계발: 창조성을 위해 결심할 수 있는 21가지 방식'73이라는 제목의 인재훈련 교육프로그램이 나오게 되었다. 주체는 창조적 일탈에 따른 위험을 감수하도록 자기확신을 갖고, 자기가 가진 기회를 계산하고, 타자에게 창조적 기량을 확신시키는 것에 의해 창조성을 늘리도록 노력해야 한다는 것이다.

6 자아규율에서 창조지향규율로

심리학이라는 복합체의 변형 — 창조성을 병리(학)화하는 것에서 그것을 적극 촉진시키는 것으로 바꾸어버린 변형 — 은 푸코의 모델로도 해석될 수 있을 것이다. 물론 널리 인정되고 있는 대로 그는 서구 심리학의 계보에 대해 단지 단편적 진술만 제공했다.74 주체성의 비정상적 형태의 병리(학)화에 대한 그의 저술은 주로 19세기 심리학의 전사前史에만 관련되며, 1900년경의 정신분석으로 논의를 끝낸다.75 하지만 심리학이라는 복합체의 진화를 19세기 중반부터 현재까지 추적하

---

73 Sternberg, "The development of creativity as a decision-making process", p. 118.
74 푸코는 초창기의 두 저작에서 심리학에서 과학적·법칙과학적 패러다임과 해석학적·실존론적 해석 간에 갈등이 존재한다고 말한다. Michel Foucault, "Die Psychologie von 1850 bis 1950"(1957), in: ders., *Schriften in vier Banden. Dits et Ecrits*, Bd. 1, Frankfurt/M. 2001, S. 175-195. 또한 ders., "Die wissenschaftliche Forschung und die Psychologie"(1957), ebd., S. 196-222를 참조하라.
75 푸코, 이규현 역, 『광기의 역사』, 나남출판과 『비정상인』, 동문선을 참조하라. 20세기의 1/3분기로 푸코의 관점을 연장하는 Nikolas Rose, *The Psychological Complex. Psychology, Politics and Society in England, 1869-1939*, London 1985를 참조하라.

기 위해 그가 다룬 주제들과 관련해 후기 저작에서 도입한 구분을 연장해볼 수 있을 것이다. 통제 또는 통치의 두 가지 상이한 형태로서의 **규율화**와 **통치성**의 구분이 그것이다.76 이 두 가지는 심리학에 적용되면 자아의 통치 유형이라는 측면뿐만 아니라 정상성, 차이, 정동성이라는 측면에서도 구분 가능하다.

규율화는 부정적이고 제한적이고/이거나 또는 긍정적이고 규제적인 주체의 통치[통제] 양식이다. 그것은 주체의 정당한 자기결정권을 부정한다. 더 나아가 내적 충동과 성향은 가능한 한 무시되거나 제거될 수 있는 장애의 잠재적 원천으로 간주된다. 규율화는 주체를 자기 자신을 조직하고 자신의 세계를 구성하는 체계가 아니라 말하자면 푀르스터Heinz von Foerster가 언급한 외부에서 형성된 '시시한 기계'trivial machine' [2차 사이버네틱스에서 말하는 입력과 출력의 1차적 관계를 구현하는 일련의 사회체계를 기리킨다] 같은 것으로 파악한다. 천재를 생각과 행동이 병리적이고, 과도하고 예견 불가능한 사람으로 보는 견해는 19세기에는 흔했는데, 제한과 배제 메커니즘에 기반한 그것을 규율화심리학의 선구자로 이해할 수 있을 것이다. 그것은 정상적이고 예측 가능한 행동과 비정상적인 심리적·정신적 과잉 간의 대립을 기본 축으로 삼았다. 그것은 비정상적 유형을 치료에 맡기거나 배제하는 것에 무엇보다도 관심을 갖지만 또한 일상행동에서의 비정상성과 그것의 확산의 징후를 찾는 것과도 관련되어 있었다.

심리적 **예외** 현상을 겨냥한 그와 같은 규율화심리학은 적극적 규

---

76 이 구분에 대해서는 푸코, 『안전, 영토, 인구』, 특히 2~4번째 강의를 참조하라.

제 대상이 되어야 하는 다수를 규율화 대상으로 삼는 방향으로 확대되는 경향을 보였다. 1920년대에 등장해 사회적 순응을 모델로 제시한 미국의 사회심리학뿐만 아니라 제2차세계대전 이후 급속하게 자리 잡은 행동주의 모두 그와 같은 전략의 두 가지 사례로 이해될 수 있을 것이다. 그것은 심리학에 정통한 가운데 진행되는 사회화를 통해 다수의 행동의 예측 가능성을 전제하는 대신 적극적으로 만들어내려고 시도했다.[77] 규율적 시선의 소실점은 일반적으로 품행의 정상화인데, 그것이 1차 정상화이다. ― 즉 주로 외적인 가시적 행동방식을 겨냥하는 것인데, 여기서 주체의 내적 세계는 본질적으로 블랙박스 상태로 남아 정상화에 어떤 체계적 저항도 하지 않는 것으로 보이기 때문에 아무 관련도 없는 것으로 치부된다. 정상성은 눈에 띄지 않는 순응주의적 행동으로 이해된다. 이상적인 세계에서는 모두가 동일한 방식으로 행동할 것이다. 따라서 무엇보다도 개별성은 '일탈 행동'으로 보이게 될 것이다. 심리적 규율화는 궁극적으로 사회가 사람들에게 예견 가능한 방식으로 행동하도록 어떻게 보장할 수 있는가 하는 물음 ― 산업화, 이주, 도시화, 대기업의 급속한 성장에 의해 특징지어진 사회의 맥락에서 등장한다 ― 에 대한 대답으로 해석될 수 있을 것이다. 규율화는 사회적 성격을 형성하기 위해 애쓰는데, 그것이 20세기 전반기의 조직화된 현대(성)의 핵심 과제였다.[78]

[77] 이 맥락에 대해서는 Graebner, *The Engineering of Consent*; Peter Miller/Ted O' Leary, "Hierarchies and American Ideals 1900-1940", in *The Academy of Management Review* 14(1989), S. 250-265; Ludy T. Benjamin jr., *A Brief History of Modern Psychology*, Malden, Oxford 2007, 93페이지 이하를 참조하라.
[78] 이 개념에 대해서는 Peter Wagner, *Sociology of Modernity*, London 1994를 참조하

그것을 배경으로 '창조성'이 심리학이라는 복합체 내부에서 긍정적 준거점이 되기 위해 그것의 문제와 관점에서 어떤 대대적 이동이 일어나야 했는지가 분명해진다. 관점의 그와 같은 전환이 있으려면 주체의 정신[심리]Psyche이 자가동역학적인, 자신에 고유한 생명을 가진 것이어야 했다. 포스트-규율화심리학은 당연히 단지 정신[심리]의 그와 같은 자기-조직화를 인정하고 무조건적으로 받아들이는 것으로만 만족하지 않았다. 그것은 간접적으로라도 정신[심리]에 **영향**을 미치길 원한다. 하지만 그것은 다시 자아와 세계를 형성할 수 있는 생래적 능력을, 주체의 자가생성autopoiesis 능력을 주체에게 부여할 것을 전제한다. 바로 그와 같은 능력이 포스트-규율화 형태의 통치, '자아규율의 규율'의 통치성을 위한 전제조건으로, 심리학에서 20세기 초에 어렴풋이 모습을 드러내기 시작해 1950년대 이래 속도를 높였다.

하지만 어떤 어휘로 정신[심리]의 그와 같은 내적 역동성이 묘사될 수 있으며, 그로부터 어떤 자아의 테크놀로지가 따라 나오는가 하는 물음이 제기된다. 정신분석은 '자아규율의 규율'의 이 심리학의 첫 번째 버전으로 해석될 수 있을 것이다. 정신분석은 주체를 갈등에 휩싸이기 쉬운 내적 계기의 복합체로 전제하며, 그를 자아성찰로 이끌려고 시도한다. 하지만 창조성의 심리학(후기정신분석은 분명히 이것에 속한다)의 개별적 가닥은 상이한 경로를 따른다. 거기서 주체는 더 이상 일차적으로 전장이 아니며 오히려 지적 행위를 가능하게 하고 궁극적으로 새롭고 만족스러운 지각과 활동을 만들어내기 위해 활용될 수 있는 심

라. 그에 대해서는 또한 이 책 8. 1을 참조하라.

리적 자원의 구조화된 앙상블로 간주된다. 게슈탈트심리학, 후기정신분석, 경험적인 지능 및 창조성 연구 그리고 자아성장심리학은 모두 자기-동역학적인 정신[심리]을 그에 상응해 생산적·활력적인 것으로 간주한다. 규율화심리학은 **제한**과 **규율** 측면에서 정신[심리]에 접근한 반면 정신분석은 자아성찰을 요구했다. 반대로 창조성의 심리학은 정신[심리]적 내면 속에 주어진 것을 **촉진하고 강화시키는** 데 주로 관심을 가졌다. **자아를 자원으로 보는** 이 심리학은 창조적 자아를 초기 설정처럼 전제하며, 그리하여 진단과 치료에서 사회적인 창조성-장치를 한 층 더 튼튼하게 지탱해주게 되었다.

그와 함께 정신[심리]은 처음으로 더 이상 본질적으로 위험한 것이 아니라 말하자면 '호의적이고' '친절한' 것으로 간주되며, 그에 상응해 마찬가지로 호의적인 강화와 지원 대상이 될 수 있었다.79 따라서 자아를 자원[원천]으로 보는 후기현대 심리학은 일차로 단지 '치료'가 아니라 '상담' 형태로 간주된다. 그것은 사회적으로 예견 가능한 개인보다는 경험을 강화시키려고 애쓰는 적극적이고 문제 해결적인 개인을 보호하는 것을 목표로 한다.80 그리하여 동기부여와 수준 높은 삶을

---

79 이념사적으로 여기서 테일러가 선의benevolence의 근대적 세계상이라고 부르는 것과의 연관성을 볼 수 있을 텐데, 그는 그것의 기원을 18세기의 이신론에서 찾는다(『자아의 원천들』, 438페이지 이하를 보라). 말하자면 자아가 자원이라는 심리학은 그처럼 근본적인 선의의 자리를 신에게서 영혼으로 옮긴다.
80 이 주제에 대해서는 또한 Boris Traue, *Das Subjekt der Beratung. Zur Soziologie einer Psycho-Technik*, Bielefeld 2010; Jens Elberfeld u. a.(Hg.), *Das beratene Selbst. Zur Genealogie der Therapeutisierung in den 'langen' Siebzigern*, Bielefeld 2011을 참조하라. 1980년대 이래 심리학에서 주체는 선천적으로 자기를 창조적으로 변형시킬 수 있다는 관념은 점점 더 신경생리학적으로 정초되었다. Marc Runco, *Creativity*, Amsterdam

보장하는 것, 사회적 혁신을 확보하는 것이 후기현대 심리학이라는 복합체의 주도관념이 되고 있다. 이 관점에서 인간 주체는 자신을 변화시키려는 본성적 경향을 가진 것으로 간주된다. 게다가 정동성과 감정성은 규율적 통치와 달리 자아발전의 긍정적 원천, 동기부여의 원천으로 간주된다.[81] 창조적 자아규율의 심리(학)적 규율화 또한 결국 정상성이라는 기준을 완전히 없앨 수는 없으며, 2차 정상화를 발전시킨다. 거기서는 차이 속의 동일성이 지배한다. 정신[심리]은 자가동역학에 따르므로 개인은 상이한 방식으로 발달할 것이다. 하지만 그와 함께 온갖 다양성에도 불구하고 '창조적 자아'라는 추상적 범주에는 적응해야 할 것이다. 실제로 진정 개인적으로 발전하고, 건강하게 자아를 성장시키는 것처럼 보이고, 본인의 '창조적 자전(自傳)'을 발달시키는 것이 그것이다. 그리하여 주체는 개별성[개성]을 발달시키고 경험을 확대할 때만 정상으로 간주될 것이다. 그와 함께 그와 같은 창조적 자아 모델은 내적인 심리적 잠재력을 발전시키는데 관심을 갖기보다는 외부의 사회적 기대를 충족시키려고 하는 관습주의와 구분된다. 1990년대 이래 당시 막 등장한 창조성-장치가 헤게모니를 잡는 것과 관련된 두 번째 구분은 성공한 창조적 주체와 실패한 창조적 주체라는 모델을 사용

---

u. a. 2007, 3을 참조하라. 신경생리학의 대중적 전유는 스페리Roger Sperry의 우뇌와 좌뇌 이론으로까지 거슬러 올라가며, 논리적 능력과 구분되는 창조 능력은 우뇌 쪽에서 찾아낸다. '창조적 두뇌' 전체라는 개념으로 그것에 보다 포괄적으로 접근하는 방법도 존재한다. 그것에 대해서는 Arne Dietrich, "The Cognitive Neuro-Science of Creativity", in *Psychonomic Bulletin & Review* 11(2004), S. 1011-1026을 참조하라.

81 보다 새로운 심리학에서 정서를 그렇게 긍정적으로 이해하는 것에 대해서는 또한 일루즈Illouz, 박형신 외 역, 『근대 영혼 구원하기: 치료요법, 감정 그리고 자기계발 효과』, 한울, 2023을 참조하라.

해왔다. 전자는 창조적 성취에 대한 사회적 인정을 교묘하게 획득하는 반면 그와 정반대 사람은 아이디어의 생산을 위해 요구되는 기업가적 능력을 결여하고 있다.

자아가 창조성의 원천을 이룬다고 주장하는 심리학이 1980년대부터 치료와 상담의 실천을 지배해왔다. 그것은 이전 수십 년 동안 유행한 창조성의 심리학의 여러 가닥뿐만 아니라 게슈탈트심리학의 인지주의적인 실용적 가닥 그리고 지능연구, 후기정신분석의 성격 심리적 가닥, 자아성장심리학으로부터 여러 요소를 차용했다. 창조성은 문제해결 능력이라는 합목적적 모델 그리고 창조성은 그 자체를 위한 일상적 경험을 연장하는 것이라는 미학적·표현적 모델은 상충됨에도 불구하고 서로 결합된다. 이제 창조적·미학적 자기계발에 대한 내적 욕망을 일상생활, 전문직업 그리고 사회적 상호작용에서 문제를 해결할 필요성과 결합시킬 수 있는 주체가 이상이 된다. 따라서 긍정의 창조적 심리학의 목표는 삶의 영위의 **실용적 미학화**가 되는데, 거기서 창조적 실천은 표현적 주체의 자기-목표인 **동시에** 전문직업적·사적 성공이라는 목표의 달성 수단이기도 하다. 그로부터 성공한 창조적 자아는 비순응적·실험적일 뿐만 아니라 또한 창조적 성취에 대해 수용자로부터 인정받는 것을 목표로 한다는 결론이 불가피하게 나온다.[82]

---

[82] 스턴버그 말고도 칙센트미하이 또한 창조성과 관련해 대중이라는 구성요소를 강조한다 (같은 저자의 *Creativity*를 참조하라).

6장

스타시스템의 생성:
표현적 개(체)성의 매스미디어적 구성

창조성을 모델로 해서 인도되는 문화는 불가피하게 그에 상응하는 형태의 개인, 즉 창조적 주체라는 개념을 전제한다. 그것은 사회적으로 특히 두 가지 상보적인 방식으로 형성되고 전파된다. 먼저 창조 능력의 습득을 겨냥한 실천을 수단으로, 두 번째로는 창조적 주체를 매력적인 롤모델로 재현하는 것을 수단으로 그렇게 한다. 앞 장에서 살펴본 대로 자아를 자원으로 간주하는 심리학은 1970년대에 등장한 컨설턴트업 그리고 치료의 실천을 통해 노동, 비즈니스, 행정, 교육 영역에서 ─ 창조적 자아를 사적·전문직업적으로 실현하는데 유익한 ─ 일상의 기술과 동기부여 훈련에 계속 기여해왔다. 20세기가 시작된 이래 외견상 무관해 보이지만 실제로는 상보적인 과정이 진행되어왔다. 즉 특정한 창조적 주체를 매스미디어에서, 특히 시각적 형태로 '명사[셀럽]' 또는 '스타'로 재현하는 것이 널리 확산되었다. 1900년경부터 미국에서 시작된 그와 같은 재현 방식은 유명한 개인을 시각적 형태와 텍스트 형태로 드러내는 것에 대한 이례적 관심을 보여준다.[1] 단지 매우 특별한 전문직업 분야의 선별된 극소수만이 스타가 될 수 있다. 무엇보다도 스타는 강력한 '표현적 개인주의'에 의해 특징지어지는 경향이 있다. 그들의 명백한 독특성과 문화적 생산성은 작품뿐만 아니라 대중적 이미지의 현시 속에서도 실현되고 표현될 수 있어야 한다.[2] 이 의미에서 현대적 스타는 예술가 형상의 계승자임이 드러난다. 그는 대중의 미학적 응시 대상이 된다. 그는 대중이 의사소통하거나 어찌해 볼 수 있는 사람이 아니다. 그보다는 미학적인, 즉 감각적·정동적 대상으로, 그 자체로 응시되는 대상이다.

스타에게 창조성을 부여하는 세 가지 상이한 방식을 구분할 수 있다. 먼저 작품의 생산자(유명[작품] 스타Werk-Star)로서. 두 번째로 본질적으로 본인에게 고유한 자아의 창조자(퍼스낼러티 스타)로서. 세 번째로 물리적[신체적] 퍼포먼스로 이루어지는 작품의 창조자(퍼포먼스 스타performance star)로서. 세 유형의 스타 모두 그를 새롭고 비범하거나 독창적인 것을 만들어낸 사람으로 간주하는 대중의 주목을 이끌어낸다. 그와 같은 창조적 성취는 미학이벤트로, 그 자체로 감각적·정동적 목적으로 지각된다. 유명배우의 창조적 생산물은 예술적이건 그렇지 않건 미학적 대상인 반면 그것의 저자는 작품의 매력적인 대표자로 형상화된다.

1 스타 생성에 대한 개론으로는 P. David Marshall, *Celebrity and Power*, Indianapolis, London 1997; Sean Redmond/Su Holmes(Hg.), *Stardom and Celebrity*, Los Anles, London 2007; 로젝Chris Rojek, 문미리 외 역,『셀러브리티: 미디어, 셀럽문화, 셀러브리티화에 대해』, 한울, 2019를 참조하라.
2 미국문화사와 관련해 표현적 개인주의 개념에 대해서는 Robert N. Bellah u. a., *Habits of the Heart. Individualism and Commitment in American Life*, Berkeley u. a. 1985, S. 142-163을 참조하라. 테일러는『자아의 원천들』, 743페이지 이하에서 그와 비슷하게 낭만주의 이후의 유럽에 대해 표현주의라는 개념을 적용한다.

개성 있는 퍼스낼러티 스타의 경우 스타의 신체와 전기(傳記)는 자아창조 행위의 독창적 산물로 대중을 매료시킨다. 마지막으로 퍼포먼스 스타의 경우 대중은 화면 위에서건 콘서트 무대에서건 '작품' 자체로서의 스타 자신의 신체적 퍼포먼스에 초점을 맞추며, 퍼포먼스가 진행되는 과정을 바라본다. 창조적 주체는 스타로서 '내향적'이기보다는 '외향적'이며, 대중에게서 본인이 미학적 새로움을 생산하는 데 성공했다는 보증을 얻어내려고 한다.3 영화배우, 팝그룹, 뛰어난 화가, 감독, 건축가, 마지막으로 또한 코미디언, 토크쇼 진행자, 빼어난 요리사를 포함하도록 스타시스템 전체를 확대하는 것은 엄청난 사회적 매력을 가진 창조적 주체라는 모델을 마련하고, 창조성-장치를 제도화하는 데 기여한다. 스타는 사회적으로 널리 확산된 이상적 자아라는 모델을 촉진할 수 있는데4, 표현적 개인으로서 거둔 성취로 대중의 비상한 주목을 받으며 그와 함께 과도할 정도로 사회적 인정을 받기 때문이다.

1 매스미디어의 주목 체제

창조적 스타에 대한 대중적 관심의 증가는 주체 지향적 주목 체제의 계보학의 최근 단계를 표시한다.5 스타시스템의 발달에 대한 초기

---

3 '내향적 성격'과 '외향적 성격'의 구분에 대해서는 리스먼, 『고독한 군중』 1장을 보라.
4 영화계의 스타를 전형적인 사례로 볼 수 있는 이상적 자아로서의 스타의 그와 같은 성격에 대한 고전적 논의로는 메츠Christian Metz, 이수진 역, 『상상적 기표: 영화, 정신분석, 기호학』, 문학과 지성사, 2009을 보라.
5 주목 문화에 대한 전반적 분석으로는 Georg Franck, *Ökonomie der Aufmerksamkeit*,

논평 — 그중 가장 잘 알려진 것은 〈프랑크푸르트학파〉에서 유래한다 — 으로는 문화산업에 대한 아도르노와 호르크하이머의 논평, 영화 스타의 이차적 아우라라는 벤야민 개념, '소비의 우상'에 대한 뢰벤탈의 분석을 꼽을 수 있다. 그것들은 스타시스템을 부르주아문화와는 철저하게 대립되는 대중문화의 특징으로 틀 짓는 경향이 있다.6 하지만 여기서 나는 대중문화 이해에서 하나의 역사적 단절이 일어났다는 가정과는 반대로 스타시스템은 명성 체제Berühmtheitsregimen와 관련해 역사적으로 훨씬 더 이전 시기로 올라가는 변형 과정 — 이 틀 내에서 보자면 예술가라는 이상의 등장 자체가 이미 진정 새로운 사태전개를 나타낸다 — 의 일부로 편입시킬 것이다. 브로디는 명성과 유명세의 현대적 조건과 후기현대적 조건이 어떻게 고대, 중세, 근대 초기의 그것과 근본적으로 다른지를 해명한 바 있다.7 명성은 대중의 강렬하고 지속적인 주목 그리고 예외적 개인에 대한 인정의 증가로 이해될 수 있을 것이다. 고대에서 근대 초기까지 명성의 고전적 형태는 정치, 군사 그리고 교회 지도자를 주요 대상으로 삼았다. 반대로 르네상스 이후 유행한 근대적 버전의 명성은 예술가의 개별 작품과 단단히 묶여 있었다. 20세기에 명성은 **스타덤**으로 변형되었으며, 다양한 미디어에 출현하는 표현적 개인성의 다양한 버전을 포함하도록 확대되었다.8

Ein Entwurf, München 1998을 보라.
6 호르크하이머Max Horkheimer/아도르노Theodor W. Adorno, 「문화산업. 대중기만으로서의 계몽」, 『계몽의 변증법』, 183~251페이지, 벤야민, 「예술작품」, 219~225페이지, 특히 220~221페이지; Leo Löwenthal, *Literatur und Gesellschaft*(1964), Neuwied am Rhein 1988을 보라.
7 Leo Braudy, *The Frenzy of Renown. Fame and Its History*, New York 1997을 보라.

현대적 스타와 그의 뛰어남을 특징짓는 형태는 보다 이전 시기의 명성의 정치적 패러다임과 현격한 대조를 이룬다. 전통 사회에서 명성은 일반적으로 출생 그리고 사회통제 권력과 결부된 공직에 의존하는 경향을 띠었는데, 양자 모두 성취와는 유의미한 관계가 없었다.9 명성은 주로 공직과 관련을 맺고 있었으며, 명성의 영역으로부터 사생활을 배제하는 경향을 띠었다. 반대로 예술가와 함께 새로운 패러다임, 새로운 형태의 명성이 발달하는데, 그것에 의해 대중의 주목은 원래의 사회적 신분과는 무관하게 개인이 달성한 예외적 성취를 겨냥하게 되었다. 따라서 성취는 정치권력과 연관되는 것이 아니라 오히려 인공물 — 예술작품이 그것이다 — 의 생산을 포함하는데, 이전이라면 그것만으로는 명성을 누리기에 불충분했을 것이다. 앞서 상세히 살펴본 대로 구체적인 작품 속에서 자아를, 내면의 생각과 상상력을 표현하는 것으로 예술작품을 보는 견해가 그를 자아창조self-ceation를 특징으로 하는 표현적 주체의 원형으로 만들었다.

19세기 말 이래 천재숭배라는 형태의 예술가 신화가 쇠퇴하기 시작하면서 명성 지향 문화 전체가 예외적으로 표현적 개인으로서의 미디어 스타로 방향을 바꾸었다. 그와 같은 이동은 두 측면을 가졌다. 먼저 이제 대중의 주목은 스타의 공적·사적 삶 모두를 향하게 되었다. 두 번째로 스타는 예외적이면서도 또한 평범했다. 스타는 매스미디어에 의

---

8 브로디는 기독교에 의해 영향을 받았지만 현대(성)에 계속 영향을 미친 세 번째 변종을 천재적 예술가 중 대중을 꺼리는 분파에서 찾는데, 그들은 대중의 주목을 받으려는 '허무한' 지향에 대해 전체적으로 회의적인 태도를 보인다.

9 귀속된 특징과 성취된 특징 간의 구분에 대해서는 Talcott Parsons, *The Social System*, Toronto 1951, S. 180 이하를 참조하라.

해 기본적으로 공개적 형상으로 재현되었다. 동시에 사적인 것 — 그의 내력 전체, 개인적 관계와 관심사, 의상 — 또한 예술적 또는 전문직업적 성취를 넘어 공개적 이미지의 일부를 이루었다. 명사는 이상적인 롤모델로 적합한데, 스타는 단지 예술적 또는 전문직업적 성취에 의해서만 규정되는 것이 아니라 '총체적 성격'으로 제시되기 때문에 이상적 자아를 선도할 수 있었다. 그들의 작품과 성격을 통해 하나의 문화적 유형을 대변하는 점(외로운 반항아로서의 말론 브란도, 성난 젊은이들로서의 〈롤링 스톤즈〉)에서 그는 일상적이다.10 하지만 그가 만들어내는 작품의 매혹적인 특이성에 의해, 퍼포먼스나 퍼스낼러티에 의해, 즉 익숙한 모종의 유형에 끼워 넣어질 수 없으며, 그리하여 아우라를 부여받음으로써 예외적 존재가 된다.11

현대적 형태의 명성 일반, 특히 스타라는 형상 모두에게는 명성을 결정하는 구조적 조건이 결정적으로 중요하다. 스타는 매스미디어적 재현의 내부에 통합되어 있기에 미디어테크놀로지의 변형과 긴밀하게 결합되어 있다. 르네상스 이후 예술적 천재의 재현이 처음에는 인쇄라는 매스미디어와 긴밀하게 짝을 이루었다면 19세기 말 이래 스타의 구성은 정기간행물 같은 인쇄물과 스타 저널리즘celebrity journalism의 가일층의 발달뿐만 아니라 또한 무엇보다도 사진, 녹음, 영화, TV 그리고 보다

---

10 스타가 그런 식으로 어떻게 특정 유형을 대변하게 되었는가에 대해서는 가령 다이어 Richard Dyer, 주은우 역, 『스타: 이미지와 기호』, 한나래, 1995을 보라.
11 스타의 아우라적 개(체)성의 이 측면에 대한 고전적 논의로는 바르트, 이화여자대학교 기호학연구소 역, 『현대의 신화』, 「가르보의 얼굴」, 동문선, 96~98페이지를 보라. 최근 논의로는 Jeffrey C. Alexander, "The Celebrity-Icon", in *Cultural Sociology* 3(2010), S. 323-336을 보라.

최근에는 인터넷 등 시각적·청각적 재현을 위한 기술적 복제미디어의 등장 및 보급과 결합되어왔다. 매스미디어는 완전히 하나의 기본 원리라고도 할 수 있는 효과를 갖고 있음을 강조하는 것은 외견상 사소해 보여도 아무리 강조해도 지나치지 않을 것이다. 즉 대중을 포괄적으로 그리고 오랫동안 수용자라는 특수한 위치에, 사건에 적극 참여하거나 만들어내는 대신 단지 인지적·미학적·감각적 시청에만 몰두하는 수용자의 일원의 위치에 놓는 것이 그것이다.12 만약 현대사회가 다양한 사회-장에서 **수용자 기능**의 점진적 형성에 의해 전형적으로 특징지어진다면 미학적 관심을 가진 수용자는 그와 같은 사태전개에서 부각된 자연스러운 결과물 중 하나이다.13 더 나아가 만약 수용자가 창조성-장치가 등장하기 위한 중요한 전제조건이라면 매스미디어는 분명히 이 장치의 발달을 위한 페이스메이커 기능을 떠맡는다. 매스미디어는 이 측면에서 바로 처음부터 예술의 사회-장과 구조적으로 유사한 위치에 놓이며, 또한 부분적으로 그것과 상호 관련되며, 거기서 두 장 모두 인간존재를 본질적으로 수용자로 다룬다.14 숭배 대상으로서의 스타는 수용자가 그렇게 지켜보는 위치에 서게 되는 상황의 성립과 확대를 전제한다.

---

12 (시청각) 매스미디어 사회학에 대해서는 특히 메이로위츠Joshua Meyrowitz, 김병선 역, 『장소감의 상실』, 커뮤니케이션북스, 2018을 보라.
13 수용자 기능이 사회이론에 대해 갖는 의미와 관련해서는 Rudolf Stichweh, *Inklusion und Exklusion*, Bielefeld 2005, S. 13 이하를 보라. 물론 체계이론은 대중의 미학화에 대해 관심을 갖지 않는다.
14 1970년대 이래 포스트모더니즘미술-장에서 수용자가 활성화된 것은 이어 인터넷에 의해 매스미디어 수용자가 활성화되는 것에 상응한다.

그와 관련된 두 번째 측면에서 매스미디어는 창조성-장치 일반, 특수하게는 창조적 스타시스템의 등장을 위한 기술적 전제조건을 제공한다. 구조적으로 인지적·미학적 **새로움**을 내재적으로 **선호하는** 덕분에 그렇게 할 수 있다.15 그렇게 선호하는 데는 이유가 있다. 텍스트와 이미지에 기반한 매스미디어의 기술적 능력은 과잉이라고 할 만큼 많은 기호 그리고 감각적 충동을 대중에게 제공하는 것을 가능하게 해준다. 매스미디어는 미디어화된 지각 그리고 일상적 거래 관계 속에서 이루어지는 대면적 커뮤니케이션 외에도 그것을 훌쩍 뛰어넘어 미디어에 의해 매개되어 제공되는 풍부한 영역의 지각과 커뮤니케이션을 열어준다. 그와 같은 사태에 직면해 미디어이벤트와 비미디어이벤트 사이뿐만 아니라 다양한 미디어이벤트 사이에서도 대중의 주목을 끌기 위한 경쟁이 벌어진다. 그리하여 매스미디어가 대중의 주목을 끌기 위한 전략을 발전시킨다는 것을 뻔히 알 수 있다. 너무나 기본적이어서 굳이 논할 필요조차 없을 만큼 가장 중요한 전략은 새로운 것이라고 주장할 수 있는 이벤트를 생산하는 것이다. 새로움에 대한 그와 같은 선호는 새로운 오락 프로그램, 최근 크게 히트한 신곡, 신간, 변화무쌍하고 비범한 스타들의 퍼레이드뿐만 아니라 '뉴스' 속에서도 표출된다. 그와 함께 매스미디어에는 '자체적으로 낡은 것이 되어버리는' 체계적 경향이 내재하게 된다.

물론 새로움에 대한 체계적 선호는 두 번째의, 겉으로는 그것을 상

---

15 그에 대해서는 루만Niklas Luhmann, 김성재 역, 『대중매체의 현실』, 커뮤니케이션북스, 2006, 26페이지 이하를 참조하라. 미디어화와 창조성-장치 간의 연관성 그리고 그로부터 발생하는 주목 문제에 대한 보다 체계적 논의로는 또한 아래의 8. 3을 참조하라.

쇄하는 경향을 동반한다. 대중의 보다 지속적인 주목을 보장할 수 있으며, 그와 함께 부동^{浮動}하는 주목을 고정시킬 수 있는 상징적 표식^{Marker}의 생산이 바로 그것이다. 그와 같은 표식(대중적인 TV 시리즈, 중요한 정치적 주제, 고전 저자 등)은 비록 보다 영구적인 성격을 가짐에도 불구하고 지속적으로 새롭고 놀라운 이벤트를 부단히 제공하기 위해 충분히 생산적이어야 한다. 새로움에 대한 매스미디어의 선호의 세 번째 특징은 새로움의 정동적 성격이다. 순수하게 인지적인, 주로 정보 획득 — 가령 데일리 뉴스 같은 정보 획득 — 또한 미디어적 새로움의 중요한 일례이다. 하지만 19세기 말 이래 확산된 새로움의 미디어체제는 감각적 자극과 정동적 흥분 그리고 그 자체를 위한 미학적 놀라움에 주로 기반했다.16 여기서는 어떤 '거래'와도 무관한 **정동적** 자극 — 자극이건, 충격이건 또는 놀라움과 흥미라는 보다 부드러운 것이건 — 의 생산이, 즉 매스미디어이벤트가 흥미를 끌고 확실히 주목받게끔 해주도록 기대되었다.

그와 같은 미학적 새로움의 매스미디어 체제 한복판에는 스타의 재현이 존재한다. 사람들은 이런저런 흥미로운 방식으로 자신을 '보통' 사람과 구분함으로써 스타가 된다. 스타시스템에서는 그것을 넘어 항상 새로운 스타가 다시 대중의 주목을 끌도록 밀어 넣는데, 그것은 기준으로부터의 항상 새로운 일탈을 표시한다. 동시에 스타는 항상 새로운 작품과 이벤트를 약속한다. 스타는 '언제든지 알아볼' 수 있음에도 불구하고 결코 고정된 주체가 아니며 오히려 지속적으로 변신하며 수

---

16 이 경향은 다양한 문화비판에 부딪히게 된다. 특히 드보르, 『스펙터클 사회』를 보라.

용자가 결코 완전히 손에 넣을 수 없는 "인식 대상"17이다.

따라서 스타는 상징적 표식으로서의 위상을 굳혀 오랜 기간에 걸쳐 주목을 확보하는 동시에 지속적으로 새로운 이벤트와 작품을 만들어내는 것에 의해 본인에 대한 대중의 관심을 유지한다. 스타는 미학이벤트이다. 매스미디어, 특히 영상미디어의 틀 내에서 어떤 주체를 사물 또는 추상적 실체와는 정반대로 재현하는 것은 일반적으로 감각적·정서적 자극을 만들어낼 수 있는 엄청난 잠재력을 가진다. '이름이 뉴스거리가 된다 names make news.' 그것은 특히 스타에게 해당되는데, 그는 대중에 의해 매력적인 동일시 대상으로 간주되기에 이른다(그것은 또한 테러리스트나 연쇄 살인마 같은 보다 저급의 악명 높은 형상에도 해당된다).18

스타의 이미지화에 의해 제공되는 정동적 동기부여는 쓰기 문화를 시청각문화로 대체한 미디어 혁명에 크게 의존한다.19 그것이 인간의 재현을 위한 조건을 바꾸었다. 스타라는 형상은 (잡지 기사, 저술된 전기 등) 텍스트 수준에서는 오직 이차적으로만 나타나며 1900년 이래 그것의 자연적 서식지는 기술복제된 이미지의 동영상과 녹음 매체였다. 형식적으로 쓰기 매체는 사람을 심리적 내면성 속에서 재현하는 경향을 띤다. 그런데 영상미디어는 주로 지각 가능한 표면에 시선을 고정하도

---

17 과학과 관련해 '인식 대상' 개념에 대해서는 Hans-Jörg Rheinberger, *Experimentalsysteme und epistemische Dinge*, Frankfurt/M. 2006을 보라. 여기서 나는 그것을 미학의 성좌 속으로 옮겨놓고 있다.
18 마지막 사항에 대해서는 아래의 6. 4에서의 논의를 참조하라.
19 미디어테크놀로지에서의 시각성의 특수 구조에 대해서는 특히 John Ellis, *Visible Fictions. Cinema, Television, Video*, London 1992를 보라. 또한 기본 논의로 맥루한, 임상원 역, 『구텐베르크 은하계』, 커뮤니케이션북스; Friedrich A. Kittler, *Draculas Verachtnis. Technische Schriften*, Leipzig 1993을 보라.

록 대중을 훈련시킨다.20 스타는 매혹적인 이상적 자아가 될 수 있는데, 감각적으로 경험 가능한 그의 이미지와 목소리가 그렇게 널리 확산된 매스미디어에 의해 현존하게 된 것에 무엇보다 크게 의존한다. 그것을 통해 신체의 퍼포먼스적 성격이 미학적 응시 대상이 될 수 있기 때문이다.21 일반적으로 아래 사실을 확인할 수 있을 것이다. 즉 미디어스타 시스템은 1920년대 이래 얼굴과 목소리를 가진 지각 가능한 신체로서의 인간존재를 한층 더 미학화하는 방법을 현대문화에게 훈련시켜오고 있었다고 말이다. 이상적 주체라는 형태는 시청각문화에 의해 추동되어 내적 '캐릭터'로부터 매력적인 외적 '유명인Persönlichkeit'으로 옮겨갔다.22 그와 함께 정동 수준에서 관찰자와 스타의 이미지 간의 관계는 대상화와 동일시라는 두 양식 사이에서 동요한다. 첫 번째 양식에서 스타에 대한 리비도적 투자는 스타를 매력적이며, 거의 성스러운 경배 대상으로 바꾸어준다. 하지만 또한 두 번째 양식에서 그와 같은 투자는 동일시 쪽으로, "어떤 이미지를 받아들일 때 주체에게 일어나는 변형"23 쪽으로 전도될 수 있다. 그러면 수용자는 이제 스타 자리를 차지하며, 스타를 본인의 자아를 형성하기 위한 롤모델로 받아들인다.

아래 논의에서는 매스미디어 스타시스템의 계보학을 단계적으로

---

20 이 측면이 벤야민, 「예술작품」, 210페이지 이하에서 지적된다.
21 이 '응시gaze'가 영화연구에서 풍부하게 찾아볼 수 있는 관심사의 주제였다. 가령 Laura Mulvey, "Visual Pleasure and Narrative Cinema", in *Screen* 3(1975), S. 6-18을 보라.
22 이처럼 유용한 구분에 대해서는 Warren I. Susman, *Culture as History*, New York 1985, S. 271-285를 참조하라.
23 라캉, 이종영 외 역, 「에크리」, 「거울단계」, 94[114]페이지. 대상에의 심적 투자와 동일시의 구분에 대해서는 프로이트, 박종대 역, 『성욕에 관한 세 편의 에세이』를 참조하라.

살펴보면서 그것이 어떻게 창조성-장치를 확립하는 데 기여했는지를 살펴볼 것이다. 먼저 19세기 하반기에 미국에서 예술적 스타가 등장하는 것부터 살펴볼 것이다. 그런 다음 1920년대부터 발전하기 시작한 영화계 스타시스템으로, 이어 1950년대 이후의 음악계의 스타시스템으로 논의 방향을 바꿀 것이다. 마지막으로 1980년대 이래 일어나고 있는 스타시스템의 확대와 일반화에 대해 살펴볼 것이다.

2 퍼포머적 자아로서의 예술가 스타

스타의 형상은 먼저 19세기 하반기에 미국의 문화적 맥락에서 등장했다. 그때 공개적으로 노출된 개인은 **스펙터클의 대상**으로 변형되기 시작했다. 특히 예술가가 새로운 가시성 체제의 중심이 되었다. 하지만 그와 같은 체제는 푸코가 연구한 판옵티콘처럼 통치와 분할에 의해 운용되지 않았다.[24] 대신 동일시와 정동적 자극을 생성했다. 앞서 살펴본 대로 예술가라는 현대적 신화의 등장 이래 예술가는 작품과 저자 간에 불가분의 연결 관계가 있다고 확신한 부르주아 수용자의 주목을 끌었다. 르네상스 이래 예술가의 전기와 자서전, 예술가의 초상, 그리고 예술비평 역시 자체에 고유한 방식으로 예술과 개인 간의 연계를 강화시킴으로써 예술가에게 관심을 갖게 만드는데 기여했다. 관심은 특히 고전적인 것으로 간주된 과거의 인물에게 향했으며, 작품의 명성을 회고

---

24 푸코, 오생근 역, 『감시와 처벌』, 나남출판을 참조하라.

적으로 확립했다.

예술적 스타덤의 진정한 체계의 첫 번째 윤곽은 미국에서 19세기 하반기에 등장하기 시작했는데, 특히 휘트먼과 트웨인Mark Twain 같은 문학적 인물을 둘러싸고 그렇게 되었지만 또한 미국으로의 강연여행 과정에서 대체로 미국 저자로 전유된 디킨스Charles Dickins와 와일드Oscar Wilde에게까지 확대되었다.25 얼핏 이 현상은 예술-장에 의해 생성된 저자에 대한 일반 대중의 관심의 단순한 확대인 것처럼 보일 수도 있을 것이다. 하지만 스타시스템의 점진적 확립은 더 나아가 부르주아 예술-장 외부에서 유래했으며, 스타에게 확연한 공개적 가시성이라는 속성을 부여한 요소들에 의존했다. 그것들은 고급문화와 대중문화 간의 경계를 토대로부터 훼손했다. 그 결과 공개적 주목은 일상과 일상 밖에서 **퍼포머적 자아**로서의 스타에게 이끌리게 되었다.26 여기서 그것을 조건 지은 세 요소를 구분할 수 있을 것이다.

1. 19세기의 3/3분기 동안 영상미디어가 발달하고 보급되기 전에 미국의 인쇄미디어는 폰세 드 레온Charles Ponce De Leon이 **명사 저널리즘**celebrity journalism과 **인간적 흥미 저널리즘**human interest journalism이라고 부르는 것을 이미 만들어내던 중이었다. 그것들은 스타 형상을 한 유명인에게

---

25 그리하여 여기서 나는 3. 5에서의 논의 주제인 예술가 스타의 포스트모던적 체계의 전사를 다루고 있는 셈이다.
26 퍼포머적 자아performing self라는 개념은 번즈의 문화사 분석에서 차용한 것으로, 그녀는 그것을 19세기 말에 미국에서 등장한 새로운 유형의 주체를 묘사하기 위한 핵심 개념으로 사용한다(Sarah Burns, *Inventing the Modern Artist*, New Haven 1996, S. 1-16과 S. 221-246을 참조하라).

대중의 이목을 집중시키며, 따라서 그를 스타를 만드는 매스미디어의 정보와 오락 장르였다.27 인간적 흥미 저널리즘은 주로 텍스트 차원에서 운용되었지만 또한 텍스트와 사진을 결합해 이용하기도 했다. 처음에 비부르주아적인 대중지의 생산물은 스펙터클한 뉴스와 희한한 사건 쪽을 향했는데, 이 장르는 『배니티 페어』, 『뉴요커』 그리고 보다 이후에는 『라이프』 같은 잡지처럼 자체가 좀 더 미묘한 뉘앙스를 지닌 인물 묘사에 기반한 보다 절묘한 버전을 발전시켰다. 그와 관련된 다른 저널리즘 장르 또한 발전했는데, 그중 중요한 것은 인터뷰, 홈 스토리home story, 사진 특집이었다. 이 유형의 저널리즘은 전문직업적 성취와 사생활 간의 연관성에 관심을 가졌다. 그것은 표현적 명사를 실제는 모습 그대로 보여준다고 주장했다. 그것의 전형적인 먹잇감은 항상 이런저런 유명인사, 즉 전문직업적 성취가 공중의 관심사가 되는 특별한 인물이면서도 또한 비순응주의적 개성을 표출할 수 있는 인물이다. 1920년대의 한 대중서의 언급대로 "독특하고 독창적인 방식으로 일을 처리하는 사람"28 말이다. 인간적 흥미 저널리즘은 표현적 주체라는 일반적인 이상적 모델 — 그의 창조성은 '작품'뿐만 아니라 개성과 전기 속에 포함되어 있었다 — 을 함축하고 있었다. 트웨인, 쇼George Bernard Show 같은 예술가가 20세기로의 전환기의 명사 저널리즘의 '총아'가 되었지만 루즈벨트Theodore Roosevelt, 아인슈타인, 헨리 포드 같은 개별 정치가, 과학

---

27 Charles Leonard Ponce de Leon, *Self-exposure. Human-Interest Journalism and the Emergence of Celebrity in America, 1890-1940*, Chapel Hill u. a. 2002; 또한 Joe Moran, *Star Authors*, London 2000, S. 15-34를 보라.

28 Harry Franklin Harrington, *Chats on Feature Writing*, New York, London 1925, S. 56(이목구비를 묘사하기 위한 당시의 교본에서 인용한 문장이다).

자, 기업가 또한 명사로 승격되었다.

2. 스타의 신체를 미디어로 시각화하는 것은 예술가를 특정한 오브제 형태로 실현된 하나의 작품을 넘어 퍼포머적 자아로 만드는 결과로 이어졌다. 그는 대중이 모방 가능한 인격화된, 신체화된 스타일의 대변자가 되었다.29 19세기 중반 이래 초점은 조형예술가와 작가에게 옮겨 갔는데, 그들은 1880년대 이래 사진이라는 매체를 통해 한층 더 뚜렷하게 등장할 수 있게 된 반면 글로 된 묘사는 그에 상응해 외적 매너리즘과 특이성에 집중되었다. 미국 화가 휘슬러James Abbott McNeill Whistler가 그렇게 새롭게 배역이 정해진 예술가의 전형을 보여준다. 물론 그가 인정받은 것은 부분적으로는 작품 때문이었다. 하지만 동시에 그는 미디어의 주목이 사생활에서 벌어지는 온갖 사건 그리고 본인의 별난 외모에 향하게끔 하도록 애쓴 미국 최초의 조형예술가 중 하나였다. 이미 이전에 휘트먼과 와일드 같은 저자가 보헤미안적 또는 댄디적 스타일의 대변자가 되려고 외모를 스펙터클의 대상으로 만들기 위해 인쇄사진이라는 포맷을 이용한 바 있었다.30 예외적인 것과 일상적인 것의 결

---

29 Burns, *Inventing the Modern Artist*, S. 221-246; Philip Fisher, "Appearing and Disappearing in Public. Social Space in Late-Nineteenth-Century Literature and Culture", in Sacvan Bercovitch(Hg.), *Reconstructing American Literary History*, Cambridge 1986, S. 155-188을 보라.

30 그것은 가령 널리 유포된 1873년의 사진 〈휘트먼과 그의 나비〉에 해당되는데, 그는 엄청난 턱수염을 자랑하며 단순히 털실로만 짠 조끼를 입고 소박한 모자를 쓴 채 명상에 잠긴 채 나비를 관찰하고 있다. 그것은 또한 1882년에 미국여행 중 뉴욕에서 찍은 와일드 사진에도 해당된다. — 벨벳 재킷과 [무릎 아래를 끈으로 묶는] 반바지를 자랑하며, 한 손으로는 턱을 괸 채 생각에 잠겨 있으며, 다른 손에는 책을 든 채 호화로운 소파에 걸터앉아 있다. *Walt Whitman, half-length portrait, seated, facing left, wearing hat and sweater,*

합이 다시 한 번 그와 같은 이미지 구축 형태의 특징을 보여준다. 예술가 스타는 이미지적 재현 수준에서는 독특한, 나무랄 데 없어 보이는 욕망의 대상이 될 수 있을 것이다. 동시에 어떤 스타일의 대변자로서 (전통적 의미의 작품 생산자와 반대로) 보는 사람이 모방하기에 맞춤하게 되는데, 대중은 스타의 액세서리, 포즈 또는 다른 특징을 전유할 수 있을 것이다.

3. 미국에서 대중과 관련해 초기의 스타시스템의 확립에 기여한 모델이 발달했는데, 그것은 이중적 방식으로 정당화되었다. 특히 19세기 중반 이래 작가들에 의해 익숙해지게 된 대중문화적 포맷에 의해 구체화되었다. 강연여행이 그것이었다. 그것은 딱히 미디어이벤트는 아니었지만 예술가의 신체 그리고 동일한 공간에 존재하는 살아 있는 지역의 대중 바로 앞에서 들려주는 목소리의 가시적 현존에 기초했다. 디킨스, 비처-스토우, 에머슨, 휘트먼, 트웨인과 와일드 같은 작가 모두 이 포맷을 성공적으로 이용했다.31 영화의 등장 이전에 강연여행은 스타가 살아있는 신체로 그리고 보다 규모가 큰 대중 앞에 화자로 나타날 수 있는 유일한 방법이었다. 하지만 강연여행의 실제적 중요성은 문화적 배경을 이루는 두 [어긋나는] 측면을 배경으로 비로소 드러난다. 첫 번째는 공론장이라는 공화(주의)적 모델인데, 그에 따르면 공동체는 특

---

holding butterfly, 사진 촬영 Phillips & Taylor, Philadelphia. 디지털 복사본은 〈http://hdl.loc.gov/loc.pnp/ppmsca.07141에서 찾아볼 수 있다. Oscar Wilde/Sarony, 사진 촬영은 Napoleon Sarony, Januar 1882, in: Richard Ellmann, *Oscar Wilde*, New York 1988, S. 460.

31 David Haven Blake, *Walt Whitman and the Culture of American Celebrity*, New Haven u. a. 2006, S. 197f. Moran, *Star Authors*, S. 15-34를 참조하라.

정 명사의 명성 속에 거울처럼 반영된다. 두 번째로는 청중의 엔터테인먼트 모델이다.

블레이크 지적대로32 명성은 미국에서는 독립전쟁 이후 일종의 통용 화폐가 되었다. 개인이 명성을 얻기 위해 애쓰는 것은 더 이상 이기적인 이익을 얻기 위한 행위로 이해되지 않았다. 오히려 민주적 대중을 위해 수행하는 봉사 형태로 간주되었다. 대중은 '우리 중 하나인' 개인의 뛰어난 성취 속에 자기가 비추어지고 있는 것으로 생각했다. 유명인 찬양은 민주적 공동체를 이루고 있다는 공중의 자기확인과 긴밀하게 연결되어 있었다. 대중과 관련된 그와 같은 미국 모델을, 카리스마적 개인을 집단적으로 재현한다는 의미에서 정치적 모델이라고 부를 수 있을 것이다. 이 맥락에서 가령 휘트먼은 강연여행 중 본인을 둘러싸고 벌어지는 개인숭배를 철저하게 민주적인 것으로 이해할 수 있었다. 따라서 그의 시적 성취는 미국사회에 대한 봉사이며, 그가 겉으로 드러내는 각종 모습은 모든 개인 속에 잠자고 있는 잠재력의 표현이었다.

하지만 대중과 관련해 강연여행이라는 포맷은 또한 주로 스펙터클을, 즉 별난 것을 바라보는 것 자체를 위해 그것을 바라보는 것을 좋아하는 면모 또한 드러냈다. 그와 같은 유형의 대중은 19세기 중반에 미국의 오락문화의 맥락 속에서 형성되었는데, 그것의 중요한 창립자는 서커스공연 사업자 바넘P. T. Barnum이었다.33 그는 살아 있는 온갖 진기

---

32 앞의 책, 21페이지 이하 그리고 197페이지 이하를 참조하라.
33 Braudy, *The Frenzy of Renown*, S. 491-505; Bluford Adams, *E pluribus Barnum. The Great Showman and the Making of U. S. Popular Culture*, Minneapolis 1997을 참조하라.

명기를 보여주고, 오케스트라를 동반한 스펙터클을 제공하며, 탤런트와 동물 그리고 분위기를 인기 상품으로 변형시켰다. 서커스에서 대중은 더 이상 정치적 스타를 통해 자기를 찬양하는 것이 아니라 오히려 스타를 예외적인 것의 생산자, 감각적 매력의 공급자로 찬양했다. 강연 여행 또한 일종의 '순회 서커스'가 되었으며, 즐거운 볼거리를 찾는 사람들의 공동체로서의 대중이라는 두 번째 형태로 전락하게 되었다. 그와 함께 강연에서 자기를 제시한 초기의 스타는 궁극적으로 동시에 둘 모두였다. 즉 대중의 대리인이자 바라보기 위한 스펙터클한 대상이었다. 두 측면 모두에서 신체적으로 현존하는 스타는 문화에 의해 정당화된 찬양 대상이 되었다.

그와 함께 대중을 민주적인 동시에 스펙터클하게 대변한다는 이중적 모델이, 스타와 그의 개별적 스타일이, 시각화와 명사 저널리즘이, 본래 유럽에서 기원하는 천재 신화가 예술가 스타라는 미국적 버전으로 대체될 수 있게 해주는 틀과 조건을 제공해주었다. 동시에 스타덤에 오를 수 있도록 퍼포머적 자아의 장은 19세기 말에 이미 예술가의 전위를 넘어 확장되었다.[34]

---

[34] 그것은 가령 정치에 해당된다. 유명한 예 중 하나가 루즈벨트이다. 그에 대해서는 Fisher, "Appearing and Disappearing in Public"을 참조하라. 초기의 스타 지향과 대중 지향은 또한 미국에서 격렬한 문화비판을 촉발했다. 그것은 무엇보다도 주체적 표현성이라는 낭만주의적 의미론 — 그에 따르면 주체는 대중의 주목 대상이 되지 않은 채 있는 것이 이상적이다 — 그리고 명성은 덧없다는 기독교적 관념에 크게 의존했다. 그에 대해서는 또한 Braudy, *The Frenzy of Renown*, S. 380 이하, 445-450페이지와 464-468페이지를 참조하라.

3 창조적 퍼포먼스

작품 속에 구현되는 것으로서의 창조적 성취는 전통적으로 작가, 화가 또는 작곡가 등 상이한 유형의 예술가 몫으로 돌려졌다. 19세기 말에 예술가 형상이 점점 스펙터클로 변형되었지만 창조성은 여전히 작품의 존재와 밀접하게 관련된 것으로 간주되었다. 비록 (가령 명사 저널리즘에서처럼) 창조성을 명사와 관련해 그리고 (가령 강연여행에서처럼) 퍼포먼스와 관련해 틀 지으려는 온갖 경향이 이미 존재했지만 말이다. 1920년대부터 사태가 변하기 시작하며, 그러다가 무엇보다도 영화배우와 팝뮤지션pop musician이 20세기의 스타덤을 전형적으로 구현한 채 등장한 1950년대부터 다시 한 번 보다 철저하게 변하기 시작했다. 그들에게는 무엇보다도 "현존의 미학Ästhetik der Präsenz"35에 기반해 퍼포머적 예술가로서의 창조성이 부여되었다. 퍼포머적 예술가의 작품은 자기 자신의 신체를 예술가가 무대에 연출하는 것과 동일시되었다. 작가, 화가, 작곡가와 달리 퍼포머적 예술가는 작품 '뒤로' 사라지지 않는다. 영화배우와 팝뮤지션은 비록 일반적으로 미디어를 통해서지만 수용자에게는 '작품'의 실행 속에 신체적으로 등장한다. 따라서 대중의 미학적 경험은 보다 좁은 의미에서의 미학적 대상보다는 스타의 퍼포먼스를 향한다. 다시 말해, 퍼포먼스예술에서 예술가는 자신을 창조적으로

---

35 '현존의 미학' 개념에 대해서는 Doris Kolesch, "Ästhetik der Präsenz. Theater-Stimmen", in Josef Früchtl/Jörg Zimmermann(Hg.), Ästhetik der Inszenierung, Frankfurt/M. 2001, S. 260-275를 참조하라. 그것과 친족관계에 있는 현존의 문화라는 개념은 감각의 문화와 구분되는데, 그에 대해서는 Hans Ulrich Gumbrecht, Diesseits der Hermeneutik. Über die Produktion von Präsenz, Frankfurt/M. 2004를 보라.

주조하며, 대중에게 자신을 고유한 창조 대상으로 제시한다.

비록 창조성은 작품에 의존한다는 보다 오래된 고전적 개념은 20세기, 더 나아가 21세기까지도 스타시스템 일부에서 여전히 영향력을 행사하고 있지만 스타시스템은 창조적 퍼포먼스의 제도화 덕분에 주로 영화와 음악에서 대규모 대중에게 표현적 주체라는 이상을 성공적으로 확산시킬 수 있었음을 보여주는 많은 증거가 존재한다.36 주체성의 문화사라는 관점에서 볼 때 배우와 '음악 공연자'의 미학적 성취를 인정한 것은 엄청난 전진이었다. 둘 모두 19세기 말까지는 그저 연기하고 연주할 뿐인 사람으로, 따라서 고전적 작품을 생산한 예술가보다, 둘보다 우월하고, 원래 독창적인 작품을 창조한 예술가보다 열등한 존재로 간주되었다.37 하지만 배우와 뮤지션은 영화와 음반산업의 토대를 이루는 미디어테크놀로지의 변화에 따라 — 퍼포먼스를 복제할 수 있는 기술적 방법의 발달에 따라 — 주변적 유형에서 문화적으로 인정받는 미학적 창조의 원형으로 바뀌었다. 하지만 그와 같은 변화는 그것 이외에도 창조성이라는 모델의 변화에도 의존했다. 즉 창조성은 더 이상 작품이 아니라 퍼포머적 자아의 미학적으로 흥분되는 공연 속에 존재하게 되었다.

---

36 영화스타와 유명 뮤지션의 차이에 대해서는 또한 Marshall, *Celebrity and Power*, S. 79-118과 150-184페이지를 보라.
37 19세기의 무대배우의 불확실한 지위에 대해서는 Edward Berenson/Eva Giloi(Hg.), *Constructing Charisma. Celebrity, Fame, and Power in Nineteenth-Century Europe*, New York 2010을 보라. 물론 음악에서는 종종 여기저기 흩어져 있는 해석가가 — 통상 고전적인 완성의 미학이라는 의미에서 — 대가다운 재능의 실례로 인정받는 것처럼 보인다. Heinz von Loesch(Hg.), *Musikalische Virtuositat*, Mainz 2004를 보라.

영화스타

할리우드 영화산업이 이 노선에 따라 영화배우를 스타로 점차 변신시키는 데 필요한 제도적 틀을 마련했다. 드코르도바는 영화스타의 확립에 필요한 많은 전제조건을 상세히 검토했다.[38] 1900년경의 최초의 영화는 대중에 의해 주로 기술적·시각적 스펙터클로 간주되었는데, 여기서 영화 속의 배우들은 거의 관심을 끌지 않았다. '유명영화배우picture personalities'에 대한 의식이 증가하면서 사태가 변하는데, 이제 배우는 다양한 영화에서 지속되는 많은 역할을 넘어 대중에게 이름과 자신의 정체성을 알릴 수 있었다. 로런스Florence Lawrence가 최초의 그와 같은 영화스타로 간주되는데, 영화스타는 연극배우와 구조적으로 닮았지만 본래적 의미의 스타가 등장하려면 아직 한 가지 요소가 반드시 추가되어야 했다. 즉 배우의 사생할이 미디어의 관심 대상이 되어야 했는데, 그것은 적잖이 영화산업 자체에 의해 고조되었다. 영화스타는 총체적 명사로 연출되기 시작했는데, 그것은 영화 내부와 실생활 모두에서 벌어지는 각종 퍼포먼스를 포함했다.[39] 스타의 사생활 노출은 화려함과 아슬아슬함을 결합시켜 구경꾼을 매료시켰다. 영화스타는 사치 속에서 호

---

[38] Richard deCordova, *Picture Personalities. The Emergence of the Star System in America*, Chicago 1990. 영화계의 스타 전반에 대해 내용이 매우 풍부한 문헌으로는 특히 모랭Edgar Morin, 이상률 역, 『스타』, 문예출판사, Richard Dyer, *Heavenly Bodies. Film Stars and Society*, London, New York 2003; Christine Gledhill(Hg.), *Stardom. Industry of Desire*, London 1991을 보라.

[39] 1920~1940년대의 할리우드의 영화스타들이 뢰벤탈의 스타 분석의 원형인데, 거기서 그는 미디어에서 밖으로 가장 두드러지는 소비의 우상을 생산의 우상과 대비시킨다. Löwenthal, *Literatur und Gesellschaft*을 보라.

의호식하며, 유행을 선도하지만 그의 삶 속에는 항상 파국이 유령처럼 들러붙어 있다.40

하지만 영화스타는 영화와 그 밖의 다른 곳에서 어떤 배역을 맡고 어떤 인물 유형을 구현하는 사람뿐만 아니라 혼자 힘으로 자신을 표현적 주체로 형성시킴으로써 창조적 퍼포먼스의 원형이 될 수 있다. 그와 같은 사태전개에서 1940년대의 러시아 아방가르드 연극에서 차용해 스트라스버그Lee Strasberg가 발전시킨 '메소드 연기법method acting'이 중요한 기능을 했음을 보여주는 몇 가지 증거가 있다. 그것은 먼저 연극배우들에게 교습되었는데, 연기하는 순간 본인이 맡은 부분을 육체화하기 위해 본인 삶에서 겪은 체험과 감정을 끄집어낼 것이 권장되었다.41 온갖 소소한 몸짓, 다양한 얼굴 표정, 모든 언어적 뉘앙스, 공간 속에서의 신체의 배치가 배우에 의해 개별적으로 형상화되었다. 메소드 연기법은 배우로 하여금 본인의 캐릭터 묘사를 본인이 알아서 만들어내는 것뿐만 아니라 생활 속의 체험을 연기 속으로 옮기도록 해주었다.

메소드 연기법을 훈련받은 가장 유명한 배우는 브란도이다. 그는 1950년대 이래 배우가 독자적인 표현적 개(체)성의 매력적 상징이 된 전형적 방식을 보여준다.42 그가 스타덤에 오른 것은 대부분 연기의 독특성에 근거하는데, 그것은 끊임없이 놀라움을 낳고 동시에 자아창조

---

40 그에 대해서는 Dyer, *Stars*, S. 38-65를 보라.
41 Edward Dwight Easty, *On Method Acting*, New York 1989를 보라. 퍼포먼스-스타와 메소드 연기법 간의 연관성에 대해서는 또한 Christine Geraghty, "Re-Examining Stardom. Questions of Texts, Bodies and Performance", in Christine Gledhill/Linda Williams(Hg.), *Reinventing Film Studies*, London, New York 2000, S. 183-201을 보라.
42 가령 Marli Feldvoβ/Marion Löhndorf(Hg.), *Marlon Brando*, Berlin 2004를 보라.

적 개성을 드러냈다. 오랜 침묵, 강렬한 시선, 세련된 말 더듬기 기법, 균형이 잘 잡힌 신체의 도발적 노출, 움직임의 예견 불가능성. ― 이 모든 것이 개(체)성을 드러내는 데 기여했다. 고도로 개별화되고 정서적인 그의 연기법은 그것을 보는 순간 대중에게 정동적 영향을 미친 반면 동시에 '성난 젊은이'라는 매력적인 사회적 유형을 구현했다. 더 나아가 대중은 그를 퍼포먼스-스타로서 뿐만 아니라 영화 바깥에서도 유명인사로 인식했지만 그의 개인적 특징은 스크린에서의 퍼포먼스와 긴밀하게 연결되어 있었다.

비록 메소드 연기법은 전문화된 연극의 과제였지만 1950년대 이래 미국과 유럽의 영화배우의 주체화에 영향을 미쳤다. 메소드 연기법에 의한 그와 같은 주체화는 양차 세계대전 사이의 화려한 스타 유형을 넘어 영화배우를 변별적으로 개인적인 퍼포먼스적 창조성의 원형으로 만들었는데, 그것을 위한 신체의 공연이 창조적 노력과 디자인의 대상이 되었다. 퍼포먼스가 충분히 강력할 때 화면 밖에서의 스타의 개인적 모습Persönlichkeit은 설사 여전히 가시적이어야 함에도 이차적 중요성만 가진 것으로 축소된다. 스타가 완전한 의미에서 동일시 대상이 되려면 스크린 밖에서의 삶이 공개적으로 드러나야 했다. 그럼에도 불구하고 어떤 사람의 스타로서의 자질은 예외적인 것으로 간주되는 영화적 퍼포먼스에 의존했다.[43]

---

[43] 분명히 영화계의 모든 스타가 퍼포먼스-스타 모델에 부합하는 것은 아니다. 오래된 할리우드 시스템의 각종 부차적인 인물 유형과 그 밖의 다른 유형도 존재한다. 즉 한편으로는 영화에서의 연기가 개인적 명성보다 뒤떨어지는 '개성 있는 유명인 스타'가 항상 존재했으며, 다른 한편으로는 개별적 연기가 아니라 맡은 역할의 인지도에 의해 특징지어지는 일종의 역할 유형-스타가 존재한다. 이 구분에 대해서는 Geraghty, "Re-Examining Stardom"

하지만 매력적인 창조적 주체의 또 다른 변형태가 1950년대 이래 영화 세계에서 결정화되기 시작했는데, 그것은 영화스타의 중요성을 적어도 부분적으로는 축소시켰다. 즉 감독 영화cinéma d'auteur라는 의미에서의 감독이 그것이었는데, 그것은 프랑스의 〈누벨바그〉와 '뉴할리우드' 또는 '아메리칸뉴웨이브'에서 유래한다.44 이후 영화감독은 처음으로 자체로 예술가로 간주되기 시작했을 뿐만 아니라 보다 중요하게는 이제 포스트모던한 창조적 주체의 원형을 대표하게 되었다. 감독은 서사, 상징, 인물, 장소, 공간, 대상, 카메라 스타일, 음악 등 다양한 소재를 놀라운 방식으로 배치하는 것에 의해 스타 반열에 오르게 되었다.45 감독은 창조적 퍼포머(또한 배우인 감독의 경우는 제외하고)로서 뿐만 아니라 보다 넓은, 포스트모던한 의미에서 어떤 전반적인 분위기를 창출하는 것에 의해서도 스타로서의 지위를 획득했다. 베르히만부터 히치콕과 벤더스, 코헨 형제에 이르는 인물들은 작품의 창조성을 매스미디어적 명사 스타일과 결합시켰다. 그들은 글로벌한 창조적 스타의 또 다른 그룹의 일원으로, 매스미디어 내부에서 출현했다.

팝스타

팝뮤직pop music은 영화에 이어 스타라는 현대적 형상의 수립에 결

을 보라.
44 그에 대해서는 Geoff King, *New Hollywood Cinema. An Introduction*, London, New York 2002, S. 85-115; Diedrich Diederichsen, "Künstler, Auteurs und Stars. Über menschliche Faktoren in kulturindustriellen Verhältnissen", in: Gregor Stemmrich(Hg.), *Jahresring 48: Kunst/Kino(Jahrbuch für moderne Kunst)*, Köln 2001, S. 43-53을 보라.
45 포스트모던미술가에 대해서는 앞의 3. 5를 참조하라.

정적으로 기여한 두 번째 영역이다.46 1950년대는 또한 팝뮤직의 결정적인 역사적 전환점이었다. 배우와 마찬가지로 팝스타는 스타의 퍼포먼스로서의 창조성을 위한 두 번째 모델을 제공했는데, 미디어에 의해 널리 확산된 그것은 작품의 생산 및 인물의 창조성이라는 추가적 요소와 결합되었다.

팝스타는 제2차세계대전 이후 처음에는 젊은이들 중심으로, 이후에는 점점 더 다른 연령대의 대중을 겨냥했는데, 아래의 세 수준 모두에서 미학적 새로움을 만들어냈다. 먼저 팝뮤지션의 스타적 속성의 핵심은 라이브콘서트와 음반녹음에서의 신체적·보컬적 퍼포먼스였다. 그것은 개인적인, 새로운 종류의, 동시에 정동적으로 매력적인 성취를 요구하는데, 대중이 이전에 익숙했던 것과 가능하면 최대한 구분되어야 했다. 팝뮤지션의 퍼포먼스는 — 신체의 흔적 또는 자취로서의47 — 목소리의 녹음뿐만 아니라 라이브콘서트를 포함했다. 팝뮤직과 팝스타는 무엇보다도 신체와 목소리의 감각적 현존에 뿌리박은 매력의 정동적 힘을 소유하고 있었다. 둘째 팝뮤직시스템과 팝스타는 특수한 화성악과 멜로디라는 고전적 측면에서 미학적 새로움을 획득하려고 노력했다. 이런 면에서 그것은 클래식음악과 완전히 일치한다. 팝스타와 록스타는 자신의 음악을 직접 만드는 한에서 또한 작품을 통한 스타이다.

---

46 팝스타에 대한 개론으로는 Marshall, *Celebrity and Power*, S. 150-184; Edda Holl, *Die Konstellation Pop. Theorie eines kulturellen Phanomens der 60er Jahre*, Hildesheim 1996. 팝뮤직콘서트와 록콘서트라는 특수한 형태에 대해서는 Simon Frith, *Performing Rites. On the Value of Popular Music*, Cambridge 1996을 참조하라.
47 음성성의 현존 경험에 대해서는 또한 Doris Kolesch/Sybille Krämer(Hg.), *Stimme. Annäherung an ein Phänomen*, Frankfurt/M. 2006을 보라.

그와 관련해 팝뮤직은 신곡 숫자를 늘리고, 유통을 가속화하고, 그와 함께 "관례를 깨뜨리고 다시 만들려고"48 시도하는 특징을 가진다. 셋째, 음악스타는 또한 퍼스낼러티-스타이다. 그와 관련해 의상과 몸짓 속에서 드러나는 미학적 스타일에 특수한 의미가 부여된다.49 동시에 그의 개성적 스타일은 (주로 한창 젊은 나이인) 대중의 집단적인 미학적 스타일을 위한 모델이 되었다.

좁은 의미의 현대적 팝뮤직에 선행하는 대중음악은 19세기 말의 미국 도시의 산물이었다.50 뮤직홀과 극장에서의 라이브뮤직으로 시작되었는데, 이 단계에서 이미 뛰어난 연주자=해석자에 의해 공연되었다. 각종 연주곡이 중간계급 대중을 위한 악보로 출판되었다. 작곡과 공연은 엄격하게 분리되었다. 신곡은 익명의 '(팝뮤직) 작곡가tunesmith'에 의해 엄격히 루틴화되어 만들어진 반면 가수는 무엇보다도 기법적 완벽함에 의해 대중에게 알려지고 구분되었다. 악보가 점차 축음기 음반에 의해 대체됨에 따라 사적 '감상자'라는 형상이 콘서트 관람객의 형상과 함께 등장했다. 음악의 기술적 복제 가능성은 대중의 규모를 늘리는 결과로 이어졌을 뿐만 아니라 또한 음악을 '감상자'의 사적 영역 속으로 확장시켰다. 하지만 고유한 의미에서의 (후기)현대의 팝뮤직과 록음악은 20세기 중반에 일군의 구조적 변화 ― 무엇보다도 1920년대와 1940년대의 도시의 흑인음악이라는 하위문화에 의해 마련되었다 ―

---

48 Marshall, *Celebrity and Power*, S. 162.
49 John Clarke, "Stilschöpfung", in Peter Kemper u. a.(Hg.), "but I like it", *Jugendkultur und Popmusik*, Stuttgart 1998, S. 375-392를 보라.
50 Marshall, *Celebrity and Power*, S. 152 이하를 보라.

의 맥락 속에서 등장했다. 이제야 비로소 팝스타는 대중적인 창조적 주체 — 매스미디어에 의해 스타와 구조적으로 닮은꼴인 동시에 대중의 동일시 대상이 되었다 — 가 될 수 있었다. 레이John Ray와 프레슬리Elvis Oresley가 그와 같은 시스템 최초의 스타로, 그것은 이어 1960년대에 복잡성이 급증했다.

앞서 언급된 구조적 변화 중 첫 번째 것으로 선명하게 드러난 것은 라이브콘서트의 변형이었다. 이제 무대에 등장하는 팝스타는 단순한 테크닉상의 정확성보다는 대중이 독자적인 이벤트로 경험하는 퍼포먼스에 의해 뛰어남이 결정되었다.[51] 프레슬리가 노래할 때의 에로틱한 보이스 그리고 무대 위에서의 몸동작은 혁명적이었을 뿐만 아니라 앞으로도 오랫동안 유행하는 스타일을 규정했다. 이제 팝뮤지션은 단순히 가수나 악기 연주자에 그치지 않았다. 그들 자신의 무대를 위한 총체적 예술작품이었다. 뮤지션은 다중 감각적 퍼포먼스로서의 팝뮤직콘서트와 록콘서트 — 대중이 빽빽이 들어찬 가운데 분위기가 고조되고, 즉석으로 노래하는 등 대중이 집단적 참여자가 된다 — 의 특수한 구조를 통해 스타덤에 오를 수 있었다. 음반녹음은 콘서트의 그와 같은 상호작용적 성격의 상실을 수반하는 반면 목소리와 악기 반주에 집중함으로써 팝아티스트와 록아티스트의 표현성이 개별 '사운드' 속에서 생

---

[51] 그에 대해서는 Keir Keightley, "Reconsidering Rock", in Simon Frith/Will Straw/John Street(Hg.), *The Cambridge Companion to Pop and Rock*, Cambridge 2001, S. 109-142; Lawrence Grossberg, "Another Boring Day in Paradise. Rock and Roll and the Empowerment of Everyday Life", in Sarah Thornton/Ken Gelder(Hg.), *The Subcultures Reader*, London 1997, S. 477-493; Heike Klippel/Hartmut Winkler, "Der Star — das Muster", in Kemper, "but I like it" — *Jugendkultur und Popmusik*, Stuttgart 1998, S. 375-392.

생히 감지될 수 있도록 만들려고 했다. 녹음은 단순히 특수한 노래 이상의 것이었다. 그것은 목소리와 악기의 개별적 퍼포먼스로, 청취자에게 또한 사적인 장소에서도 즐길 수 있게 제공되었다.52

팝뮤직에서의 스타숭배가 하나의 제도로 수립되기 위한 두 번째 전제조건은 다양한 액세서리에 의한 스타의 신체의 미학적 양식화였는데, 그것은 다양한 청년문화와 하위문화에서 유래하는 동시에 그것에게 재주입되었다. 팝스타는 의상 외에도 얼굴 표정, 말투, 태도 등을 포함하는 라이프스타일 전체에 거대한 영향을 미친 스타일의 혁신가이다. 그와 같은 혁신은 온갖 기호를 적극적으로 해석하고 발산하는 대중을 전제하는데, 그들의 하위문화적 활동에 뮤지션 또한 반응한다. 신체의 미학화는 음악 외적인 일상의 퍼스낼러티와 함께 팝스타에 대한 매스미디어의 주목의 초점이 되었다. 팝스타는 영화스타보다 훨씬 더 자신을 청년문화 및 하위문화의 동류로 제시할 수 있었다. 문화적 일탈의 유발자로 그리고 문화적으로 다를 뿐만 아니라 반문화적이기도 한 미학적 새로움의 창조자로 말이다.53

마지막으로 1950년대 말 이래 현대의 팝스타와 록스타의 두 가지 추가적인 구조적 특징이 발전해왔다. 먼저 싱어송라이터라는 주체 형

---

52 그와 같은 '팝-이벤트'의 구조에 대한 상술로는 Holl, *Die Konstellation Pop*. 부르주아적[클래식음악] 콘서트와 팝/록콘서트 간의 차이에 대해서는 Frith, *Performing Rites*를 참조하라.
53 그와 같은 사태전개에 대해서는 Tom Holert/Mark Terkessidis(Hg.), *Mainstream der Minderheiten. Pop in der Kontrollgesellschaft*, Berlin 1997, S. 5-19를 보라. 또한 앞의 4. 4에서 반문화적인 '힙한 것/케케묵은 것' 메커니즘을 대상으로 이루어진 서술을 참조하라.

태가 등장했다. 두 번째 특징은 미디어를 통해 관중crowds을 끌어 모으는 것으로서의 콘서트 기능이다. 일부 뮤지션은 특히 포크음악 전통을 흡수하던 관행에 따라 본인이 작사하고, 작곡한 곡을 연주하기 시작했다(가령 밥 딜런, 존 레논/폴 매카트니 그리고 브라이언 윌슨Brian Wilson이 대표적이다).54 뮤지션에 대한 정통적인 예술가 지위는 이처럼 고전적 의미에서의 작품의 제시를 통해 한층 더 강화되었고, 그로 인해 뮤지션은 작품-예술가로 대접받았다. 팝뮤직시스템의 마지막 특징은 미디어가 대중을 재현한 결과로 인한 스타덤의 자기참조적 성격이다. 라이브콘서트에 엄청난 숫자의 열광적 군중이 현존하는 것 자체가 미디어적 재현 대상이다. 그와 같은 군중 형상은 이미 1964년의 〈비틀스〉 영화 〈밤샘*A Hard Day' Night*〉55에서 아이러니하게 패러디되었는데, 거기서 10대들이 떼를 지어 '위대한 네 명Fab Four' 뒤를 졸졸 따라다닌다. 비록 초기의 문화비평에서는 그들이 히스테리를 부린다며 비판적으로 바라봤지만 그처럼 팬에 초점을 맞추는 것은 대중이 스타와 자기를 동일시하는 힘을 강화시켰다. 그리고 스타는 집단의 열광적 주목을 자신에게 집중시키는 사람으로 나타나게 되었다. 그리하여 대중의 주목은 이미 주목의 중심을 차지한 대상에게 가장 강력하게 끌리게 되었다. 그 결과가 매력에 끌리는 문화이다.

영국의 팝그룹 〈비틀스〉가 1960년대의 팝스타의 그와 같은 구조적 성격 및 사회적으로 지각되는 '그룹'의 '창조성'의 다층적 성격을 전형

---

54 그에 대해서는 Ronald D. Cohen, *Rainbow Quest. The Folk Music Revival & American Society, 1940-1970*, Amherst, Boston 2002를 보라.
55 Richard Lester, *A Hard Day's Night*(dt. Yeah Yeah Yeah). Film. UK 1964.

으로 보여준다.56 이 사례는 또한 팝뮤직 스타시스템과 관련해 대중의 접근권을 보장하는 유형화 그리고 아티스트의 신화화를 유발하는 미학적 개성 간에 존재하는 내재적 긴장을 보여준다. 잘 알려진 대로 〈비틀스〉는 1959년에 선구적인 보이밴드로 시작해 1960년대 중반에 예술적 록그룹으로 변신했다. 그들은 먼저 청년대중에 의해 모방 가능할 뿐만 아니라 매력적인 그룹 스타일을 발전시켰으며, 모드mod[깔끔하게 유행을 따른 복장을 하고 오토바이를 타고 다니던 1960년대 영국 청년 집단] 스타일로 머리를 자르고, 양성적 특징을 가진 태도를 취하고 제복을 입은 듯 정장을 했다. 그것들은 모두 순회공연과 투어와 TV 출연을 통해 엄청난 공개적 가시성을 획득했다. 그것 외에도 독특한 사운드와 비범한, 유희적인, 하지만 캐주얼한 무대 연주로 그들의 라이브 공연은 비평가와 대중 모두에 의해 한결같이 높은 미학적 질을 가진 것으로 받아들여졌다. 이 밴드의 그와 같은 첫 번째 단계에서는 유형화와 특이화 중 유형화 경향이 우위를 보였다. 〈비틀스〉는 처음에는 음악 및 스타일과 관련해 신선하고 비인위적인 경험을 대변했다. 리버풀 출신의 흔해 빠진, 복잡하고 말고도 없는 지역의 애들Boys from Liverpool이 10대에게 대중적 춤곡이나 제공하고 있을 뿐이라는 분위기를 풍긴 것도 한몫했다. ― 하지만 그와 같은 미학적 새로움의 가치는 몇 년 후에는 소진되어 버린다.

1960년대 중반의 바로 이 시점에 〈비틀스〉는 이미지 변신에 성공

---

56 가령 Kenneth Womack/Todd Davis(Hg.), *Reading the Beatles. Cultural Studies, Literary Crticism, and the Fab Four*, New York 2006; Kenneth Womack(Hg.), *The Cambridge Companion to the Beatles*, Cambridge 2009; P. David Marshall, "The Celebrity Legacy of the Beatles", in Ian Inglis(Hg.), *The Beatles, Popular Music and Society*, Basingstoke 2000, S. 163-175를 보라.

했다. 이전의 정체성과의 연속성을 유지하는 한편 동시에 음악뿐만 아니라 개성Persönlichkeit 수준에서도 미학적 실험주의 쪽으로 새로운 길을 걷기 시작했다. 1966년의 〈리볼버〉 앨범부터 시작해 놀라움의 가치를 가진 아방가르드 음악으로 옮겨가는 데 성공했는데, 리듬앤블루스를 넘어 포크, 일렉트로닉, 클래식 등 다양한 음악스타일을 상호 결합시켰으며, 그리하여 또한 예술비평가들의 관심을 끌 수 있게 되었다. 기법적으로 보다 요구 조건이 까다로운 음악이 콘서트 퍼포먼스에서 스튜디오 퍼포먼스로 옮겨가도록 강요했다. 결국 네 명의 밴드 멤버의 작업 이후의 사람 냄새 나는 삶(인도 여행 또는 레논이 오노 요코와 결혼한 것 등)을 다룬 미디어 스펙터클은 '자기발견'의 성격을 띠었는데, 당시 형성 중이던 반문화로부터 적합한 모티브를 흡수하기도 했다. 또 가령 앨범 〈Sgt. Pepper's Lonely Hearts Club Band〉의 표지사진을 통해 스타 반열에 오른 본인들을 아이러니하게 패러디하기도 했다. 그리하여 〈비틀스〉는 1960년대 하반기에 미학적으로 자기를 투영하는 것과 관련해 대중에게 상대적으로 고정된 대상으로부터 움직임이 자유로운 대상으로 변신했다. 〈비틀스〉와 그들의 생산품은 예견 불가능한 유동성에 의해 특징지어졌는데, 그것이 최종 해산 때까지 그리고 이후까지도 미학적 새로움의 원천 중 하나가 되었다.

4 스타시스템의 확장

영화스타와 팝스타 또는 록스타는 20세기 스타시스템의 가장 중요한 교차점이다. 그것의 미학화는 두 가지 방식으로 사회적 지각을 미학화하는 결과를 가져왔다. 먼저 스타에 대한 지각은 주로 정보에 대한 관심보다는 감각적·정동적 측면에 대한 관심에 의해 유도되었다. 두 번째, 스타는 작품에서, 퍼스낼러티에서, 특히 창조적 퍼포먼스에서 미학적으로 관련된 대상을 지속적으로 만들어내는 표현적 개인으로 재삼재사 등장했다. 다른 한편 수용자는 매스미디어가 제시하는 스타를 접하면서 그들을 주로 미학적 시선으로 바라보고, 매력적인 롤모델로서 그들의 표현적·창조적 측면을 지각하는 방법을 훈련받게 되었다. 따라서 영화와 음악의 스타 문화에 의해 대중이 그렇게 미학적 감수성을 훈련받는 것은 그와 함께 글로벌한 창조성-장치가 수립되기 위한 강력한 추진력을 제공해주었다.57 그와 같은 맥락 내부에서 영화와 음악은 글로벌 창조산업의 핵심 요소가 되었다.

스타시스템은 1980년대 이래 창조성-장치 내부에서 성숙한, 후기현대적 구조를 획득했다. 이후 문화 전체로 확산되고, 사회적 영향력을 강화한 반면 스타는 표현성과 창조성에 덜 의존하게 되었음을 보여주는 상당한 증거가 있다. 그것은 매스미디어에서 스타덤에 오를 수 있는 유형의 주체의 숫자를 증가시켰으며, 그럼으로써 또한 영화와 음악스타의 중요성을 상대화시켰다. 후기현대의 스타는 일반적으로 표현적인 창조적 개인이라는 모델에 부합했으며, 퍼포먼스-스타라는 패러다임을 종종 강화시켰다. 스타시스템과 퍼포먼스-스타의 가일층의 확대는 가령 TV(가령 토크쇼 진행자나 사회자)와 스포츠(유럽적 맥락에서는 특별히

---

57 이 틀 내에서 영화 부문과 음악 부문은 글로벌 창조산업의 핵심 부문으로 성장했다.

축구) 같은 영역에서 가장 전형적으로 찾아볼 수 있다. 스포츠 스타는 얼핏 '영웅'과 '승리자'라는, 완전히 다른 항목에 속한 것처럼 보이지만 스포츠는 실제로는 대중적인 "현존의 미학"58의 중심지임이 드러난다. 축구가 그렇다. 1990년대 이래 축구의 인기가 점점 더 늘어난 것은 그와 같은 미학화 덕분이라고 주장할 수 있을 것이다. 그것의 매력은 미학적인 것으로 지각될 수 있는 게임 자체의 특성 그리고 스타덤에 오를 수 있는 선수의 능력(여기서 데이빗 베컴을 가장 두드러진 예로 들 수 있을 것이다)에 기초한다. 그것은 특히 선수의 개성, 미학적·양식적 특징 그리고 경기 방식의 소위 '천재성' 덕분인데, 그것은 다시 경기장 바깥에서의 명사로서의 특징과 결합된다. 축구계의 스타는 당연히 작품으로 인정받는 스타가 아니라 배우와 가수 같은 퍼포먼스-스타이다. 대중은 움직이는 신체를 바라보며, 그리하여 창조적인 것으로 간주되는 퍼포먼스를 실행하는 모습 속에서 그를 감각적으로 지각한다.59 방식은 다르지만 오프라 윈프리와 데이빗 레터맨 같은 토크쇼 진행자나 사회자 같은 TV 스타는 동일한 유형의 퍼포먼스-스타이다. TV 명사의 스타로서의 특징 또한 미학적 성취를 물리적으로 이루어내는 행위 속에서 그를 지켜볼 수 있는 점에서 유래한다. 특히 내용보다는 표현의 오락적

---

58 그에 대해서는 Hans Ulrich Gumbrecht, *Lob des Sports*, Frankfurt/M. 2005를 참조하라. 또한 Martin Seel, "Die Zelebration des Unvermögens. Aspekte einer Ästhetik des Sports", in ders., *Ethisch-asthetische Studien*, Frankfurt/M. 1996, S. 188-200을 보라.

59 줄리아노티Richard Giulianotti, 복진선 역, 『축구의 사회학』, 현실문화, 209페이지 이하; Barry Smart, *The Sport Star. Modern Sport and the Cultural Economy of Sporting Celebrity*, London 2005를 참조하라.

형태를 강조하는 언어적 퍼포먼스라는 측면에서 그렇다.

퍼포먼스-스타의 다양화에 덧붙여 오래된 작품-스타와 새로운 작품-스타(또한 항상 개성 있는 유명인-스타이기도 하다)가 후기현대의 스타시스템에 진입한다. 1980년대에 등장한 포스트모더니즘미술-장에 대한 검토에서 우리는 이미 예술가가 스타 형상으로 새로운 면모를 띠어 왔음을 살펴본 바 있다. 그것은 특히 조형예술가에게 해당되었지만[60] 작가와 감독도 마찬가지이다. 카툰 작가, 길거리 예술가, 이전까지 예술가로 인정되지 않았던 다른 사람도 언급할 수 있을 것이다. 작품과 명사 간의 관계는 포스트모던미술가에게는 역설적이다. 한편으로 인정된 또는 논란이 되고 있는 작품은 스타덤에 오를 수 있는 조건이 된다. 다른 한편 매스미디어의 관심은 이제 오직 부차적으로만 작품을 향하며, 주로 변별적이며 개성적인 스타일을 가진 예술적 명사의 자아창조 쪽으로 향한다.[61] 하지만 개인적 예술가는 수많은 포괄적인, 무수한 분지를 가진 스타시스템 중 그저 한 마디일 뿐이다. 창조적 성취에 대한 판단에서 나타나는 질적 차이, 가령 고급문화와 대중문화의 구분 속에 함축되어 있는 차이는 점점 더 평평해지면서 주목의 양이라는 단일한 기준만 따른다. 예술가 외에도 보다 포괄적인 미학경제 속에서 예술 외부

---

60 그에 대해서는 John Albert Walker, 홍옥숙 역, 『유명짜한 스타와 예술가는 왜 서로를 탐하는가』, 현실문화, 2006을 참조하라.
61 3. 5의 서술을 참조하라. 다름 아니라 주체의 한 유형으로서의 예술가가 지금 개성-창조성 수준에서 대중에게 특히 흥미로운 주제가 되고 있는데, 1990년대 이후 예술가의 전기영화가 붐을 이룬 것이 그것을 입증해준다. 그에 대해서는 Manfred Mittermayer, "Darstellungsformen des Schöpferischen in biographischen Filmen", in Bernhard Fetz (Hg.), *Die Biographie. Zur Grundlegung ihrer Theorie*, Berlin, New York 2009, S. 501-533을 참조하라.

에 위치한 다른 전문가들이 작품-스타 그리고 정도는 덜하지만 명사-스타 영역의 확대 및 다양화에 기여했다. 특히 패션, 디자인, 건축 영역에서 그렇다.62 또 다른 전문적 장 또한 미학적 측면에서 수용 가능한 작품을 생산하는 창조적 주체를 포함하는 것으로 이해될 수 있는 만큼 스타덤으로 이어질 수 있었다. 그와 같은 사람은 더 이상 단지 주로 기술적·인지적 과제를 수행하는 것으로 간주되지 않는다. 가령 '인문학'의 경우 사르트르 이래 지식인 스타는 종종 미디어의 거대한 주목을 받아왔다. '비즈니스맨' 또한 '창조적 인간'으로 자기를 양식화[미화]할 수 있는 보다 예외적인 경우(지금까지는 드물었다) 스타덤에 오를 수 있음이 드러난다. 21세기에는 가령 미국의 잡스와 저커버그가 그와 같은 역할을 차지했다.63

스타시스템은 규모가 확장되고 다양화되어 미디어 속에 존재하는

---

62 창조산업의 이 영역들에 대해서는 4. 4를 참조하라. 스타-건축가에 대해서는 Donald McNeill, *The Global Architect. Firms, Fame and Urban Form*, New York 2009, S. 59-81을 참조하라. 스타 쇠프 — 국제적으로는 올리버Jamie Oliver가 가장 유명하다 — 가 흥미진진한 중간적 경우를 제공해준다. 한편으로 그는 노동-창조자로 하나의 스타일을, 요리와 관련해 미학적으로 변별적인 종류의 대상을 만드는 방식을 발명한다. 다른 한편으로는 TV-쇠프, 따라서 퍼포먼스-스타로 요리하는 행위를 통해 자기를 대중에게 드러낸다.

63 그에 대해서는 또한 Joe Littler, "Celebrity CEOs and the Cultural Economy of Tabloid Intimacy", in Redmond/Holmes(Hg.), *Stardom and Celebrity*, S. 230-243을 참조하라. 사회-장이 스타를 만들어낼 수 있는 능력의 한계에 대한 물음이 제기되는데, 그것은 여러모로 미학화 가능성과 일치한다. 행정, 기술, 사회복지사업, 법률 분야의 종사자가 스타가 되는 것은 분명히 제한되어 있다. 특수한 경우가 정치로, 스타 반열에 오른 정치적 인물은 표현적인 창조적 주체의 여러 측면(여기서는 정치적 비전 또한 그의 미학적 대상이 될 수 있을 것이다)을, 유명인에게 나라의 운명을 이끌 권력을 부여했던 고대 전통과 결합시킨다. 하지만 여기서도 또한 1990년 이래 순수한 '개성 있는 유명인 스타'를 향한 경향이 등장해왔다('베를루스코니화').

새로운 유형의 주체 — 배우건, 가수건, 조형예술가건, 사회자건, '천재적' 운동선수건, 패션의 창조자건, 디자이너건, 건축가건, 지식인이건, 창조적 사업가건 그에게 (주로 미학적인) 새로움의 창조 속에서 이룩한 성취를 귀속시킬 수 있을 것이다 — 를 포함하게 되었다. 그렇게 해서 대중에게 지각되는 미학적 성취는 영화, 노래, 무대 출연, 이미지, 설치, 스펙터클, 체육 활동, '패션', 미학적 도구, 조리법, 건물, 도시디자인, 자극적인 이론 그리고 마지막으로 명사의 양식화[미화] 형태를 취할 수 있을 것이다. 그와 함께 후기현대 유형의 스타 대부분은 자체로 확장되는 미학경제의 틀 내부에서 움직인다. 스타시스템의 그와 같은 확장은 두 가지 추가적 사태전개를 동반한다. 먼저 상이한 유형의 스타덤과 창조성의 대체가 보다 쉬워졌다. 두 번째로 스타가 되기 위한 미디어의 테스트 포맷이 등장했다. 첫 번째의 경우 스타와 관련해 전문화된 하부 시스템 간의 경계를 가로지르는 대체 운동을 관찰할 수 있을 것이다. 하나의 하부의 장에서 획득한 상징(주목-)자본 그리고 그곳에서 검증되는 '창조적 스킬'은 적절한 상황이 되면 또 다른 하부의 장으로 전치될 수 있을 것이다. 배우는 별로 힘들이지 않고 감독으로, 디자이너는 저술가로, 축구선수는 패션모델로, 지식인은 영화제작자로 변신할 수 있을 것이다. 두 번째 경우의 실례는 소위 팝가수의 '캐스팅' 프로그램 형태에서 찾아볼 수 있는데, 21세기 초반부터 등장한 그것에서는 스타덤에 오를 끼 많은 개인을 재능의 경쟁을 통해 체계적으로 발굴해 상호 비교하며 필요한 훈련을 시킨다.[64] 그리하여 스타가 되는 것은 일군의

---

[64] 그에 대해서는 Charles Fairchild, "Building the Authentic Celebrity. The 'Idol' Phenomenon in the Attention Economy", in *Popular Music and Society* 3(2007), S. 355-375;

합리적 전제조건에 기반하게 되었다. 하지만 스타의 훈련은 주목의 역설을 포함한다. 즉 스타가 될 수 있는 재능은 학습 가능한 것인 반면 어떤 사람을 스타로 만들기 위해 요구되는 대중의 주목은 규정상 단지 선택된 소수에게만 돌아감을 암시하기 때문이다.

하지만 스타시스템의 확장과 다양화는 자체에 고유한 상쇄적 경향을 품고 있다. 그것은 대중의 관심을 공개적으로 증명된 창조적 성취로부터 분리시키는 결과로 이어질 수 있다. 작품이나 퍼포먼스의 독창성, 귀중하고 미학적으로 흥미로운 새로움으로서의 그것의 지위는 근본적으로 대중의 평가에 의존한다. 하지만 매스미디어에 의해 제시되는 스타에 대한 대중의 주목은 또한 대중의 평가에 맞게 새로운 가치를 가진 어떤 것을 생산할 수 있는 스타의 실제 능력과 분리될 수 있을 것이다. 창조적 가치로부터의 그와 같은 주목의 분리는 두 가지 경우에 가장 두드러진다. 악명 높은 또는 부정적인 스타 그리고 순수한 명사-스타가 그것이다. ― 즉 유사-스타가 그것이다. 1920년대에 매스미디어 스타시스템이 등장한 이래 스펙터클한 폭력 행위의 주인공은, 특히 연쇄살인마와 대량 살인범은 대중의 엄청난 주목을 받았으며, 스타의 특성과 많은 속성을 공유했다.[65] 그와 같은 행위의 기괴함은 루틴의 익숙한 박막을 뚫고 나가며, 악행을 저지르는 범인이 '예외적 명사'로 간주되도록 만든다. 악 그리고 무시무시한 것의 미학의 인기가 점증하는 것의

Albert Moran(Hg.), *TV Formats Worldwide. Localizing Global Programs*, Bristol, Chicago 2009. 스타가 될 수 있는 실천 전략은 Irving J. Rein u. a., *High Visibility. The Making and Marketing of Professionals into Celebrities*, Lincolnwood 1997에 들어 있다.

[65] Rojek, *Celebrity*, S. 143-180; 또한 David Schmid, *Natural Born Celebrities. Serial Killers in American Culture*, Chicago 2005를 보라.

도움으로 그들은 대중에게 소름 끼치는 감각적·정동적 매력을 행사한다.66 '악명 높은 스타notorious star'는 이 의미에서 실제로 스타이다. 새로움의 체제 내부에서의 미학적 대상인 것이다. 하지만 창조자가 생산하는 새로움 ― 하나의 '작품'으로서의 악명과 범죄 ― 은 그의 스타덤을 인정한 바로 그 대중으로부터 귀중하고 모범적인 것이라는 평가를 거부당한다. 부정적 명사는 사회적으로 수용 가능한 어떤 창조 능력도 소유하지 않지만 그럼에도 불구하고 강력한 매혹의 대상 그리고 종종 누적적이고 지속적인 주목 대상이 된다. 본인을 대변하기 위해 보여줄 수 있는 어떤 공인된 창조적 성취도 없음에도 불구하고 주목을 끄는 데 성공한다.

보다 빈번하게, 창조적 가치로부터의 그와 같은 주목의 분리는 그보다는 덜 극적인 방식으로 순수한 명사-스타에게 적용된다. 마찬가지로 영화산업에서 스타시스템이 등장한 이래, 그런 다음 TV에서 그리고 (1974년부터 발행되기 시작한) 『피플』 같은 잡지를 통해 점점 더 특수한 작품을 창조하지도 또 특수한 종류의 퍼포먼스를 창조하지 않은 유형의 스타가 존재하게 되었다. 대신 그가 스타덤에 오른 것은 전적으로 미디어가 그를 '어떤 이미지'로 제시한 덕분이었다. 작품-스타와 퍼포먼스-스타는 적어도 이차적으로라도 항상 또한 명사-스타인 반면 이 경우에는 절대화된 명사-스타가 문제될 뿐으로 부어스틴은 이 유형에 대해 문화비판적으로 "유명하다는 사실이 유명하다"67고 말한다. 따라

---

66 문화사에서의 악의 미학에 대해서는 특히 Peter-André Alt, *Ästhetik des Bösen*, München 2010을 보라.
67 부어스틴Daniel Boorstin, 정태철 역, 『이미지와 환상』, 사계절, 2004, 91페이지.

서 이 유형의 스타를 진정한 스타와 구분되는 유사-스타라고 부를 수 있을 것이다. 진정한 스타와 구분하기 위해 이 유형을 위해 그것 앞에 '명사celebrity' 개념을 추가할 수 있을 것이다. 이 유형은 아래 메커니즘을 따른다. 즉 우연히 또는 긍정적인 것이건 부정적인 것이건 규범으로부터의 모종의 최소한의 일탈을 통해 끌게 된 미디어의 주목은 신예에 불과한 유사-스타를 향한다. 그것을 배경으로 그것은 지속적으로 상징적 '표식'으로 발달하며, 사생활과 직업적 삶에 대해 대중이 갖는 관심은 상승곡선을 그리며 축적된다. 유사-스타의 경우 새로움과 감각적·정동적 자극의 강도는 오히려 약하게 각인되어 있을 수도 있지만 '명사'-스타로 자리 잡기에는 충분하다. 이 메커니즘의 핵심은 주목의 자기참조적 나선으로, 거기서 주목은 점점 더 어떤 이유에서건 이미 간헐적으로 주목받던 모종의 형상에게 향한다.68 그와 같은 '명사'-스타에 대해 대중이 느끼는 정동은 보다 좁은 의미의 스타에 대해 느끼는 정동보다 양가적이며, 쉽게 부정적으로 바뀔 수 있다. 따라서 유사-스타는 더 이상 매력적인 이상적 자아가 아니라 완전히 일상에서 볼 수 있는 사람, 즉 경멸의 눈으로 그리고 악의에 찬 희열을 갖고 마주칠 수 있는 사람으로 지각된다. 대중은 그가 미디어에 의해 '만들어졌음'을 인식하게 되는데, 그것이 유명하다는 주장의 정당성을 훼손한다.

그와 함께 순수한 개성 있는 유명인-스타의 경우 부정적 스타와 비

---

68 Joshua Gamson, "The Assembly Line of Greatness. Celebrity in Twentieth-Century America", in *Critical Studies in Media Communication* 1(1992), S. 1-24; 터너 Graeme Turner, 권오현 외 역, 『셀레브리티: 우리 시대 셀럽의 탄생과 소멸에 관하여』, 이매진, 2018. 이 과정에 대해 이론적으로는 또한 Franck, *Ökonomie der Aufmerksamkeit*, S. 113 이하를 참조하라.

숫하게 성취와 성공 간의 불일치를 드러낸다. 양쪽 모두 공인된 창조적 대상을 만들어내지 못했지만 모두 지속적인 대중의 주목 대상으로 사회적 성공을 누리는 것이다.69 따라서 스타시스템은 창조적 주체, 미학적 대상 그리고 대중의 연결관계를 풀어버리고 모든 초점을 대중에게 옮길 수 있는 잠재력을 갖고 있는데, 대중은 어떤 새로움 — 명백히 또는 암묵적으로 가치 있는 것으로 인정되건 그렇지 않건 — 이건 그것의 이벤트에 의해 영향을 받기 쉽다. 따라서 스타시스템은 미학적으로 인정된 새로움을 창조하는 주체를 띄우는 동시에 아래로 끌어내리는 사회-장치를 가능하게 만든다.

69 창조성-장치의 특징으로서의 수행과 성공 간의 문제적 관계에 대해 보다 자세히는 아래의 8. 4에서의 논의를 참조하라.

7장

창조도시:
도시의 문화화

1 '로프트에서 살기'

1970년 3월, 『라이프』는 뉴욕을 주제로 화려한 삽화를 곁들인 특집호를 연재했는데, 삽화 아래에는 중간계급 독자에게 뉴욕이라는 도시를 소개하는 짧은 설명 글이 딸려 있었다. 그것은 더 이상 에드워즈Blake Edwards의 〈티파니에서 아침을〉의 뉴욕이, 즉 게으름에 탐닉해 우아한 파티에나 빈번히 들락거리며 임금노동의 부담으로부터 자유로워 보이는 사람의 호화로운 중심지가 아니었다. 그것은 또한 스콜세지Martin Scorsese의 〈택시 드라이버〉에서 스크린을 가득 채웠던 뉴욕, 폭력과 위험과 익명성의 더러운 대도시도 아니었다. 『라이프』가 그려낸 뉴욕의 초상에서는 홀리Holly Golightly[〈티파니에서 아침을〉의 주인공으로, 오드리 헵번이 연기했다]도 트래비스Travis Bickle[〈택시 드라이버〉의 주인공으로, 드니로가 연기했다]만큼이나 낯선 존재일 것이다. 「로프트에서 풍족하게 살기」[1]라는 제목의 기사는 비관습적인, 미래-지향적인 뉴욕의 최상층 그리고 반문화적이지만 확고하게 자리 잡은 예술적 거주자, 즉 창조노동을 사교적 여가와 결합하고 있는 환경의 거주자 모습을 요약해서 보여주었다. 그와 같은 예술적 환경의 결정적 특징은 그들에게 무대를 제공하는 특수한 **공간**이다. 전에 공장이던 곳이 화실 겸 주거지로 개조된 것이었다.

『라이프』 기사는 로프트에서의 삶을 보다 많은 전국의 독자에게 최초로 소개하면서 그것을 매력적인 라이프스타일로 제시했다.[2] 1970년대의 뉴욕에서 '로프트에서의 삶'은 처음에는 호기심을 자극하는 특수한 풍경처럼 보일 수도 있었지만 장기적으로는 이후 수십 년 동안 북미와 서유럽의 도시에 깊은 구조적 변형을 가한 배포胚胞임이 입증되었다. 오래된 산업 및 행정 중심지의 공간적 구조가 이후 점점 더 도시적 형태의 삶과 노동, 여가, 여행에 의해 밀려났는데, 그것들은 이 공간적 구조를 문화의 상징적·미학적 중심으로 계속 변형시킴으로써 도시의 **문화화**를 초래했다. 그와 같은 문화화가 진행되는 동안 도시는 이제 새로운 기호와 분위기의 영구적 생산 장소로 변모 중이다. 그리하여 이제 '창조도시'가 되고 있다.

보다 이후 일어나는 그와 같은 사태전개는 『라이프』 기사 속에 이미 예시되어 있는데, '창조도시'를 새로운 문화적 이상으로 소개하고 있다. 네 장의 대형사진이 기사의 중심을 이루고 있다. 첫 번째 사진은

---

1 John Dominis, "Living Big in a Loft", in: *Life*, Bd. 68, Nr. 11(1970), S. 61-65.
2 뉴욕의 지역언론은 몇 년 전부터 이미 이 주제에 대해 보도해오고 있었다. 하지만 그것은 1960년대 초만 해도 여전히 모호한 하위문화 현상으로 다루어졌다. Gilbert Millstein, "Portrait of the Loft Generation", in *New York Times Magazine*(1962년 1월 7일자), S. 24-36을 참조하라.

트럭으로 잔뜩 교통이 정체된 맨해튼의 전형적인 협곡을 보여주는데, 20세기로의 전환기에 지어진 어두침침한 대규모 건물로 가득 찬 그와 같은 장면 속에서 '이 지저분한 외관 뒤에는 예술가의 집단 거주지가 숨어 있다'는 캡션 위로 일부 건물이 삐죽 솟아 있다. 두 번째 사진은 건물의 외관 뒤를 들여다본다. 불빛이 어둑한 거대한 홀이 보이는데, 미니멀 예술작품을 소장하고 있다. — 화실와 주거지가 결합되어 있는 셈이다. 세 번째 대형 사진은 로프트에서의 삶을 스펙터클한 온갖 황홀한 매력 속에서 보여준다. 거대한 생활공간은 지주支柱 없이 홀로 선 거대한 목재기둥으로 가득하고, 마루는 거울처럼 매끈하게 닦아 놓았으며, 방은 팝아트와 포스트모던 사진의 거대한 견본 작품이 걸려 있는 흰 벽으로 연속되어 있다. 전경에는 다양한 스타일의 가구를 다 합쳐 만든 스위트룸에 느긋하고, 한참 유행 중인 옷을 갖춰 입은 커플이 앉아 있는 반면 배경에는 한 아이가 자전거를 타고 널따란 공간을 가로지르고 있다. 네 번째 사진에서 로프트는 대화에 열중하고 있는 파티 손님들로 가득 차 있다. 그와 같은 공간은 동시에 작업용 화실로 이용되고 있는 것 같지만 거대한 붉은색과 파란색 쿠션이 변화를 주고 있다. 일부 방문자가 그곳에 앉아 있다. 배경에서는 '일본 태생'의 주인이 손님 중 하나와 탁구를 즐기고 있다. 기사에 따르면 그는 로프트가 가진 여러 차원에 대해 이런저런 평을 늘어 놓고 있는 중인데, '만약 아주 작은 아파트에 산다면 생각도 매우 작아질 것이다'라는 말로 그것이 창조 능력과도 관계가 있음을 주장하고 있다.

    기사에 따르면 뉴욕의 소호 지구의 로프트에서의 삶에는 이후 수십 년 동안 도시 공간의 변형을 위한 청사진으로 드러나게 될 속성이 포함되어 있다. 전후 미국의 중산층 가족은 생활과 노동의 철저한 분리라는 이상을 받아들이게 되었다. 그리고 도시 밖의 교외로 이주해 시내의 사무실로 통근했다. 반면 뉴욕의 예술가 계급은 도시 내부의 삶과 노동공간을 가까이 유지하며, 심지어 결합시키는 모델을 받아들였다. 1920년대 이래 뉴욕의 도심지역은 예술가들의 집단 거주지의 고향이었으며, 1950년대부터는 예술가들이 개별적으로 산업용 건물을 엄격하고 간소한 작업 및 생활공간으로 이용하기 시작했다. 그러다가 『라이프』 기사가 로프트에 거주하는 예술계를 보여주었는데, 그것은 일종의 기득권을 형성 중인 중간지식계급과는 따로 존재하는 일군의 주변부화된 보헤미안에게 더 이상 국한되지 않았다. 예술계는 보다 폭넓은 문화적 이동의 전위가 되었으며, 중간계급 자체가 '창조계급'이 되고 있었다. 그와 같은 롤모델 기능은 한편으로는 예술가 계급의 증가에 의해 가능해졌다. 1960년대 초에 뉴욕의 로프트에는 거의 4천 명에 이르는 예술가가 살고 있었다. 1970년대 말이 되면 예술가와 관련 직업군 숫자는 이미 5만 명에 달했다. 그리하여 예술가들은 뉴욕의 다양한 창조경제 속에 받아들여졌다. 다른 한편 『라이프』에 삽입된 사진들은 예술계가 어떻게 반문화에서 유래한 모티브를 미국의 중간계급의 이상과 결합시킬 수 있는지를 보여준다. 나무트의 단편영화에서 폴록을 영웅적 예술가로서 신화적으로 투사하는 것과 반대로[3] 화실을 거주지로 삼은 소호의 예술가들은 보다 폭넓은 대중을 위해 적법한 모델로 사용될 수 있을 라이프스타일의 대변자로 미화된다. 창조적 작업,

3 3. 1에서의 해석을 참조하라.

자기가 조직하는 작업, 레저, 사적 공간을 공간의 비순응주의적 미학과 함께 한 공간 속에 결합시키는 것은 반문화 모델로부터 전유한 것이다. 하지만 동시에 예술가는 이상적인, 평등주의적인 핵가족의 대표이자 전문직업적인 상호작용망에 성공적으로 참여하는 사람이라는 프레임에 갇히게 되었다. 전후에 다락방에서 살던 예술가의 위태위태한 삶과 매우 대조적으로 새로운 로프트 아파트는 호사스러운 상류계급의 삶을 살게 해주지만 진짜 같은 느낌을 주기 위해 여기저기서 찾아낸 물건으로 곳곳이 개조되고 가구도 구비된다. 그런 식으로 주변적인 예술가는 창조노동자로서의 성공적 예술가로 대체된다.

따라서 하나의 공간으로서의 로프트는 단순히 창조적 예술가의 라이프스타일을 위한 배경 이상의 것이다. 오히려 공간적 배치에 의해 비로소 만들어진다. 동시대의 다른 아파트나 사무실 공간에 비해 대단히 크며, 특수한 활동을 위한 개별 공간으로 나뉘기보다는 통상 건물 내부가 벽으로 나뉘어져 있지 않다. 바닥과 천장은 일반적으로 거대한 목재 판자이며, 천장의 들보는 고의로 겉으로 드러나 보이도록 놔두었다. 로프트의 겉모습은 종종 벽돌로 쌓은 벽과 철제 비상계단에 의해 특징지어진다. 건물은 이전 시대 것으로 "용도변경"[4] 대상이 된 것이다. 그리하여 산업화 시대의 잔존물은 포스트모던한 산업적 미학의 담지자로 변형된다. 일단 산업화 시대가 끝난 것처럼 보이며, 그것의 건

---

4 후기현대도시에서의 건물의 용도변경에 대해서는 Michael Guggenheim, "Mutable Immobiles. Change of Use of Buildings as a Problem of Quasi-Technologies", in: Thomas Bender/Ignacio Farias(Hg.), *Urban Assemblages. How Actor-Network Theory Changes Urban Studies*, London 2009, S. 161-179를 보라.

축적 흔적은 얼굴 없는 기계 위에서 수행되는 고된 육체노동과 더 이상 연결되지 않게 되었다. 건축은 이제 연속적인 역사적 사용에 그리고 건축 소재를 자연스러운 것으로 지각하는 것에 입각한 '진정성'의 표시로 경험된다. 포스트모던한 미학적 접근은 역사적 요소와 당대적 요소를, 특히 인테리어에서 결합하는 데 있다. 로프트의 이전의 공장 바닥은 다양한 역사적 원천에 의존하며, 교외의 전형적 가정의 디자인 패러다임을 전복시키는 개별적 스타일의 실현을 위해 예정된 것 같다.

로프트의 공간은 앞의 일본인 예술가가 '만약 아주 작은 아파트에 산다면 생각도 매우 작아질 것이다'라고 말할 때 환기시키는 감각적·정동적 분위기와 같은 종류의 '기분'을 만들어내는 데 특히 적합하다. 주킨에 따르면 로프트는 일상생활의 사회적 드라마를 위한 공간을 제공한다.5 '사회적 드라마'라는 개념은 하나의 전체로서의 현대적 대도시와 관련해 도시사가 멈포드에 의해 처음 도입되었다.6 로프트의 인테리어 배치는 오직 공공건물을 대표하는 건축물에서나 찾아볼 수 있는 널찍한 분위기를 제공하는 것에 의해 사회적인 것의 드라마가 맘껏 펼쳐질 수 있는 사적 공간을 제공한다. 널찍한 공간은 신귀족주의적 무절제를 맘껏 발산하며 후기현대사회의 자아실현욕을 충족시키는 반면 오픈-플랜식 공간의 통합은 유연하고 실험적인 사용법을 권장하고 '총체적' 라이프스타일을 제안한다. 로프트에서 공간은 의식적 체험 대상이 되는데, 배경이 될 뿐만 아니라 거주자와 방문자가 항상 다른

---

5 Sharon Zukin, *Loft Living. Culture and Capital in Urban Change*, Baltimore 1982, S. 58 이하를 참조하라.
6 Lewis Mumford, "What is a City?", in *Architectural Record* 82(1937), S. 58-62.

방식으로 삶을 영위할 수 있도록 해주는 전시실이기도 하다.

잡지 『라이프』의 특집기사 「로프트에서 풍족하게 살기」는 하나의 역사적 이행 단계를 표시한다. 완전히 주류도 또 정확히 반문화도 아닌 집단에 의해 도시 공간의 변형이 초래되었다.7 이행의 이 지점은 이미지의 모호성[양가성]에 의해 표시된다. 즉 앞의 기사의 마지막 사진은 대화에 몰두한 일군의 파티 손님을 보여주는 반면 주인은 배경에서 탁구를 치고 있는 모습을 보여주는데, 이미 전문직업적인 만큼이나 쾌락주의적인 사회적 관계를 암시한다. 반대로 미니멀 예술작품을 보여주는 사진은 중간계급의 규범과는 한참 거리가 먼 모종의 폐쇄된 '언더그라운드 문화'와 연결되어 있다는 연상을 일깨운다. 특히 이 사진 시리즈는 로프트의 인테리어에 국한되어 있으며, 내부와 외부 간의 차이를 강조함을 주목할 필요가 있다. 아늑한 실내는 외부의 살기 힘든 공공장소와 대립된다. [그와 반대로] 공간의 미학화가 실내에서 실외로 옮겨가고, 게다가 체계적인 도시계획정책 대상이 됨에 따라 1980년대에 뉴욕과 그 밖의 다른 곳에서 그와 관련된 또 다른 체계적 발전이 등장한다.

---

7 〈뉴욕타임스〉가 'THE ULTIMATE in Loft Living'라는 제목의 전면 부동산 광고를 게재한 1979년에 뉴욕에서 주류로 진입하는 티핑 포인트에 마침내 이르렀다. Zukin, *Loft Living*, S. 64를 참조하라.

2 기능도시와 문화지향도시

현대세계에서 사회적인 것은 공간적으로 점점 더 도시 공간에 집중된다.8 18세기 이래 현대(성)의 모든 역사적 버전은 도시에 그 자체에 고유한 특징적 유형을 부여해왔다. 서구 그리고 그 밖의 다른 곳에서 현재의 후기현대 단계에서 진행 중인 변형, 즉 글로벌화된 대도시로의 이행은 1970년대 이래 부각되어 왔는데, 아마 로프트의 등장이 가장 뚜렷한 예시일 것이다. 도시계획 담론이 이 단계에 창조도시라는 강령적 제목을 부여했다.9 그로부터 거리를 둔 사회학적 관점에서 그것을 도시의 **문화화**로 부르자고 제안하고 싶은데, 그것이 도시를 점점 더 기능적 형성물로부터 문화적 형성물로 바꾸고 있기 때문이다.10 도시 공간의 문화화는 창조성-장치의 기둥 중 하나를 구성한다. 그와 같은 변형의 핵심적 특징은 도시가 거주자, 방문자, 직업 종사자에게 점점 더 새로워지는 기호, 경험 그리고 분위기를 위한 생산 현장이 되는 것이다. '창조도시'는 가치 판단적 용어로, 추구할 만한 긍정적 이상을 표시하지만 창조성-장치의 이론의 맥락에서는 다르게 해석되어야 한다. 즉 현대의 대도시는 "선천적으로"11 창조적이지 않다. 이 기간 내

---

8 이 절에서 나는 부분적으로 졸고 "Die Selbstkulturalisierung der Stadt: Zur Transformation moderner Urbanität in der 'creative city'", in: Mittelweg 36(2009), S. 2-34에서의 논의에 기대고 있다.
9 랜드리Charles Landry, 임상오 역, 『창조도시』, 해냄, 2005을 참조하라.
10 그에 대해서는 또한 Sharon Zukin, *The Cultures of Cities*, Malden 1995를 참조하라.
11 가령 아래 저자의 도시역사학에 의해 암시되고 있다. Peter Hall, *Cities of Tomorrow. An Intellectual History of Urban Planning and Design in the Twentieth Century*, Oxford 1989.

내 싹터오다 마침내 꽃을 터뜨리게 되는 창조성을 위한 타고난 능력을 부여받지 않았다. 대신 1980년대 이래 '도시체험'과 관련해 지속적인 미학적 새로움을 만들어낼 수 있는 형태로 만들기 위한 적극적 노력이 이루어졌다.12

현대사회에서 도시 현상이 가진 전반적 의미 때문에 도시의 문화화는 창조성 장치가 권력을 행사하는 데서 특히 중요하다. 도시는 총체적인 사회적 현상으로, 경제, 예술 또는 매스미디어처럼 기능적으로 특수화된 하나의 시스템에만 배타적으로 귀속되지 않는다. 그것은 노동, 사적 주거, 예술, 과학 등 다양한 사회적 실천을 결합하는데, 각각은 삶의 전체적 형태 속에 자기 자리를 갖고 있다. 사회적 형성물로서의 사회의 특수성은 포괄적인 방식으로 공간을 분배하고, 공간 내부에 인공물과 사람을 배치하는 데서 찾을 수 있다. 도시는 자체에 고유한 사회적 물질성을 생성하는데, 그것은 기호나 행동보다 더 큰 역사적 지속성을 갖는다.

1920년대의 시카고학파 이래 도시사회학은 도시를 주로 거주자의 공간적 배치로 파악하고, 그것을 배경으로 도시의 개별 주거지역 간의 사회적 불평등을 탐구하는 경향을 보여왔다. 그와 같은 입장에서 워스는 세 가지 특징에 의해 도시를 규정했다. 크기, 밀도 그리고 인구 다양성이 그것이다.13 하지만 공간 및 문화 간의 상호작용에 대한 보다

---

12 '도시체험'이라는 개념의 확산에 대해서는 Allan Jacobs/Donald Appleyard, *Toward an Urban Design Manifesto. Technical Report, Institute of Urban & Regional Design*, Berkeley 1982를 보라.
13 Louis Wirth, "Urbanism as a Way of Life", in *American Journal of Sociology* 44 (1938), S. 1-24를 보라.

새로운 이론에 비추어 본다면 도시에 대한 보다 복잡한 견해를 발전시킬 수 있을 것이다.14 도시는 사회적 형성물로, 세 가지 수준에서 존재한다. 첫 번째 수준에서 그것은 인간 거주자의 복합체로서 뿐만 아니라 물질적 인공물의 시스템으로도 간주된다. 도시는 공간 속에 존재하는 한편 공간을 용기(容器)로 이해하는 전통적 개념에 함축되어 있는 대로 또한 건물, 교통로, 조성된 자연환경(공원), 에너지 인프라(물, 하수, 전기) 형태로 공간을 **생산한다**. 도시는 '사회적인 것'이라는 용어의 확대된 의미에서의 **사회적** 복합체로, 대상뿐만 아니라 주체의, 사물뿐만 아니라 인간의 고밀도의 네트워크이다.15 두 번째로, 그와 같은 물질적 형성물과 사회구조는 도시 내부에서 거주자와 사용자가 어떤 실천을 수행할지에 대해 영향을 미치는 반면 동시에 도시의 사용자에 의해 만들어지며 형성된다. 이 수준에서 도시는 사용되는 방식이다. 그것은 다름 아니라 물질적 구조와 상호작용하는 일상적 양식 속에 존재하는데, 그와 같은 구조가 도시를 구조화하는 것에 의해 공간을 **생산한다**. 세 번째로, 그와 같은 실천은 도시의 특수한 기호, 인지적 지도, 이미지와 담론을 처리하는 것을 포함하는데, 그것을 통해 도시는 비로소 문화적 의미를 갖게 된다. 만약 도시가 총체적인 사회적 현상으로 파악된다면 그것은 부분적으로는 앞의 모든 세 가지 수준이 상호 연결되는 방식 덕분이다. 그것이 도시에 문화적 상관성, 물질적 연속성, 지속성을 부

---

14 르페브르의 공간 이론에 대해서는 Henri Lefebvre, 양영란 역, 『공간의 생산』, 에코리브르, 2011을 참조하라. 또한 기든스Anthony Giddens, 황명주 외 역, 『사회구성론』, 간디서원, 2013년, 3장과 Martina Löw, *Raumsoziologie*, Frankfurt/M. 2001을 참조하라.
15 라투르, 홍철기 역, 『우리는 결코 근대인이었던 적이 없다』, 갈무리를 참조하라.

여한다.

현대적 조건 아래서 도시발달은 부분적으로는 정치와의 긴밀한 관련성 덕분에 창조성-장치의 형성에 중요한 기여를 한다. 도시 공간에는 대표적인 건축물과 공공장소, 공공 저소득층 주택단지, 교통로, 공적 행동의 촉진이나 금지 등에서 잘 드러나는 국가 통제 활동이 집중된다. 도시에서 정치권력 행사는 법과 규정의 추상적 부여 그리고 돈의 흐름의 조작에만 국한되지 않는다. 그것은 또한 물질적 공간의 형성을 포함한다. 창조성-장치의 계보학 속에서 도시의 역할을 다룸으로써 1990년대 이래 핵심적 발전이 일어났음을 볼 수 있을 것이다. 그것에 의해 사회의 보다 낮은 수준의 지역적 수준에 대한 국가의 통제는 창조성-장치 그리고 그것의 미학적 정언명령이 강화되고 보급되는 데 도움이 되었다.

1970년대 이래 문화지향도시가 점진적으로 등장한 것은 그것에 선행했으며, 그것과 정반대 것을 대변한 기능도시를 참조하지 않고는 이해될 수 없을 것이다.16 기능도시는 1920~1930년대에 유럽과 북미 전역에서 다양한 버전으로 확산되었는데, 19세기의 부르주아적 도시에 맞서 발전된 포드주의적 "조직화된 현대(성)"17의 공간적 등가물로 간주될 수 있을 것이다.18 17~19세기의 고전적인 유럽 도시에서 도시/시골이라는 철저한 이분법은 공적 공간/사적 공간의 구분만큼이

---

16 하비는 '도시계획' 모델이 '도시디자인'에 의해 교체된다고 말한다. 구동회 외 역, 『포스트모더니티의 조건』, 95페이지 이하를 참조하라.
17 조직화된 현대(성)에 대한 포괄적 논의로는 8. 1을 참조하라.
18 그에 대해서는 특히 Max Weber, *Wirtschaft und Gesellschaft* V: *Die Stadt*, in: *Max Weber-Studienausgabe*(*MWS*) I/22-25, Tübingen 2000, S. 17-35를 보라.

나 근본적인 것이었다. 상업자본주의를 존재이유 raison d'être 로 하는 그것은 지리적 중심으로서의 부르주아적 삶의 기능적 장소에 특징적으로 집중되었다. 19세기 하반기에 그것은 대규모 도시계획 사업의 대상이 되는데, 오스만 남작 주도 하의 파리에서 가장 두드러졌다. 부르주아적 도시는 곧 수세에 몰리게 되는데, 산업화, 도시 이주자의 유입, 프롤레타리아의 등장에 의해 강요된 대대적 변화에 대처할 수단을 결여하고 있었기 때문이다. 그러다 19세기 말이 되면 사회적 붕괴의 위협까지 받는다.

기능도시는 부르주아적 도시의 위기에 대한 효율적 응답이었다. 1920~1970년대까지 그것은 서구뿐만 아니라 새로운 사회주의 사회 등에서도 도시계획 담론을 지배했으며, 도시 형태에 변형적 효과를 미쳤다.[19] 산업과 행정을 위해 경제적으로 수립된 기능도시는 대중을 위한 노동과 삶의 조직 문제에 대한 근본적 대답이었다. 노동과 주거공간의 분리에 기반한 새로운 도시 질서를 창조하고 삶의 기준과 생활의 질을 유지하기 위해 앞의 둘을 도심지역에는 금지하는 것이 해법이었다. 그것은 개인적 교통뿐만 아니라 공공교통에 대한 규제를 주요한 도시계획 문제로 만들었다. 도시계획에 대한 기능주의의 이상은 '단지 Seri' 즉 아파트 단지 형태건 아니면 단독주택 형태건 원형을 복제할 수 있는 능력이었다. 기능주의는 미학적으로 반장식적 순수주의 쪽으로 생각이 기울며, 실내인테리어 설계라는 극단적 생각까지 이어진다. ― 가령 르 코르뷔지에르의 '주거단위 Unité d'habitation'를 보라. 기능도시는

---

[19] 그에 대해서는 Thilo Hilpert, *Die funktionelle Stadt, Le Corbusiers Stadtvision ― Bedingungen, Motive, Hintergründe*, Braunschweig 1978, S. 14-20과 S. 39-57을 보라.

두 버전으로 나타났다. 유럽적 버전은 사람을 아파트 단지에 집중시키는 것이 지배적이었던 반면 미국 버전은 교외의 확장에 기반한 교외확장주의였다. 르 코르뷔지에르가 유럽적 버전을 대표하는 반면 프랭크 로이드 라이트는 미국적 버전을 대변한다.[20]

기능도시와 포드주의 경제는 1970년대 초에 정통성의 위기에 처하기 시작했다. 그와 같은 위기의 두 단계를 구분해야 한다. 먼저 사회적 틈새에서 문화지향도시라는 대안적 모델이 등장했다. 무엇보다도 도시계획가와 건축가 사이에서 유행한 비판적 담론 내부에서 그것이 받아들여졌지만 실천적 구현은 반문화의 요소와 하위문화에 의해 도심지역이 장악되는 것에 의해 그리고 포스트-물질적 중간계급에 의해 실천적으로 실현되었다. 1980년대 이래의 두 번째 단계에서 그와 같은 문화적 역동성은 도시정책 자체의 목표가 되었다. 그것의 가장 뚜렷한 표현은 1998년에 영국의 노동당이 주도한 '도시르네상스를 향해'라는 프로그램이었다.[21] 비판적이고 반문화적인 도시비판 담론 그리고 문화지향도시계획은 모두 이후 이제는 뚜렷하게 느껴지는 기능

---

[20] 르 코르뷔지에르는 지리적으로 꼼꼼히 나뉘고 인구밀도가 높은 새로운 시구를 가진 '3백만 주민의 현대도시Contemporary City of Three Million Inhabitants'라는 비전을 발전시킨 반면 로이드 라이트Frank Lloyd Wright는 독신가족 가구로 구성된 '평원 도시Broadacre City'라는 교외적 비전을 제안했다. Le Corbusier, "A Contemporary City"(1922), in ders., *The City of Tomorrow and its Planning*, London 1987, S. 163-180; Frank Lloyd Wright, "Broadacre City: A New Community Plan", in *Architectural Record* 4(1935), S. 243-254를 보라.

[21] 그에 대해서는 Robert Imrie/Mike Raco, *Urban Renaissance? New Labour, Community and Urban Policy*, Bristol 2003; Richard G. Rogers, *Towards an Urban Renaissance. Final Report of the Urban Task Force*, London 1999를 참조하라.

도시의 소외와 표준화에 대응하기 위해 도시 공간의 적극적 문화화를 촉진해왔다. 그와 같은 문화화 전략은 세 요소를 망라한다. 도시 공간의 **기호화**, **성찰적 역사화**, 감각적 · 정동적 **미학화**가 그것이다.

문화화 전략은 어디까지 중요한가? 도시는 항상 이미 '문화적'이다. 거주자와 계획자는 특수한 인지적 지도를 갖고 움직이며, 일상생활은 기호적 · 상징적 성격으로 가득 차며, 다양한 도시구역이 서로 다른 감각적 · 정동적 분위기를 발산한다. 그것은 다른 사람들에 의해서도 똑같이 느껴진다. 이 모든 것은 또한 기능 중심 도시에도 적용된다. 따라서 '문화화'라는 용어는 1970년대에 이래 도시 거주자와 방문자뿐만 아니라 도시경제와 공공 기획자에 의해 받아들여지기 시작한 도시문화에 대한 성찰적 태도를 가리킨다. 그와 같은 태도는 의식적으로 도시의 기호와 분위기를 증가시키고, 강화하고, 집중시키는 것을 목표로 한다. 후기현대도시의 맥락에서 '문화'는 하나의 중심 개념으로 이후 전적으로 긍정적인 것이 되었다. 동시에 '창조도시'라는 명칭에서 표현되는 역동성과 운동성에서 잘 볼 수 있는 대로 생기주의적 함의와도 결합되었다. 창조적인 것으로 자기를 미화하려고 시도할 때 도시는 문화자원을 동원하고 확대하기 위해 문화화 전략을 전개한다.

도시의 문화화는 먼저 **기호화**를 포함한다. — 즉 도시 공간의 상징적 특징의 강화와 집중을 포함하는데, 그리하여 그것은 기호의 생산 장소로 이해되게 된다. 문화지향도시의 상징적 밀도는 기능도시의 상징적 텅 빔과 대조된다. 문화화는 두 번째로 **성찰적 역사화**를, 즉 도시의 역사유산에 대한 새로운 평가와 전유를 포함하는데, 현재 상태와 유연하게 조화를 이루기 위해 이루어진다. 세 번째로 문화화는 이 과정 전체의 최종 목표로서의 **미학화**를 포함한다. 여기서 미학화는 보다 좁은 의미로, 즉 사용자에게 도시의 실제적 기능방식과는 독립적으로 감각적·감정적 만족을 마련해주는 것을 목표로 감각적·정동적인 도시 분위기를 체계적으로 강화하고 집중시키는 것으로 이해될 수 있을 것이다. 기호적 집중과 역사적 집중 모두 결국 미학화라는 궁극적 목표를 위한 수단임이 드러난다. 도시의 미학적 재코드화와 미학적 풍부화는 만족스런 분위기 조성에 기여하기 위한 것이다. '높은 인구밀도'라는 속성을 포함하는 도시에 대한 워스의 획기적 규정은 문화화된 도시는 새로운 유형의 밀도 ― 거주자와 인공물의 밀도뿐만 아니라 **문화적 밀도**를, 기호, 역사 그리고 분위기의 새로운 강도, 집중, 역동성 ― 를 얻기 위해 노력한다는 것을 함축한다.

아래 논의에서는 도시의 그와 같은 문화화의 생성을 되짚으며 그것이 창조성-장치 수립에 어떻게 기여했는지를 살펴보려고 할 것이다. 1960년대에 비판적 도시계획이 기능주의에 맞서 등장했다. 1970년대 이래 도시 공간의 문화화의 다차원적 운동이 등장하기 시작했는데, 그것은 도심지역을 미학화하고, 경제의 창조클러스터creative cluster, 포스트모던한 소비 공간을 만들어내고, 도시를 점차 미술관으로 변형시키는 미술관화 작업에 집중되었다. 21세기 초부터 국가에 의해 촉진되는 '도시의 문화지향 통치성'이 결정화되는 중인데, 그것은 '창조도시'를 미학적 새로움의 영구적 생산 장소로 확립하려고 한다.

3 비판적 도시계획: 감각적 텅 빔에 대한 저항

문화지향도시라는 비전은 국가가 기획한 기능도시에 맞서 1960년대의 도시연구 담론에 의해 최초로 도입되었다. 이 운동은 학생운동과 저항운동에 의해 부양되었으며, 다시 하위문화, 저항문화, 중간지식계급, 비판적 도시계획자와 건축가 내부에서 벌어진 다양한 운동을 위한 기틀을 마련했는데, 그것은 모두 1970년경에 힘을 얻기 시작했다. 앞의 운동들은 기능도시의 희생자가 되어 기능을 잃어버리거나 황폐해지거나 거주자 수가 줄어든 도시 부분의 재생에 적합하도록 맞추어졌다. 그와 같은 재생은 주거지역, 레저지역, 노동지역 등과 같은 도시구역의 회복을 포함했다. 심지어 그와 같은 초기 단계에서조차 비판적 도시계획의 요소가, 가령 문화유산보호 형태로 지역정부 정책 속에 포함되었다. 비판적 도시계획 담론은 모두 각각의 방식으로 미학적·기호적·역사적으로 풍부한 도시라는 유토피아를 대변하며 거주자와 사용자를 위해 실현될 것이 요구되는 다양한 요구의 복합체를 형성했다. 비판적 도시계획 내부에서 적어도 네 가닥을 구분할 수 있을 것이다. 멈포드와 린치Kevin Lynch가 전형적으로 대변하는 휴머니즘적 문화주의, 프랑스의 상황주의자들이 개요를 그린 바 있는 문화혁명적 도시계획, 제이콥스에 의해 가장 두드러지게 선전된 바 있는 중간계급 생기론, 로시Aldo Rossi와 벤투리Robert Venturi 같은 1960년대의 비판적 건축가들의 도시계획이 그것이다.[22]

---

[22] 비판적 도시계획은 보들레르부터 벤야민과 울프Virginia Woolf에까지 이르는 사람들의 아방가르드의 대도시 담론에 의해 영향을 받았는데, 그들 또한 도시의 매력에 열려 있는

문화사가 멈포드와 도시계획자 린치는 모두 근대 초기에서 유래하는 도시의 이상을 각각의 방식으로 지지했다. 그들은 전후 미국의 실제 도시는 그것으로부터 근본적으로 벗어난 것으로 보았다. 두 사람은 휴머니즘적·인류학적 용어로 그와 같은 이상을 옹호했으며, 드라마와 이미지라는 미학적 수사로 그것을 특징지었다. 1930년대 말에 도시에서 일어난 변형에 대해 이미 비판의 날을 겨눈 멈포드에게 도시는 시민에게 '사회적 행동의 극장' 또는 "사회적 드라마"23를 제공하는 것을 중심으로 조직되어야 했다. 여기서 도시는 고프만^{Erving Goffman} 식의 '일상생활 속에서의 자아의 제시'의 무대로, 거주자에게 강렬하고 다양화된 경험을 제공했다. 이 의미에서 멈포드는 '도시는 예술을 기르고, 자체가 예술이다'라고 쓴다. 그에게 경험을 강화시키는 도시성의 공적 퍼포먼스는 반드시 조화롭고 평화로울 필요는 없지만 명확히 규정된 조밀한 공간적 중심 내부에 담겨야 한다.

이상적 도시를 가리키는 린치의 은유는 잘 만들어진 도시라는 이미지이다.24 그는 관습적인 도시계획의 입장과는 반대되는 입장을 취했다. ― 사용자의 입장이 그것으로, 사용자는 심리학적·미학적 존재로 도시를 감각적으로 경험하고 싶은 정서적 요구를 갖고 있다. 그와 같은 감각적 경험은 주로 시각적인 것이며, 이상적 도시는 거주자에게

유동적인 체험 주체로서의 산보자라는 형상을 만들어냈다. 하지만 아방가르드 담론이 자체의 한계를 깨뜨릴 준비가 되어 있는 포스트-부르주아적 도시를 배경으로 움직인 반면 비판적 도시계획은 기능도시와의 대결로부터 예리함을 얻었다.
23 Lewis Mumford, *The City in History*, New York 1961을 보라. 이미 *The Culture of Cities*, New York 1938에서 비슷한 논의를 찾아볼 수 있다.
24 Kevin Lynch, *The Image of the City*, Cambridge 1960을 참조하라.

새로운 "정서적 만족"[25]을 지속적으로 제공한다. 그것을 어떻게 얻을 수 있을까 하는 심리학적 질문에 대답하기 위해 린치는 **가독성**legibility과 **이미지화 가능성**imageability이라는 기준을 사용한다. 가독성이란 도시에서 볼 수 있는 것의 개별적 요소가 일관된 의미를 가진 전체로 파악될 수 있는 도시의 능력인 반면 이미지화 가능성은 부분에서뿐만 아니라 전체에서도 강력한, 기억할 만한 긍정적 이미지를 생성할 수 있는 도시의 능력을 말한다. 이상적 도시는 그것을 구성하는 요소, 즉 도로, 모퉁이, 구역, 접속점과 표시물을 통해 "가시적이고, 일관되며, 명확한"[26] 감각적 인상을 만들어낼 수 있다. 이상적 도시, 패러다임적으로는 이탈리아 르네상스의 도시는 린치에게 역동적이지도 또 혼란스럽지 않으며 오히려 미학적으로 안정적이며 고전적으로 조화롭다.

멈포드와 린치가 도시의 미학적 경험을 본질적으로 반복과 루틴의 경험에 있는 것으로 보는 반면 프랑스의 상황주의자들은 도시체험을 맹렬히 역동화시키며, 보다 포괄적인 사회적 맥락 속에 놓았다.[27] 1970년대에 주로 드보르에 의해 빚어지고 초현실주의와 르페브르의 도시주의 이론에서 나온 자극을 통합한 상황주의적 사고는 파리, 서베를린, 볼로냐, 취리히 같은 장소에서 반문화와 도시 간의 관계에 결정적 영향을 미쳤다. 상황주의자들의 문화혁명적 제스처는 도시의 일상생활에서 근본적으로 새로운, 감각적·정동적으로 만족스러운 상황을

---

25 앞의 책, 5페이지.
26 앞의 책, 21페이지.
27 그에 대해서는 특히 Tom McDonough, *The Situationists and the City*, London 2009를 보라.

획득하는 쪽으로 향했다. 드보르 말대로 목표는 '삶의 텅 빈 순간을 줄이고', '시적 주체와 대상을 늘리는 것'이다. ― "불행히도 그것은 지금 너무 드물다."28 떠돌기^{dérive}, 즉 도시에서 아무 목적 없이 자유롭게 떠도는 일상적 기술이 상황주의에서 가장 중요한 방법이다. 떠돌기에게 도시적 환경은 구경꾼이 안으로 잠겨 들어갈 수 있는 감각적·정동적·기호적인 자극의 장이다. 여기서 도시는 반복의 지루함에 맞서 '타자성'이라는 놀라움과의, 역사적 사건의 잔존과의, 이방인 그리고 낯선 환경과의 잠재적 만남의 장소로 이해된다. 파리가 그것의 패러다임적 사례이다. 도시가 미학적 환경으로 변형되려면 미학적 태도를 가진 사용자 그리고 미학적으로 가용한 도시 공간 모두가 요구된다. 상황주의자들에게는 상이한 시간적·기호적 층이 겹치는 역사적으로 이질적인 도시 풍경이 무역사적인 기능적 건축의 장소보다 그것에 더 적합해 보였다. 그들은 떠돌기의 일상적인 미학적 실천을 드보르가 스펙터클 사회라고 부르는 것과 철저하게 대립시켰다. 스펙터클 사회가 수동적 소비에 기반한 반면 상황주의자들은 도시의 자율적인 창조적 전유를 제안했다. 르페브르는 상황주의의 기본적 직관을 한층 더 영향력 있게 확장시켰는데, 그것에 따르면 도시와의 상호작용은 개념적으로 파악된^{espace conçu}, 범주화된 공간보다는 체험된 공간^{espace vécu}, 감각적·정동적으로 경험되며 상대적으로 특별한 순서가 없는 공간과의 만남으로 간주되어야 한다.29

---

28 Guy Debord, "Auf dem Weg zu einer Situationistischen Internationale", in Robert Ohrt(Hg.), *Der Beginn einer Epoche. Texte der Situationisten*, Hamburg 2008, S. 39-44, 여기서는 41페이지를 보라.

'체험된 공간'으로서의 대도시라는 이상은 다소 보다 세속적인 버전으로, 제이콥스의 『미국 대도시의 죽음과 삶』이라는 1960년대에 나온 도시성-비판 중 국제적으로 가장 중요한 저서로 인정되는 것 속에서 발견된다.30 그녀는 당대의 미국의 도시계획을 도시 공간의 가능성에 대한 기본적 불신 때문에 기본적으로 실패한 것으로 간주한다. 그녀에 따르면 얼핏 정반대로 보이는 두 가지 운동 즉 한편으로는 코르뷔지에르 식의 기능주의적 계획화 — 주거 기능이 극한의 밀도를 가진다 — 그리고 다른 한편으로는 하워드의 정원 운동 — 소도시를 이상으로 삼는다 — 에 의해 대변되는 정반대 흐름 모두에서 그것은 사실이다.31 그녀에게 '도시성'은 생기주의적 표어이다. '활력' 또는 '생기'의 가장 중요한 조건은 다양성diversity이다. 도시는 주체, 환경, 실천, 건축 스타일, 인상, 경험의 다양성을 요구한다. 다양성은 집, 거리, 구역의 '용도 혼합mixture of use'에 의해 가능해진다. 용도 혼합은 주거공간, 노동공간, 레저공간의 철저한 공간적·기능적 분리를 주장하는 기능주의적·교외주의적 관점과 대립된다. 대도시는 초미니 단위로 구성되는

---

29 르페브르, 『공간의 생산』, 516페이지 이하를 참조하라. 그와 달리 건축적 기능주의에 맞서 대안적 건축을 제시하려는 상황주의 인터내셔널Situationistischen Internationale의 시도 — 무엇보다 콘스탄트Mark Wigley Constant가 〈오렌지 컨스트럭션Orange Construction〉이라는 모델을 갖고 한 시험이 대표적이다. 그것은 조금 미심쩍기는 하지만 노동의 강요 없는 사회의 미래파적 원형을 보여준다 — 는 하나의 에피소드로 머물렀다. 스펙터클에 파리코뮌 투쟁 방식의 도시적 '축제'를 맞세우려고 하는 혁명적 급진화의 초기 시도에 대해서도 동일하게 말할 수 있다.
30 제이콥스Jane Jacobs, 유강은 역, 『미국 대도시의 죽음과 삶』, 그린비.
31 그에 대해서는 Ebenezer Howard, *Garden Cities of To-Morrow*, London 1902를 참조하라.

것이 아니라 오히려 보다 작은, 특수화된, 고도로 개별화된 단서의 결합에 의해 만들어진다. 그와 함께 제이콥스는 문화적 이질성을 이상으로 선언하는 '포스트모던적' 도시 모델을 미완성 상태로나마$^{avant\ la\ lettre}$ 제시하는데, 물론 그것은 위협적이기보다는 조화롭고 거의 목가적으로 "흥미진진하고 신나는 거리의 삶"[32]을 환기시킨다.

그녀에 따르면, 따라서 도시계획은 '기계적인' 계획의 전망에서 '유기적' 계획의 전망으로 이행해야 한다. 이 견해는 시각적으로 매력적인 중단과 불규칙성이 최대한의 효력을 발휘하도록 하기 위해 보다 오래된 구역의 재활성화 그리고 거리 외관의 수정 모두에 중요한 기능을 부여한다. 모든 거리가 가능한 한 최대한 개별적이고 독특해야 한다. 그때 다양성은 엄밀한 의미에서 정치적으로 계획될 수 없으며, 원래 자연적으로 생겨나야 한다. 물론 알맞은 조건을 창조하는 것에 의해 그와 같은 자연적 성장을 촉진할 수는 있을 것이다. 제이콥스는 이렇게 쓴다.

> 대부분의 도시 다양성은 믿기 힘들 만큼 많은 숫자의 상이한 사람과 상이한 사적 조직들의 창조물이다. …… 도시 계획 및 디자인의 주요 책임은 그처럼 큰 범위의 비공식적 계획, 아이디어, 기회가 만발하기에 적합한 장소인 도시를 …… 개발하는 것이어야 할 것이다.[33]

그녀가 정치적인 도시계획 관점에서 논지를 펼친 반면 1960년대의 비

---

32 제이콥스, 앞의 책, 30페이지.
33 앞의 책, 325페이지.

판적 건축계의 일부도 그와 동일한 결론에 이르렀다. 그들은 개별 건물뿐만 아니라 보다 중요하게는 도시 전체의 재조직화에도 관심을 가졌다. 기능주의적 건축 및 도시계획이 르코르뷔지에르적 의미에서의 '국제스타일'과 함께 아무리 늦어도 1928년에는 라 사라La Sarraz에서의 〈현대건축국제회의CIAM〉의 창설과 함께 국제적 헤게모니를 잡게 되었다. 그와 같은 조직이 시작되면서 산발적 비판이 기능주의를 겨냥해왔는데, 전후에는 주로 알토와 니메이어가 주도했다.34 하지만 기능주의적 건축에 대한 결정적 타격은 벤투리와 로시의 도시계획 프로젝트에 의해 가해졌다.35 벤투리는 건축된 공간의 기호적 전환을 위한 프로그램을 공격적으로 격찬했으며, 그리하여 건축은 문화적 지식의 도움을 받아 바라보는 사람에 의해 해독되어야 하는 기호적·상징적 함의를 불가피하게 포함하게 될 수밖에 없다는 원리 아래 포스트모더니즘 건축에 시동을 걸게 되었다. 기능도시를 추구하는 '국제스타일'은 이제 건축에서 재활성화되어야 하는 일상의 기호학을 주변화한다는 이유로 벤투리에 의해 고발당했다. 그에 따르면 건축은, 기호에 내재적이며 그것을 바라보는 보통 사람을 자극하는 잉여와 모순을 이용해야 한다. 건축은 철저하게 사용자 관점으로부터 이해되어야 하는데, 그는 모더

---

34 Alvar Aalto, "Für eine Humanisierung der Architektur", in ders., *Synopsis*, Basel 1970, S. 14-16; Oskar Niemeyer, "Form und Funktion in der Architektur"(1960), in Vittorio Magnago Lampugnani/Ruth Hanisch u. a.(Hg.), *Architekturtheorie 20. Jahrhundert*, Ostfildern-Ruit 2004, S. 211-213을 참조하라.

35 Robert Venturi, *Complexity and Contradiction in Architecture*, New York 1966; ders./Denise Scott Brown u.a, *Learning from Las Vegas. The Forgotten Symbolism of Architectural Form*(1977), Cambridge 2001; Aldo Rossi, *L'architettura della citta*, Padua 1966.

니즘의 영웅적 건축보다는 보통의 일상적 건물을 항상 선호했다. 동시에 로시는 건물의 철저한 역사적 재맥락화를 요구했다. 개별 건물은 도시 전체의 사회적 공간 속으로, 오늘날 존재하는 그대로의 미학적·공간적 구조의 '역사유산' 속으로 통합되어야 한다. 그리하여 역사유산보호운동으로 나가는 길을 닦았으며, 따라서 전후 시기에 도심지역의 역사적 건물을 전면적으로 파괴하는 것을 비판하게 되었다. 벤투리와 로시는 둘 간의 차이에도 불구하고 당대에 적합한 건축은 필연적으로 도시와 도시 사용자의 의식 속에 이미 존재하는 기호적·미학적·역사적 형태에 기반해야 한다는 입장을 공유했다. 따라서 건축은 총체적 분위기를 조성하는 공간을 디자인하는 과제를 갖게 되었다. 홀레인은 이렇게 쓴다.

> 건축을 오직 건물 관점에서 사유하는 것을 멈추어야 한다. 건물로 지어진, 물리적 건축은 과거의 기술적 제한으로부터 해방된 만큼 이제 공간적 질 그리고 심리학적 요구의 충족 문제에 보다 집중해야 할 것이다.[36]

비판적 도시계획은 기능주의 건축과 도시계획에 등을 돌림으로써 새로움과 관련해 르 코르뷔지에르와 그 밖의 다른 사람들의 도시적 현대(성)가 대변해온 매우 특수한 이해방식과 결별했다. '국제스타일'의 관점에서 볼 때 현대적 도시는 최대한 새로운 도시로, 일단 새로움을

---

36 Hans Hollein, "Alles ist Architektur", 처음에는 *BAU-Schrift für Architektur und Stadtebau* 23(1968)에 실렸으며, 지금은 *Transparent* 16(1985), S. 64-66에서 재인용했다. 특히 66페이지를 보라.

획득하면 보편적 가치를 소유하며 오직 그와 같은 형태로만 복제될 수 있었다. "새로운 기술적 · 공간적 조건으로부터 최종 형태의 표현 — 형식적 유형 —"37을, 부르주아의 역사주의적인 건축 방식과 다른 표현 형태를 발전시키려고 시도함으로써 건축의 모더니즘은 새로움/낡음 간의 뚜렷한 대립을 만들어낼 수 있었다. 동시에 추정되기로는 보편적인 그와 같은 모더니즘의 새로움은 동일한 주택단지의 영원한 복제, 위성도시, 차 없는 도심지역과 공장 정책과 함께 단 몇 십 년 만에 사용자에게 낡은 것처럼 보이게 되었다. 기능주의 이전의 역사적 건물 구조의 부활을 요구하는 것에 의해 비판적 도시계획은 향수병이라는 오류를 범하지 않고도 새로운 것에 맞서 오래된 것을 앞세울 수 있었다. 게다가 그것은 정적인, 기술적(또한 정치적인) 새로움을 자율적인 미학적 새로움 — 사용자의 자가동역학적인 감수성과 정동성 쪽으로 정향된다 — 이라는 모델로 대체한다. 당대 건축의 강력한 상징적 내용과 결합된 역사적 건물의 부활이 비로소 사용자에게 도시 공간을 생생한 체험 공간으로, 떠돌기를 실천할 수 있는 장소로 변형시킬 수 있는 힘을 부여해준다. 따라서 과거의 문화유산은 주로 보존보다는 지금과 여기에서의 기호적 · 감각적 경험을 자극할 수 있는 잠재력을 풍부하게 한다는 목적에 더 많이 사용된다.

---

37 Martin Gropius, "Der stilbildende Wert industrieller Bauformen", in *Jahrbuch des Deutschen Werkbundes* 1914, Jena 1914, S. 29-32, 여기서는 특히 30페이지를 참조하라.

4 문화지향도시의 특징적 면모

앞서 살펴본 대로 비판적 도시계획은 1970년대에 비판적 건축과 도시계획뿐만 아니라 하위문화와 예술계를 위한 주거 및 작업 공간으로, 역사적 건축군과 포스트모던건축이 뒤섞일 수 있는 장소로 도심의 역사구역을 부활시키는 정책을 수립하기 위한 배경을 제공해주었다. 하지만 서구 도시의 가일층의 문화화는 그와 같은 경향을 훌쩍 넘어서까지 확대되었다. 창조성-장치의 등장에 기여한 다른 사회-장에서처럼 헤게모니에 반대하는 비판적 도시계획의 태도는 여기서 새로운 형태의 헤게모니로 전도되었다. 그와 같은 체계적인 자기-문화화는 문화화의 네 가지 집단적 작인(作因)에 의해 동원되었는데, 그것은 동시에 미학화의 작인으로 각각의 개별적 목적은 서로 상충되었다. 먼저, 도심에서 공동체화 그리고 새로운 자극을 위한 공간을 찾는 도시의 예술계와 하위문화. 두 번째로는 포스트-물질주의적인 중산층. 흔히 직업적으로 미학경제에 종사하는 이 계층은 자아실현 그리고 문화적 여행객으로 다른 도시로 여행을 간다는 보편화된 창조적 에토스의 영향을 받고 있다.[38] 세 번째로, 포스트-포드주의적 소비 및 창조경제와 관련해 지역적으로 또는 글로벌하게 적극적으로 전개되는 사업. 그것은 문화화된 도시에서 창조클러스터를 위한 판매시장과 입지를 발견한다. 마지막 네 번째로, 문화재생과 창조도시라는 이상에 의해 인도되는 국가정책.

---

[38] 신중산층의 포스트-물질주의적 가치에 대해서는 특히 Paul Leinberger/Bruce Tucker, *The New Individualists. The Generation after the Organization Man*, New York 1991을 보라.

그리하여 이 마지막 것은 경제발전의 중요한 요소를 구성하게 되는데, 그것은 또한 거주자와 방문자를 위해 도시의 매력을 증가시킨다.

문화화의 이 모든 네 가지 작인에 의해 추동되는 도시의 문화화는 밀접하게 관련된 몇 가지 과정을 더 포함한다. 미학화된 도시구역과 주거구역의 확대. 특히 역사적인 도심지역에서 그렇다. 도시 예술계의 수립. 창조클러스터 내부로 창조도시가 공간적으로 집중되는 것. 스타일과 경험의 소비에 특화된 장소의 집중. 포스트모던 형태로 도시의 고급문화가 르네상스를 이루는 것. 그것은 특히 미술관과 문화이벤트의 등장에 의해 특징지어진다. 그리고 스펙터클한 기념비적 건축물에 대한 국가보조가 그것이다.

미학적 도시구역

기능도시로부터 문화지향도시로의 구조적 변동에 기본적인 측면은 도심지역 및 도시구역의 미학화 그리고 두 곳이 새로운 주거구역, 노동구역 그리고 소비구역으로 변형되는 것이다.39 그와 같은 도시구역은 일반적으로 기능주의 이전 시기에 지어진 역사적 건물군에 의해

---

39 그에 대한 사례 연구로는 Bastian Lange, *Die Raume der Kreativszenen. Culture-preneurs und ihre Orte in Berlin*, Bielefeld 2007; Richard Lloyd, *Neo-Bohemia. Art and Commerce in the Postindustrial City*, London 2010; Thomas Dörfler, *Gentrification in Prenzlauer Berg? Milieuwandel eines Berliner Sozialraums seit 1989*, Bielefeld 2010; Tim Butler, *London Calling. The Middle-Classes and the Re-Making of Inner London*, Oxford 2003; Michael Jager, "Class Definition and the Aesthetics of Gentrification: Victoriana in Melbourne", in: Neil Smith/Peter Williams(Hg.), *Gentrification of the City*, London 1986, S. 78-91을 보라.

특징지어진다. 독일 및 그 밖의 다른 곳에서 그와 같은 낡은 건물군은 역사적으로 1900년경의 건축 양식으로 지어졌다. 그것은 가령 로프트로 개조 가능한 산업적 건물이거나 종종 근대 초기의 역사적으로 보다 오래 된 건물이다. 그와 같은 역사적 건물군은 부분적으로는 포스트-기능주의적 건축에 의해 대체되고 있다.

도심지역의 '문화재생' — 주거구역으로의 전환 — 은 기능도시 모델과는 정반대이다. 1925년에 버제스는 아래와 같은 것이 현대의 도시발달의 일반 법칙이라고 생각했다. 즉 먼저 주거, 노동, 소비 장소가 공간적으로 분리되며, 둘째, 주거구역이 연속적으로 교외로 밀려나는 반면 보다 오래된 건물이 있는 구역이 띠를 이루어 도심 주변에 단 기간에 모이며, 주로 사회적으로 또는 인종적으로 주변적인 집단이 거주한다는 것이다.40 역사적 도심지역의 몰락에 대한 그와 같은 예견은 한편으로는 교외 중시 정책에 의해, 다른 한편으로는 국가보조주택의 극단적 집중에 의해 지지받았고, 현실이 되었다. 하지만 예술계와 각종 대안조직, 신중산층이 진입하면서 과정이 역전되었다. 이미 1960년대 초에 보다 오래된 건물로 이루어진 도심지역의 여러 구역은 뉴욕의 소호와 런던의 이즐링턴처럼 뛰어난 주거지역으로 두각을 나타냈다. 그와 같은 움직임은 유럽의 많은 도시에 널리 퍼져나갔다. 그와 같은 구역의 주요한 특징은 주거공간과 노동공간 그리고 나중에는 전문

---

40 Ernest W. Burgess, "The Growth of the City. An Introduction to a Research Project"(1925), in: Robert E. Park/Ernest W. Burgess u. a.(Hg.), *The City. Suggestions for Investigation of Human Behavior in the Urban Environment*, Chicago 1967, S. 47-62를 참조하라.

화된 부티크와 레스토랑, 오락과 문화를 점차 제이콥스가 제시한 '용도혼합' 모델과 대략 들어맞는 방식으로 결합시키는데 있었다.41

혼합 공간으로 낡은 건물이 즐비한 도심지역을 재활성화하는 것은 젠트리피케이션이라는 사회학적 개념과 종종 연결되어왔는데, 이 용어는 1964년에 런던을 배경으로 글래스에 의해 처음 사용되었다.42 젠트리피케이션 이론은 공동체 집단과 다양한 사회적 지위 간의 교환을 상정한다. 이 이론에 따르면 젠트리피케이션은 첫 번째 단계에서는 반문화와 하위문화에 속한 사람들이 비어 있는 또는 사회적으로 취약한 구역으로 이주할 때 시작된다. 그것은 사회적 평가절상으로 이어지며, 마침내 중간계급의 유입을 불러온다. 특정 시점부터 그것은 사회적 취약계층 그리고 반문화와 예술계 자체에서 경제자본 동원 능력이 떨어지는 부문을 퇴출시키기 시작한다. 결국 중산층과 상층계급이 지배권을 쥐어 호화로운 개보수로 지배권을 굳건히 한다. 많은 경우 경험적으로 젠트리피케이션에 대한 그와 같은 예상은 분명히 정확하지만 그것은 해당 이론이 명확히 설명하지 않는 과정을 추동하는 문화적

---

41 코필드는 1970년 이래 토론토를 대상으로 구도심 내부지역에 대한 그와 같은 평가절상 과정을 역사적으로 상세하게 추적해오면서 그와 같은 '포스트모던 도시계획'이 어떻게 처음에는 상이한 집단적 행위주체 — 부르주아적인 보수적 유산 보호자들, 급진적 계획자와 건축가, 대안운동, 예술계, 하지만 그에 뒤이어 무엇보다도 보다 젊은 교육받은 중산층 — 에 의해 지탱되어왔는지를 상세히 보여준다(Jon Caulfield, *City Form and Everyday Life. Toronto's Gentrification and Critical Social Practice*, Toronto, Buffalo u. a. 1994를 참조하라).

42 Ruth Glass, *London: Aspects of change*, Centre for Urban Studies, London 1964를 참조하라. 젠트리피케이션 일반에 대해서는 Loretta Lees/Tom Slater(Hg.), *The Gentrification Reader*, New York 2010을 참조하라.

원동력을 전제한다. 젠트리피케이션의 보다 깊은 뿌리에 자리 잡고 있는 원인은 새로운 인구에 의한 도심지역의 미학적·기호적 문화화로, 이 과정은 이후 미디어의 주목, 부동산 섹터, 지역 상점 및 지방정부의 개입에 의해 추동된다. 새로운 거주자 — 반문화에 속하건 아니면 포스트-물질주의적 중산층에 속하건 — 는 경제적 계산과 사회적 명성을 넘어 기호적·미학적 매력을 약속하는 구역에만 거주한다.43 젠트리피케이션 과정의 현장이 되려면 후기현대도시는 먼저 미학화 대상이 되어야 하며, 그와 같은 채로 머물러야 한다. 역사적인 도심지역의 그와 같은 미학화는 앞서 언급된 세 요소를 포함한다. 기호화, 성찰적 역사화 그리고 보다 좁은 의미에서의 감각적·정동적 미학화가 그것이다.

문화재생의 첫 단계는 해당 지역과 그곳의 역사적 건물군의 **기호론적 재코드화**이다. 이 단계에서 해당 장소는 상징적 재투자 대상이 되며, 그에 따라 용도도 새롭게 바뀐다.44 재코드화는 지금까지 기호적으로 상대적으로 비어 있거나 부정적 함의와 결부되어 있던 구역(다 허물어져 가며, 위험하고, 보기 흉하고, 어매니티를 결여하고 있다)에 새로운 기호를 구비해준다. 우리가 이미 1960년대의 패션, 디자인, 팝음악 영역에서 익숙해져온 기본적인 이분법, 즉 '유행에 밝은hip'/'구린square'이라는 이분법은 여기서는 도시 공간에 적용된다. 로이드는 시카고의

---

43 이 이유에서 젠트리피케이션 과정의 어느 단계도 단지 그때그때마다의 새로운 주거 집단이 수행하는 비용 편익 계산(처음에는 저렴한 임대료와 후일의 높은 명성)을 참조해서 설명되어서는 안 된다. 가령 대규모 분양주택단지처럼 미학화 불가능한 지역은 오래된 건물이 밀집된 지역이나 로프트 지역과는 달리 아무리 경제적 이익이 유혹적이더라도 대부분 예술계와 대안운동계로부터 새로운 거주자를 끌어들일 수 없는 것에서 그것을 잘 볼 수 있다.
44 그에 대해 보다 자세히는 Lange, *Die Raume der Kreativszenen*를 참조하라.

〈위커파크〉를 대상으로 한 그와 같은 효과적인 재코드화 전략을 묘사하기 위해 '티끌도 귀티나게grit as glamour'라는 문구를 제안한 바 있다.45 보헤미안 미학의 소품에 의지해 지금까지 보잘것없거나 아무 특징도 없던 지역을 그림 같은, 별나게도 흥미로운, 진정성을 찾아볼 수 있는 지역으로, 쿨한 지역cool place으로 재코드화하는데, 그것은 고립된 핵가족의 단독주택이 집중된 교외뿐만 아니라 단조로운 집단적인 주택단지와 뚜렷하게 구분되었다. 역사적인 산업구역이 특히 그와 같은 재코드화에 잘 들어맞은 것은 우연이 아닌데, 과거의 거주자와 지나간 시대의 흔적 속에 부흥 가능한 것이 포함된 것처럼 보였기 때문이다.46 공간의 재코드화는 새로운 거주자가 미학적 태도를 갖고 건물의 역사성에 접근하도록 이끌었다. 역사적 건물군은 정동적으로 자극적 분위기를 만들어내기 위한 현재의 목적을 위해 이용되었다. 그때 건물이 가득 들어선 공간이 역사적인 것만으로는 충분하지 않다. 또한 새로운 거주자에 의해서도 역사적인 것으로 **지각되어야** 한다. 그와 같은 성찰적 **역사성**은 역설적 구조를 갖고 있다. 역사적 건물을 한결같이 공간적 '진정성'이 자리 잡고 있는 곳으로 해석하는 동시에 재전유 대상으로 삼기 때문이다. 역사적인 것은 찬양되는 동시에 현재의 이질적 목적에 인정사정없이 넘겨진다. 이 노선에 따라 이전의 공장은 로프트나 클럽으로 바뀌며, 빌헬름 황제 시대의 노동자주택단지는 중간지식계급을

---

45 Lloyd, *Neo-Bohemia*, S. 38 이하를 참조하라.
46 이 의미에서 가령 베를린의 미테 운트 프렌츨라우어 베르크 구역은 베를린장벽의 붕괴 후 지금까지의 거주자에게서와는 달리 보다 최근의 거주자에게는 높은 기호적 밀도를 가진 공간으로, 즉 쇼이넨피어텔의 유대적 과거와 함께 프렌첼라우어 베르크의 동독의 대안적 장면의 장소가 연상되는 공간으로 보일 것이다.

위한 아파트 단지로 바뀌며, 20세기 초에 집단 거주지역이던 곳은 예술, 패션, 디자인의 중심지가 된다. 미학화에 의한 그와 같은 자기화는 포스트모더니즘 미학에 전형적인 두 가지 모델의 결합을 따른다.47 '레트로 패션' ― 즉 과거를 미학적 만족의 원천으로 재전유하는 것 ― 과 '패스티시'가 그것이다. 상이한 시대와 공간의 이질적 기호 그리고 용도를 혼합하는 것이다.

도심지역에서 이루어지는 기호화와 성찰적 역사화는 보다 좁은 의미에서의 미학화와, 즉 이제까지 감각적·정동적으로 중립적인, 심지어 혐오스러운 장소가 미학적으로 향유 가능한 장소로 변형되는 것과 융합된다. 데겐이 1990년대에 바르셀로나와 맨체스터의 두 도시구역 ― 하나는 역사구역이고 다른 하나는 산업지역이었다 ― 에서 이루어진 문화재생에 대한 분석에서 보여준 대로 이 과정에서는 장소의 일상의 기호학과 함께 일상적으로 도시를 느끼는 방식sensing cities, 즉 시각적·청각적·후각적·촉각적 상호작용 수준에서 도시와 감각적으로 관계를 맺는 방식이 변형되는 것이 결정적이다.48 완전히 생기론적인 대도시 미학의 전통 속에서 도시에 대한 그와 같은 감각적 경험 방식은 자극의 집중과 일탈에 적극적으로 반응한다. ― 그것이 기본적으로 안전한 또는 적당히 위험한 틀 속에서 일어나는 한 말이다. 문화재생 대상이 되는 도시구역이 적어도 처음 단계에서는 여전히 인종적 소수자, 사회적 계급 탈락자나 다른 주변적 사회집단을 품고 있다는 사실은, 새로

---

47 제임슨, 『포스트모더니즘, 혹은 후기자본주의 문화 논리』, 62페이지 이하를 참조하라.
48 Mónica Montserrat Degen, *Sensing Cities. Regenerating Public Life in Barcelona and Manchester*, London 2008을 참조하라.

운 거주자가 살게 되는 일상생활을 미학적으로 풍부하게 해주는 환영할 만한 것으로, '티끌도 귀티나게'에 기여하는 것으로 지각된다. 여기서 사회적 이질성은 기호적·미학적 교대라는 관점에서 체험된다.[49]

역사적인 도심지역의 여러 구역의 문화재생은 또한 도시 외관의 지각 방식에서의 변화를 동반한다. 1980년대 이래 지역을 초월한, 심지어 이미 글로벌한 청중이 미디어를 통해 특수한 도시와 도시구역을 무엇보다도 문화적 가치라는 측면에서 관찰하는 것이 점점 더 뚜렷해져왔다.[50] 도시는 또한 이전에 이미 국가 또는 교회의 통치, 교역 또는 과학의 장소로서 지역을 초월한 외부의 관심 대상이 되어왔다. 하지만 이제 점점 더 얼마나 많은 '도시적 활기'를 제공하느냐, 즉 기호, 역사, 감성적 분위기를 통해 얼마나 많은 기분전환과 강렬함을 마련해주느냐에 따라 평가되고 있다. 도시와 도시구역을 지각하는 그와 같은 문화적 방식의 역사적 선구자는 파리의 몽마르트나 20세기 초의 그리니치빌리지 같은 부르주아 사회의 예술가 구역이었다.[51] 하지만 후기현대의 미학화된 도시구역은 그처럼 그림 같은 미학적 구역의 틀을 폭파시킨다. 비록 처음에는 주로 반문화적이거나 대안적인 것으로 간주될 수도 있을 테지만(1970~1980년대의 베를린의 크로이츠베르크에서처럼 말이다) 이후 사방에서 누구나 소중하게 간직되는 도시적 '활기'의 상징이

---

49 그에 대해서는 Caulfield, *City Form and Everyday Life*, S. 195 이하를 보라.
50 이 주제에 대해 자세히는 Martina Löw, *Soziologie der Stadte*, Frankfurt/M. 2008을 참조하라.
51 예술가 구역의 이 형태에 대해서는 Diedrich Diedrichsen, "Der grüne Frack. Wo und wie die Künstler leben und was in ihren Vierteln passiert", in *Texte zur Kunst* 16(1994), S. 81-100을 참조하라.

되었다. 문화적으로 풍부한 도시의 미학화된 구역은 이중적 매력을 행사하며, 관광객뿐만 아니라 다른 구역, 지역, 나라로부터 새로운 거주자를 끌어들인다. 그와 같은 장소는, 이상적으로는, 공중의 주목 속에서는 거주하건 아니면 적어도 한 번은 방문해야 하는 곳이건 **약동하는 도시, 필수 방문 코스로** 지각된다.

도시의 주거공간의 문화화와 미학화는 어느 정도 창조성-장치의 발달에 도움이 될까? 대답은 자명하다. 즉 여기서 두 과정 모두 미학적 · 기호적 새로움에 대한 관심에 의해 철저하게 안내된다는 것이 대답이다.52 그와 같은 관심은 **도시의 미학화**의 보다 폭넓은 **사이클** 내부에서 이루어지는 지역 발달의 각 단계에서 상이한 겉모습을 띤다. 첫 번째, 즉 새로운 거주자에 의한 점유와 재전유 단계에서 사회적 공간이 재코드화되면서 '최초의 미학화'가 일어난다. 장소에 대한 감각적 지각과 느껴지는 분위기는 어떤 건축적 변화도 아직 일어나지 않았음에도 철저하게 변형된다. 이제 구지역은 **완전히 새롭게** 보이며, **발견되어야 할** 어떤 것이 된다. 두 번째 단계에서 사회적 공간은 새로운 거주자의 점증하는 유입에 의해, 개보수에 의해, 즉 새로운 건물, 레스토랑, 화랑에 의해 변형되며, 해당 지역은 미완으로 항상 '수리 중'인 모습으로 보인다. 새로운 기호적 · 미학적 자극이 지속적으로 콸콸 샘솟는다. 세 번째 단계에서 새로운 건축 작업과 인구 유입이 서서히 안정되기 시작한다. 일상의 미학은 '티끌도 귀티나게'로부터 멀어지며, 오히려 종종 데겐

---

52 역사적으로 도시 또는 농촌 공간의 미학화[미화]를 새로움의 지향과 연결시키는 것은 강제적인 것과는 거리가 먼데, 가령 르네상스 도시의 미학화 기획 또는 귀족사회나 궁정사회에서의 미학화 기획을 생각해보라.

이 디자이너 유산의 미학53으로 묘사한 것을 따르는데, 거기서 품위 있는 개보수는 포스트모던건축과 결합된다. 위험과 무질서가 하나도 없게 된 기호적·감각적 다양성이 찬양된다. 이제 미학적 새로움의 사이클은 새로운 카페와 화랑, 부티크가 여기저기 생겨나며 표면적 수준에서 진행되는 반면 해당 구역은 보다 깊은 본질은 변화시키지 않은 채 쇼핑과 오락적 경험의 새로운 스타일과 유형을 지속적으로 발전시킨다. 이 단계는 **미학적 포화**와 모멘텀 상실이라는 위험을 품고 있다. 즉 미학화 과정이 사람들이 다른 구역이나 도시로 빠져 나가도록 만드는 원인이 될 수 있는데, 그렇게 되면 그것은 다시 재코드화 그리고 그에 따라 앞서 말한 단계의 사이클을 다시 돌게 될 것이다.54 새로운 정체성을 부여함으로써 이전에는 흥미가 없던 구역을 이런 식으로 기호적·미학적으로 재활성화시키는 것은 미학화된 영역의 전체 범위가 증가할수록 그만큼 더 용이해진다.

'창조클러스터'

문화적·미학적 새로움을 체계적으로 지향하는 것은 또한 포스트

---

53 Degen, *Sensing Cities*, 71페이지를 참조하라.
54 여기서도 다시 한 번 베를린이 미학화의 그와 같은 순환주기에 대한 탁월한 시청각자료를 제공한다. 1990년의 베를린장벽의 붕괴 이전에 서베를린의 샤를로텐부르크, 죄네베르크, 크뢰이츠베르크는 모두 상이한 방식으로 문화화의 물결을 겪었다. 이후 그와 같은 주기는 미테-노르트와 프란츨라우어 베르크로 확장되더니, 프리드리히스하인으로 이어지다가 지금(2011년)은 다시 남쪽으로 방향을 돌려 크로이츠베르크와 노이쾰른-노르트를 정복 중이다. 그에 대해서는 특히 Andrej Holm, "Die Karawane zieht weiter — Stationen der Aufwertung in der Berliner Innenstadt", in Cicek Bacik u. a.(Hg.), *Intercity Istanbul Berlin*, Berlin 2010, S. 89-101을 보라.

-산업주의 형태의 노동에도 해당되는데, 그것이 미학화된 구역을 차지하기 시작했다. 1970년대 이후 진행되어온 역사적 도심 인근의 미학화는 미학경제의 등장과 긴밀하게 관련되어 있다. 산업사회의 기능도시의 공간적 전문화와 반대로 문화지향도시의 경제는 디자인과 패션, 광고, 컨설팅, 음악과 연예, 영화와 고전적 고급문화, 미디어와 IT, 라이프스타일과 실험적 요리, 건축, 여행, 예술계 등 다양한 창조경제 활동의 집중에 의해 특징지어진다.55 고전적인 포스트-산업사회이론의 전형적 주장은 이렇다. 즉 의사소통적인, 네트워크화된 지식노동은 더 이상 특정한 장소에 고정될 것을 요구하지 않는다고 말이다. 웨버는 가령 1968년에 포스트-도시 시대의 도래에 대해 말한 바 있다.56 하지만 미학경제는 정반대 방향을 취하고 있음이 드러난다. 수행되는 노동이 (IT에서처럼) 단지 정보기술적이기보다는 진정으로 미학적이라면 그것은 장소에 고도로 민감하다. 비록 그와 같은 노동은 지역을 초월한 또는 부분적으로는 글로벌 네트워크에 통합되지만 새로운 공간경제학이 창조클러스터57라고 불러온 것 속에 집중된다.

창조경제의 전사의 맥락에 비추어 볼 때 클러스터가 형성되는 앞의 과정들은 전혀 놀랍지 않다. 미학 노동, 가령 수공예품은 공간적으

---

55 창조산업 전체의 팽창에 대해서는 John Howkins, *The Creative Economy. How People Make Money From Ideas*, London 2001; David Hesmondhalgh, *The Cultural Industries*, London, Thousand Oaks u. a. 2002를 참조하라.
56 Melvin M. Webber, "The Post-City Age", in *Daedalus* 97(1968), S. 1091-1110.
57 이 개념은 장소와 혁신의 관련성에 대한 마샬 이론에 기대고 있는데, Alfred Marshall, *Principles of Economics*, London 1920을 참조하라. 네트워크와 클러스터의 구분에 대해서는 Bas van Heur, *Creative Networks and the City. Towards a Cultural Political Economy of Aesthetic Production*, Bielefeld 2010을 참조하라.

로 내포된 전문지식이 전달되는 '실천의 공동체communities of practice'와 대부분 묶여 있다. 제3의 이탈리아terza italia, 즉 이탈리아 북부 중앙의 수공예 전통에 대한 연구들은 미학 노동이 공간에 의존하고 있음을 입증해주는 전형적인 사례이다.58 하지만 창조경제의 도시 클러스터는 입증된 전통의 루틴적인 실천 공동체일 뿐만 아니라 또한 성공한 미학적 새로움의 생산을 위한 공간적 전제조건이기도 하다. 도시적 창조성의 그와 같은 미시적 논리에 대해 세 가지 주요한 상황이 책임이 있는 것처럼 보인다.

첫 번째로, 다목적의 미학화된 도시구역은 창조노동자와 예술가를 위한 기호 그리고 분위기가 자극적인 공간을 제공하는데, 거기서 사적 공간과 노동은 상호 분리되지 않는다.59 만약 미학 노동이 항상 다수의 주어진 기호 및 분위기와 함께 시작되어 자극을 받아들이고, 그것을 처리한다면 대도시의 미학적 도시구역 그리고 거기서 일반적으로 상대적으로 — 다른 인종 공동체 형태건, 하위문화나 환경 형태건, 건축된 공간의 분위기 형태건 아니면 제공되는 예술이나 소비의 다양한 대상과의 집중된 만남의 형태건 — 타자들과의 만남은 그것을 위한 충분히 자극적인 경험을 제공한다.

두 번째로, 창조클러스터는 다양한 장 출신의 문화사업가 또는 '문화기업인culturoreneurs'을 위한 압축된 의사소통공간이다. 그리고 단지 동일한 부문에서만 그러한 것이 아니다. 가령 1960년대에 카페, 클럽,

---

58 그에 대해서는 특히 Sebastiano Brusco, "The Emilian Model: Productive Decentralization and Social Integration", in *Cambridge Journal of Economics* 6(1982), S. 167-184를 보라.
59 그에 대해서는 Phil Hubbard, *City, London*, New York 2006, S. 206 이하를 참조하라.

화랑이 밀집한 상호작용적 네트워크가 뉴욕의 맨해튼의 여기저기서 발달해 창조경제의 다양한 부문 내부에서 그리고 그것들 간의 상호연계를 만들어냈다. 다양한 개인 간의 그와 같은 아이디어의 상호 수분이 워홀의 〈팩토리〉의 배후에 존재한 추동력이었다.60 여기서는 비공식적인 대면적 의사소통이 생각을 전하고 새로운 자극을 제공하는 데서는 간접적 의사소통보다 효율적인 것처럼 보인다. 클러스터의 참여자 풀은 각자에 고유한 자극을 커뮤니케이션 속에 공급하는 지방의 새로운 이주자들에 의해 정기적으로 증가된다.61

세 번째로, 창조클러스터는 또한 창조성의 생성에 다양한 방식으로 영향을 미치는 전략적 공간을 구성한다. 문화기업인은 서로 협력하지만 또한 경쟁한다. 촘촘하게 짜인 공간은 참여자의 성공과 실패를 즉각 다른 사람에게 가시적으로 만드는데, 그것은 새로움을 위한 경제를 한층 더 가열시킨다. 게다가 클러스터의 상호작용 공간은 개인이 유리한 계약을 맺도록 도움을 준다. 가령 다른 장에 접근할 수 있도록 문을 열어줄 수 있는 사람과 연결시켜줄 수 있을 텐데, 그는 해당되는 사람의 생각에 대해 다른 사람의 주목을 끌고, 그리하여 그것을 성공한 개념으로 변형시키는 것을 도와줄 수 있을 것이다.62 따라서 창조클러스터는 그래노베터가 "약한 유대관계의 힘"63이라고 부르는 것, 즉 반쯤

---

60 여기서 사례로 든 이 경우에 대해 자세히는 Elizabeth Currid, *The Warhol Economy. How Fashion, Art, and Music Drive New York City*, Princeton 2007을 참조하라.
61 예술-장과 관련해 주변부로부터 중심으로의 그와 같은 이주는 19세기 이래 인기 있는 주제이다. 특히 발자크의 『잃어버린 환상』을 보라.
62 그에 대한 사례 연구로는 Charles R. Simpson, *SoHo. The Artist in the City*, Chicago 1981을 참조하라.

은 전문직업적이고 반쯤은 사적인 접촉의 성격을 가진 것의 사회적 유용성에 의해 지배된다. 그리하여 후기현대도시의 미학화된 구역은 창조성의 생산뿐만 아니라 그 결과로 나오게 되는 창조적 아이디어의 보급과 사회적 입증 조건을 용이하게 만든다.

소비 공간과 여행자 시선

창조도시는 주거와 노동 장소일 뿐만 아니라 또한 미학적 대상의 소비 장소이자, **보편화된** 여행자 시선이라는 용어로 부르고 싶은 것을 위한 장소이기도 하다. 어리가 현대의 관광여행과 결합된 새로운 경험 방식을 묘사하기 위해 여행자 시선이라는 용어를 도입한 바 있다.64 특히 그것의 개별 여행자 시선의 후기현대적 버전은 이렇다. 즉 여행자는 도시 풍경이건 자연풍경이건 낯선 것, 진정한 것, 비범한 것, 이상한 것, 조화로운 것을, 그 자체를 위해 만나려는 욕망에 의해 추동된다. 그와 같은 여행자 시선은 근본적으로 미학적 시선이며, 도시를 목적을 위한 수단이 아니라 목적 자체로 간주한다. 그것이 보다 좁은 의미의 여행에 국한되지 않음을 암시하는 많은 증거가 존재한다. 이제 또한 문화지향도시 자체의 경우 거주자, 특히 미학화된 도시구역을 차지한 포스트-물질주의적 중간계급이 자기가 사는 도시에 대해 보이는 태도를 포함한다. 후기현대의 여행자 시선이 '일반화되었다'고 말할 수 있는 것은 이 의미에서이다. 여행자는 글로벌한 도시 여행의 회로

---

63 Mark Granovetter, "The Strength of Weak Ties. A Network Theory Revisited", in *The American Journal of Sociology* 78(1973), S. 1360-1380.
64 John Urry, *The Tourist Gaze*, London 1990을 참조하라.

앞의 낯선 도시를 방문할 뿐만 아니라 또한 본인이 사는 도시의 여행자가 되어 항상 새로워지는 '도시체험'을 즐길 수 있을 것이다. 본인이 사는 도시의 방문자처럼 느끼는 것이다. 물론 시각적인 것에만 시선을 고정시키는 여행자 시선이라는 개념은 너무 협소한데, 도시는 시각이라는 의미에서만 지각되지 않기 때문이다. 실제로 도시 분위기를 흡수하려면 모든 감각의 동원이 요구된다.

1980년대 이래 창조도시의 현저한 특징은 소비 공간의 다양화였다. 그와 같은 공간은 거주자와 방문자 모두에 의해 도시가 지각되는 방식의 고정점이 되었으며, 앞의 둘의 일상적 사용의 중요한 부분이 되었다. 소비 공간은 보편적인 여행자 시선에 다양한 관심 대상을 풍부하게 제공한다. 대도시가 소비의 집중화된 장소가 되는 것은 새로울 것이 전혀 없다. 근대라는 역사적 시기 초기에 교역 도시는 도시 부르주아와 귀족 계급을 위한 소비의 매듭인 반면 후일의 즉 19세기가 막을 내릴 무렵의 부르주아의 대도시는 사치스런 소비자본주의를 자랑하는 독자적 유형의 공간인 호화로운 백화점과 아케이드를 발전시켰다. 1920~1970년대까지 기능도시는 적어도 서구자본주의 버전에서는, 잘 알려진 대로, 포드주의적 대량소비사회의 일부였다. 그럼에도 불구하고 포드주의적 소비문화의 영향은 물론 소비의 현저한 표준화 그리고 도시개발계획에 따른 주거공간과 노동공간의 분리 — 그것이 도심지역에서의 삶이 의미를 잃게 되는 것과 긴밀하게 관련되어 있었다 — 에 따른 도심지역의 몰락에 의해 제한되었다.

1980년대에는 도시의 소비문화가 근본적으로 변형되었는데, 우리는 그것의 전제조건을 또한 미학경제의 등장과 관련해 해명한 바 있다.65 그것에는 한편으로는 표준화된 대량소비가 라이프스타일 소비에 의해 대체되는 것 — 그것에 의해 개인은 개별적 스타일을 획득하기 위해 상품을 이용한다 — 그리고 다른 한편으로는 소비재의 범위가 물질적 대상을 넘어 문화적 서비스와 분위기를 포함하는 쪽으로 확대되는 것도 포함된다. '체험경제'에서 소비와 오락문화 간의 경계는 흐려지기 시작한다.66 라이프스타일의 소비와 체험경제는 공간적으로 중립적이지 않다. 무엇보다도 문화지향도시의 도심지역에서 보다 빈번하게 발견되는데, 그것은 소비 경험의 장소로 변형되었거나 처음부터 그와 같은 목적을 위해 공간적으로 건축된다.67 전통적 백화점과 반대로 포스트모던한 소비 공간은 다양한 대상과 스타일을 위한 진열장으로 자체 내부와 외부 모두 — 가령 의류 백화점에서의 상이한 브랜드를 위한 매장들 — 에서의 그리고 상호 간의 관계에서의 변주를 입증한다. 그와 같은 종류의 공간의 이상적 버전을 쇼핑몰 그리고 기호

---

65 이에 대한 개관으로는 Mike Featherstone, *Consumer Culture and Postmodernism*, London 1991; 또한 Joseph Pine/James Gilmore, *The Experience Economy. Work is Theatre and Every Business a Stage*, Cambridge 1999; Gerhard Schulze, *Die Erlebnisgesellschaft. Kultursoziologie der Gegenwart*, Frankfurt/M. 1992 또는 앞의 4장, 특히 4. 4를 참조하라.

66 그와 같은 사태전개는 가령 도시의 요식업, 소위 이터테인먼트eateartainment의 호황에서 분명하게 드러난다. 그에 대해서는 특히 David Bell/Gill Valentine, *Consuming Geographies. We Are Where We Eat*, London 1997을 보라.

67 이제 미시 수준에서는 매장 내부에서도 상품은 종종 마치 미술관의 전시품목처럼 미학적 대상으로 진열된다. 그에 대해서는 Gail Reekie, "Changes in the Adamless Eden. The Spatial Transformation of a Brisbaine Department Store 1930-1990", in Rob Shields(Hg.), *Lifestyle Shopping. The Subject of Consumption*, New York 2004, S. 170-197을 참조하라.

학적 구역이라고 부를 수 있는 것이다.

 기호학적 구역은 일반적으로 역사적 거리로 이루어지는데, 그곳은 종종 미학화된 도시구역 내부에 위치하며, 다양한, 독립적인 비즈니스, 대부분 미학적 소비를 설득하는 레스토랑 그리고 보다 작은 규모의 오락 제공자 — 그것들끼리 간격을 두고 흩어져 있다 — 의 끝없는 행렬을 품고 있다.68 파리의 마레 지구나 스톡홀름의 쇠데르말름 같은 도시구역은 종종 하위문화적 패션과 디자인업계에서 발전해 커진 곳으로, 공적 공간에 기호적 · 분위기적 특징을 부여하는 '디자인 거리'가 형성되어 있다. 반대로 쇼핑몰은 바깥세상과 거의 접촉이 없으며, 반-공적이며, 바-사적이며, 흔히 새로 지어진 상이한 크기의 상점 — 대부분 다양한 소비재를 제공하는 체인점이다 — 의 복합체이다. 리처 지적대로 쇼핑몰은 작동 중인 '디즈니 모델'의 한 예시를 제공한다. 이 모델은 1955년에 〈디즈니랜드〉에 의해 남부 캘리포니아에서 경험을 만들어내고, 흥분을 아무 위험 없음과 하나의 짝으로 묶기 위한 목적으로 밀폐된 채 봉인된 상태의 환경Environment으로 최초로 창조되었다.69

 게다가 1990년대 이래 세 번째 유형이 확립되어왔다. — '라이프스타일 센터'가 그것이다. 기호학적 구역의 특징을 쇼핑몰과 결합하려는 시도가 그것이다.70 라이프스타일 센터는 통상 신축된 복합단지로, 공공 도로가 한가운데를 지나가는 것에 의해 쇼핑몰과 구분된다. 그와

---

68 이 개념에 대해서는 Ilpo Koskinen, "Semiotic Neighborhoods", in *Design Issues* 21(2005), S. 13-27을 참조하라.
69 George Ritzer, *Enchanting a Disenchanted World. Continuity and Change in the Cathedrals of Consumption*, Los Angeles, Thousand Oaks 2010을 참조하라.
70 그에 대해서는 Paul Knox, *Cities and Design*, London 2010, S. 136 이하를 보라.

같은 종류의 소비 지향적인 '도시 내 도시'의 최초의 사례는 1979년부터 이루어진 볼티모어의 항만 지구의 대규모 개보수였다. 다른 라이프스타일 센터로는 오하이오주의 콜럼버스의 〈이스턴타운센터〉, 베를린의 〈포츠담광장〉이 있다. 그와 같은 센터는 기호적 구역의 매력을 쇼핑몰의 매력과 결합시키려고 하며, 다양성을 모니터링되는 공간 내부에서 움직이는 것의 안전함과 뒤섞는다. 그것은 포스트모던한 소비 공간이 두 전선에서 경계선을 갖는 것에 의해 어떻게 구성되는지를 훌륭하게 예시한다. 한 경계선은 표준화된, 동질적인 대량소비, 공적 공간의 매력 없는 기능주의에 맞서며, 다른 경계선은 들끓고 있으며 통제되지 않는 대도시의 위험에 맞서고 있다.

미술관화

창조도시의 특징은 오래된 고급문화뿐만 아니라 보다 이전 시기의 대중문화를 문화화와 미학화 전략 속에 통합시키는 데 있다. 보편화된 여행자 시선은 쇼핑이라는 대중적 즐거움부터 지식이나 교양을 뽐내는 사람들의 예술평가로 차분하게 나갈 수 있을 것이다. 이를 배경으로 1980년대 이래의 후기현대의 대도시의 한때 부르주아적이던 고급문화가 새로운 형태로 재탄생한다. 그와 같은 르네상스의 전형적 특징을 '페스티벌화'와 '이벤트화'에서 찾을 수 있다. 연극, 오페라, 콘서트홀, 미술관 등 고전적인 고급문화의 공연물은 일반적으로 반복의 원리 — 고정된 앙상블을 구비한 레퍼토리 극단, 지역 오케스트라, 그리고 영원한 역사적 컬렉션이나 화가의 컬렉션을 갖춘 미술관 — 를 따르는 반면 이제 지속적 변화의 구조와 단기적 새로움이 문화시장에서 부각된다.71 연극, 영화, 음악 페스티벌, 순회전시는 단지 그것이 가장 뚜렷하게 드러난 몇 가지 사례에 불과할 뿐이다.

하지만 '창조도시'에서 일어난 고급문화의 가장 중요한 변형은 미술관화 과정이다. 미술관은 전통적으로 부르주아문화-장의 중심으로, 보다 오래된 귀족적 그리고 보다 새로운 부르주아 컬렉션이 발전해 생긴 것으로, 19세기 초 이래 서구 대도시의 영구적인, 대표적인 붙박이였다. 예술적 정전과 민족사의 잔존물을 모아들여 전시함으로써 예술작품에 모종의 아우라를 부여하는 데 기여하고, 동시에 민족사를 공간적 형태로 주조하는 데 도움을 준다.72 마찬가지로 1980년대에 시작된 도시 공간의 미술관화 과정은 이후 미술관에서 미학적으로 관람할 만한 가치가 있는 것으로 간주되는 품목의 범위에서 엄청난 증가를 가져왔다. 그렇게 넓혀진 범주에는 산업적 · 역사적 현장 그리고 산업시대였던 과거의 대상, 산업시대 이전의 과거의 향수어린(부르주아적 · 농촌적 또는 귀족적) 대상, 지역명사나 자연사의 유물, 문화적 소수자의 유산, 역사적 상관성을 가진 매스미디어의 대상(영화, 사진 등), 지역의 특수성을 드러내는 대상이 포함된다. 예술에 대한 포스트모던적 이해에서 볼 수 있는 경계 해소와 마찬가지로 미술관에 전시할 만한 가치가 있는 대상의 확대는 흥미로움의 미학에 의해 지배된다.

거기다 아우라 부여와 일직선적 서사에 의존하는 고전적 형태의

---

71 그에 대해서는 Bernadette Quinn, "Arts Festivals and the City", in *Urban Studies* 42 (2005), S. 927-943을 보라.
72 Tony Bennett, *The Birth of the Museum, History, Theory, Politics*, New York 1995를 참조하라.

전시는 점점 더 폭발해왔다.73 미술관화는 그런 식으로 역사적 성찰성이라는 태도로 이어지는데, 그것이 창조도시의 추가적인 일반적 특징이 된다. 역사적 성찰성의 요소 중 하나는 전시문화에서 차용한 색인식 서사화 논리이다. 색인 식 서사에 따르면 대상은 그 자체로서 미학적으로 특이한 것 또는 역사적으로 의미 깊은 것으로 지각되는 것이 아니라 보다 폭넓은 맥락을 참조하는 것에 의해 포괄적인 서사 속에 포함된다. '흥미진진한' 라이프스타일, 소수자와 개인의 역사를 환기시킴으로써 심지어는 통속적인 일상의 대상조차 박물관에 전시할 만한 가치가 있는 항목으로 변형시킬 수 있다.74 1980년대 이래 신설된 박물관 중 많은 것이 문화적 기여와 관련해 자체에 고유한 문화적 조건을 반영한다는 점에서 포스트모던하다.75 그곳의 소장품과 전시 품목은 소수자를 대변하고 기억하는 작업을 수행하는 것을 지향하는 포스트모던한 정책에 따라 종종 구상되고 수집된다.76 종종 전형적인 주제는 포스트구조주의의 영향을 받은 전시적 실천에 의한 탈구축과 왜

---

73 Kylie Message, *New Museums and the Making of Culture*, Oxford 2006; Kevin Hetherington, "The Time of the Entrepreneurial City. Museum, Heritage, and Kairos", in ders./Anne M. Cronin(Hg.), *Consuming the Entrepreneurial City. Image, Memory, Spectacle*, New York 2008, S. 273-294; Urry, *The Tourist Gaze*, S. 120 이하를 참조하라.
74 하지만 복원된 역사적 도심이나 큰 공간을 차지하는 공단 기념 건축물의 경우 미술관 공간과 주변 공간 간의 경계선은 깨지기 쉬운 것으로 드러나는데, 그리하여 극단적인 경우 지역과 공간이 자체로 또는 전체가 미술관화 대상이 될 수 있다.
75 이 경우에 대해서는 Message, *New Museums and the Making of Culture*를 보라.
76 가령 워싱턴 소재의 〈National Museum of the American Indians(NMAI)〉, 웰링턴 소재의 〈Museum of New Zealand Te Papa Tongarewa〉 또는 베를린-크로이츠베르크 소재의 〈Schwule Museum〉의 경우가 그렇다.

곡의 대상이 되며, 그것에 종속된다. 미술관에 대한 그와 같은 새로운 접근('새로운 미술관 운동')은 1955년에 신축된 〈시드니미술관〉에서 시드니 역사를 주제로 개최된 전시회 그리고 마드리드의 〈아메리카미술관〉에서 개최된 남북미대륙의 스페인 식민지 전시회에서 처음 등장했는데, 그것은 관련 역사를 일직선적 방식이 아니라 파편적 방식으로 다시 들려주었다. 포스트모던한 미술관은 고전적 미술관보다 수용자의 상호작용적 경험에 관심을 갖고 있으며, 관람객의 감각과 정동을 공세적으로 겨냥한다. — 포스트모던미술과 비슷한 접근법이다.77

내부로부터 그렇게 미술관의 미학적 가치를 높이는 것은 외부로부터도 반복되었다. 보다 많은 새로운 미술관이 고독한 건축으로 부를 수 있는 스타일로 건축되었다. 각각이 각자만의 개성을 띠며, 어떤 '시그니처 건축가'의 작품으로 인식 가능한 형태를 띠었다. 가장 두드러진 초기의 예는 피아노Renzo Piano와 로저스Richard Rogers가 지은 파리의 퐁피두 센터였다. 그와 같은 미술관 건물은 내부에 전시된 작품과는 독립적으로 상징적 표식 기능을 하며, 도시구역 전체, 심지어 극단적인 경우 도시를 문화화하며 그곳을 글로벌한 문화적 기표로 식별 가능해지도록 만든다. 코스모폴리탄적인 것과 지역적인 것의 기호학을 이종교배한 빌바오의 〈구겐하임미술관〉은 고독한 미술관 건축에 의한 지역의 성공적 문화화 패러다임으로 간주될 수 있을 것이다.78

---

77 Viv Golding, "Dreams and Wishes. The Multi-Sensory Museum Space", in Sandra H. Dudley(Hg.), *Museum Materialities*, London 2010, S. 224-240; Kate Gregory/Andrea Witcomb, "Beyond Nostalgia. The Role of Affect in Generating Historical Understanding", in: Simon Knell/Suzanne MacLeod u. a.(Hg.), *Museum Revolutions*, London 2007, S. 263-275를 참조하라.

5 문화지향 통치성

앞서 서술한 개별적 도시구역, 그리고 마침내 도시 전체의 기호화, 성찰적 역사화 그리고 분위기의 미학화는 1970년대에는 처음에는 거주자와 지역 경제의 지원을 받았다. 하지만 1990년대 이래 정부 계획에 따른 도시 공간의 체계적 문화화가 추가되었는데, 그와 함께 창조도시가 도시정책의 소실점이 되었다. 거주자에 의한 도시의 문화화가 종종 산발적·단편적인 반면 국가 계획은 도시개발 그리고 그것에 대한 내부와 외부의 지각 전체를 시야에 넣으려고 애써왔다. 사용자에 의한 문화화로부터 정치적 문화화로의 그와 같은 이행은 창조성-장치의 계보학에서 하나의 전환을 표시한다. 즉 창조성이 최초로 정부의 통제 대상이 되었다.

차이 및 분위기의 계획화

창조도시의 통치는 그에 상응하는 계획화planning 담론에 기반하는데, 그와 같은 담론은 국제적 컨설턴트인 플로리다와 랜드리에 의해 가장 큰 영향을 받고 있다. 플로리다의 사회 이해에서 기본적인 것은 경제성장을 안정화시킬 필요성이다. 포스트-산업시대의 조건에서 그것은 특히 창조경제와 그것의 "창조계급"[79]에 의존한다. 그와 같은 계

---

[78] '빌바오 효과'에 대해서는 Knox, *Cities and Design*, S. 184-187을 참조하라.
[79] 플로리다, 『도시와 창조계급』,을 참조하라. 그에 대한 비판으로는 가령 Allen Scott,

급의 구성원이 국가적으로 그리고 글로벌하게 불균등하게 분포되어 있는 것은 우연이 아니다. 더 나아가 그들은 특정한 도시 유형, 즉 미국의 경우 샌프란시스코, 보스턴, 시애틀 같은 창조도시에 이끌린다.[80] 고전경제학은 기술과 인간=자본이 주어진 지역의 경제성장을 위한 가장 중요한 요소라고 가정했다. 그는 그와 같은 가정을 포스트-산업시대를 위해 이렇게 갱신한다. 즉 번영을 위해 필요한 조건으로 전문지식과 창조적 인간=자본이 '오래된' 두 요소를 대체한다. 하지만 새로운 요소 또한 덧없는 것이다. 그에 따르면 '기술'과 '재능'을 끌어당기기 위해 도시는 또한 세 번째 요소를 마련해야 한다. 지속적으로 문화적 다양성, 개방성, '높은 수준의 체험'을 제공함으로써 창조계급과 그들이 주도하는 창조경제에게 매력적인 것이 되어야 한다. 따라서 어떤 대도시건 창조계급을 놓고 글로벌하게 경쟁하기 위해 창조적으로 될 기회를 놓쳐서는 안 된다. 하지만 그는 어떤 도시가 창조적이기 위해 어떤 특수한 공간적 구조를 가져야만 하는지는 설명하지 않는다. 대신 창조도시의 위상을 주로 창조계급의 현존과 결부시킨다.

『창조도시』(1995년)라는 소책자를 통해 이 개념을 도입했다고 할 수 있는 랜드리는 그와 달리 도시 공간의 변형이라는 차원에서 '창조도시'를 보다 분명하게 설명한다.[81] 그는 또한 "도시 간 경쟁 게임"[82]

"Creative Cities. Conceptual Issues and Policy Questions", in *Journal of Urban Affairs*, 28(2006), S. 1-17을 참조하라.
80 Florida, *Cities and the Creative Class*, S. 104.
81 Charles Landry/Franco Bianchini, *The Creative City*, London 1995; 랜드리,『창조도시』.
82 랜드리,『창조도시』, 20페이지.

을 출발점으로 삼지만 창조도시의 궁극적 목표를 삶의 질 향상 그리고 사회 문제 해결이라는 식으로 모호하게 규정한다. 창조도시라는 그의 모델은 '문화계획'이라는 정치적 방법과 긴밀하게 연결되어 있으며, '문화자원'의 활용의 중요성을 강조한다. 그는 도시는 문화적 형성물로 지각되어야 한다고 분명하게 요구하는데, 여기서 '문화'는 다양한 종류의 관습, 아이디어 그리고 인공물을 가리키는 총칭으로 쓰인다. 그에 따르면 모든 문화가 결국 개별적인, 다른 문화와 변별되는 문화를, 특수한 문화유산을, 잘 개발하면 '지역적 변별성'에 도움이 될 문화를 배양하는 것이 결정적이다. 문화지향도시계획은 그와 같은 특수성을 출발점으로 삼아야 하며, 그것을 가시적으로 만들고, 고조시키고, 형성해야 한다. 그의 말대로

> 모든 도시는 원래 적어도 무엇인가와 관련해 세계의 중심이 될 수 있을 것이다.[83]

따라서 계획화 담론에서 '창조도시'라는 용어는 다가적多價的이며,

---

[83] 앞의 책, 8페이지. 랜드리 본인의 기획 활동에서 그것을 잘 보여주는 사례는 헬싱키를 '빛의 도시'로 개조하는 것이었다. 헬싱키는 스칸디나비아반도의 여느 도시처럼 길고 어두운 겨울을 특징으로 한다. 하지만 그처럼 부정적 특징은 긍정적 특징으로 바뀌어 거주자와 방문객 모두에게 흥미로운 '문화적 특징'으로 변형될 수 있을 것이다. 그렇게 하려면 도시에 계속 불을 밝히고, 〈루치아양초행렬〉 등 그에 걸맞은 전통을 개발해야 했다. 헬싱키를 빛의 도시로 만들기 위한 다른 여러 가지 포맷(〈겨울빛축제〉, 〈램프디자인지원〉 등)을 짜내는 가운데 도시계획자들은 랜드리의 제안에 따라 그와 같은 특징을 강화시켰다. 앞의 책, 88페이지를 참조하라.

풍부한 함의를 갖는다. 사회학적 관점에서 그의 프로그램은 위에서 논의된 세 가지 수준 — 보다 좁은 의미에서의 기호화, 성찰적 역사화, 미학화 — 에서 문화의 포괄적 동원에 적합하도록 맞추어진 정치적 통제 및 계획 체제를 제도화하기 위한 역사적으로 주목할 만한 시도를 대변한다. 그와 같은 도시계획 프로젝트는 가령 1970년대에 "사회적 문화"[84]에 대한 요구 형태로 독일에서 도입되었던 '문화정치'와만 관련된 것이 아니다. 그것은 실제로 도시를 문화화하기 위한 총체적 전략이다. 여기서는 일차적으로 점점 더 새로워지는 기호와 상징, 역사적 성찰성, 감각적·정동적 분위기의 지속적 생산 및 상승의 원천으로 도시성을 체계적으로 산출하는 것이 중요하다. 그와 같은 기호와 분위기는 창조경제와 예술계 모두에 의해, 소비 공간과 미학화된 도시구역 모두에 의해, 미술관과 페스티벌에 의해, 마지막으로 시그니처 건축가의 고독한 건축물에 의해 실현되어야 한다. 그리하여 거주자와 방문자에게 지속적으로 그리고 항상 다시 새로운 '도시체험'이 제공될 수 있어야 한다. 1980년대 말 이래 도시의 총체적 미학화에 대한 그와 같은 비전은 고전적인 대도시 담론 그리고 비판적 도시계획의 영향을 받은 '새로운 도시계획' 담론으로 집약되어왔다. 새로운 도시계획의 핵심적 특징은 '도시체험'이라는 개념이다. 그것은 "모든 것이 따분하고 단조로운 것처럼 보이는 도시를 모든 것이 홍미진진한 도시로 변형시키는 것"[85]을 목표로 한다.

---

[84] 가령 Hilmar Hoffmann, *Kultur für alle. Perspektiven und Modelle*, Frankfurt/M. 1984에서 관련 논의를 찾아볼 수 있다.
[85] Paul Bray, "The New Urbanism. Celebrating the City", in *Places* 8(1993), S. 56-

도시의 전략적 문화화는 한 도시를 다른 도시로부터 구별하기 위한 문화적 차이의 정치를 포함한다. 기능주의적인, 조직화된 현대(성)의 '연속적 도시'와 반대로 개별적 도시의 전략적 문화화는 발산과 특수성의 생산 쪽을 향하며, 다른 도시와의 차이를 가시화함으로써 도시의 독특성을 강조한다. 도시의 특정 장소를 브랜드화하는 place brading 그와 같은 방식은 특수한 관광지, 명소, 자연경관, 명사 등 기존에 존재하는 도시의 요소를 접합시키며, 그것을 식별 가능한 상징적 표시물로 만들며, 긍정적 동일시를 만들어내기 위해 필요하면 재해석한다.86 도시정책이 그처럼 상징적 차이와 개별성을 지향하는 것은 또한 거주자나 방문자가 들려주는 '도시의 신화'와 연계되거나 새로운 신화를 창조하는 것을 통해 각종 '내러티브'를 생산하는 것을 목표로 한다. 베를린이 그것의 완벽한 최근 사례이다. 이렇게 요약할 수 있을 것이다. 즉 창조도시는 자신에 관한 새로운, 심지어 모순적인 내러티브를 만들어내기에 충분한 소재를 항상 마련해야 한다.

도시와 관련된 그와 같은 차이의 정치는 일군의 광고전략에 국한된 것으로 간주될 수는 없는데, 그것이 도시 공간의 진정한 형성을 주도하기 때문이다.87 극단적인 경우 도시구역은 줄리에가 **디자인 경관** designscape88이라고 불러온 것이 된다. 디자인 경관은 포괄적인 디자인

---

65. 여기서는 58페이지를 보라. 또한 Jacobs/Appleyard, *Toward an Urban Design Manifesto*를 참조하라.
86 그에 대해서는 또한 Stephanie Hemelryk Donald/Eleonore Kofman(Hg.), *Branding Cities. Cosmopolitanism, Parochialism, and Social Change*, New York 2009를 보라.
87 Guy Julier, *The Culture of Design*, London 2008, S. 123 이하를 보라.
88 ders., "Urban Designscapes and the Production of Aesthetic Consent", in *Urban*

관리 대상이 되어온 도시 공간으로, 거주자와 방문자에게 내적 이질성에도 불구하고 전체로서의 도시에 대해 기호적·환경적으로 일관된 경험을 제공할 수 있도록 오래된 건축과 새로운 건축, 공적 공간 그리고 문화적·상업적 사용이 상호 조정되고 있는 곳을 말한다.[89] 1980년대 초부터 이루어진 카탈로니아의 주도(州都) 바르셀로나 개발은 잘 알려진 대로 도시를 디자인 경관으로 재주조하는 문화지향사업의 최고의 사례이다.[90] 바르셀로나 시와 지방정부는 코스모폴리타니즘과 지역의 특수성을 결합시킨 도시 정체성을 실현하기 위해 혼신의 노력을 기울였다. 계획자들은 도시 유산을 있는 그대로 수용하는 동시에 바르셀로나를 문화와 디자인 수도로 프레이밍했으며, 해변을 개방하고 현대미술을 전시하기 위한 미술관, 국립극장 등과 같은 일련의 새로운 문화 시설을 도입했다. 장소를 브랜드화하는 그와 같은 정책은 내적 역설에 부딪혔다. 한편으로 도시는 식별 가능해야 하며, 따라서 기호적으로 고정되어야 한다. 하지만 다른 한편 동일한 도시는 지속적으로 새로운 기호적·환경적 경험을 생성할 수 있어야 한다.

문화지향도시계획은 본질적으로 **분위기 디자인**atmosphere design 형태의 문화화와 미학화에 초점을 맞춘다. 우리는 포스트모던미술과 미학

Studies 42(2005), S. 869-887을 참조하라.
89 시그니처 건축의 역할에 대해서는 Donald McNeill, *The Global Architect. Firms, Fame, and Urban Form*, New York 2009를 참조하라.
90 Diane Dodd, "Barcelona — The Making of a Cultural City", in dies., *Planning Cultural Tourism in Europe*, Amsterdam 1999, S. 53-64. 영국의 개별 도시 각각의 문화화에 대한 상세한 분석으로는 John Punter(Hg.), *Urban Design and the British Urban Renaissance*, London, New York 2010을 참조하라.

경제 등 창조성-장치의 다른 부문에서 이루어지는 미학화 도구로서의 그와 같은 분위기 관리와 이미 마주친 바 있다.91 앞서의 논의에서 주어진 규정을 반복하자면, **분위기**라는 용어는 여기서 사람과 사물의 공간적 배치 — 그것은 오감에 의해 지각되고 문화적 도식의 도움으로 해석된다 — 에 의해 생산되는 정동적 무드를 가리킨다. 미학적 분위기는 그 자체를 위해 경험되는 분위기를 말한다. 문화지향도시는 분위기를 통해 거주자와 방문자에게는 무엇보다도 그와 같은 분위기 형태로 체험 가능하다. 따라서 그와 같은 분위기의 생산이 거주자와 정부의 목표가 된다.92 창조도시에서의 분위기 디자인 문화는 그 자체를 위한 도시체험을 만들어내는 쪽을 향하는데, 안전한 공간에서의 강렬한 도시적 '활력'의 체험이 그것이다. 위험을 무릅쓸 필요 없이 다양한 인상의 연속 교체를 체험하는 것을 목표로 한다. 길들여진 **역동성과 다양성**의 환경이 그것이다. 기호화와 성찰적 역사화의 동원은 환경 형성, 그리고 그와 함께 도시의 미학화에 기여한다. 미학화는 한편으로는 지루하고 텅 빈 기능도시뿐만 아니라 다른 한편으로는 안전과 통제를 결여한 채 제대로 혜택을 누릴 수 없는 도시를 모두 차단한다.

문화적 계획의 한계

창조도시의 문화지향도시계획은 기능도시의 계획과는 근본적으로

---

91 그에 대해서는 앞의 3. 5와 4. 4에서의 논의를 참조하라.
92 Gernot Böhme, *Atmosphäre. Essays zur neuen Ästhetik*, Frankfurt/M. 1995를 참조하라. 그와 같은 분위기의 생산을 겨냥한 건축 사례로는 Anna Klingmann, *Brandscapes. Architecture in the Experience Economy*, Cambridge 2007을 참조하라.

다르다. 사회통제와 계획 이론의 어휘는 아래 사실을 확인해준다. 즉 주거공간과 노동공간을 분리시키고, 대규모 주거시설이 건설되고, 교외가 개발되며, 도시가 운송수단의 요구에 적응하는 등 기능도시의 계획 체제가 본질적으로 도시에 대한 직접적 또는 **일차 통제를 따르고 있음을 말이다**.93 그와 같은 계획 방법은 백지 위에 새로운 것을 그리는 공학적 설계 방식을 연상시킨다. 그것을 통해 텅 빈 공간에 처음부터 다시 시작해 도시를 건설할 수 있기를 바라는 것인데, 그렇게 해서, 이상적으로는, 거주자가 도시 내부에서 어떻게 행동할지를 직접 통제하려는 것이다. 계획자는 어떤 방향으로건 도시를 조종할 수 있는 실체인 것처럼 상상된다. 문화화된 도시의 계획화 체제는 그와 전혀 다르게 작동한다. 문화화된 도시는 도시계획을 통해 **이차 통제를** 행하는데, 국가의 모든 조치에 앞서 이미 조직된 과정을 감독한다. 창조도시를 위한 계획 체제는 도시를 역동적인 문화적 전체로 본다. 기호, 역사적 상호 텍스트성, 환경의 흐름으로서의 도시문화는 정부의 개입 이전에 이미 존재하며, 거주자, 사용자, 노동자와 하위문화에 의해 지속적으로 계속 창조되고 있다. 제이콥스, 로시, 랜드리 같은 저자에 의해 인용되는 문화지향체제는 총체적 통제 가능성이라는 결정론적 관점을 현실주의적인 것으로도 또 바람직한 것으로도 보지 않는다. 도시계획은 도시를 만드는 역동적인 문화적 과정을 무로부터 생성할 수 없을 것이다. 통제의 과제는 오히려 이미 작동 중인 문화적 과정을 이용하고, 조종하고, 부양하는 데 있다.

93 Helmut Willke, *Systemtheorie II. Interventionstheorie. Grundzuge einer Theorie der Intervention in komplexe Systeme*, Stuttgart 1999를 참조하라.

푸코가 통치성이라고 불러온 것의 특수한 형태로서의 그와 같은 이차 도시 통제에 **문화지향 통치성**이라는 용어를 할당할 수 있을 것이다. 푸코에게 통치성은, 아주 일반적으로 말해, 선진 자유주의사회가 '자아규율의 규율'에 의해 지배하는 방식이다. 그것은 규율 대상이 되는 주체subject를 자가동원적으로 자기 자신을 통제하는 존재로, 정치적 개입에 선행하며, 유인과 저해 요소에 의해 간접적으로 영향을 미쳐야 하는 '환경milieu'으로 간주한다.94 창조성-장치의 또 다른 부문에서, 즉 규율심리학을 대체한 창조심리학의 주체화의 테크닉에서 우리는 자아규율의 규율 또는 자기-통치가 창조성-장치에 근본적임을 볼 수 있다.95 도시 공간의 계획 영역에서 그와 비슷한 과정이 발생함을 관찰할 수 있을 텐데, 오래된 공학적 계획 모델이 간접적인 **창조성 통제** ― 그것은 대상을 본질적으로 창조적 · 역동적인 것으로 간주하며 접근한다 ― 에 의해 대체되어 오고 있다. 심리학에서 주체의 단순한 규율화 프로그램이 1970년대 이래 낡아빠진 것으로 간주되어왔는데, 개인의 변형 능력을 무시하기 때문이다. 같은 이유로 창조도시의 도시계획 또한 기능도시의 통제 결정론과 거리를 두었다. 심리학이 창조적 자아를 자연적으로[선천적으로] 주어진 것으로서 뿐만 아니라 긍정적 목표로 이해하듯이 창조도시의 도시계획은 도시가 선천적으로 역동적인 것뿐만 아니라 그것을 촉진해야 한다는 관점에서 출발했다. 기능도시에 대한 기술관료주의적 통제가 '텅 빈, 인공적 공간' 속에서 계획의 밑그림을 그렸다면 문화지향 통치성은 "이벤트 또는 일련의 이벤트 측

94 푸코, 오트르망, 심세광 외 역, 『안전, 영토, 인구』, 난장을 참조하라.
95 앞의 5. 6을 참조하라.

면에서 환경을 계획하려고"⁹⁶ 시도하며, 도시 현실의 활력 있는 자가-동원화를 기대한다.

통제 대상의 그와 같은 자가-동력성은 도시의 통치성에는 본질적으로 **문화적인 것**이다. 푸코는, 통치성이 1800년 이후 그것의 대상, 즉 인구를 다루기 위해 어떤 보다 폭넓은 범주를 사용해왔는지에 대한 물음을 경험적 연구에 열어두며 세 가지 역사적 범주를 언급한다. 생명과 자연, 사회와 시장이 그것이다. 하지만 창조도시에서 통치성 중 역사적으로 가장 선진적인 형태인 것으로 드러나는 추가적인 범주가 등장한다. 문화적인 것과 미학적인 것의 통치성이 그것이다.[97] 이 형태의 통제는 문화적인 것의 총체화를 촉진하며, 원하지 않는 비문화적·비창조적인 것과 거리를 두는 동시에 그것을 전제한다. 그것은 모든 도시는 창조적이며, 창조적이어야 한다고 가정한다. 그것의 '외부'는 어떤 창조산업도 유치할 수 없어 또는 건축군이 매력적인 분위기를 조성해줄 수 없어 기호화와 성찰적 역사화 그리고 미학화에 대한 체험을 만들어낼 수 없는 도시와 도시구역 그리고 마지막으로 그곳의 거주자들이다. 그와 같은 도시는 문화적 역동성에 대한 요구를 충족시킬 수 없으며, 창조도시가 자신을 빛내는 것을 방해하는 따분한 배경막일 뿐이다.

그럼에도 불구하고 도시의 자기-문화화 그리고 창조도시의 계획화 체제의 헤게모니는 모두 순탄하지는 않았다. 21세기로의 전환 이래 그것을 상쇄하는 경향과 조절의 흐름이 등장해왔는데, 그것은 문화적

---

96 앞의 5. 6을 참조하라.
97 푸코, 앞의 책, 21페이지 이하를 참조하라.

인 것, 미학적인 것, 창조적인 것에 대한 대안적 개념이 도시개발과 관련되어 있을 수 있음을 암시한다. 한편으로 지속 가능성sustainability을 위해 창조도시를 한층 더 발전시키거나 극복하려는 시도가 존재한다. 감각적으로 만족스럽고, 문화화되는 도시라는 비전은 이미 제이콥스와 로시에게서 기능적·산업적 도시를 거주자와 환경 모두의 감각적·정동적 자원을 소진시키는 것으로 보는 생태학적 비판을 포함하고 있다. 미학적으로 만족스러운 도시라는 두 사람의 버전은 균형을 강조하며, 무한한 현대화 과정과는 결별한다. 그와 같은 생태학적 비판은 자극의 강화와 경제성장에 초점을 맞추는 창조도시의 통치성을 겨냥할 수도 있을 것이다.[98]

다른 한편 창조도시에서 창조성을 재정치화하는 경향이 등장해왔다. 많은 영향을 미친 랜드리의 비전은 바로 도시의 체계적인 자기-문화화라는 프로그램뿐만 아니라 창조성의 정치화를 포함한다. 그는 그와 관련해 도시 거주자의 이익을 위해 사회와 정치 문제를 해결하는 실천을 가리키기 위해 "시민적 창조성"[99]이라는 용어를 사용한다. 따라서 시민적 창조성은 미학적 목표 그리고 도시 공간의 사용자가 향유하는 삶의 질을 개선한다는 윤리적 목적 모두에 봉사하게 된다. 그와 함께 창조도시의 계획화 체제 내부에 아래의 긴장이 존재함이 분명해진다. 즉 문화통제가 주목을 놓고 벌이는 글로벌한 경쟁에서 승리하는 쪽을 지향하는 것 그리고 지속적으로 만족스러운 문화적 경험을 향유

---

98 그에 대해서는 가령 Marc Roseland, *Toward Sustainable Communities. Resources for Citizens and Their Governments*, Gabriola Island 2005를 참조하라.
99 랜드리, 『창조도시』, 266페이지 이하를 참조하라.

하려는 사용자의 이해관심을 지향하는 것 간에 존재하는 긴장이 그것 이다.[100]

---

[100] 미학적인 것과 창조적인 것과 관련해 현재의 지배적인 이해방식에 대한 대안은 아래 8. 5에서 논할 것이다.

8장

미학화 사회:
구조, 불협화음, 대안

1 현대(성)에서의 정동의 결여

청교도는 [소명의식을 가진] 직업인이기를 **바랐다**. — 반면 우리는 직업인일 수밖에 없다.[1]

다소 격앙된 앞의 진술은 막스 베버의 것이다. 그는 합리적 현대(성)의 토대를 제공하는 규율 잡히고 금욕적인 자아의 계보학에 대한 분석을 마치면서 그렇게 말한다. 16세기에 일부 프로테스탄트교 종파 내부에서 등장한 전문직업의식, 계산 가능성, 의무의 문화는 강력한 종교적 동기, 즉 구원의 추구에 의해 추동되었다. 하지만 이 형태의 삶이 일단 서구식 합리주의, 특히 자본주의경제에서의 합리주의의 성립을 가능하게 해주자 심리적·문화적 토대는 세속화 과정에서 완전히 일소되었다.

[1] 베버,『프로테스탄티즘의 윤리와 자본주의의 정신』, 문예출판사, 135페이지(강조는 베버의 것이다).

그에 따르면 서구식 합리주의와 자본주의는 한동안 계속 머리 없는 닭처럼 돌아다닐 것이다. 전문직업, 자아규율, 금욕주의의 가치가 여전히 — 필요하다면 강제력을 동원해 — 지배력을 행사하겠지만 더 이상 의미를 생성하거나 본질적으로 종교를 잃어버린 문화에 성취감을 제공하지는 않는다.

그와 같은 진단을 자기-동기부여로부터 창조성-장치의 강압으로의 이행에 적용하고 싶은 유혹을 느낀다. 목적으로부터 자유로운 미학적 실천 그리고 예술가의 창조적 힘이 고도로 정동으로 충전된 이상으로 부각되면서 먼저 예술적 하위문화의 사회적 틈새로 스며든 1800년경에 그와 비슷한 일이 일어나지 않았는가? 20세기에 등장한 추세, 즉 창조성과 미학성을 추구하는 강력하게 정동적인 성향은 창조적·미학적 복합체가 보다 폭넓게 성장할 수 있는 원동력을 마련해주지 않았는가? 21세기 초에 우리는 강력한 창조성-장치를 마주하고 있지 않은가? 이 장치 속에서는 창조적으로 무엇인가를 하려는 바람이, 사람을 고갈시키고, 개인으로 하여금 창조적으로 행동하고 미학적 기분전환을 추구하도록 강요하는 외적인 사회적 힘에 의해 완전히 대체되지 않았는가?

그와 같은 종류의 베버적 문화비관주의는 유혹적일 정도로 단순하지만 현재 우리가 처한 상황에 대한 설명과 관련해서는 요령부득이다. 앞의 여러 장에서 다룬 창조성-장치의 상이한 부문은 창조성이 어떻게 사회적 정언명령의 목록 전체의 소실점이 되어왔는지를 보여주었다. 하지만 창조성-장치는 일군의 규범적 기대 구조 이상의 것이다. 그것의 힘과 지속 가능성은 [사회의] 정언명령**뿐만 아니라** 창조적으로 되려는 [개인의] 욕망 모두에 기반한다. 물론 창조적 · 미학적으로 만족스러운 삶을 이끌려는 주체의 바람은 본성적이고 보편 타당한 것으로 전제되어서는 안 되며, 실제로는 사회적·문화적 힘에 의해 형성되고, 내면화되어 왔다. 창조성-장치는 자신의 편재성을 적극적 정동과 체험 — 이 장치는 앞의 둘을 낳을 뿐만 아니라 둘로부터 자양분을 끌어낸다 — 으로부터 이끌어낸다. 그것에 대한 대안을 상상하는 것을 그토록 어렵게 만드는 것이 바로 그와 같은 힘이다. 거기에 막스 베버의 형식합리주의와의 차이가 있다. 후자는 또한 강압 장치로도 기능하는데, 신체와 영혼을 규율하며 감정을 억압하려고 한다. 반대로 창조성-장치는 실천 그리고 내재적으로 매력적이고 흥미진진한 주체-모델을 수단으로 작동하고 조작한다. 미학적 삶이라는 이상을 수단으로 작동하고 조작하는데, 그것의 핵심은 개인에게 전혀 낯설지 않으며, 개인이 참여하는 정동과 감정의 문화적 구조 속에 들어 있다.

그와 같은 정동적 하부구조가 창조성-장치를 단독적인 것으로 만든다. 하지만 현대사회의 발전 속에서 그것은 어떤 역할을 할까? 그것은 일반적으로 '진화적 보편성evolutionary universals'(파슨스)[인간 사회의 '적응 능력이 증가'하는 사회변동에서의 발전 단계로, 그것 없이는 '더 이상의 발전 단계가 있을 수 없다']으로 이해될 수 없을 것이다. 오히려 특수한 문제, 역사적·국지적인 "급박한 필요"[2]에 대응하는 역사적·국지적 현상이다. 그런데 창조성-장치는 어떤 '급박한 필요'에 대응하는 걸까? 대답은 이렇다. 즉 고전적인, 특히 조직화된 현대(성)에 **정동이 결여된 것이** 바로 그것이다. 현대(성)는 정동을 체계적으로 억압했는데, 그렇지 않

---

2 Michel Foucault, "Das Spiel des Michel Foucault"(1977), in: ders., *Schriften in vier Banden, Dits et Ecrits*, Bd. 3, Frankfurt/M. 2004, S. 391-429, 여기서는 S. 393을 참조하라.

앉더라면 그것은 현대(성)가 사회화시킨 주체에게 동기부여와 성취감을 제공해줄 수 있었을 것이다. 창조성-장치에 의해 구현된 미학화 과정은 그와 같은 억압을 극복하려는 시도이다.

하지만 고전적인 현대사회는 통일적인 동질적 블록을 형성하지 않으며, 적어도 역사적으로 구분되는 두 가지 성좌로 구성되었다. 부르주아적 현대(성)와 조직화된 현대(성)가 그것이다. 두 가지는 각각 상이한 방식으로 사회적으로 정당한 정동의 스펙트럼과 강도를 제한했는데, 그리하여, 장기적으로 그것이 동기부여의 결여로 인해 사람들이 고통받도록 만드는 원인이 되었다.3 여기서 **부르주아적** 현대(성)라는 용어로 언급하는 것은 경제, 국가, 가족, 과학 및 다른 영역의 일군의 사회적 실천과 관련해 18세기에 귀족사회와 농업적 전통주의에 맞서 발전되었으며, 19세기에 유럽과 미국사회의 구조를 규정한 것으로 이해될 수 있을 것이다. 그것의 특징적 면모는 시장경제, 의회민주주의, 학문에서의 과학주의 그리고 가부장적 핵가족이었다. 그것의 문화적 토대는 부르주아적 삶의 형태였다. 부르주아적 자아는 이념형적으로 자아성찰을 실천하고 자아규율을 연습해야 했다. 그것은 책임감 있는 금욕적인 사람과 자수성가한 사람self made man의 형상 모두에서 구체적 형태를 얻었다. 그런 다음 **조직화된 현대**(성)가 반대되는 후속 모델을 제공했다. 이 현대(성)는 20세기 초반의 수십 년 동안 사회를 형성한 경제적·행정적

---

3 부르주아적 현대(성)와 조직화된 현대(성)의 구조적 특징에 대해 자세히는 Peter Wagner, *Sociology of Modernity*, London 1994; Andreas Reckwitz, *Das hybride Subjekt. Eine Theoorie der Subjektkulturen von der burgerlichen Moderne zur Postmoderne*, Weilerswist 2006을 참조하라.

실천이 심오하게 변형되면서 나타난 결과였다. 자유주의적인 부르주아적 현대(성)에 맞서 그것은 비록 경제적 협력이라는 틀 내부에서, 게다가 국가에 의한 것이기는 하지만 통제와 조정 그리고 계획화를 강화시켰다. 부르주아계급 사회와 반대로 조직화된 현대(성)는 광범위한 사회적 포함 그리고 만인을 위한 번영을 약속하는 대중 소비문화에 기반했다. 리스먼은 조직화된 현대(성)의 이념형적 형태를 "타자-지향적 성격 형태"4로 묘사한 바 있는데, 이 유형은 또래 집단 지향적이며, 정상적 경력이라는 맥락에서 안정된 사회적 지위를 유지하고자 애쓴다.

나는 앞의 여러 장에서 창조성-장치로 이어진 미학적 실천이 어떻게 조직화된 현대(성)의 구조적 속성에 맞서 수립되었는지를 보여주려고 시도해왔다. 포디즘경제를 특징짓는 모든 것, 즉 대량생산, 위계적인 기능주의적 조직화, 표준화된 소비, 사회통제의 심리학, 기능적 도시의 계획화 체제. — 이 모든 것이 조직화된 현대(성)의 구성요소로 그것의 일부를 이룬다. 그리고 다시 [20세기 말의] 미학경제, 자아를 모든 문제의 원인이자 해결책으로 삼는 심리학, 문화지향도시는 그것과 거리를 둔다. 조직화된 현대(성), 따라서 또한 20세기 초까지 계속 지배권을 행사한 부르주아적 현대(성)의 문제는 체계적으로 정동의 결여를 생산하는 것이다. 미학화 과정 그리고 지금은 창조성-장치는 바로 그와 같은 결여의 완화를 약속한다.5 정동의 결여는 앞의 두 현대(성)의 버전 모

---

4 리스먼, 『고독한 군중』을 참조하라.
5 그렇다고 해서 정동을 '완전히 소진시키려는' 욕구가 인간에 내재한다고 전제하는 것은 아니다. 대신 현대(성)에서의 정동의 결여는 문화적으로 지각되고 감지되며, 그리하여 그에 상응하는 대항전략이 발달된다는 역사적·사회학적 사실을 주장하고 싶다.

두에 내재적인 합리주의로부터 귀결되는 사회적 실천의 광범위한 탈-미학화 때문에 주로 빚어졌다.6 부르주아적 현대(성) 내부에서 귀족사회, 민중적 농촌과 장인적 문화와 종교, 특히 가톨릭주의에 맞서 나타난 합리주의의 물결은 물물교환 경제, 자가-고용, 전문직업뿐만 아니라 부르주아적 법의 중립성, 근대과학의 객관성 주장, 부르주아적 자아의 규율과 자아성찰 속에서 모습을 드러냈다. 조직화된 현대(성) 속에서 나타난 그것은 경제와 국가의 거대 구조가 형식합리성과 외부-지향적 성격 — 그것은 사회적 조정의 구조 속에 자기를 통합시킨다 — 의 형성을 모델로 지향하는 것 속에서 나타났다. 두 합리화 물결 모두 사회적으로 수용 가능한 것으로 간주되는 흥분의 강도를 낮추었으며, 감정적으로 보다 중립적이며 규율 잡히거나 사회적으로 조정된 메커니즘을 선호했다.7

정동의 축소는 그와 함께 근본적인 구조적 문제를 초래했다. 동기부여의 결여가 그것이다. 결국 합리화된 삶의 형태에 참여하도록 하는 감정적 인센티브는 무엇일까? 사회적 강제가 아니라면 무엇이 '[하늘의] 부름을 듣고' 사회제도에 참가하도록 고무할 수 있을까? 무엇이 주체로 하여금 적극 관여하도록 동기를 부여할 수 있을까? 정서적 충족이라는 약속은 어디 있는가? 간단히 말해 현대(성)를 매력적인 것으로 만드는 것은 무엇일까? 현대사회를 '예속의 강철 같은 겉껍질'[135페이지]

---

6 탈미학화의 원인에 대해서는 앞의 1. 2를 참조하라.
7 현대(성)에는 정동이 결여되거나 축소된다는 명제는 엘리아스Norbert Elias부터 테벨라이트까지 매우 상이한 버전 속에서 정식화되어 왔다. 가령 조직화된 현대(성)와 관련된 전형적 분석으로는 특히 Peter N. Stearns, *American Cool. Constructing a 20th Century Emotional Style*, New York 1994를 보라.

로 진단하는 막스 베버의 생각은 현대의 세속화되고, 합리화된 삶에 다름 아니라 그처럼 동기부여가 근본적으로 결여되어 있는 사태에 대한 날카로운 통찰로 이해될 수 있을 것이다. 하지만 실제로 현대(성)가 정동을 전적으로 결여할 수는 없을 것이다. 처음부터 그것의 결여를 보충하기 위한 장소와 전략이 존재했다. 그것들을 상세히 추적하려면 현대(성)에 대한 포괄적인 역사학적·사회학적 **정동의 작도법**이 요구될 텐데, 그것은 여전히 나올 기미를 보이지 않고 있다.8 예비적 설명이라는 목적에 비추어 볼 때 현대(성)의 정동적 구조는 세 가지 역선 力線으로 구성되어 온 것처럼 보인다. 즉 미학화 과정에 덧붙여 현대문화에서 정동이 집중된 가장 중요한 영역은 종교와 정치에 의해 구성되었다.

종교는 현대 이전의 유럽 사회에서는 사회적으로 수용된 정동성의 핵심이었는데, 현대(성)에서도 결코 완전히 사라졌던 적이 없다. 현대문화의 온갖 세속화 경향에도 불구하고 초월적인 것과 관계를 맺고, 성스러운 것의 실천을 자극할 수 있는 잠재력이 동기부여와 정동의 중요한 원천으로 남아 있다. 미국사에서 복음주의 운동이 끈질기게 지속된 것이 그것을 분명하게 보여준다. 신비주의부터 공격적인 천년왕국설에 이르기까지 다양한 형태로 뻗어온 종교의 정동성은 현대(성)의 틀 내에서 보자면, 윌리엄스가 끈질기고 지속적인 권력의 **잔여적 문화** — 특히 부르주아적 현대(성) 그리고 그런 다음에는 후기현대(성)에 남아 있는

---

8 들뢰즈와 가타리는 『천 개의 고원』, 907~956페이지에서 정동의 작도법과 관련해 그에 상응하는 작업을 촉구하는데, 그것은 얼마든지 정당화될 수 있을 것이다. 정서와 정동의 역사에 대한 보다 최근의 탐구가 추가적 자극을 제공한다. 그것을 강령적으로 보여주는 레디William M. Reddy, 김학이 역, 『감정의 항해: 감정이론, 감정사, 프랑스혁명』, 문학과 지성사를 참조하라.

— 라고 부른 것임이 드러난다.9 뚜렷이 현대적인 정동적 문화가 프랑스혁명 이후 또 다른 맥락에서, 즉 정치적인 것의 영역에서 발달했다. 현대(성)의 정치는 합리적 계획화와 조정에 국한되지 않았다. 그것은 오히려 진보, 해방, 구원의 희망 그리고 민족주의, 전투성, 폭력과 파괴의 환상과 결합되어 있던 상당한 강도의 정동적 문화를 포함했다. 현대(성)에서의 정치적인 것의 정동성은 여기 지상에서 사회집단을 완벽하게 만든다는 이상과 결부되었다.10

따라서 미학화의 사회적 과정은 현대(성)에서 정동과 동기부여의 고도의 집중화가 생성되는 유일한 영역이 아니다. 종교와 정치에 덧붙여 미학적인 것은 정동을 자극하기 위한 세 가지 변별적인 사회적 복합체 중 하나를 훨씬 더 넘어선다. 종교는 정동을 초월적인 것과의 관계에, 그리고 정치는 그것을 사회집단의 완성이라는 기획과 짝짓는 반면 미학적인 것은 그것을 자체를 위해 실행되는 감각적 지각에 묶는다. 미학화 과정은 그와 같은 정동적 공간의 집합 내부에서 후기현대에 이르기까지 강도와 영향력을 획득해오다 마침내 창조성-장치에 의해 서구의 정동적 구조에 각인되게 되었다.11 창조성-장치는 현대문화에서의

---

9 뒤르케임은 종교의 자릿값을 사회 속에서의 정동의 원천으로 주제화하는 전형적 방식을 보여준다(『종교 생활의 원초적 형태』). 후기현대(성)에서의 종교의 중요성에 대해서는 특히 Hans Joas/Klaus Wiegandt(Hg.), *Sakularisierung und die Weltreligionen*, Frankfurt/M. 2007을 참조하라. 지배적 문화, 부상 중인 문화와 구분되는 잔여적 문화 개념에 대해서는 윌리엄스, 『마르크스주의와 문학』, 180페이지 이하를 참조하라.

10 정치적인 것의 문화적 중요성에 대해서는 Shmuel N. Eisenstadt, *Die Vielfalt der Moderne*, Weilerswist 2000, 1장 참조. 다름 아니라 조직화된 현대(성)는 외견상 합리적으로 정치를 운영하는 것 같지만 실제로는 동시에 그것을 상쇄하듯 '유럽 내전Bürgerkriege' 시기에 분출한 강렬한 정동의 모델에 의존한다고 주장하는 데는 다 근거가 있다.

정동의 결여를 영원히 극복했다고 주장하는데, 종교적인 것과 정치적인 것은 그와 같은 약속을 더 이상 포괄적으로 충족시킬 수 없었다. '미학적인 것'이 서구의 합리주의적·도덕주의적 전통에 대한 진정한 사회적 대안이라는 니체의 근본 직관12은 과장과 일면성에도 불구하고 예리하고 정확한 것임이 드러난다. 미학화 과정은 장기적으로 현대(성)에서 볼 수 있는 합목적적·규범적이지만 정동과 동기부여를 결여한 합리화에 대한 가장 효과적이고 강력한 대응이었음이 드러나고 있다. 그와 같은 미학화 과정의 가장 강력한 결정화가 창조성-장치이다.13

---

11 '시민종교'와 '문화종교' 같은 개념이 또한 암시하듯이 당연히 미학적인 것뿐만 아니라 정치적인 것을 문화이론적으로 종교적인 것의 성스러움의 '상속자'로 해석하려고 시도할 수 있을 것이다. 하지만 현재의 관점에서 볼 때 현대(성) 내부에서 미학적인 것은 오히려 정치적인 것에 대한 본래 대안적인 정동의 문화로 해석될 수 있을 것이다. 그와 같은 정치의 집단적 동원에 맞서는, 목적으로부터 자유로운 감(각)성의 정동의 문화가 그것이다. 그리하여 종교적 장은 현대(성)에 미학적 복합체와 결합되거나(낭만주의부터 뉴에이지에 이르는 서구의 반문화의 종교적 경향 속에서 보이는 것과 같은 '신비적' 경건함) 아니면 (종교적 근본주의에서 등장하고 있는 것과 같은 행동주의의 의미에서) 정치적 복합체와 결합되는 것처럼 보인다.
12 니체, 이진우 역, 『비극의 탄생』, 책세상을 보라.
13 현대(성)의 미학화 과정들을 전적으로 창조성-장치의 선구자로 이해할 수 없음은 분명하다. 또한 영향이 컸던 낭만주의적 사랑이라는 부르주아적 모델, 가족생활이라는 정동적 강도에서도 그것을 찾아볼 수 있는데, 그것들을 미학적 새로움의 체제와 대중 모델 아래 포함시키는 것은 거의 불가능할 것이다. 현대(성) 전체에서의 미학화의 주체에 대해서는 앞의 1. 2에서의 논의를 참조하라.

2 창조성-장치의 기본 구조

앞서 살펴본 대로 창조성-장치는 미학화 과정을 작동시키는 것에 의해 부르주아적 현대(성)와 조직화된 현대(성)라는 두 버전의 현대(성)에 대응한다. 이 과정은 두 가지 주요 부분을 갖고 있다. 미학적 실천을 새로움의 체제와 짝짓는 것, 동시에 미학적인 것을 대중의 수용에 의존하는 생산의 에토스에 묶는 것이 그것이다. 이 책의 각 장에서 우리는 미학적으로 정향된 주체성의 실천, 담론, 형태가 다양한 사회-장에서 점차 어떻게 발달했는지를 상세히 연구한 바 있다. 이제 그와 같은 사회-장들이 어떻게 상호 관련되는지를 살펴보자. 그것들은 중심에 있는 어떤 계획화 기관에 의해 지배되지 않기 때문에 처음부터 상호 조정되지 않는다. 하지만 회고해 보건대 그것들 간에 상보성이, 장치를 제도적으로 수립할 수 있는 전문화된 분업 체계가 등장한다.

예술-장이 그와 같은 상보성에서 핵심적 역할을 떠맡는다. 현대예술-장이 창조성-장치 전체를 위한 청사진을 발전시켰다. 그것은 18세기 말에 등장한 부르주아 예술 형태로 가능한 한 순수한 미학적 실천 그리고 합목적적 합리성으로부터 자유로운 주체성 형태를 배양하는 데 고정된 사회적 포맷을 시험했다. 그것은 미학적인 것을 새로움, 독창성, 그리고 놀라움이라는 이상 쪽으로 단호하게 정향시켰으며, 그것을 창조적 생산자 및 수용하는 대중이라는 이중적 구조에 묶었다. 창조적 주체, 즉 예술가라는 이상이 바로 거기서 등장했다. 이어 20세기 이래 그리고 이후까지 아방가르드와 포스트모더니즘의 '원심적' 예술은 정통적 예술 실천으로 간주되는 것을 부르주아 예술 그리고 천재숭배의 배타적 한계를 훌쩍 넘어선 곳으로까지 확대시켰다. 그와 함께 예술-장은 미학적 지각, 체험 그리고 자아 형성을 겨냥한 사회적 실천의 **생성**을 위한 결정적 충동을 마련해주었다. 하지만 사회 전체를 통한 그와 같은 실천의 확산은 처음에는 자본주의경제에 의해 가능해졌는데, 그것의 핵심적인 부문은 20세기 내내 미학경제의 방향으로 변형되었다. 그것이 미학적인 것을 예술이라는 좁은 영역을 넘어서까지 확대시켰다. 미학경제는 미학적 새로움이라는 강력하게 정동적인 체제에 종속되어왔다. 이 경제는 몇 단계에 걸쳐 발달했는데, 거기서 기술혁신 패러다임은 조직적인, 마침내 미학적 혁신이라는 패러다임에 의해 점차 대체되었다.

따라서 후기현대경제는 점점 더 새로워지는 미학적 **대상**의 폭발적 확산으로 이어졌다. 동시에 창조성-장치는 창조적 자아형성self-shaping이라는 이상을 추구하는 창조적 주체의 형성을 전제한다. 창조적 주체의 그와 같은 사회적 '제작fabrication'은 이번에는 역으로 다른 두 가지 사회-장을 전제함이 명백해진다. 창조성의 심리학 그리고 스타시스템을 갖춘 매스미디어가 그것이다. 늦어도 1970년대 이래 과학적이고 대중적이라는 두 갈래를 가진 주체성 제작이라는 심급이 창조적 자아는 예외라기보다는 주체의 표준형이라는 견해를 전파했다. 그와 같은 표준적 자아는 이상적 예술가 스타일로 자기를 실현하고 완성하기 위해 애쓴다고 가정되었다. 심리학이라는 복합체 또한 개인이 창조 능력을 발전시키는 데 도움이 되는 방법을 개발해오고 있었다. 심리학이 말하자면 창조적 주체를 **내부로부터**, 상응하는 자아의 테크놀로지를 통해 실현하려고 시도하고 있던 반면 매스미디어, 특히 영상미디어는 성공한 개인의 문화적 호소력을 표상하는 방법에 의해 **외부로부터의** 제도화를 지원했다. 특히 매스미디어의 스타시스템은 창조적 주체를 대중의 동일시 대상으로 연출했으며, 예술가와 창조적 산업의 유명인뿐만 아니라 영화와 음악계의 스타를 두루 망라했다. 대중적인 문화적 이상이 되는 것은 규율 잡힌 개인이 아니라 오히려 표현적 개인이다.

서구의 도시 공간의 문화화, 특히 도시 환경의 미학화가 창조성-장치를 지탱하는 마지막 기둥에 추가되었다. 그것이 창조성 문화에 물질적 실재성을 부여하는데, 미학적 새로움에 대한 바람을 '도시체험'으로 충족시켜주기 위해 조직된 건축 공간 속에서 물질적 · 영구적 형태를 갖게 된다. 게다가 '창조도시'라는 모델은 미학적 새로움의 촉진과 설립을 정치적 통제와 계획화의 목표로 만든다.14 이 모든 개별적인 사회-장이 그런 식으로 함께 결합해 하나의 모자이크를 형성하는데, 거기

---

14 그와 같은 목록으로는 미학화 과정이 일어나는 현대사회의 모든 장을 다 포괄할 수 없다. 이 측면에서 사회적으로 관련된 또 다른 복합체로는 가령 개인적 관계, 스포츠, 디지털 미디어 이용 등이 있다. 일련의 지표를 통해 1970년대 이래 도덕, 사회적 지위, 부양 등과 관련된 정언명령은 파트너십과 우정에서 중요성을 잃어버렸으며, 더 나아가 개인의 체험 가능성을 높이기 위한 수단으로 간주되게 되었음을 확인할 수 있다. 그에 대해서는 기든스, 배은경 외 역, 『현대사회의 성, 사랑, 에로티시즘. 친밀성의 구조변동』, 새물결을 참조하라. 나는 위에서 스포츠 스타와 관련해 스포츠의 미학화에 대해 거론했다. 하지만 후기현대의 개인 스포츠는 또한 특수한 신체 체험 그리고 합목적적 일상으로부터의 거리두기에 관한 가장 넓은 의미에서의 미학적 희망을 포함한다. 특히 Ronald Lutz, *Laufen und Lauferleben. Zum Verhältnis von Körper, Bewegung und Identität*, Frankfurt/M., New York 1989를 참조하라. 소비와 생산이 잇달아 상호 연결되는 인터넷 사용의 무한히 확장 가능한 open-ended 실천은 여러모로 창조적 주체와 창조적 실천을 위한 탁월한 훈련장으로 간주될 수 있을 것이다. 그에 대해서는 Reckwitz, *Das hybride Subjekt*, 4. 2. 2와 4. 2. 3을 참조하라.

서 각각의 조각이 창조성-장치의 제도화에 공동으로 기여한다.

미학적 사회성

창조성-장치는 고도로 생산적이다. 그것은 미학적 사회성Sozialität, 즉 사회적인 것Sozialen의 매우 특수한 형태에 기반하는데, 그것이 창조성-장치의 확산을 촉진한다. 사회적인 것의 새로운 형태의 등장은, 우리가 사회적인 것으로 부르는 것이 모든 맥락과 모든 때에 동일하게 남아 있는 견고한 구조가 아니라 오히려 역사적으로 가변적인 것일 것을 전제한다. 사회적인 것, 즉 *socius*는, 사람, 사물, 그리고 다른 실체 간의 상상 가능한 모든 결합을 포함할 수 있다. 여기서 제기되는 물음은 이렇다. 즉 사회적인 것은 특정한 역사적·국지적 맥락에서 어떤 형태를 취할까?15 미학화 과정은 반사회적이지도 또 사회적인 것에 무관심하지도 않으며 오히려 사회적인 것과 관련해 자체에 고유한 형식을 만들어낸다는 점은 아무리 강조해도 지나치지 않을 것이다. 우리는 미학적 사회성의 특수성은 그것이 네 가지 특수한 심급과 단위를 상호 결합시키는 방식에 있음을 확인했다. 즉 창조자로서의 주체, 미학적 수용자, 미학적 대상, 그리고 주목에 대한 제도화된 조절이 그것이다. 이 네 가지가 창조성-장치의 네 기둥을 형성한다. 한편으로 미학적 새로움의 생산을 겨냥해 만들어졌으며 개인이나 집단에 의해 수행되는 실천이

---

15 사회적인 것에 대한 그와 같은 이해를 위해서는 Bruno Latour, *Eine neue Soziologie für eine neue Gesellschaft*(2005), Frankfurt/M. 2007을 보라. 볼탄스키와 테브노 또한 사회적인 것을 복수화하지만 그것을 무엇보다도 규범적 정당화의 등급으로 생각한다. Luc Boltanski/Laurent Thévenot, *Über die Rechtfertigung. Eine Soziologie der kritischen Urteilskraft*(1991), Hamburg 2007을 참조하라.

존재해야 한다. 다른 한편 생산자의 바로 맞은편에 대상과 이벤트의 미학적 전유에 초점을 맞춘 대중이 존재해야 한다. 이 두 요소, 즉 생산자와 대중은 세 번째 요소에 의해 함께 결합된다. 미학적 대상이 그것이다. 그것은 미학적 의도와 함께 만들어지고/또는 수용되고 사용되는 물질적 — 물질성의 정도에서는 정도 차가 있다 — 인공물이다. 생산자, 대중, 대상의 그와 같은 3인조는 — 시장이건 미디어건 또는 국가건 — 주목을 관리하는 것과 관련된 제도적 메커니즘 내부에서 틀지어진다. 미학적 사회성 내부에서 가장 중요한 조정 문제는 어떤 미학적 대상(그리고 창조적 주체)이 지각적·정동적 주목 대상이 될 것인지를 결정하는 것이다. 그와 같은 미학적 사회성은 미학적 새로움을 전면적으로 지향하는 체제를 통해 하나로 결합된다. 그와 같은 미학적 새로움의 체제는 항상 이벤트의 생산과 수용 쪽으로 정향되는데, 각각의 이벤트는 자체에 고유한 감각적·정동적 특질을 가지며 또 각각의 것은 규범으로부터 일탈한 모습과 함께 독창적 모습을 보여줌으로써 사람들을 깜짝 놀래킨다.

그와 함께 창조성-장치에 의해 생산된 미학적 사회성은 사회학이 고전적인 현대사회에서 발견했지만 보편적인 것으로 오인한 익숙한 패턴과 근본적으로 구분된다. 그와 관련해 가장 중요한 두 가지 견해는 사회적인 것을 상호주관성과 커뮤니케이션 또는 합목적적인 합리적 행동의 연쇄 속에 배치했다.16 첫 번째 관점에서 볼 때 사회적인 것은 커뮤니케이션 관계, 기호의 순환 또는 인간행위자 간의 상호작용의 규범

---

16 이 두 이념형 모두에 대해서는 특히 Jürgen Habermas, "Arbeit und Interaktion", in: ders., *Technik und Wissenschaft als Ideologie*, Frankfurt/M. 1968, S. 9-47을 참조하라.

적 조정에 의해 구성된다. 두 번째 견해에 따를 때 사회적인 것은 자기 이익 추구에 따라 인공물이나 교환을 만들어내는 일련의 합리적·합목적적 행동으로부터 등장한다.17 창조성-장치에 독특한 미학적 사회성은 더 이상 사회학에서 나온 앞서와 같은 고전적 개념에 의해서는 파악될 수 없다. 네 가지 결정적인 변화가 상호작용, 생산 또는 교환이라는 익숙한 사회성 모델을 시대에 뒤쳐진 것으로 만들었다.

1. 이 형태의 사회성의 중심에는 자가동역학을 가진 **감각적 지각과 정동**의 역사적으로 예외적인 양의 생산, 순환 그리고 전유가 차지하고 있다. 감각적 지각 그리고 그것과 결부되는 적극적 정동의 구조와 실천은 더 이상 사회적인 것의 주변부에 존재하는 것이 아니라 오히려 그것의 기본 구조 자체가 된다.18 미학적 사회성은 핵심적으로는 정동적이고 감각적이고 지각적이다.

2. 사회적인 것의 미학화는 또한 **대상**의, 특히 특수한 목적이 지정되지 않은 미학적 대상의 구성적 연관성의 가치화와 연관되어 있기도 하다. 미학적 사회성은 상호주관적 관계보다는 '상호대상적' 관계 — 대상과 그것의 생산자나 수용자 간의 관계 —를 중심으로 돌아가는 반

---

17 이 두 가지 이론적 주장 각각은 물론 대부분 입 밖에 내지 않는 특수한 경험적 배경을 전제한다. 첫 번째 견해는 근대적 법률체계와 부르주아적 가족의 규범적 합리성 속에 뿌리를 두고 있는 반면 두 번째 견해는 현대경제의 생산적 노동과 물화된 상품교환에서 경험적 본보기를 발견한다.

18 고전적 사회과학의 반미학적 정향에 대한 비판으로는 또한 Wolfgang Eβbach, "Antitechnische und antiästhetische Haltungen in der soziologischen Theorie", in: Andreas Lösch(Hg.), *Technologien als Diskurse. Konstruktionen von Wissen, Medien und Körpern*, Heidelberg 2001, S. 123-136을 참조하라.

면 생산자와 수용자는 대상을 통해 간접적으로 연결된다.[19]

3. 그것과 병행해 그와 같은 사회성에 적합한 주체 형태에도 변화가 일어난다. 커뮤니케이션 행위자, 자기 잇속만 차리는 행위자, 대상을 처리하는 생산자는 미학적 수용과 전유의 **수용자-주체** 그리고 새로운 지각, 기호와 감정을 생산하는 **창조적 주체**, 대중 앞에서 실행되는 미학적 자아형성 대상으로서의 **미학적 퍼포먼스 주체**에 의해 대체된다.

4. 여기서 행위와 지각은 규칙의 예측 가능한 복제보다는 사회 형태의 역동적인 **자기변형**을 겨냥한다. 관례적 행동은 창조 행위라는 모델에 의해 대체된다. 규칙성에 대한 사회적 기대가 놀라움에 대한 사회적 기대로 대체된다. 그 결과 사회 형태의 반복이 아니라 해소와 재구성이 새로운 규범이 된다.[20]

사회적인 것의 그와 같은 미학적 형태가 창조성-장치의 발달 과정에서 세 가지의 상이한 '응집 단계'를 거친다는 것이 명백해진다. 그것은 사회적 **틈새**로부터 **반문화**로, 그리고 거기서 **사회통제** 형태로 나아간

---

[19] 상호주체성을 지향하는 사회적인 것이라는 개념에 대해서는 또한 Karin Knorr Cetina, "Sociality with Objects: Social Relations in Postsocial Knowledge Societies", in: *Theory, Culture & Society*, 14(1997), S. 1-30와 Bruno Latour, "On Interobjectivity", in: *Mind, Culture, and Acitivity*, 3(1996), S. 228-244를 참조하라.
[20] 앞서 서술한 대로 이제 규칙을 어기는 것 자체가 규칙이 되었다. 그와 같은 만큼 창조성-장치의 틀 내에서의 창조 행위는 또한 규칙 지향적 행동이라는 패러다임 내에서도 완전히 파악될 수 있을 것이다. 하지만 규칙 어기기라는 규칙이 사회적 실천의 변형에 기여하고, 그와 함께 행위자로 하여금 항상 다시 새로운 종류의 이벤트에 직면하도록 하는 한 그와 같은 틀 내에서의 행동은 규칙지향 행동이라는 패러다임이 예견하는 것보다 더 복잡화된 형태를 띠게 된다.

다. 이 세 단계는 사회 전체 속에서의 미학적 사회성에 주어지는 자릿값이라는 측면에서 다르다. 먼저 미학적 사회성은 합리주의적 주류에 대한 대안적인 사회적 틈새를 발전시키는데, 그렇다고 주류의 방향에 중요한 영향을 미치는 것은 불가능하다. '예술과 수공예 운동'이 그와 같은 종류의 틈새에 존재했다. 그런 다음 기왕의 합리주의적 제도의 정통성에 강력하게 도전하는 순간 미학적 사회성은 반문화로 무대를 차지한다. 그와 같은 미학적 반문화는 '래디컬디자인', 자아실현심리학, 비판적 도시계획, 반문화적 음악과 함께 1960년대에 집중되어 등장했다. 마지막으로 미학적 사회성은 하위문화를 넘어서까지 성장해 보다 폭넓은 정통성을 획득하고, 미학이벤트 생산과 수용을 체계적으로 통제하려고 시도할 때 행정적 통제 형태를 띤다. 그와 같은 미학적 또는 문화적 통치성을 창조심리학 그리고 창조도시의 도시계획에서 찾아볼 수 있다. 그와 같은 '창조성의 통제'는 단지 위로부터만 일차원적으로 행사되는 것이 아니라 개별적인 자기통제 그리고 제도적 메커니즘에 의한 간접적 통제와 짝을 이룬다. 20세기와 21세기에 미학화는 문화적 틈새와 반문화로부터 멀어져 통제 형태로 향하는 강한 경향을 띠어왔음을 분명하게 확인할 수 있을 것이다. 비록 미학적 틈새와 반문화는 오늘날까지 계속 다시 등장하고 있지만 그것들은 이제 급속하게 창조적 통제로 되돌아가는 충동으로 '입력되고' 있다.

미학적 동원

창조성-장치는 주체와 사회적인 것을 동원하는 포괄적 힘이다.[21] 그와 같은 동원은 외견상 무제한의 변형적·역동적 결과를 가져오는데,

비미학적 현상을 미학적 대상으로 변형시키며, 이어 그것을 새로움의 체제에 복속시킨다. 미학화에 대한 최초의 사회학적 진단이 대량소비 및 매스미디어의 부상과 함께 1960년대에 등장했는데, 주로 오락산업에 골몰하는 고분고분한 '수동적 소비자'의 확산에 초점을 맞추었다. 하지만 가령 드보르가 『스펙터클 사회』에서 받아들이고 있는 그와 같은 견해22는 창조성-장치를 적절히 설명하지 못한다. 실제로 사람들은 지금 진정되는 것이 아니라 오히려 창조 행위주체로 **활성화된다**. 생산적인 미학적 실천이 **동원되는데**, 이전처럼 산업적 방식이 아니라 지금은 주로 감각, 기호, 정동 측면에서 그렇다. 개인과 사회적 단위(조직과 도시 등)는 자신을 활성화하고 동원하도록 만들어진다. 목표는 미학적으로 재삼재사 자극받고, 그리고 미학적으로 생산적으로 되는 것이다. 그와 같은 동원은 개별적 작품의 산발적 생산을 더 이상 겨냥하지 않으며 창조성의 퍼포먼스를, 창조적 생산 자체를 겨냥한다. 따라서 창조성의 가장 순수한 형태는 자아의 생산이다. 여기서는 신체, 영혼, 실천으로서의 주체가 자아 자체의 미학적 대상이 된다

    미학적 동원은 역설적 구조를 갖고 있다. 활성화 모델은 창조성-장치에 **격상**Stegerung이라는 측면을 부여하는 반면 새로움의 미학적 체제는 **격상될 수 없는** 미학적 자극의 연속 위에 기반하기 때문이다.23 그와

---

21 동원 개념에 대해서는 또한 Peter Sloterdijk, *Eurotaoismus. Zur Kritik der politischen Kinetik*, Frankfurt/M. 1989, S. 30 이하를 참조하라.
22 드보르, 유재홍 역, 『스펙터클 사회』, 울력.
23 '격상 논리' 개념에 대해서는 가령 Gerhard Schulze, *Die beste aller Welten. Wohin bewegt sich die Gesellschaft im 21. Jahrhundert?*, München 2003, S. 81 이하를 참조하라. 격상, 특히 시간적 형태로서의 시간적 가속화에 대해서는 Hartmut Rosa, *Beschle-*

같은 역설은 어떻게 생겨났을까? 이 책을 시작할 때 우리는 현대사회에 중요한 새로움의 세 가지 체제를 구분한 바 있다.[24] 오래된, 오늘날에는 쓸모없어진 상태가 새로운 진보적 상태, 더 이상 대체 불가능한 상태로 대체되는 새로움의 체제 I. 자기변형 운동이 상수가 되는 새로움의 체제 II. 마지막으로 동일한 등급의 미학적 자극이 무한대로, 비-진보적으로 연속되는 것으로 이루어지는 새로움의 체제 III. 모든 부문에서 창조성-장치에 의해 생산되는 새로움의 체제는 근본적으로 자극으로서의 새로움에 기반한다. 여기서 중요한 것은 지속적으로 새로워지는 자극적인 이벤트의 생산과 수용인데, 그것은 최대한 강렬해야 하며, 그것의 관심은 항상 이벤트의 즉각적 현존에 있다. 더 나은 것이 아니라 다른 것이 되는 것이 중요하다.

하지만 동시에 격상으로서의 새로움의 체제는 창조성-장치 내부에서 작동한다. 이 체제는 개인 그리고 개인으로 하여금 창조성을 격상시키도록 활성화시키는 사회적 단위를 겨냥한 정언명령의 결과이다. 그와 같은 격상은 양적 추가라는 생각뿐만 아니라 질적 개선도 포함한다. 게다가 그것은 두 가지 비교 메커니즘으로 이루어진다. 먼저 개인이나 집단은 이전의 수행을, 창조 능력을 개선하고 또 발전이 결코 중단되지 않도록 그때그때의 노력을 대체하기 위한 기준으로 항상 간주한다. 그것이 심리학의 창조성의 기법 그리고 창조도시가 행사하는 통제의 목표이다. 두 번째로, 새로움에 대한 주목의 자원이 희귀해지는 사태에

unigung. *Die Veränderung der Zeitstruktur in der Moderne*, Frankfurt/M. 2005를 참조하라.
24 앞의 1. 3을 참조하라.

직면해 창조적 개인과 집단은 지속적으로 자기를 다른 주체 및 단위와 비교하고, 이전보다 더 나아지기 위해 본인의 창조적 수행을 격상시키지 않을 수 없게 된다. 그것은 창조적 기획, 창조도시, 예술가, 스타, 창조노동자 그리고 SNS에서 주목을 놓고 경쟁하며, 자기를 형성하는 사적 주체 간의 영구적인 상호 비교로 이어진다. 아주 간결하게 말하자면 이렇다. 즉 포스트모던 문화와 현대문화는 창조성-장치 속에서 서로 뒤얽히는 것 같다. 그것은 진보나 격상 없는 그 자체로서의 미학이벤트의 포스트모던한 놀이를 생산성을 고양시키는 현대의 메커니즘과 융합시킨다.

창조성-장치에 의해 추동되는 미학적 동원은 특수한 정동적 문화를 초래하는데, 그것이 현대사회의 조건을 이룬다. 사회적으로 가능한 모든 장에서 이루어지는 창조성을 향한 정향의 사회적 확산은, 앞서 입증한 대로, 보다 강렬한 사회적 정동성의 약속 없이는 가능하지 않았을 것이다. 창조성-장치의 정동적 작도법 내부에서 그와 같은 적극적 동기부여 그리고 흥분 상태에 대한 네 가지 해석을 구분할 수 있을 것이다(기대가 실망으로 끝날 때 그에 상응하는 부정적 정서와 함께 말이다). 창조 활동, 미학적 체험, 창조적 주체 자체, 창조적 공간이 그것이다.

1. 창조 활동은 전문직업적인 것이건 사적인 것이건, 여가적인 것이건 삶의 형태로서건 새로움을 만들어내는 일을 열정적으로 수행하고 외적 규칙이나 루틴에 묶이지 않은 자유로운 행위주체가 되는 것을 완수하겠다는 약속을 제공한다. 미학적 새로움을 만들어내는 것은 도전적인 동시에 유희적인 활동의 집중된 흐름 속에서 그리고 영구적인 것

이건 일시적인 것이건 그로부터 귀결되는 결과를 지켜보는 것 속에서 만족을 느끼는 것을 약속해준다. 창조 활동은 규범으로부터의 일탈을 정당화하므로 개인은 마치 자기 행동이 본인의 내적 충동으로부터 비롯되는 것인 듯이 자신을 '진정한' 존재로 느낄 수 있다.[25]

2. 미학적 체험, 즉 목적 연관성과 무관하게 오직 자체만을 위한 감각적 경험은 필요로부터의 해방을 약속한다. 일상용품, 예술작품, 자연, 도시 환경, 본인의 신체의 체험이나 다른 사람 — 파트너, 아이, 친구 — 또는 집단으로도 그와 같은 체험을 할 수 있을 것이다. 미학적 새로움을 경험하는 것은 활력을, 그리고 동일자의 지루한 영원회귀의 극복을 약속한다. 미학적 새로움의 그와 같은 경험은 자체가 긍정적인 창조 활동과 결합될 수 있다.

3. 타자에게서, 그리고 이상적으로는 자신 안에서 지각되는 창조적 주체는 자체가 매력적인 동일시 대상으로 보인다. 후기현대문화에서 다른 어떤 형상도 창조적인 유형과 경쟁할 수 없으리라는 것은 명백한데, 부르주아적 현대(성)와 조직화된 현대(성)에서 볼 수 있는 유형, 즉 의무를 충실히 수행하는 순응주의 유형은 특히 더 그렇다. 창조적 주체, 특히 창조적 스타는 완벽하게 표현적 개(체)성을 성공적으로 이끄는 삶을 산다는 이유만으로 숭배 대상이 되는 것이 아니다. 또한 그리고 무엇보다도 **숭배 대상이 되기 때문에** 숭배 대상이 된다. 성공한 창조적 주체는 본인이 긍정적으로 주목받게 만들고, 그의 표현적 개(체)성을 겨

---

[25] 그와 관련해 창조 활동은 또한 집단적으로 구조화될 수 있을 것이다. — '창조적 팀' 속에서건 아니면 공동의 라이프스타일의 역동적 창조 공동체로서의 파트너십 속에서건 말이다 — 그리하여 집단적 측면은 자율성과 진정성의 느낌을 한층 더 강화시킨다.

냥한 주목 속에서 사회적 인정을 발견하는데, 자체가 타자들에게 그리고 본인에게 미학적 대상이 될 정도이다.

4. 창조적 공간은 창조 활동의 주체, 미학적 경험 그리고 창조적 자아의 배양에 유리하게 조직된다. 공간은 그런 식으로 창조적·미학적 실천을 위해 필요할 것처럼 보이는 다양한 자극과 만남을 위한 '충동'을 제공할 때 매력적으로 된다. 우리는 특히 하이브리드적 '흐름'을 가진 글로벌 문화 그리고 개인 주거와 노동환경 사이에서 문화화되는 도시가 어떻게 그와 같은 창조적 공간을 위한 결정화의 중심으로 모습을 드러내는지를 살펴본 바 있다.

따라서 창조성-장치 전체는 긍정적 정동성에만 배타적으로 초점을 맞춘 특수한 유형의 정동적 문화를 생성한다. 부르주아 예술-장의 정동적 작도법은 상충하는 정동의 교차로였다. 천재숭배와 천재의 병리학화 그리고 미학적 유토피아와 취향의 규율화 간의 교차로가 그것이다. 반대로 창조성-장치는 정동이 가능하고, 가능해야만 하는 것과 관련해 그것에 형태를 부여하고, 체험하고, 경탄하고 자극하는 일 등에서 찾아볼 수 있는 외견상 무제한의 긍정성을 향하도록 하려고 시도한다.

새로움에 주목하는 문화

창조성에 기반한 사회질서는 불가피하게 주목 문제 중심으로 돌게 될 것이다. 그것은 무엇보다도 창조적 생산자에게 적용된다. 포스트모던미술과 예술 이론 그리고 보다 새로운 창조심리학은 창조성이 '천성적 능력'이 아니라 오히려 다양한 자극을 가진 외부 세계와 접촉하면서 드러난다는 데 의견이 일치한다. 만약 그렇다면 창조적 생산은 주체의 주목의 분산에서 기인할 것이다. 다수의 자극, 기호, 결합 가능성이 지각의 '바탕화면'에 등록되고, 그런 다음 상대적으로 새로운 것으로 처리하도록 하기 위해 개인은 그것에 주목해야 한다.

하지만 주목 문제는 먼저 대중, 즉 미학적 새로움의 관찰자가 관련될 때 진정한 규모로 확대된다.26 일상의 사회적 실천에서 수용자의 주목은 어쩔 수 없이 항상 단지 제한된 범위의 현상으로만 향하게 되며, 습관적 행동이 되다시피 한 주목에 의해 유도되어야 한다. 어떤 것의 등장이 미학이벤트가 되려면 먼저 주목이 그것으로 향해야 한다. 즉 주목을 끌어야 한다. 그런 다음 감각성과 정동성이 자체에 고유한 역동성을 발전시키고 미학적 에피소드가 발생하기에 충분한 시간 동안 유지되어야 한다.27 이제 창조성-장치의 틀 내에서 주목은 새로움이라는 기준에 의해 정향된다. 관찰자에 의해 새로운 것으로 지각된 이벤트에게 우선권이 주어지며, 주목의 횃불 속에 더 오랫동안 남아 있으며, 그리하여 미학적 효과를 낳을 더 큰 가능성을 갖게 된다.

부르주아 예술-장에서도 또한 대중의 주목을 관리하는 것은 중심적인 사회적 조정Koordination 문제였다. 이제 창조성-장치의 틀 내에서 어떻게 주목을 사회적으로 구조화할 것인가 하는 물음이 점점 더 긴급

---

26 주목의 이론화에 대한 개론으로는 Bernhard Waldenfels, *Phanomenologie der Aufmerksamkeit*, Frankfurt/M. 2004; Aleida Assmann/Jan Assmann(Hg.), *Aufmerksamkeiten. Beitrage der Archaologie der literarischen Kommunikation* VII, München 2001을 보라. 주목 문제의 역사화에 대해서는 Jonathan Crary, *Aufmerksamkeit. Wahrnehmung und moderne Kultur*, Frankfurt/M. 2002를 보라.
27 그에 대해서는 Waldenfels, *Phanomenologie der Aufmerksamkeit*의 4장 참조.

해지고 있는데, 정전화된 새로움으로부터 즉각 현재의 새로움을 자극하는 것 쪽으로 사회적 중요성이 이동할 뿐만 아니라 문화적 주목을 위한 경쟁자 숫자가 증가하고 있기 때문이기도 하다. 일반적으로 두 가지 형태의 주목의 관리를 대별할 수 있을 것이다. 직접성 속에서 새로운 것, 흥미로운 것, 독창적인 것으로 지각된 이벤트에 대한 **단기간의 주목** 그리고 미학적 새로움을 문화적으로 소중한 것으로 **장기적으로 가치화하는 것**이 그것이다. 주목이 직접적 현재 속에서 놀랍고 주목할 만한 가치가 있는 이벤트를 향할 때는 새로움의 사회적 증명이 단기적으로 이루어질 수 있을 것이다. 그와 같은 일이 일어날 때 **해당** 이벤트는 헛되이 주목을 위해 경쟁하는 다른 모든 현재의 미학적 대상(예술작품, 디자인 대상, 스타, 성공을 꿈꾸는 사람)을 배경으로 오감과 느낌을 자극하는 데 성공한다. 반대로 미학적 새로움의 장기적 증명은 주로 전문가 집단에 의한 집단적 평가를 전제한다. 그들은 새롭다고 주장하는 대상의 새로움을 현재의 대안 및 과거의 대안과 포괄적으로 비교하는데, 대상을 '고전'으로 정전화하고 인정하는 것으로 이어질 것이다.[28] 그리하여 그런 식으로 가치가 부여된 새로움 — 고전적인 예술작품, 고전적인 디자인, 유행의 대상, 고전적인 도시구역과 건물, 과거의 고전적 스타 — 은 모두 **문화적 기억의 구성요소**가 된다.

앞서 살펴본 대로 그와 같은 정전화 또한 이전에 부르주아 예술-장

---

[28] 그와 함께 나는 그로이스Boris Groys와는 반대되는 입장을 대변하게 되는데, 그 또한 문화적 새로움의 성좌에 대해 이야기하지만 본질적으로 현재의 문화는 작품의 어떤 요소가 문화적 문서고로 옮겨져야 하는지를 결정하기 위한 가치화 과정에 의해 규정되는 것으로 본다. Boris Groys, *Über das Neue*, Frankfurt/M. 1999를 참조하라.

에서 주목의 조절에 영향력을 행사했다. 부르주아 대중의 상대적으로 많은 부분이 정전의 지속적 전유에 의해 묶여 있었다.29 하지만 후기현대의 창조성-장치에서 고전적 · 정전적 작품에 주목이 고정되는 것은 감소하며, 문화적 기억 효과는 점점 더 약해진다. 대신 지금 당장의 단기적 새로움에 보다 철저하게 초점을 맞춘다. 가령 미학경제에서 그것을 볼 수 있다. 과거의 미학적 요소가 도대체 전유되는 경우 고전적인 것은 일반적으로 단순히 복제되는 것이 아니라 결합의 논리에 의해 복고, 빈티지 또는 패스티시의 스타일을 경유해 (상대적으로) 새로운 것으로 변형된다. 우리 시대의 예술 속의 그에 상응하는 경향도 비슷한 효과를 갖고 있다. 퍼포먼스예술, 설치작품, 예술이벤트, 큐레이터 예술, 페스티벌 등 풍부한 형태가 존재하는데, 그것은 전혀 복제 불가능하다. 단지 즉각적 현재 속에서만 존재하는 포맷만 다시 발견될 뿐이다. 그렇게 문화적 기억의 상관성을 잃어버리게 된 결과, 그리고 그와 함께 **과거에 새로웠던 것에 대한 감수성을 잃어버리게 된 결과 수용자에게는 비교할 기회가 더 드물어진다. 과거가 더 이상 기억되지 않을 때는 현재에 의해 놀라게 되는 일이 보다 쉬워진다**

동시에 주목을 위해 경쟁하는 감각적 · 정동적 이벤트 숫자는 사회-장의 미학화가 진전되게 된 결과, 그리고 미학적 생산에서의 격상 논리, 미디어에서 예술의 가용성이 널리 확산된 결과 증가한다. 그럼에도 불구하고 수용자의 주목 능력은 원리상 제한된다.30 그와 함께 수용자는

---

29 앞의 2. 2에서의 논의를 참조하라.
30 주목의 잠재력을 격상시키기 위한 두 가지 주요한 방법이 존재한다. 첫 번째는 동시에 초점을 맞추는 것(가령 멀티태스킹 훈련), 하지만 그것은 미학적 지각과 관련해 제한될 수

제공되는 상이한 지각 대상 중에서 선택해야 하는 곤경에 처하는 반면 창조적 생산자는 대중이 주목하도록 영향을 미쳐야 하는 정반대 과제에 직면하게 된다. 미학적 새로움을 찾는 사회에서 주목을 끌고 유지하려는 그와 같은 온갖 분투를 둘러싸고 문화적 전장이 성장한다.

3 구조적 프레이밍의 조건: 경제화, 미디어화, 합리화

창조성-장치는 어떻게 자기를 관철해올 수 있을까? 처음에는 주변적이었으며 오직 미학-장에서만 통용되던 미학적 포맷이 어떻게 오늘날과 같은 정도로 사회적으로 확산될 수 있었을까? 그와 같은 확산 과정의 가장 기본적인 조건은 조직화된 현대(성)에 정동이 결여된 것에 대한 문화적 응답으로서 창조성에의 정향이 등장한 것이다. 하지만 추가적으로 덧붙이자면, 20세기 말에 미학적 사회성 그리고 사회적인 것과 관련해 현대사회에 근본적인 몇 가지 다른 기본적인 사회 형태 사이에서 등장한 상동성과 상보성이 없었다면 창조성-장치는 번창할 수 없었을 것이다. 후기현대사회는 미학화라는 구조적 원리에 의해서만 통치되지 않는다. 창조성-장치는 포괄적일 수 있지만 이미 사회적인 것의 형식합리화 — 즉 규칙을 따르는 목적-수단의 합리성의 제도화 — 처럼 사회학에는 익숙한 현대(성)의 여타의 구조적 특징을 배제하지 않는다. 그것은 또한 사회적인 것의 **경제화**에도, 사회적 상호작용의 시장

있을 것이다. 아니면 두 번째로 대중을 늘리고 다양화하는 것인데, 그리하여 보다 많은 상이한 문화적 요소가 보다 작은 집단의 주목을 끌게 될 것이다.

화와 자본화에도 적용된다. 마지막으로 그것은 또한 사회적인 것의 미디어화에도, 즉 점점 더 커뮤니케이션과 지각을 재구조화하는 미디어테크놀로지의 확산에도 적용된다. 그와 함께 후기현대사회이론의 틀 내에서 사회적인 것의 미학화는 형식합리화, 경제화 그리고 미디어화와 함께 구조적으로 사각형의 나머지 한 변에 해당된다.

물론 심지어 후기현대(성)라는 조건 아래서도 미학화 과정에 의해 대부분 손대어지지 않은 채이며 대신 오직 합리화, 경제화, 인지적 미디어화 및 여타의 기준이라는 비미학적 원리에 의해서만 각인되는 사회적 실천과 주관성 형태가 존재한다. 거기서 **미학화의 한계가** 드러난다. 가령 오직 합목적적인, 규범적인, 합리적 정언명령만 따르는 실천이 여전히 존재한다. — 가령 조직을 위한 행정적 실천 그리고 가설을 검증하기 위한 과학적 실천이 그렇다. 또한 투자 교역처럼 미학적 상관성이 없는 경제적 교환 형태가 존재한다. 마지막으로 전적으로 정보를 기록하고 처리하는 데만 사용되는 미디어의 실천도 존재한다. 따라서 미학화와 합리화, 경제화와 미디어화 과정이 반드시 항상 상호 관련되는 것은 아니다.

하지만 동시에 미학화, 시장화 및 미디어화 간에는 인식 가능한 구조적 공통점이 존재한다. 게다가 비록 미학화와 형식합리화 간에는 그와 같은 어떤 동종성도 존재하지 않지만 그럼에도 불구하고 둘은 잠재적 상보성의 관계를 맺는다. 따라서 시장화, 미디어화, 형식합리화는 미학이벤트의 사회적 보급을 위한 구조적 조건을 마련해준다. 하지만 그것들은 단지 기본 구조가 진정으로 경제화, 미디어화 또는 합리화의 기본 구조와 유사하거나 상보적인 미학적 포맷의 확산에만 도움을 준다.

오직 이 포맷만이 창조성-장치에 '들어맞는다.'

경제화와 미학화

창조성-장치는 결코 반합리적이지 않다. 또한 반경제적이거나 반기술적이지도 않다. 정반대이다. 전형적으로 현대적인 형태의 합리화에 의지하지 않고는 그처럼 광범위하게 확산될 수 없었을 것이다. 특히 그것이 적용되는 한 형태가 시장화를 통한 합리화이다. 일련의 역사적 물결 속에서 현대사회는 사회적 실천의 많은 부문이 시장 구조에 동화되는 것을 보았다.31 그때 시장은 개인적 관심의 성좌로 환원되지 않으며 오히려 자체에 고유한 사회성을 구성한다. 거기서 기본적인 사실은 원칙적으로 상호 비교 가능한 것처럼 보이는 대상이 대중의 '호의'를 얻기 위해 경쟁하며, 대중은 희귀하다는 이유로 그중 오직 제한된 일군의 대상만 소비하도록 결정할 수 있는 것이다. 공급자와 소비자 간의 교환 속에서 이루어지는 사회적인 것의 한 형태로서의 시장. 이 과정에서 대상은 소비자를 바꾸며, 그에 대해 보상을 받는다. 따라서 시장은 자체에 고유한 방식으로 반전통적으로 작동한다. 그것은 소비자에게 결과에 대해서는 열린 채 결정할 것을 요구하며, 대상 간의 열린 경쟁

---

31 시장화의 계보학에 대해서는 Fernand Braudel, *Sozialgeschichte des 15. bis 18. Jahrhunderts*, Band 2: *Der Handel*, München 1986을 참조하라. 시장에 대한 사회학적 이론화의 고전적 저작으로 Max Weber, *Wirtschaft und Gesellschaft. Grundriβ der verstehenden Soziologie*(1922), Tübingen 1980, S. 382ff. 짐멜, 『돈의 철학』, 한길사. 보다 최근 논의로는 Klaus Krämer, *Der Markt der Gesellschaft. Zu einer soziologischen Theorie der Marktvergesellschaftung*, Wiesbaden 1997와 Jens Beckert, "The Social Order of Markets", in: *Theory and Society* 38(2009), S. 245-269를 보라.

을 요구한다. 그때 상품시장은 시장 자체의 특수한 경우이다. 또한 교환 참여자의 관심은 아이디어 같은 비물질적 상품 또는 노동시장이나 결혼시장에 자기를 내놓는 다른 사람의 그것일 수 있다.

시장의 사회성은 먼저 철저한 물화 작용을 한다. 수요가 많은 물건이나 사람은 원칙상 상호 비교 가능한 선택지처럼 보인다. 그러한 비교 가능성은 대상에 대해 거리를 둘 수 있는 태도와 함께 그에 대한 평가를 전제한다. 그런데 많은 지표가 1970년대 이후, 조직화된 현대(성)의 부식은 시장 사회화 형태로서의 시장 확산 그리고 특정 대상을 겨냥한 정치적 촉진의 새로운 물결과 일치한다고 말한다.32 경제 내부와 외부에서 이루어지는 사회적인 것의 그와 같은 경제화(가령 또한 도시정책, 사회정책, 과학과 교육에서도 그것을 찾아볼 수 있다)는 불가피하게 또한 미학화에 철저하게 맞서는 특수한 형태의 사회적 합리화와 대상화를 동반한다.

하지만 사회적 형태의 시장 그리고 창조성-장치 형태의 미학화 간에는 구조적 상동 관계가 존재한다. 시장화는 단순한 교환 관계를 넘어 기본적으로 대중이 주목 대상이 되기 위해 경쟁하는 대상에 흥미를 갖는 태도를 발전시키기 위한 사회적 위치를 형성하는 것을 포함한다. 다시 말해 두 사회 형태의 중심에서 제품은 관심 있는 대중에게 제시되며,

---

32 그에 대해서는 특히 Ulrich Bröckling u. a.(Hg.), *Gouvernementalitat der Gegenwart. Studien zur Ökonomisierung des Sozialen*, Frankfurt/M. 2000. 그와 다른 입장을 보여주는 또 다른 주요 저작으로는 또한 Uwe Schimank, "Die Moderne: eine funktional differenzierte kapitalistische Gesellschaft", in: *Berliner Journal für Soziologie*, 19(2009), S. 327-351을 보라. 즉 통치성 연구는 경제화 과정과 미학화 과정의 상호 연결을 무시하는 경향을 보여왔다.

주목받기 위해 경쟁한다. 더 나아가 시장은 시장 사회가 자본주의로, 즉 상품의 생산과 분배가 체계적으로 더 많은 자본축적 쪽으로 정향되는 경제체제로 전환되자마자 활기를 띤다.33 자본축적의 흔한 전략은 소비자의 만족에 한발 앞서기 위해 지속적으로 새로운, 다른 종류의 상품을 생산하는 데 있다.34 그리하여 자본주의적 버전의 시장화는 새로움의 특수한 사회체제를 촉진한다. 미학화가 창조성-장치의 맥락에서 그렇게 하듯이 말이다.

그런데 시장화에 근본적인 생산자, 대상[물건], 수용자라는 삼각형은 상품자본주의에서 발달한 새로움의 체제와 마찬가지로 처음에는 미학적으로 정향되어 있지 않았다. 시장의 대중은 또한 순전히 사용가치나 자릿값이라는 측면 아래서도 상품을 평가할 수 있는 반면 같은 이유로 새로움의 자본주의적 체제는 순전히 기술적 새로움에 평가를 국한시킬 수 있을 것이다. 앞서 살펴본 대로 창조성-장치에서 시장화와 자본주의적 역동화 그리고 동원과 미학적 사회성은 상호 결합되어 서로를 강화시킨다. 여기서 시장의 대상[물건]은 주로 미학적 대상[물건]으로서 흥미를 끈다. 따라서 새로움의 체제는 미학적 혁신 체제가 된다. 미학화와 경제화 모두 그와 같은 사태로부터 이익을 끌어낼 수 있다.

33 브로델을 참조해 역사적·구조적 시장화와 자본주의(상업자본주의와 산업자본주의)를 상호 구분할 수 있을 것이다. *Der Handel*, S. 12 이하를 참조하라.
34 하지만 그 외에도 자본축적을 겨냥한 또 다른 전략이 존재했는데, 가령 노동비용의 축소나 일국적 또는 전 지구적 수준에서 기본 물품에 대한 새로운 소비 집단을 개척하는 것 등이 그것이다. 그리하여 자본주의는 새로운 상품과 새로운 욕구에 초점을 맞추어야 할 필요로부터 자유롭게 된다. 실제로 자본주의가 새로움, 게다가 미학적 새로움에 철저하게 초점을 맞추는 것은 부르주아적이고 조직화된 현대(성)에서는 제한된 것으로 드러나며 후기 현대에서야 비로소 완전히 모든 속박에서 벗어나게 된다(앞의 4장을 참조하라).

한편으로 시장 구조는 미학적 사회성이 광범위하게 확산될 수 있도록 해준다. 미학적 실천은 시장에 의존해 많은 양의 미학적 대상이 생산되고, 그런 다음 적절한 소비자 대중을 겨냥하도록 만들 수 있을 것이다. 다른 한편 미학화는 자본주의적 시장화에 의해 초래되는 정동의 결여를 보충해준다.35 경제 과정에의 참여는 노동과 소비 모두 미학화 과정과 짝지어지면서 비로소 매력적이게 된다. 미학화는 경제화에 동기부여적 '연료'를 제공하며, 활기를 불어넣어 창조 활동에 참여하고 미학적 체험, 창조적 인간, 창조적 주체성을 추구하도록 만들 수 있다. 대상화 경향을 띠는 경제화가 혼자 힘으로 그와 같은 연료를 마련하기는 힘들었을 것이다.

미디어화와 미학화

기술적 미디어화는 창조적 장치에 포함된 미학화 형태가 보다 용이하게 확산되도록 해주는 두 번째 프레이밍 조건으로 기능한다. 현대 초기부터 현대사회의 사회적 실천은 새로운 미디어테크놀로지의 성장에 의해 영향을 받아왔다. 최초의 출판, 19세기 중반부터 본격화된 전자장비를 이용한 시청각 복제, 그리고 마지막으로 1980년대 이후의 디지털미디어가 그렇다. 그와 같은 미디어테크놀로지를 커뮤니케이션 항목의 단순한 기록, 저장, 보급 수단으로 환원시킬 수는 없을 것이다. 그것을 통해 미디어 실천은 또한 자체에 고유한, 미디어화된 지각과 커뮤니

---

35 정동의 결여는 정동의 전적인 부재를 의미하지 않는다. 노동과 소비의 미학화의 등장 이전에 또한 시장에 특수한 유형의 정동적 동기부여가, 가령 경쟁에서의 승리감과 패배감이 존재했다.

케이션 형태를 발전시키기 때문이다. 그 결과 사회적인 것의 '미디어화'는 미디어를 이용하거나 미디어테크놀로지에 의존하거나 그것에 의해 영향을 받는 실천의 확산을 포함한다.

창조성-장치의 발달은 미디어화가 자체에 고유한 새로움의 체제를 위해 발전시킨 기술적 전제조건, 즉 출판과 시청각 및 디지털미디어테크놀로지에 의해 초래되었다.36 그와 관련해 가장 중요한 것은 미디어화가 세월이 흐르면서 기호의 복합체, 즉 텍스트, 이미지 등의 **연속적 생산**을 위한 기술적 수단을 내놓은 것이다. 그것은 블로그 개설이나 다른 인터넷 포맷뿐만 아니라 정기간행물, 신문, TV 시리즈에도 해당된다. 그때 기호의 모든 새로운 복합체는 이전의 복합체에 대해, 반복의 사이클을 깨고 사용자의 주목을 끌기 위해 커뮤니케이션 또는 지각의 새로운 내용을 제공한다고 주장한다. 미디어는 연속적 성격 때문에 낡게 되는 내재적 경향을 갖는다. 게다가 동시에 나타나는 상이한 정보의 복합체는 새로움의 미디어체제를 강화한다. 미디어의 몇몇 연속적 생산물(잡지, 출판사의 프로그램, TV 시리즈, 인터넷 제공물)이 동시에 나란히 공존하며, 모두가 과거 그리고 동시에 현재 진행 중인 다른 커뮤니케이션 그리고 그와 함께 제공된 지각의 내용에 맞서 자기의 새로움을 주장하는 것은 기술적으로 가능하다. 실제로 동시에 공존하는 생산물 숫자는 증가 중이다.37

36 그에 대해서는 또한 6장에서의 서술을 참조하라. 나는 거기서 이 측면을 스타시스템과 관련해 검토했다. 그와 같은 미디어적 시간 구조와 주목 구조를 TV를 대상으로 분석하는 저술 중 하나로 John Ellis, *Visible Fictions. Cinema, Television, Video*, London, New York 1992, S. 109-171을 참조하라.
37 미디어화에 의해 가능해지는 새로움의 체제는 시장화의 단순한 산물로 간주되어서는

사회적인 것의 미디어화는 또한 경제화처럼 미학화 과정과 필연적으로 밀접한 관계가 있지는 않다. 미디어에 의해 제공되는 새로움은 또한 순수하게 인지적이거나 정보적 성격만 가진 것일 수 있다. 그럼에도 불구하고 기술적 미디어성과 미학적 사회성 간에는 구조적 상동성이 존재한다. 새로움의 체제에 종속된 매스미디어는 생산자와 대중을 사회적인 것의 두 가지 주요 심급으로 양성하는데, 둘은 텍스트와 이미지 같은 미학적 대상에 의해 결합된다. 미학화와 미디어화가 짝지어져 상호 지원하는 방식은 경제화와의 유사성을 통해 파악되어야 한다. 미학화는 미디어화에 정동과 동기부여의 원천을 제공하며, 단지 정보의 순수한 인지적 처리에 전념하는 미디어에서 찾아볼 수 있는 정동의 결함을 완화시켜준다.38 오늘날 사람들이 미디어의 생산물을 커뮤니케이션 수단보다는 감각적·정동적 지각 대상으로 주로 경험한다는 사실은 미디어의 지속적 사용을 위한 강한 동기부여를 제공한다.

역으로 미디어화는 미학적 대상의 보급을 촉진한다. 미디어화는 먼저 미학이벤트에 대한 관심을 촉발하는 것을 가능하게 만드는데, 그와 같은 이벤트 자체는 좁은 의미의 미디어와는 관련이 없으며 새로운 예

안 된다. 비록 실제로는 종종 상호 연결되지만 말이다. 그리하여 그와 같은 체제는 또한 가령 지상파 프로그램, '대안' 라디오방송국, 비상업적 블로그 등 비상업적인 미디어의 생산물의 경우에서도 발견된다.
38 전적으로 인지적·정보적 측면만 겨냥한 미디어화는 경험적 경계선 사례인 것처럼 보인다. 적어도 매스미디어에게는 그렇다. 과학의 장 그리고 거기서 사용되는 집필과 인쇄미디어 속에서 고전적으로 그와 같은 종류의 미디어화를 가장 이른 시기에 발견할 수 있다. 하지만 여기서도 또한 창조성-장치라는 의미에서 미학화 과정이 어느 정도까지 과학 속에 스며들며, 그리하여 가령 놀라움과 정서적 가치가 '매력적인 단서'를 통해 중요성을 획득할 수 있는지는 여전히 열린 물음으로 남아 있을 것이다.

술이벤트, 새로운 소비재, 도시 공간의 미학적 변화 등과 같은 것에 의해 전달된다. 두 번째로 미디어테크놀로지는 소설, 영화, 녹음, TV 드라마 등 주로 미학적인 것으로 경험되는 기호 복합체를 대량생산한다. 세 번째로 사용자의 그와 같은 미학적 태도는 다른 미디어의 생산물에 이전된다. 따라서 TV 토론 프로그램이나 WWW 전체처럼 원래 정보적·인지적 미디어의 생산물은 항상 엄연한 사실보다는 점점 더 감각적·정동적 이벤트로 경험된다. 따라서 우리는 인지 영역의 미학화를 목격하게 된다.

합리화와 미학화

사회적인 것의 미학화와 형식합리화 간의 관계는 다소 다른 형태를 띤다. 부르주아적 현대(성), 그리고 그보다 더 높은 정도로 조직화된 현대(성)의 질서의 기본 특징은 사회적 실천이 수단-목적 합리성 쪽으로 정향되는 방식에 있다. ― 막스 베버가 '합법칙적gesatzte' 규칙이라고 부른 것이 그것이다. 그것은 다양한, 상이한 목적에 임의로 사용될 수 있으며, 최대한의 효율성, 예견 가능성 그리고 용이함과 함께 목표가 달성될 수 있음을 약속한다. 그것은 특히 현대적 조직에 해당된다. 앞서 살펴본 대로[39] 그와 같은 형식합리화 과정은 상이한 영역에서 미학적인 것을 심각하게 약화시킨다. 자본주의건 아니면 사회주의건 경제에서, 국가에서, 과학에서 그리고 현대(성)문화 속의 일상적 '삶의 방법적 수행'(베버 용어이다) 속에서 말이다.

---

39 앞의 1. 2를 보라.

형식합리주의와 미학화 간의 그와 같은 적대성은 창조성-장치 속에서 붕괴되기 시작한다. 미학적 사회성과 합리적인 합목적적 사회성 간에는 분명히 **어떤 구조적 상동성도 존재하지 않는다.** 합리적인 합목적적 구조는 생산자와 수용자 간의 관계에도 또 새로움의 체제에도 놓여 있지 않다. 그것은 동일한 활동의 영원한 반복을 포함할 수 있으며, 대중을 필요로 하지 않는다. 창조성-장치는 그와 같은 구조적 차이를 제거하지 않으며, 실제로 사회적인 것과 관련된 두 가지 형태 간의 상보성으로 이어져 **미학적 합리화**의 기본 특징을 가시화한다. 즉 합리적인 합목적적 포맷이 발전하는데, 그것은 미학 노동과 미학적 체험을 위한 체계적 전제조건을 창출하려고 시도한다. 그것은 가령 내가 "미학-장치"[40]라고 불러온 것에 해당된다. 그것에는 미학경제, 예술-장 그리고 도시개발 속의 제도적 복합체와 조직이 포함되는데, 미학이벤트의 지속적·체계적 생산과 분배를 보장하려고 시도한다. 미학적 합리화의 요소는 또한 창조 잠재력의 체계적 발전 쪽으로 정향된 자아의 테크놀로지 ― 창조성의 심리학에서 발견되는 것과 같은 것 ― 속에서도 발견된다. 여기서 **창조적** 형태의 삶의 영위는 그와 같은 테크놀로지를 수단으로 한 삶의 **방법적** 영위의 새로운 형태로 나타날 수 있는데, 그것은 자아를 지속적으로 새롭게 만들어나가고 미학적 경험을 위한 기회를 지속적으로 만들어내는 것을 중심 목표로 한다. 미학적 합리화는 내재적 역설을 드러낸다. 엄밀히 말해 미학적 새로움은 모든 합리적인 합목적적 생산을 벗어난다. 그럼에도 불구하고 그것이 일어나기 위한 조건

40 앞의 1. 3을 보라.

을 발전시키기 위한 체계적 시도가 이루어지는데, 심지어 예측 불가능한 요소 그리고 합리적인 합목적적 프로그램과는 모순되게 통제에 대한 저항이 남아 있는 경우에도 마찬가지이다. 미학적 사회성과 합리적인 합목적적 사회성을 그런 식으로 짝짓는 것이 창조성-장치가 그것을 격상시키라는 정언명령을 따르는 이유이다. 형식합리화는 일반적으로 최적화라는 목표를 추구한다. 창조성-장치 내부에서 그것은 미학적 생산과 수용의 최적화를 위한 분투 속에서 추구될 수 있을 것이다.

모든 형식합리화는 다양한 목적을 가진다. 때문에 그것과 미학화 간의 오래된 적대성은 상보성으로 바뀔 수 있다. 목적이 미학적으로 정향되지 않는 한 합리화는 실제로는 탈미학화로 작용한다. 그와 같은 상황은 미학-장치와 자아의 테크놀로지의 경우에서처럼 목적이 미학적 내용으로 채워질 수 있게 되는 순간 전도된다. 그와 함께 그것은 형식합리화와 미학화는 이제 상호 지원 관계 속에 있게 됨을 의미한다. 합리적인 합목적적 프로그램은 미학적인 것 쪽으로의 정향을 영구화해 제도적 안정화를 가능하게 해준다. 동시에 미학적인 것과 창조적인 것 쪽으로의 정향은 형식적 구조와 그것에의 참여를 위한 새로운 동기부여의 토대를 제공한다.

식민화가 아니라 제한

이렇게 요약, 정리할 수 있을 것이다. 즉 경제화, 미디어화, 형식합리화는 창조성-장치의 사회적 보급을 위한 구조적 프레이밍의 조건을 제공한다. 하지만 사회적인 것의 미학화는 자본주의 시장경제, 미디어 테크놀로지 또는 형식합리화의 단순한 결과나 구조적 복제로 환원되어 이해될 수 없다.[41] 오히려 미학적 사회성은 사회적인 것의 자율적 형태로 나타난다. 하지만 사회 전체를 통해 그것이 보급되는 것은 경제화, 미디어화, 형식합리화와의 구조적 상동 관계에 의존한다. 상동 관계와 상보성이라고 해서 미학적인 것이 자본주의와 미디어테크놀로지, 형식합리화의 비미학적 성격에 의해 식민화되거나 '불순화된다'는 의미가 아니라 그것들의 도움으로 이미 자체가 미학적 사회성 속에 포함된 구조적 모델이나 청사진의 보급을 가능케 해준다는 의미다. 뿐만 아니라 역방향의 의존 관계 또한 분명해진다. 즉 미학화 과정이 후기현대라는 조건하의 사회성의 세 가지 다른 형태의 안정성을 위해 필요한 틀의 조건임이 드러나는 것이다. 경제화와 미디어화 그리고 정도는 덜하지만 형식합리화는 놀라움을 가져오는 미학이벤트 생산과 분배에 초점을 맞추고, 그리하여 철저한 대상화 속에서 그것을 위협하는 정동과 동기부여의 결여를 극복할 때만 장기간 존속할 수 있는 것처럼 보인다.

경제화와 미디어화, 형식합리화는 그와 함께 창조성-장치의 형태를 전적으로 규정하지 않는다. 하지만 제한하는 것은 사실이다. 물론 엄밀히 말해 창조성-장치 자체를 제한하는 것이 아니라 오히려 사회에 의해 부과되는 미학적인 것과 미학화 형태를 제한한다. 이미 여러 차례 지적한 대로 창조성-장치는 미학적인 것의 유동적 매체 그리고 상상 가능한 미학적 실천과 에피소드의 다양한 종류로 이루어진 스펙트럼을 미학적 새로움의 체제, 창조자와 대중의 성좌에 종속된 특수한, 엄격한 형태 속에 집어넣는다. 경제화와 미디어화 그리고 형식합리화와 구조

---

[41] 미학화를 그런 식으로 자본화의 상관항으로 축소시키는 경향을 보이는 것에 대해서는 가령 하비, 『포스트모더니티의 조건』을 보라.

적으로 상동적이며 상보적인 것은 미학적인 것 자체가 아니라 오히려 창조성-장치가 제공하는 특별히 현대미학적 사회성이다. 그로부터 경제화와 미디어화 그리고 형식합리화는 구조적으로 그것들에 상응하거나 그것들과 잘 어울리는 미학적인 것의 형태를 확산시키는 데만 도움이 된다는 결론이 나온다. 이 경우 그것은 생산자 및 대중 그리고 새로움의 체제 간의 관계에 의해 지배되는 형태를 의미한다. 따라서 이 세 가지 사회적인 것의 형태는 미학적 실천의 구조를 제한하는 것에 간접적으로 기여한다. ― 창조성-장치가 가동시키는 바로 저 제한 말이다.

4 창조적 삶의 영위에서 나타나는 불협화음

창조성-장치는 창조성을 구성하는 모든 부문이 보편적으로 창조성 쪽으로 정향할 것을 강요한다. 모든 개별적 실천과 사회적 실천은 잠재적으로는 창조적 생산자와 수용자 위치를 차지할 수 있고 또 차지해야 한다. 창조적 삶의 영위라는 이념형은 창조성-장치의 실천에의 전면적 참여를 명한다. 그와 같은 이념형적 유형이 전문직업과 노동, 파트너십, 부모 되기, 우정, 레저, 영성, 신체와의 관계, 소비, 미디어 이용 등 모든 일상적 실천, 즉 미학적 기준에 따른 삶 전체의 형성을 특징짓는다. 이 노선에 따라 철저하게 그리고 최대한 영위한 개별적 삶의 방식이 분명히 경험적인 특별 사례를 표시할 것이다. 하지만 이 모델은 후기현대사회에서 보다 좁은 의미에서 창조적인 전문직을 둘러싼 창조적 환경Milieu 속에서 적어도 비슷하게는 사회적 현실이 된다. 게다가 창조적 삶의 영위가 가진 문화적 매력은 사회구조적으로 현실을 훨씬 더 넘어선다.42 따라서 창조성-장치와 창조적 형태의 삶의 영위는 상호 의존적이지만 장치로부터 삶의 영위로의 이행은 장치에 대한 제도적 · 담론적 논리로부터 삶의 영위와 관련된 일상적 · 전기적 논리로의 관점 전환을 요구한다.

미학적으로 정향된 형태의 삶은 낭만주의 주변에서 처음 등장한 이후 강력한 철학적 · 정치적 비판에 노출되었다.43 미학적 반문화에 대한 그와 같은 비판은 본질적으로 당시를 지배하던 부르주아계급의 도덕적 · 정치적 가치에 뿌리를 두고 있었다. 그와 같은 비판은 부르주아 그리고 반문화 및 하위문화 간의 적대성이 창조적 형태의 삶 속으로 해소됨으로써 창조적 형태의 삶이 창조성-장치에 매이게 된 후기현대(성)에서 대상을 잃는다. 부르주아적 현대(성)와 조직화된 현대(성)에서 부르주아적 형태의 삶은 사회적 인정과 포함을 약속해왔지만 도덕화와 대상화에 초점을 맞추는 것에서 귀결된 정동의 결여로 인해 고통을 겪었다. 그러는 사이 미학적 반문화는 비록 사회적 배제와 불신이라는 대가를 치뤄야 했지만 표현적 행동과 미학적 형태의 삶을 통한 동기부여적 만족을 약속했다. 후기현대에 독특한 창조적 · 미학적 형태의 삶이 부르

---

42 직업과 생활방식이 창조성 쪽으로 정향되는 것과 관련되어 나타나는 계급분화에 대해서는 Richard Florida, *The Rise of the Creative Class: And How It's Transforming Work, Leisure, Community and Everyday Life*, New York을 참조하라. 창조적 환경에 대해서는 또한 Cornelia Koppetsch, *Das Ethos der Kreativen. Eine Studie zum Wandel von Arbeit und Identität am Beispiel der Werbeberufe*, Konstanz 2006을 참조하라.

43 미학적 형태의 삶의 영위에 대한 체계적인 고전적 비판으로는 키르게고르Søren Kierkegaard, 임춘갑 역, 『이것이냐 저것이냐』, 다산글방을 참조하라.

주아와 반문화 간의 화해 불가능한 대립을 창조 활동의 정동적 만족과 미학적 경험 그리고 사회적 인정 — 그것의 주요 기준은 이제 창조적 형태의 삶 자체가 되었다 — 과 포함 모두를 약속하는 종합으로 대체해왔다.44

물론 1990년대 이래 여러 비판과 증상은 창조적 형태의 삶이 무모순적인 것이 아니라 불협화음의 증상이자 새로운 상태의 결여임을 밝혀왔다. 새로운 비판은 그와 같은 삶의 외부가 아니라 내부로부터 나온다. 창조적 환경에 참여하는 사람은 자체에 고유한 문화적 비판 형태를 발전시켜 왔으며, 창조적·미학적 실천에서 유래하는 내재적 모순을 지적해왔다.45 동시에 창조성-장치의 요구에 대한 의도치 않은 반응으로 해석될 수 있는, 상대적으로 새로운 정신적·육체적 증상, 특히 우울, 탈진, 주의력결여증후군ADHD이 등장했다. 그것들의 배후에는 창조성에 정향된 문화의 네 가지 구조적 문제가 감추어져 있는데, 아래 논의에서는 그것을 보다 상세히 검토할 것이다. 창조성을 강화시켜야 한다는 강박증, 창조적 성취와 창조적 성공 간의 불일치, 주의력결여, 과잉-미학화 등이 그것이다. 그와 같은 구조적 문제들은 경제적인 것이나 합리적인 것에 의한 미학적인 것의 식민화 결과가 아니라, 창조성-장치 자체

---

44 이 이중 구조에 대한 대중적 묘사는 브룩스David Brooks, 형선호 역,『보보스 — 디지털 시대의 엘리트』, 동방미디어에서 찾아볼 수 있다.
45 그와 같은 비판들은 여기서 볼탄스키적 의미에서 실제적인 사회비판 담론으로 이해될 수 있다. Luc Boltanski, *Soziologie und Sozialkritik*, Berlin 2010을 보라. 문화과학과 사회과학에서 창조성에 대해 이제 막 시작된 비판적 담론에 대해서는 Christoph Menke/Juliane Rebentisch(Hg.), *Kreation und Depression. Freiheit im gegenwartigen Kapitalismus*, Berlin 2011을 보라.

의 내부 구조의 결과로 나타난다.

창조성의 성취 강요 및 격상 강요

창조 행위는 창조성-장치 내부에서는 특별히 운이 좋은 경우, 특이한 빠져나갈 구멍이나 우연적 에피소드가 결코 아니라 오히려 문화적 욕망의 구조의 핵심, 그리고 동시에 사회적으로 요구되는 것의 목록의 텔로스를 형성한다. 그와 함께 창조성은 더 이상 우연적 이벤트가 아니라 모든 사람이 성취해야 할 것으로 사회적으로 치부된다.46 미학적 새로움을 포함하기 때문에 창조적인 것으로 분류될 수 있는 행위는 그렇게 행위한 사람의 창조적 성격을 '뒤에' 감추고 있는 지표로 평가된다.47 창조적 형태의 삶이라는 틀 내에서 창조성은 개인적 관계뿐만 아니라 노동에서도 요구된다. 파트너와 친구는 미학적 성취(자극하고, 체험을 생산할 수 있는 잠재력)에 기초해 선택된다. 마지막으로 창조적으로 되어야 한다는 정언명령은 또한 창조적 자아의 자기해석과 서사적 정체성에도 해당되는데, 그것은 전기적 성공을 전문직업적 삶뿐만 아니라 사생활에서의 창조적 성취와 결합시킨다.48

창조성을 보편화하려는 프로그램을 창조적이어야 한다는 요구와

---

46 성취라는 사회학적 개념에 대해서는 Talcott Parsons, *The Social System*, Toronto 1951, S. 180 이하를 참조하라.

47 버틀러가 『젠더 트러블』, 조현준 역, 문학동네, 98~113페이지에서 젠더의 경우를 대상으로 적시하듯이 여기서 유비를 통해 퍼포먼스가 '주체의 핵심'이라는 귀납적 추론이 이루어진다.

48 그런 다음 창조적인 것을 성취하라는 요구는 조직과 도시 같은 사회적 단위뿐만 아니라 집단 수준에도 부과될 수 있을 것이다.

짝짓는 것은, 역설적으로, 창조성을 모든 사람이 가진 것으로 가정되지만 모두가 성취할 수는 없는 속성으로 파악되도록 만든다. 모든 사람이 이미 창조적이라는 한쪽의 보편주의적 기술(記述)이, 창조적으로 되어야 하며, 연속적인 노력을 통해 지속적으로 그렇게 되어야 한다는 창조적 정언명령과 하나로 짝지어지는 것이다. 앞의 기술과 정언명령 간의 역설은 잠재력과 실현 간의 구분의 도움으로 창조성-장치 속에서 해결된다. 창조적이어야 한다는 요구는 본인에게 공을 들임으로써 타고난 잠재력을 실현할 것을 요구한다. 창조성의 그와 같은 보편화로부터 창조 행위와 인간 그리고 비창조적인 행위와 인간 간의 두 번째 사회적 분화가 나온다. 만약 창조적 성취가 사회적 포함을 보장한다면 그것에서의 결함은 사회적 격하와 주변화로 이어질 것이다. 그리고 잠재력을 매우 불충분하게만 이용했거나 실현한 것에 대해서는 개인이 책임을 져야 한다.

창조성을 '성취하라'는 요구는 창조적인 것을 '격상시키라'는 정언명령에 의해 다시 한층 더 날카로워지는데, 그것은 창조성이 전문직업적 실력 향상과 개인적 연대처럼 비교적 안정적인 요구의 절제된 충족에 국한되지 않음을 의미한다. 대신 "일탈이 규칙"[49]이라는 원리아래 창조성은 새롭고 흥미로운 행위를 요구한다. 어떤 행위를 하는 사람이 이전 행위 그리고, 보다 중요하게는, 다른 사람들의 행위를 대체하기 위해서는 매번 일탈이 요구된다. 따라서 새로움에 대한 요구는 차이와 구별짓기에 대한 요구와 밀접한 관계가 있다. '일탈이 규칙'이라는 말

---

49 이 개념에 대해서는 또한 Marion von Osten(Hg.), *Norm der Abweichung*, Zürich 2003을 참조하라.

은 필연적으로 비교와 함께 작동한다는 점에서 동일한 행위와 관련된 사회적 요구와 다르다. 창조성은 대조적인 배경막을 제공하는 일군의 비일탈적 순응주의자를 전제한다. 그것은 불가피하게 창조성에 대한 사회적 인정의 기준이 유동적이도록 만든다. 그것은 다시 지원자를 불안하게 만드는데, 그는 계속 변하는 척도를 충족시켰는지를 확신하지 못한다.

창조성이 결여되어 있다고 찍히는 것과 관련된 사회적 주변부화는 다른 형태의 사회적 기대와 구분되는 특수한 구조를 가진다. 창조적 성취는 단지 합목적적인 합리적 또는 규범적 행위의 완수와는 다른 종류의 외적 성취의 증거에 불과한 것이 아니다. 더 나아가 창조적 성취의 결여는 심리적 구조, 주체의 '개성'의 결여를 드러내는 것으로 생각된다. 후기현대의 기호학에서 주체성은 개성과 진정성이라는 문화적 가치와 밀접한 관련이 있으며, 낮은 수준의 창조성은 동시에 낮은 수준의 개성과 창조성을 시사하기 때문이다. 인간존재는 본질적으로 그리고 선천적으로 창조적이며, 자신이 창조적이기를 원하는 것으로 간주된다. 그 결과 창조적 성취의 결여 또는 부재는 사회적 인정의 거부로 이어질 뿐만 아니라 그것을 결여한 개인은 더 이상 본인이 생각하는 자아의 이상을 성취할 수 없으며, 그의 자아-이미지 전체가 훼손됨을 가리킨다. 따라서 해당 개인은 사회적 정체성뿐만 아니라 개인적 정체성에서도 손상을 입는다.[50] 누구나 본원적인 창조적 욕망이라는 개념과 동일시

---

[50] 그와 관련해 비창조적인 것의 그와 같은 주변화는 개별적 개인뿐만 아니라 사회집단과도 관련될 수 있다. 즉 비창조 계급이란 틀에 박힌 일을 수행하는 노동자로, 그들에 대한 낮은 사회적 인정은 지식사회에서 인지 능력뿐만 아니라 그것을 넘어 창조 능력을 결여하

되는 한 창조성을 성취해야 한다는 요구와 관련해 내부에서건 아니면 외부에서건 적법한 회피는 존재할 수 없다. 문화적 아웃사이더 또는 창조적 형태의 삶의 타자로서의 비창조적인 것은 단지 부정적 잔여로 남을 뿐으로, 그와 같은 실패의 장소에서 지배적 규범으로부터 구성적으로 거리를 둘 방법은 존재하지 않는다.51

창조적 형태의 삶에서 '외부의' 사회적 기대와 '내부의' 욕망은 동일한 목표를 향해 정향된다. 그것은 예외적인 의미와 만족에 대한 약속 그리고 동시에 특히 높은 실패 위험 모두를 동반한다. 미학적 만족과 사회적 인정이 일치하는 '총체적ganzheitlich' 형태의 삶의 약속은 자아실현이라는 타고난 욕구를 가진 것으로 가정되는 자아의 기대와 관련해 그것이 실패할 위험과 긴장을 이룬다. 비록 사회적 문제로부터 심리학적 질병을 추론해낼 때는 신중을 기해야 하지만 1980년대 이래 우울, 탈진 그리고 중독 등 '충분하지 않다는 느낌'과 관련된 병리 현상의 증가를, 성취 요구 그리고 창조성-장치에 의해 만들어진 격상 요구라는 측면에서 이해해야 한다고 암시하는 증거는 충분하다.52

고 있다는 이유로 정당화된다. (직업적·문화적) 계급에 대한 플로리다의 서술에서 비창조적인 하층계급(산업노동계급과 단순 사무직 노동자)은 굳이 별도로 논할 필요가 없어 더 이상의 언급 없이 그와 같은 존재로 전제된다. Richard Florida, *The Rise of the Creative Class: And How It's Transforming Work, Leisure, Community and Everyday Life*, New York, S. 67 이하를 참조하라.

51 직업적 성취와 개인의 정체성 간에 그처럼 잠재적으로 위협적일 정도로 거리가 결여된 것이 무엇보다 가령 창조적 전문직을 사로잡고 있다. 이 주제에 대해서는 Diedrich Diederichsen, 'Kreative Arbeit und Selbstverwirklichung', in: Menke/Rebentisch, *Kreation und Depression*, S. 118-128을 보라.

52 그에 대해서는 Alain Ehrenberg, *Das erschöpfte Selbst. Depression und Gesellschaft*

창조적 성취와 창조적 성공의 불일치

성취하고 격상시키라는 또는 성취를 늘리라는 요구에 의해 초래되는 문제는 좁은 의미의 창조적 실천과 관련되어 있다. 반면 그와 같은 창조적 실천과 대중 간의 관계에서 잠재적 불일치의 두 번째 잠재력이 등장한다. 앞서 살펴본 대로 창조성-장치 내부에서 모든 창조 활동은 가장 넓은 의미에서의 대중과 관련되는데, 대중은 그것을 새롭고, 흥미롭고, 독창적인 것으로 보증할 것을 요구한다. 이상적인 경우 생산자 관점에서 뛰어나야 한다는 규칙을 충족시키는 것으로 간주되는 창조적 실천은 대중의 지각, 평가, 긍정적 정동에 상응할 것이며, 시장에서 성공적이게 될 것이다. 창조적 성취와 성공이라는 그와 같은 이상적 생태계는 성공적 예술가 그리고 후기현대의 다른 창조적 스타에 의해 구현된다.

하지만 '성취'와 '성공'이라는 사회적 기준은 동일한 것이 아니다. 성취라는 기준은 어떤 행위를 얼마나 노련하게 수행하는지 그리고 그것이 얼마나 뛰어난지를 규범적으로 평가하기 위해 이용된다. 반대로 성공은 사실적인 것Faktisch의 규범적 힘과 관련된다. 행위는 실제적인 사회적 명성(그것의 구성요소는 경제적 성공이다)으로 이어질 경우 성공적이다.53 우리는 창조성-장치의 선구자인 부르주아 예술-장이 또한 어떻

---

in der Gegenwart, Frankfurt/M. 2008을 보라. 또한 Elisabeth Summer, *Macht die Gesellschaft depressiv? Alain Ehrenbergs Theorie des 'erschöpften Selbst' im Licht sozialwissenschaftlicher und therapeutischer Befunde*, Bielefeld 2008을 보라.
53 이 구분에 대해서는 Sighard Neckel, "'Leistung' und 'Erfolg.' Die symbolische Ordnung der Marktgesellschaft", in: Eva Barlösius/Hans-Peter Müller u. a.(hg.), *Gesell-*

게 창조자와 대중 간의 잠재적 불협화음에 의해 특징지어지는지를 살펴보았다. 생산자는 어떤 작품[작업]을 독창적인 것으로 분류하는 반면 대중은 그것에 적극적 주목을 아낌없이 보내는 데 실패하며, 그리하여 '오해된 천재'라는 형상을 만들어내는 일이 일어날 수 있다. 그와 같은 불화는 창조성-장치의 체계 전체에 내재적이다. 창조적 성취와 사회적 성공은 일치할 수 있지만 반드시 일치하는 것은 아닌데, 그것을 보증하는 대중이 예견 불가능하게 남아 있기 때문이다. 창조성의 사회적 성공은 전형적으로 잠재적 소비자를 위해 만들어진 미학 작품의 전문직업적 성취와 관련되지만 또한 파트너십이나 우정 시장에서 주목을 놓고 경쟁하는 창조적 자아의 성공이나 실패 또한 포함한다.

일반적으로 사회적인 것의 시장화는 사회적 성공이라는 기준의 타당성을 증가시키고, 그것을 부분적으로 성취라는 기준으로부터 떼어놓는 경향이 있다. 사람과 사물은 실제적 성취의 결과건 우연의 결과건 아니면 소비자의 '욕구'의 변덕의 결과건 관계없이 수용자를 발견하는 경우 시장에서 성공을 거두게 된다. 하지만 생산자와 수용자/대중의 관계는 상업적 시장을 넘어선다. 그것은 처음부터 미학적 사회성을 포함해왔는데, 국가 규제에 쓰이거나 공공미디어를 사용하는 경우도 마찬가지이다. 창조적 성취가 불평등하게 인정되는 실제적 이유는 경제가 아니라 aesthesis 자체의 근본적인 미학적 구조에서 발견된다. 부르주아 예술-장에서 나온 미학적 비판이, 창조적 성취를 성공으로 마무리 짓지 못하도록 만드는 책임은 '진짜' 독창적인 것에 대한 대중의 감수

schaftsbilder im Umbruch. Soziologische Perspektiven in Deutschland, Opladen 2001, S. 245-265를 보라.

성 부족에 있다고 주장한 것은 잘못이었다. 대신 불협화음은 모두의 호의를 얻기 위해 경쟁하는 지나치게 많은 창조 행위에 직면해 대중이 어쩔 수 없이 한계를 가질 수밖에 없게 되는 것에 따른 결과이다. 대중은 모든 디자인 제품, 모든 TV 진행자, 사랑하고 우정을 나눌만한 가치가 있는 모든 사람, 모든 블로거에 주목할 수 없다.

창조적 성취와 성공 간의 그와 같은 불일치는 창조적 성취에 대한 불충분한 인정 문제를 창조성-장치 전체에 편재적인 것으로 만든다.54 따라서 이 장치는 사회적 불의의 경험과 관련해 자체에 고유한 버전을 만들어낸다. 그와 같은 불의의 간단한 작동 원리는 이렇다. 즉 이전의 성공보다 더 큰 성공을 보장해주는 것은 아무것도 없는데, 그것은 통상 주목경제 내부의 우연적 사건에 의존했다. 이 메커니즘에 의해 처음에는 최소한에 그쳤다가 서서히 증가하는 일탈은 창조적 스타가 형성될 때까지 강화된다. 그리하여 하나의 무리를 이루는 창조적 스타는 이 장치의 사회적 질서 내부에서 일종의 상층계급을 구성한다.55 스타의 경우 성취와 성공이 하나의 생태계를 이룬다. 그것은 다시 높은 정도의

---

54 창조 직업 영역에서의 불협화음과 불의의 그와 같은 경험은 '프리카리아트' 담론에서 드러나며, 그것은 '프리카리아트운동'의 발단이 되기도 한다. 그것에 대해서는 Marion Hamm, "Prekäre Superhelden. Zur Entwicklung politischer Handlungsmöglichkeiten in postfordistischen Verhältnissen"(mit Stephan Adolphs), in: Claudio Altenhain/Anja Danilina u. a.(Hg.), Von 'Neuer Unterschicht' und Prekariat. Gesellschaftliche Verhältnisse und Kategorien im Umbruch. Kritische Perspektiven auf aktuelle Debatten, Bielefeld 2008, S. 165-182를 보라.
55 여기서 사회적 성공은 주목의 집중을 통해 하나로 뭉쳐지며, 주목자본이 축적된다(또한 일반적으로 사회자본과 경제자본으로 현금화될 수 있다). 그에 대해서는 Georg Franck, Ökonomie der Aufmerksamkeit. Ein Entwurf, München 1998, S. 113 이하를 참조하라.

성공이 정말로 창조적 성취에서의 빼어남으로 소급될 수 있는지 그리고 과연 어느 정도나 그러한지 하는 물음을 제기한다.

주목의 분산

불협화음의 경험의 세 번째 복합체는 미학적 새로움에 대한 대중의 수용과 관련된다. 창조성-장치와 창조적 형태의 삶은 미학적 새로움, 미학이벤트, 언론의 제공물이나 도시체험을 소비하는 사용자가 욕망하는 것, 즉 목적으로부터 자유로운 감각적·정서적 욕망의 만족을 얻는다는 가정에 의존한다. 그런데 주목을 끌기 위해 경쟁하는 새로운 것의 기하급수적 증가는 수용자 사이에서 미학적 체험이 실패하고 실망할 위험도 더 커지는 결과로 이어질 수 있음을 가리키는 증거가 존재한다. '자극의 쇄도'는 수용자를 의존적으로 만들고, 무엇인가에 주목해 적극적으로 집중할 수 있는 능력을 줄어들게 만들 위험이 있다.56

일반적으로 미학적 체험은 미학적 실천 속에서 성문화됨에도 불구하고 합목적적인 합리적 행동보다 더 예견 불가능하고, 쉽게 실망 대상이 될 수 있는 것처럼 보인다. 성공적인 미학적 체험은 학습된 도식에 의존하는데, 그것 또한 상이한 상황이 어떻게 감정적으로 체험되는지를 선규정한다. 성패에 대한 주요한 책임은 주목에 대한 규제의 구조에 의해 분명하게 부담된다. 주목이라는 사회적 실천은 특정한 대상을 겨냥해 우리 자신이 주도하는 주목 그리고 외부로부터 다가와 주목을 끄

---

56 자극의 과부하와 자극의 보호에 대한 논의는 영상미디어와 도시만큼이나 낡았다. 특히 짐멜, 『짐멜의 모더니티 읽기』, 「대도시와 정신적 삶」, 35~54페이지와 크래리Crary, 유윤성 역, 『지각의 정치: 주의, 스펙터클, 근대문화』, 문학과 지성사를 참조하라.

는 현상 사이에서 동요한다.57 첫 번째 형태는 집중이며, 후자는 산만함 또는 분산이다. 거의 틀림없이 성공적인 주목은 이 두 극 간의 균형으로 이루어진다. 균형이 무너지면 실망할 위험이 증가한다. 극단적인 경우 개인이 본인의 주목 전체를 통제하려고 시도한다. 합리적인 합목적 행동의 전형적 특징이 그것이다. 거꾸로 연쇄적 자극에 의해 끌려가도록 방치하는 것은 종속으로 이어진다. 반대로 성공적인 미학적 체험은 주목을 어떤 현상 쪽으로 그리고 그것이 가진 일부 속성에 수동적으로 끌리도록 자발적 · 적극적으로 정향시키는 것에 기반한다.

목적으로부터 자유롭고 깜짝 놀랄만한 것을 만들어 수용자의 주목을 끌기 위해 수많은 '센세이셔널한' 이벤트를 체계적으로 생산하는 경제적 · 예술적 · 미디어적 · 도시적 장치는 주목의 균형을 교란시켜 집중을 뒤죽박죽으로 만들어 주목의 균형을 흩뜨릴 위험이 있다. 두 요소가 그것에 대해 책임이 있는 것처럼 보인다. 먼저 새로운 인상의 폭풍에 직면해 어떤 하나의 이벤트에 주목할 시간이 줄어든다. 두 번째로, 보다 많은 새로움과 놀라움을 약속하는 미래의 이벤트를 위해 현재 순간은 평가절하된다. 따라서 수용자는 한 현상에서 다음 현상으로 수동적으로 표류할 위험이 있다. 그 결과 어떤 이벤트도 만족에 대한 약속을 충족시켜줄 수 없을 것이다. 미학적 쾌락은 줄어들어 쾌락의 단순한 기대로 축소된다. 그렇게 쾌락의 만족을 지연시키는 약속이 점점 더 새로워지는 자극에 둘러싸이면서 실제적인 미학적 향유를 대체할 것처럼 보인다.58

---

57 Waldenfels, *Phanomenologie der Aufmerksamkeit*, S. 65 이하를 참조하라.
58 Christoph Türcke, *Erregte Gesellschaft, Philosophie der Sensation*, München 20

창조성-장치는 이미 여기서 어느 정도는 불만족의 모순적 원천을 포함하고 있다. 너무 많은 새로움과 충분하지 않은 새로움이 동시에 존재하는 것처럼 보인다. 우리에게 제공되는 미학적 지각이 너무 많다는 느낌은 명백히 성가신 것으로 체험될 수 있을 것이다. 동시에 외견상 새로워 보이는 바다는 더 이상 실제로는 새롭고 독창적인 어떤 것도 감추고 있지 않다고 의심받기 시작한다. 예술, 디자인, 도시, 파트너십 등에서 새로운 어떤 것을 창조할 가능성은 소진되어 왔으며, 개별적인 미학이벤트는 강도(强度)를 결여하고 있다. 그와 같은 우울과 탈진의 징후 ─ 그것을 성취하고 격상시키라는 요구에 대한 반응으로 읽을 수 있을 것이다 ─ 를 보충하는 것이 소위 주의력결여증후군이다. 몇몇 경우 그것은 지각 자체를 위한 새로운 지각을 강박적으로 찾는 것으로 발전될 수도 있다. 따라서 그것은 또한 여러모로 창조성-장치에 의해 초래된 우리 시대에 전형적인 제2의 질병으로도 해석될 수 있을 것이다.59

미학화의 과도화

미학화 과정은 창조성-장치의 틀 내에서 억제되지 않은 채 다양한 사회-장 속으로까지 연장되는 경향이 있다. 그와 같은 팽창주의적 경향은 위에서 언급한 두 요소로까지 소급되어 올라갈 수 있을 것이다. 첫 번째 요소는 창조성에의 정향에서 나오는 정동적 자극으로, 그것이

02, S. 294 이하를 참조하라. 또한 주목의 분산[주의산만]에 대한 날카로운 현실적 비판을 한병철, 김태환 역, 『시간의 향기』, 문학과 지성사에서도 찾아볼 수 있다.
59 주의력결여증후군의 역사적 조건에 대해서는 Peter Matussek, "Aufmerksamkeitsstörungen. Selbstreflexion unter den Bedingungen digitaler Medien", in: Assmann/Assmann, *Aufmerksamkeiten*, S. 197-215를 참조하라.

현대의 대상화와 시장화를 보상해준다. 두 번째 요소는 미학화를 마찬가지로 광범위한 자본주의적 경제화 메커니즘 그리고 기술적 미디어화와 짝짓는 것이다. 미학적인 것이 이전에는 비미학적이던 사회적 복합체 속으로 범람하는 것은 고전적 — 부르주아적이고 조직화된 — 현대(성)의 위협적인 시나리오를 물구나무 세운다. 즉 과거에 미학적인 것은 잠재적으로 항상 합리주의의 식민화에 노출되었던 반면 이제 창조성-장치의 맥락에서 비미학적인 것의 식민화 — 즉 미학적인 것이라는 일차원적 기준을 위해 대안적인 사회적 실천이 평가절하되는 것 — 가 어느 정도 일어나는가 하는 물음이 제기된다.

철학 논쟁에서 이 점은 무엇보다도 미학과 윤리학의 관계, 그리고 미학적인 것에 의한 윤리적인 것의 해소와 관련해 논의되어왔다.[60] 사회학적으로 보다 많은 사회-장에서 내가 '**미학화의 과도화**Ästhetisierungsüberdehnungen'라고 부르는 것을 확인할 수 있을 것이다. 1980년대 이래 매스미디어, 개인적 관계, 정치에서 일어난 미학화 경향의 격상이 일례이다. 매스미디어(인쇄매체, 시청각매체 그리고 인터넷)에서 이전에는 인지적으로 주로 정치적 정보 제공에 사용된 포맷은 급속하게 교체되는 지각적·정동적 자극에 대한 요구를 제공하는 경향을 점점 더 강하게 드러낸다. 미디어의 그와 같은 미학화의 결과 단기간의 감각적 주제가 장기간에 걸친 분석과 논평을 누르고 타당성을 얻게 되었다.[61] 개인적 관

---

[60] 특히 Martin Seel, *Ethisch-asthetische Studien*, Frankfurt/M. 1996 그리고 최근에는 Juliane Rebentisch, *Die Kunst der Freiheit. Zur Dialektik demokratischer Existenz*, Berlin 2011을 참조하라.
[61] 그에 대해서는 Elisabeth Klaus, "Der Gegensatz von Information ist Desinformation, der Gegensatz von Unterhaltung ist Langeweile", in: *Rundfunk und Fernsehen* 3(1996),

계 영역에서 사적인 것이 미학화되고 있다는 진단을 내릴 수 있을 것이다. 일련의 저자가 개인적인 자아창조 그리고 공유된 소비자의 여가라는 기준이 파트너십과 우정의 형성과 유지에 미치는 영향을 탐구해왔다.62 마지막으로 정치적인 것의 장에서 크라우치는 정치가 미학적 성격 문제로, 정치적 커뮤니케이션이 스펙터클로 변형되는 것에 의해 특징지어지는 "포스트-민주주의적"63 성좌를 지적한 바 있다. 여기서도 또한 그와 같은 미학화 과정은 시장화 과정과 긴밀하게 연결되며, 상호 지원 관계에 들어간다. 미디어, 파트너, 정치적 행위자 속의 기호는 모두 연속해서 주목이라는 제한된 자원을 놓고 경쟁을 벌이는 미학적 대상이자 선택과 결정 대상이 된다.

5 미학적인 것의 대안적 형태들?

사회-장치는 항상 틈과 구멍을 갖고 있다. 그것은 단순한, 일직선적 진보에 관한 온갖 유혹적 이야기에도 불구하고 실제로 엄밀하게 추적 가능한 등장, 변형, 저항의 역사를 갖고 있다. 그것은 항상 반대쪽에

S. 403-417; Fritz Wolf, *Wa(h)re Information — Interessant geht vor relevant*, Frankfurt /M. 2011을 참조하라.
62 일루즈, 박형신 외 역, 『낭만적 유토피아 소비하기: 사랑과 자본주의의 문화적 모순』, 이학사를 보라. 대중적 설명으로는 Sven Hillenkamp, *Das Ende der Liebe. Gefühle im Zeitalter unendlicher Freiheit*, Stuttgart 2009를 보라.
63 크라우치Colin Crouch, 이한 역, 『포스트민주주의: 민주주의 시대의 종말』, 미지북스, 32~34페이지 이하를 참조하라.

서 균형을 맞추는 경향에 부딪힌다. 그렇다면 창조성-장치에 대한 대안은 상상 가능하며, 심지어 이미 가시적일까? 미학적 새로움의 생산과 수용을 향한 현재의 문화적 정향은 얼핏 보이는 대로 실제로는 전혀 대안이 없을까?

예술비판과 사회비판

사회 전체 속에서 진행되는 미학화 과정에는 어떤 자릿값이 주어져야 할까? 볼탄스키와 키아펠로는 현대(성) 속의 두 비판, 즉 예술비판과 사회비판의 전통을 지적해왔다.[64] 이 구분을 우리 맥락에 적용해보자면, 예술비판은 미학적 가치의 실현 능력이라는 측면에서 사회적 실천을 측정하는 것으로 이해할 수 있을 것이다. 그것은 부르주아 사회의 조직화된 현대(성)에서는 주변부로 국한되었지만 이제 긍정적인 것으로 바뀌어 창조성-장치의 선두에 서 있다. 현대(성)에서 보다 중요한 대안적인 비판적 전통인 사회비판은 사회정의라는 기준 측면에서 사회적 실천을 평가한다. 하지만 그것은 또한 보다 포괄적으로도 이해될 수 있을 것이다. 즉 사회비판은 정치적 의사결정, 동등한 발전 및 경제적 참여 기회, 도덕적으로 인도되는 개인 간의 상호 돌봄에의 투명하고 보편적인 참여에 기초한 사회적 삶의 형태를 획득하는 것을 겨냥한 다양한 규범적 기준을 갖고 작동한다. 따라서 현대적 비판의 저장소는 미학적인 것의 기준에 대한 대안을 제공한다. 비록 사회를 형성할 수 있는 그와 같은 사회적·도덕적 비판의 힘은 시간의 부침에 종속되지만 말이

---

[64] Luc Boltanski/Ève Chiapello, *Der neue Geist des Kapitalismus*(1999), Konstanz 2003, S. 377 이하를 보라.

다. 사회비판은, 그처럼 넓은 의미에서, 과도한 미학화를 방지하고, 정치에서의 숙의 민주주의, 미디어에서의 사실적 정보, 개인적 관계에서의 타자의 돌봄의 윤리, 그리고 도시계획에서의 사회적 도시라는 모델의 가치를 떠받치는 것에 의해 과도한 미학화를 제한하고, 미학적인 것이 자기제한을 배우는 데 기여할 수 있다. 앞의 논의로부터 사회적인 것과 도덕적인 것은 자체에 고유한 정언명령을 갖고 있으며, 결코 미학적인 것으로 환원될 수 없다는 결론이 나온다.[65]

하지만 만약 미학화의 과도화에 대한 사회비판이 미학적인 것에 대한 신뢰를 전적으로 떨어뜨리거나 부르주아 예술에 의해 대변되는 제한된 자율적 영역으로 축소시키는 것을 추구한다면 현대문화에서의 미학적인 것의 진정한 중요성을 이해하는 데 실패하고 말 것이다. 앞서 살펴본 대로 미학화 및 창조성의 프로젝트는 현대사회의 한가운데서 일어난 합리화와 대상화에 의해 초래된 소외 체험에 대한 반응으로 이해되어야 한다.[66] 창조적이고 향유하는 미학적 인간 homo aestheticus이라는 문화 모델은 대상화의 결과로 나타나는 동기부여의 결여에 대한 문화적 응답이다. 하지만 사회비판이 옹호하는 정치적·법적·도덕적 절차는 지각 대상과 정동에서 초라하다. 그것은 목적 자체가 아니라 오히려 목적을 위한 수단이며, 따라서 본질적으로 그와 같은 빈자리를 채워줄 수 없다. 더 나아가 미학적인 것은 사회적인 것과 도덕적인 것 아래

---

[65] 후기현대에서 미학화와 경제화가 그렇게 얽히고설키는 것과 관련해 미학적인 것의 그와 같은 제한은 또한 시장화의 제한을 의미한다.

[66] 이 맥락에서 소외 개념을 재활성해볼 만한 가치가 있다. Rahel Jaeggi, *Entfremdung. Zur Aktualität eines sozialphilosophischen Problems*, Frankfurt/M. 2005를 보라.

포함될 수 없는데, 그것뿐만이 아니다. 오히려 미학적인 것은 보다 본원적인 동기부여이다. 따라서 인간적 실천을 형성한다는 보다 좁은 의미에서의 미학적 기준과 사회적 기준 간의 관계는 중심 그리고 그것을 프레이밍하는 조건 간의 관계로 이해될 수 있을 것이다. 정치참여와 통제 과정, 시민권과 사회적 권리, 기회평등, 타자의 도덕적 돌봄을 위한 사회비판의 오래되었지만 여전히 새로운 요구들은 미학적 실천이 촉진하는 것과 같은 종류의 자아실현 ― 사물, 사람, 환경과 자가동역학적인, 실험적인, 감각적인, 정동적인 상호작용을 통해 그렇게 한다 ― 을 위해 필요한 사회적 조건을 대변하는 것으로 이해될 수 있을 것이다. 이 이유에서 미학화의 과도화에 대한 사회비판의 결과로 귀결되는 미학적 실천의 자기제한은 물론 후기현대에서의 미학화 그리고 동기부여적 힘으로서의 그것의 의미와 상충되지 않는다. 자기제한은 미학화의 범위를 제한하지만 미학적인 것은 진정 탈전통적 형태의 삶의 중심 속에 여전히 남아 있을 것이다.[67]

하지만 '미학적으로 세계와 어떻게 관련을 맺는가' 하는 물음이 여전히 남는다. 이 점을 다시 한 번 강조하기로 하자. 즉 창조성-장치는 미학화 '자체'와 동일하지 않으며, 과거, 현재, 미래의 많은 종류 중 하나의 특수한 버전이다. 만약 창조성-장치가 마지막 절에서 기술한 방식으로 불협화음과 결여의 새로운 경험을 생산한다면 대안적인 미학적·창조적 실천과 관련된 질문은 특히 더 절박해진다. 그것을 어떻게 생각하고, 어디서 발견할 수 있을까? 추상적으로 이렇게 말할 수 있을 것이

---

[67] 이 문제에 대한 논의로는 Seel, *Ethisch-asthetische Studien*을 보라.

다. 즉 대안적인 미학적 포맷은 미학적인 창조성-장치 속에 포함된 특수한 구조를 상대화했어야 한다고 말이다. 또한 생산자-수용자라는 배치 그리고 새로움의 급진적 체제에 대한 대안을 제공해야 할 것이다. 따라서 대안적인 미학적 포맷이라는 물음은 두 방향으로 나아간다. 먼저 그것은 대중을 겨냥하지 않은 창조적 실천을 가리키며, 그 결과 주목 시장과 격상의 논리의 바깥에 놓이게 된다. 그것을 세속적 창조성의 실천이라고 부를 수 있을 것이다. 두 번째로 반복의 미학이 요구되는데, 새로움의 체제 속에 적극적으로 포함되어 있지 않으며 대신 일상과 반복 쪽으로 정향된 미학적 실천을 포함한다. 미학적 실천은 어쩔 수 없이 실제로는 새로움에 대한 욕망 그리고 대중의 인정과 주목에 대한 욕망과 불가분하게 관련되어야 할까? 창조성-장치가 잠재적으로 소외시키고 억지로 코르셋을 입히는 것이 사실이라면 미학적인 것은 한층 더 억제되어야 하는 것이 아니라 오히려 자신을 재형성하고 연장하는 것이 허용되어야 할 것이다.

세속적 창조성

만약 창조성이라고 하는 것이 무언가 미학적으로 새로운 것이 생성되는 것을 의미한다면 그것이 수용자의 주목과 인정을 위해 새로움을 제공하는 개별적 생산자나 집단적 생산자라는 틀 내에 배치될 이유는 아무것도 없게 된다. 창조성의 생산자-수용자 모델은 결국 현대예술가에 의해 대변되는 고도로 특수화된 패턴으로 이어지는데, 그것의 독창성은 수용자에 의해 보증되어야 한다. 비록 창조적 주체는 예술가의 한계를 넘어 보편화되지만 그와 같은 보다 오래된 창조성 모델이 창조적인 것과 비창조적인 것, 독창적인 것과 독창적이지 않은 것 간의 비교와 구분을 여전히 강요한다. 창조적인 것은 한편으로는 일반화되지만 동시에 수용자 모델은 그것이 항상 **세련화될** 것을 명한다. 그것은 새롭고 흥미로운 것으로 간주되는 것의 가변성에도 불구하고 순응과는 뚜렷하게 대조를 이루는 특수한 것이며, 그와 같은 것으로 남는다. 이 모델은 자체에 고유한 주장과 반대로 창조성의 철저한 보편화를 향한 최후의 조치를 취하려고 하지 않는다. 창조성은 실패할 가능성과 관련된 예상 구조를 간직하고 있으며, 그것은 현대(성)에서 제기되는 요구의 긴 목록과 너무나 매끄럽게 잘 어울린다. 하지만 창조적이어야 한다는 요구는 다른 요구보다 더 예견 불가능한데, 수용자의 '변덕'에 그것이 달려 있기 때문이다. 창조성-장치에 의해 생성된 그와 같은 종류의 창조성에 대한 대안을 **세속적 창조성**이라고 부를 수 있을 것이다. — 수용자, 비교, 격상으로부터 해방된 형태의 창조성이 그것이다.[68] 예술가라는 이상에 기초한 창조성의 **영웅적** 모델과 달리 **세속적** 창조성은 일상의 실천과 네트워크 속에 이미 현존하며, 따라서 수용자에게 의존하지 않는 현상을 가리킨다. 또한 상호주관적 실천 — 거기서 핵심적인 것은

---

[68] 그와 비슷한 방향의 논의로는 Tim Edensor(Hg.), *Spaces of Vernacular Creativity. Rethinking the Cultural Economy*, London 2010; Elizabeth Hallam/Tim Ingold(Hg.), *Creativity and Cultural Improvisation*, Oxford 2007 또한 Thomas Osborne, "Against 'creativity'", in: *Economy and Society*, 32(2003), S. 507-552; Stefan Nowotny, "Immanente Effekte", in: Gerald Raunig/Ulf Wuggenig(Hg.), *Kritik der Kreativität*, Wien 2007, S. 15-27을 보라. 여기서 '세속적'이라는 형용사는 의식적으로 '성스러운sakra'과, 성스러운 창조와 반대 의미로 사용되는데, 뒤의 두 가지는 여전히 예술가의 천재 종교의 지평 내에서 움직이고 있다.

생산자-수용자라는 분할은 결코 존재하지 않으며 오직 **참여자와 공동-행위자**만 존재한다는 것이다 — 에서 일어나는 것처럼 수용자없이 수행될 수 있는 일상의, 고립된, 외견상 통속적인 행동 속에서 그것을 찾아볼 수 있을 것이다. 만약 창조적 실천이 외부 수용자의 판단으로부터 해방된다면 수용자가 그것을 새롭고 다른 것으로 체험하며, 조망도鳥瞰圖 같은 비교 기준을 불필요한 것으로 만드는 것으로 충분하다. 세속적인 창조적 실천은 항상 **지역적으로** 자리 잡은 채 여기와 지금 속의 참여자를 위해 즐거움과 발견을 생산한다. 세속적 창조성은 어떤 수용자도 알지 못하지만 생산자에 기반하지도 않는다. 그것은 실천의 연속 속에서 그리고 주체와 수용자로 이루어진 네트워크 내부에서 이루어진다.69

일단 두 눈을 뜨기만 해도 세속적 창조성이 모든 곳에서 독창성에 대한 대중의 요구를 넘어서 있음을 발견할 수 있을 것이다. 에덴서는 후기현대의 도시 공간에서의 그와 같은 '토착적 창조성' 중 하나를 집중적으로 탐구해왔다. 창조계급이라는 예술적 모델의 관점에서 볼 때 그와 같은 실천은 대중을 위해 흥미로운 것을 아무것도 제공하지 못하기 때문에 '창조적'이라는 딱지를 붙일 만한 가치가 없어 보일 것이다.70 그것은 흔히 전문직업적인 것이 아니며, 문화에 관심을 가진 중간계급에 의해 지지받지도 않으며 또 창조적인 도심에서 일어나지도

---

69 그와 비슷한 창조성 개념은 베르그손과 화이트헤드에 의해서도 철학적으로 암시된다. 베르그손Henri Bergson, 황수영 역, 『창조적 진화』, 아카넷; 화이트헤드Alfred N. Whitehead, 오영환 역, 『과정과 실재』, 민음사를 보라. 그에 대해서는 또한 Tim Ingold, *The Perception of the Environment. Essays on Livelihood, Dwelling and Skill*, London, New York 2000을 보라.

70 Tim Edensor(Hg.), *Spaces of Vernacular Creativity*를 참조하라.

않는다. 오히려 교외나 사회적으로 위태로운 지역과 이음매 하나 없이 뒤섞인다. 〈메스 홀Mess Hall〉, 즉 시카고에 있는 실험적인 지역문화센터가 그에 대한 적절한 예를 하나 제공하는데, 브롬버그가 그것을 검토한 바 있다. 그것은 지역의 아마추어들이 수행하는 다양한 문화활동을 위한 공간으로, 수용자에게 제공할 목적으로 계획된 것이 아니라 공유된 실천에 초점을 맞춘다.71 이 맥락에서 창조성은 주목을 놓고 경쟁하는 '희귀재'가 아니라 이미 충분한 양이 가용한 공공재로, 일상의 음악, 요리, 공예, 의사소통행위 속에 현존한다. 따라서 이 사례에서 창조 행위와 일상적 실천 간의 구분은 무너진다.72

여기서 세속적 창조성의 네 가지 성좌를 구분할 수 있을 것이다. 임시변통Improvisation, 실험, 특이성Idiosynkrasie, 해석학적 웹이 그것이다. 임시변통은 발명 행위로, 궁극적으로는 실천적 행동을 완수하라는 요구의 결과로 나타나며, 합목적적 합리성과 특정한 목적에 구애받지 않는 놀이가 뒤섞이는 것에 의해 특징지어진다. 실험은 상투적인 실천의 틀과

---

71 Ava Bromberg, "Creativity Unbound. Cultivating the Generative Power of Non-economic Neighbourhood Spaces", in: Edensor, *Spaces of Vernacular Creativity*, S. 214 -225.
72 창조성과 루틴 간의 구분의 그와 같은 붕괴를 타밀나두족 여인들이 수행하는 콜람kolam 페인팅 의식을 사례로 예시해볼 수 있을 텐데, 말이 창조성 이론 측면에서 그것을 연구 중이다. 여인들은 한편으로는 일종의 패턴 북에 들어 있는 기법과 모티브를 따라, 루틴화된 절차에 따라 실내와 실외에 마치 수공예품을 만들 듯이 벽화를 그린다. 하지만 동시에 자연스레 즉석화畵도 그려진다. 그것은 계획된 것이 아니라 그림을 그리는 과정 자체에 덧붙여지는 특징 중 하나로, 기왕의 것을 루틴적으로 따라 하는 가운데 참여자 본인에 의해 놀랍고 성공적인 새로운 패턴이 '저절로 생겨난다.' Amar S. Mall, "Structure, Innovation and Agency in Pattern Construction. The Kolam of Southern India", in: Hallam/Ingold, *Creativity and Cultural Improvisation*, S. 55-78을 보라.

는 거리를 두며, 그것을 처음부터 놀이의 소재로 취급한다. 특이성은 개인이 하는 일탈 행위의 특수성을 말한다. 그것은 개인적 취향의 개체성과 개인적인 정신적·신체적 하비투스 속으로 응축될 수 있다.73 마지막으로 **해석학적 웹**은 독특하게 개인적인 의미적·서사적 과정으로, 개인과 집단에 의해 그때그때마다 독특한 방식으로 직조되며 자아의 서사 같은 형태의 정동적 의미로 충전된다.74 이 모든 실천은 미학적 생산 과정을 수용적인 미학적 체험과 결부시킨다.

그런데 세속적인 창조적 실천은 서구의 창조성-장치에게는 결코 낯선 것이 아니다. 반대이다. 다양한 사회 영역에서 독자적으로 점차 형성되다 다 같이 합류해 이 장치를 형성하는 미학적·창조적 실천은 특히 초기 단계에서는 세속적 창조성 없이는 상상조차 할 수 없을 것이다. 공예가의 임시변통과 특이성은 '예술 및 수공예' 운동의 형성에서 중요한 역할을 했다. 1950년대에 런던의 소호지구에서 발달한 하위문화적 패션산업은 스타일을 의식한 DIY의 실천으로 시작되었다. 동일한 논리가 도시권의 재생에도 적용된다. — **아래로부터의 문화화**가 그것으로, 그것은 1970~1980년대에 서구의 많은 대도시의 여러 지역에 영향을 미쳤다. 하지만 잔여적인 또는 반문화적인 창조적 포맷이 행정적

---

73 이 방향에서의 논의로는 Christoph Menke, "Ein anderer Geschmack. Weder Autonomie noch Massenkonsum", in. ders./Rebentisch, *Kreation und Depression*, S. 226-242를 보라.

74 프루스트는 새로운 종류의 해석학적 웹을 짜는 그와 같은 절차의 패러다임을 말 그대로 패러다임적으로 보여준다. 『잃어버린 시간을 찾아서』의 등장인물 마르셀은 풍부한 개인적 유사성, 유비, 조응을 일상의 관찰 대상 속으로 짜 넣는다. 창조성과 관련해 그의 영향을 받은 그와 같은 대안적 이해에 대해서는 또한 Fabian Heubel, *Das Dispositiv der Kreativität*, Darmstadt 2002, S. 124 이하를 보라.

인 통제 형태로 변형되자 생산양식을 완벽화하고 주목시장을 수립하기 시작했다. 이 시점에 세속적 창조성은 영웅적 창조성으로 전도되어 퍼포먼스가 되었다.75

세속적 창조성의 실천에 특징적인 것은 이렇다. 즉 이 틀 내에서 그것은 기대도 또 내면화된 욕망도 아니다. 따라서 사회적 인정과 자존심은 둘과는 무관하다. 창조 행위는 외부로부터의 평가를 피하며, 그리하여 타자나 대중 앞에서 이루어지는 퍼포먼스라는 성격을 갖지 않는다. 또 그와 같은 실천은 소위 "창조성에의 의지"76에 의해 부채질 되지도 않는다. 창조성에 대한 그처럼 확대된 이해에 따를 때, 대중 앞에서 독창성이 인정된 생산이라는 확연한 성좌는 완전히 침몰하는 것이 아니

---

75 1960~1970년대에는 특히 문화연구가 노동환경 그리고 청년문화 및 하위문화의 환경에서 작동하는 세속적 창조성을 정교화했다. 가령 Paul E. Willis, *Common Culture. Symbolic Work at Play in the Everyday Cultures of the Young*, Boulder 1990; Raymond Williams, "Culture is Ordinary"(1958), in: ders., *Resources of Hope. Culture, Democracy, Socialism*, London 1989, S. 3-14를 보라. 나중에 바로 그와 같은 하위문화적인 세속적 창조성이 미학경제, 포스트모던미술, 도시의 문화화에 결정적 자극을 제공해주게 되며, 그와 함께 의도치 않게 창조성-장치의 수립에 기여하게 된다. 그런데 그렇게 된 후 곧바로 이 장치는 세속적 창조성을 통속적인 것, 비전문가적인 것, 독창적이지 않은 것으로 평가절하하는 경향을 띠기 시작한다. 앞서 살펴본 대로 아방가르드예술과 포스트모던미술 모두 또한 예술가는 천재라는 신화를 이론적 · 실천적으로 해체하는 가운데 종종 창조성은 세속적인 것이라는 의식을 낳은 반면 그들의 예술적 대상과 이벤트 자체는 그럼에도 불구하고 대중의 주목을 끌려는 전시 예술의 성격을 띠었다.

76 따라서 세속적 창조성에 열려 있다는 것은 그것을 관람 대상으로 삼는 것이 아니라 그대로 내버려 두고 연관된 사회적 분류 대상으로 만들지 않는다는 것을 의미한다. 물론 세속성에 대해 그처럼 열려 있는 것 그리고 창조성의 체계적 훈련 간의 경계는 깨지기 쉽다. ― 가령 보다 최근의 심리학적 창조성의 인간 행동학이 보여주듯이 말이다. 그에 대해서는 앞의 5. 4를 보라.

라 오히려 세속적인 창조적 실천의 바다 속에서 섬처럼 헤엄친다.

반복의 일상적 미학

창조성-장치의 지배에 대한 두 번째 대안, 즉 반복이라는 일상적 미학은 세속적 창조성과는 다른 방향을 가리킨다. 그것은 새로움을 추구하려는 모든 종류의 과도한 활동과 거리를 둔다. 미학적 새로움에 대한 제도적 강박 그리고 창조성-장치 속에서 나타나는 주의 분산 경향에 직면해 미학적 실천과 에피소드가 왜 새로움의 체제를 따라야 하는지 하는 물음이 절박해진다. 그와 같은 물음은 벤제의 정보이론과는 상충된다. 그에 따르면 모든 정보는 잉여적이고[중복적이고] 흥미롭지 못한 것이 되지 않도록 하기 위해 새로움과 변형태를 포함하고 있어야 한다. 그것은 특히 미학적 정보에 해당된다.77 그에 맞서 미학적 체험은 인지적 전달의 성격을 전혀 갖지 않으며, 따라서 절대적 새로움이나 독창적 경험을 결코 요구하지 않는다고 주장할 수 있을 것이다. 따라서 새로움의 미학적 체제에 반복의 미학을 맞세울 수 있을 텐데, 후자는 동일한 형태의 지각과 감정을 불러내기 위해 미학적 실천을 재생산하며[복제하며], 그런 식으로 미학적 대상과 환경에 집중하는 가운데 합리적인 합목적적 행동에 수반되는 정신적 흐름을 과열시키기보다는 냉각시킬 수 있게 된다. 이 유형의 포괄적 미학화는 대상 및 환경에 집중되며 점점 더 지금까지의 합리적·합목적적인 일상의 실천 속으로 통합되는 지각 및 체험 방식이 될 것이다. 그리하여 반복의 미학에서 미학적

---

77 그에 대해서는 Max Bense, *Aesthetica. Einfuhrung in die neue Ästhetik*(1965), Baden-Baden 1982, S. 208 이하와 S. 276 이하를 참조하라.

만족은 자극이 아니라 부동성과 잠잠함에 기반하게 된다.

일반적으로, 적어도 예측 가능한 미학적 에피소드 영역에서 미학적인 것은 모든 사회적인 것과 마찬가지로 실천, 즉 틀에 박힌 반복적·관습적 활동 속에서 드러난다.78 집단적으로 수행된 실천은 의례 형태를 취할 수 있다. 반복의 그와 같은 기본 구조는 근본적으로 생산적 실천의 일부인 것만큼이나 기본적으로 수용미학적 실천의 일부이다. 가령 일단 영화를 관람하는 습관을 들이면 반복해서 동일한 태도를 취할 수 있을 것이다. 패션에 대한 지적질, 산책가는 것에 대해서도 동일한데, 신작 영화, 새로운 의복 또는 신도시에 국한되더라도 마찬가지이다. 음악작곡, 저서 집필, 건축 디자인 기술 등 주로 생산적인 실천에서도 마찬가지인데, 심지어 해당 작품이나 제품, 디자인이 새로운 종류의 것일 때도 마찬가지이다. 이상적으로 볼 때 미학적 실천에서 루틴이란 통달해 있어 굳이 애쓰고 무엇을 하지 않아도 됨을 의미한다. 반복의 미학은 그것을 받아들여, 본질적으로 자가동역학적인 지각과 감정의 미학적 충족을 새로운 것으로 추정되는 생산물이 아니라 숙달된 반복 속에서 찾는다.

새로움의 체제 외부에 위치한 그와 같은 대안적인 미학적 모델이 비서구적·비현대적인 문화적 맥락 속에서 이미 정교화되고 적용되어 온 것은 우연이 아니다(이와 관련해 이국취미의 시선의 유혹에 빠져서는 안 될 것이다). 가령 줄리앙은 "무미"79라는 고대 중국의 미학을 연구해왔

---

78 이 개념에 대해서는 Andreas Reckwitz, "Grundelemente einer Theorie sozialer Praktiken", in: ders., *Unscharfe Grenzen. Perspektiven der Kultursoziologie*, Bielefeld 2008, S. 97-130을 참조하라.

는데, 그것은 취향에서의 번잡함과 변덕을 피하고 대신 '여일하게 일어나는 일'의 항상적 반복에 관심을 쏟을 것을 요구한다. 이 유형의 미학적 실천은 상이한 미학적 자극 간의 비교에 의존하는 것이 아니라 오히려 차이가 없는 것과 미분화된 것의 체험을 연마한다. 그는 이렇게 쓴다.

맛은 우리를 얽어매지만 맛없음은 우리를 풀어준다.80

맛없음無味의 경험은 완전히 세계 내적인 것이며, 고대 중국의 음악, 조형예술, 문학은 생산자와 수용자 모두 순수한 감각성과 절제된 감정의 영원히 동일한 미학적 체험을 재삼재사 반복하는 것을 가능하도록 해주는 것을 목적으로 삼았다. 가령 [중국의 원나라 시대 화가인] 예찬倪瓚의 '무미' 회화는 극단적으로 근소한 대상 그리고 극단적으로 축소된 색채만으로 그려진다. 화가는 마침내 하나도 예외 없이 항상 동일한 풍경을 그리게 된다.81 그와 같은 미학적 실천은 선불교에서 명상을 실천하는 방식과 닮았는데, 후자는 '순수 지각' 상태에서 대상에 집중하기 위해 마음에서 상像이 일었다 다시 사라지도록 하는 훈련을 반복한다. 마지막으로 그와 같은 대상은 일상의 어떤 실천에 의해서도 대체될 수 있게 된다. 그와 함께 중국과 일본의 예술은 서구적 의미에서의 새로움이라는 개념에 기반하지 않으며 오히려 원형을 재가공하는 것에 관한 것으로 자기를 이해한다.82 이를 배경으로 보면 예술과 수공예, 혁신과 복

79 줄리앙, 최애리 역, 『무미예찬』, 산책자를 참조하라.
80 앞의 책, 33페이지.
81 앞의 책, 24페이지 이하.

제 간의 서구적 구분은 시대에 뒤떨어진 것처럼 보이며, 보다 좁은 의미에서의 미학적 활동 그리고 서예와 다도 같은 일상의 미학적 기술 등 모든 것이 동일한 방식으로 진행된다.83

물론 반복의 일상적 미학을 오직 서구의 외부로만 국지화하는 것은 근시안적인 것이 될 것이다. 좀 더 자세히 살펴보면 창조성-장치를 예비한 실천과 담론은 또한 독창성보다는 반복을 선호하는 (비록 장기간에 걸쳐 주변부화되었지만) 미학적 기준을 포함하고 있음을 알 수 있을 것이다. 낭만주의에서 자연적 삶을 의미화하는 데서부터 이미 그러했다.84 마찬가지로 앞서 살펴본 대로 1960년대의 비판적 도시계획의 일부 분파는 재인지 가능성 그리고 감각적·정서적 일관성에 의해 특징지어지

---

82 선 명상에 대해서는 특히 스즈키Shunryu Suzuki, 강연심 역, 『선』, 불일출판사를 참조하라. 동아시아에서의 독창성과 복제 물음에 대해서는 Byung-Chul Han, *Shanzhai. Dekonstruktion auf Chinesisch*, Berlin 2011을 참조하라.

83 푸코가 그리스와 로마 전통의 몇몇 텍스트를 논거로 정교화해 보다 이후의, 철저하게 도덕 지향적인 기독교적 형태의 삶에 맞세우는 '실존의 미학Ästhetik der Existenz'도 비슷한 방식으로 미학적 새로움의 체제에 대한 대안을 제시한다. 그에 의해 정교화되는 자아의 테크놀로지는 일상적인 자기에의 배려라는 루틴의 성격을 갖는데, 거기서 미학적 지각과 감각은 독창적인 것에 의해 감동받는 것이 아니라 본인의 영혼, 신체, 일상용품 그리고 다른 주체와의 관계를 장기적으로 돌보는 것을 지향한다(Michel Foucault, *Ästhetik der Existenz. Schriften zur Lebenskunst*, Frankfurt/M. 2007을 참조하라). 그에 대해서는 또한 Wilhelm Schmid, *Auf der Suche nach einer neuen Lebenskunst. Die Frage nach dem Grund und die Neubegrundung der Ethik bei Foucault*, Frankfurt/M. 1991을 참조하라.

84 그에 대해서는 특히 Ruth Groh/Dieter Groh, "Von den schrecklichen zu den erhabenen Bergen. Zur Entstehung ästhetischer Naturerfahrung", in: dies., *Weltbild und Naturaneignung. Zur Kulturgeschichte der Natur*, Bd. 1, Frankfurt/M. 1991, S. 92-149를 참조하라.

는 도시 공간의 양성을 요구했다.85 현대미술과 매스미디어 문화 또한 놀라움이라는 기준을 따를 뿐만 아니라 영화, 디자인, 문학, 음악으로부터 '고전적인' 미학적 대상을 전유하고 재전유하려는, 그것을 상쇄하는 경향을 따라 작업하고 있다. 마지막으로, 자아실현심리학의 틀 내에서 몰입의 체험이라는 칙센트미하이 개념은 **하나의** 활동에 오랫동안 집중하는 것을 미학적 자기목적 자체로 명기하고 있다.86

따라서 미학적 실천의 집중된 반복은 순응과 자율이라는 단순한 이항 대립으로는 환원 불가능하다. 대신 단일한 대상 또는 반복 행위 자체에 강력하게 집중하는 것을 가능하도록 하기 위해 마음을 산만하게 하는 활동을 차단할 것을 요구하는 활동으로 이해되어야 한다. 따라서 반복이라는 일상의 미학은 반합리적인 것이 아니라 자체에 고유한 버전의 형식합리성을 발달시킨다. **훈련**Übung의 합리성이 그것으로, 만족스럽고 적절한 수준의 강도에 이르는 것을 추구하는 그것은 대체되거나 강화될 수 없으며 대신 유지될 것을 요구한다.87 세속적 창조성이라

---

85 그에 대해서는 앞의 7. 3을 참조하라.
86 전기적 라이프스타일로 논의를 옮기자면, 그것은 자아창조는 영구적인 자기변형, 새로운 미학적 경험에 대한 지속적 추구와 필연적으로 동일시될 필요가 없음을 의미한다. 그것은 또한 자아의 생산 및 의미와 관련해 일단 실현된 네트워크는 지속적으로 반복될 수 있음을 의미한다. 이 주장에 대해서는 Richard Shusterman, *Kunst leben. Die Ästhetik des Pragmatismus*, Frankfurt/M. 1994, S. 223 이하를 참조하라.
87 이와 관련해 또한 고요Ruhe, 멈춤Stille, 정지Stillstand와 부동성Immobilität(stillness) 개념을 둘러싼 열띤 문화적 논의를 보라. David Bissell/Gillian Fuller(Hg.), *Stillness in a Mobile World*, London, New York 2011. 우리 시대의 미술 또한 많은 작품을 통해 반복이나 멈춤 속에서 감속에 대해 마음을 열 것을 촉구한다. 그에 대한 탁월한 예로는 가령 케이지John Cage와 [스위스 출신의 유명 연출가인] 마르탈러Christoph Marthaler를 보라.

는 모델이 **창조적인 것의 민주화**를 촉진하는 반면 반복의 미학은 **미학적인 것의 평온화**를 촉진한다. 이런 식으로 양자 모두 미학적인 것을 보다 일상적인 것으로 만드는 데 기여할 수 있는데, 또한 창조성-장치가 얻으려고 노력하지만 도중에 중단되고 마는 것이 바로 그것이다.

* * *

창조성-장치의 그와 같은 상대화 그리고 그와는 다른 것 쪽으로 정향된 미학화의 다른 버전들(미학적인 것의 자기제한, 세속적 창조성, 그리고 일상적 반복의 미학)의 확산이 현재와 미래 사회에서 지지받을 수 있는지는 열린 물음으로 남는다. 물론 21세기 초인 지금 창조성-장치는 서구뿐만 아니라 전 지구적으로도 튼튼하고 안정적일 뿐만 아니라 여전히 팽창 중인 것처럼 보인다. 사회적 실천과 문화적 상상은 창조적 생산, 자아창조 그리고 미학적 새로움의 영구적 체험 쪽으로 계속 강하게 정향되고 있다.[88] 상이한 사회구조에 의해 동시에 지탱되는 가운데 이 장치가 안정화되고 확장되고 있다. 도심에 닻을 내린 글로벌한 미학자본주의, 특히 디자인경제와 체험경제, 그리고 감각적·정서적으로 충만된 새로움을 제도화하는 기술적 미디어화(보다 최근에는 특히 디지털 형태의 그것), 창조도시 그리고 그것이 창조적 자원을 이용하는 것이 미래를 위한 성장의 매개변수를 제공하는 것으로 간주하는 국가정책 그리고 마

---

[88] 창조적 라이프스타일의 문화적 상상계는 글로벌한 수준에서 현재 무엇보다도 철저한 재도덕화 경향 쪽으로부터 공격받고 있다. 특히 다양한 종교적 근본주의 또한 서구의 세속적 미학화의 소위 타락에 맞선 운동으로 해석될 수 있을 것이다.

지막으로 놀라운 인내심으로 표현적 자아실현이라는 모델을 영구화하는 자아의 사적 문화가 그것이다. 그와 같은 구조들은 창조적인 미학적 형태의 삶을 가장 진보적인 형태의 탈-전통적 삶처럼 보이도록 만드는데, 심지어 그것이 약속하는 것이 많은 개인과 사회집단 전체에게 달성 불가능할 때도 마찬가지이다. 처음에는 특히 서구적인 문화 모델로 발달한 창조적인 미학적 형태의 삶은 서구를 넘어 지금까지는 그것으로부터 배제되어온 사람들에게까지 매혹의 범위를 계속 확대할 것이다.[89]

창조성-장치를 상대화해 길들일 수 있느냐의 여부는 전통적인 정치비판과 사회비판을 넘어 새로운 미학적 기준을 제시할 형태의 비판에 달려 있을 것이다. 다시 한 번 미학적 소외, 감각적 소외 그리고 정서적 소외 문제는 정치적으로 부차적이며, 단지 '제1세계 문제'일 뿐이거나 또는 단순한 사적 관심사라는 편견을 물리쳐야 한다. 이 책에서 나의 관심은 창조성-장치의 틀 내에서 이루어지는 미학화 과정이 오늘날의 사회구조에 어떻게 실제로 심오한 영향을 미치는가를 보여주는 데 있었다. 이 과정이 외견상 무한한 형태로 그리고 아무런 통제도 받지 않는 가운데 진행되는 것처럼 보이는 오늘날의 사회의 격상의 역동성의 동력이다. 만약 우리가 '**정치적인 것**'을 사회적으로 고정된 편견을 밝히고 대안을 제시하는 것으로 이해한다면 우리의 당면 과제는 창조성-장치 형태로 진행되는 미학화 과정을 (그것과 긴밀하게 뒤엉켜 있으며

---

[89] 동아시아와 서아시아에서의 창조경제, 창조계급, 창조도시의 최초의 단초들에 대해서는 Lily Kong/Justin O'Connor(Hg.), *Creative Economies, Creative Cities. Asian European Perspectives*, Dordrecht, Heidelberg u. a. 2009; Douglas Webster u. a., "The Emerging Cultural Economy in Chinese Cities. Early Dynamics", in: *International Development Planning Review* 33(2011), S. 343-369를 보라.

단지 외관상으로만 필연적으로 보이는 경제화와 미디어화에 덧붙여) **정치적 쟁점으로 주제화하는** 일이 될 것이다. 우리는 미학적인 것, 새로움의 체제, 대중을 향해 전면적 선전포고를 해서는 안 된다. 그렇다면 도덕적 근본주의, 반현대적 보수주의 또는 사적 자아라는 목가에 빠질 위험을 무릅써야 할 것이기 때문이다. 대신 우리에게 필요한 것은 미학적인 것에 정향되는 것 전체, 새로움의 체제, 대중의 주목 쪽으로 정향되는 것의 도달 거리와 관련해 어떤 전략이 필요한지를 묻는 것이다. 후기현대문화에서 요구되는 자기제한 전략은 가장 넓은 의미에서 **생태(학)적**이다. 미학경제와 도시계획에서 그리고 미디어와 자아의 사적 문화에서 그것을 개발할 필요가 있다.[90] 윤리적인 것과 사회적인 것을 국지적으로 재강화하는 것에 의해 미학화의 과도화에 대응하고, 느림과 몰입의 힘을 키우는 것에 의해 창조성-장치의 공전회로空轉回路에 대응하고, 타자의 시선에서 벗어날 수 있는 기회를 늘리는 것에 의해 대중의 항상적 지켜봄 그리고 독창성 요구를 피하는 것이 목표가 될 것이다.

    아마 지금까지 우리는 창조성에 너무 많이 붙들려 있던 동시에 충분히 창조적이지는 않았던 것 같다.

---

90 미학적인 것에 대한 생태학적 접근에 대해서는 Gernot Böhme, *Atmosphäre. Essays zur neuen Ästhetik*, Frankfurt/M. 1995, S. 13 이하를 참조하라.

■ 찾아보기

⟨다다⟩ 172
⟨디즈니랜드⟩ 68, 439
⟨롤링 스톤즈⟩ 362
⟨비틀스⟩ 385-7
⟨애플⟩ 21, 286
⟨코카콜라⟩ 271-72
⟨펩시콜라⟩ 271-72
⟨프랑크푸르트학파⟩ 54, 360

인명색인

⟨ㄱ⟩
겔렌, 아널드 203
고든, 윌리엄 337
고사주, 하워드 269
고완, 존 커티스 332-3
고프만, 어빙 415
골턴, 프랜시스 311-42
그람시, 안토니오 81, 221
그래노베터, 마크 435
글래스, 루스 426
길포드, 조이 폴 335, 337

⟨ㄴ⟩
나무트, 한스 155-62, 402
나우만, 프르스 163
나이트, 프랭크 H. 236, 239
노나카, 이쿠지로 253
노르다우, 막스 144

노블, 데이비드 243
니마이어, 오스카 420
니체, 프리드리히 45, 138-41, 316, 467

⟨ㄷ⟩
데겐, 모니카 429, 431
데리다, 자크 184, 251
데빈, 리 287
둔커, 칼 320
뒤르케임, 에밀 68, 74-5, 466
뒤샹, 마르셀 160, 166, 178-9, 260
듀몬트, 프랭크 326
드 만, 헨드릭 245
드 코르뷔지에르(샤를-애두아르 장네레) 410-11, 419, 421
드보르, 기 416-7, 476
드코르도바, 리처드 377
들뢰즈, 질 50, 64, 148, 465
디드로, 드니 118
디킨스, 찰스 369, 372
딜런, 밥 385

⟨ㄹ⟩
라투르, 브뤼노 50, 70, 74, 81, 106, 118, 408
랑크, 오토 315-7
래시, 스콧 221
랜드리, 찰스 406, 444-5, 446, 454
러스킨, 존 230-32

레논, 존 385, 387
레빈, 셰리 183
레빈, 쿠르트 320
레이, 조이 383
레터맨, 데이빗 389
렐뤼, 루이 프랑시스쿠 143, 309
로런스, 플로렌스 377
로르샤흐, 헤르만 301-6
로시, 알도 414, 420
로위, 레이먼드 274-5
로이드, 리처드 427
로이스, 조지 267
로자, 하르무트 34
로저스, 리처드 443
로저스, 칼 324-5, 329-31
로젠버그, 네이던 254
로젠버그, 해럴드 160, 201, 253
로즈, 니콜라스 223
로티, 리처드 45
롬브로조, 세자레 329-31
뢰벤탈, 레오 360, 377
루만, 니클라스 61, 74, 87, 109, 125, 146-8
루소, 장-자크 75
루즈벨트, 테어도어 370, 374
뤼페르츠, 마르쿠스 197-8
르위트, 솔 181
르페브르, 앙리 408, 416-7
리버만, 알렉산더 158
리스먼, 데이비드 221, 329, 359, 463
리스트, 피필로티 197
리어리, 티모시 325
리어즈, 잭슨 265
리처, 조지 439
린치, 케빈 414-6
링크, 위르겐 93

〈ㅁ〉
마르쿠제, 헤르베르트 325-6
마르크스, 칼 74-5, 80-91, 108, 138, 140, 173, 217-9, 221, 234, 466
마송, 앙드레 168-9
매슬로, 에이브러험 245, 324, 328-31, 342
메이, 롤로 324, 331
맥그리거, 더글러스 246-7, 327
매카트니, 폴 385
멈포드, 루이스 404, 414-5
메식, 사뮤엘 339
모로, 자크-요셉 143, 309
모리츠, 칼 필립 119
뮈르제, 앙리 135
뮌스터베르크, 휴고 244
미야케, 이세이 244
미제스, 루트비히 폰 236, 347

〈ㅂ〉
바넘, P. T. 373
〈바우하우스〉 166 172 174-6, 272-3, 275, 290
바움가르텐, 알렉잔더 61, 70
바타이유, 조르주 75
바토, 찰스 113
밥콕, 워렌 310, 314
배런, 프랭크 336
버긴, 빅터 189
버지스, 어니스트 425
버크, 에드먼드 61
번바크, 빌 267-70
번스, 톰 245, 250, 251
베커, 하워드 107, 309
베컴, 데이빗 389

찾아보기 529

벡, 울리히 33
벤야민, 발터 62, 71-72, 75, 92, 108, 360, 367, 414
벤제, 막스 93, 520
벨, 다니엘 48, 293
보드리야르, 장 204, 271
보들레르, 샤를 68, 92, 415
보이스, 요셉 184, 186
볼탄스키, 뤽 51, 191, 197-8, 204, 295, 471, 498, 511
볼탄스키, 크리스티안 191
부르디외, 피에르 79, 105, 108, 141-3, 146-8
부리오, 니콜라 190
브라운, 팀 285
브란도, 말론 362, 378
브로드벡, 칼-하인츠 342
브로디, 레오 360-1
브롬버그, 애바 517
브뢰클링, 울리히 34, 223, 236
브르통, 앙드레 168-9
블레이크, 데이비드 373
비네, 알프레드 334
비처-스토우, 해리엇 372

〈ㅅ〉
사벨, 찰스 F. 222
입생로랑 261, 283-4
샤넬, 코코 261
스톨커, 조지 M. 248

〈ㅇ〉
아널드, 매슈 75, 231
아도르노, 테오도르 203, 209, 360
아브라모비치, 마리나 187
아인슈타인, 알베르트 370

아지리스, 크리스 246-7, 249-50, 282, 295
알토, 알바 420
알포트, 고든 W. 325
에덴서, 팀 516
에드워즈, 블레이크 399
에렌부르크, 일리야 173
에릭슨, 에리히 332
에른스트, 막스 162, 167-9
에머슨, 랄프 왈도 234, 372
예찬 522
오노, 요코 387
오스만, 조르주-외젠 410
오스번, 알렉스 337-8
오스틴, 롭 287
오페, 클라우스 221
올린즈, 왈리 279
이텐, 요하네스 175

〈ㅈ〉
잡스, 스티브 391
잭슨, 필립 339
저드, 도널드 176
저크버그 391
제라드, 알렉산더 115-6
제이콥스, 제인 414, 418-9, 425, 451, 454
줄리앵, 프랑수아 68, 521
줄리에, 기 448

〈ㅊ〉
칙센트미하이, 미할리 342-3, 347, 354, 524

〈ㅋ〉
칸터, 로사베스 모스 281

칸트, 이매뉴얼 33, 64, 68, 130, 141, 209
캐런, 돈나 263
캡로우, 앨런 157, 185
케르너, 유스티누스 302
켈리, 톰 285-6
코수스, 요셉 195-6
코젤렉, 라인하르트 89
콘랜, 테렌스 278
쾰러, 볼프강 320, 322
쿠비, 로렌스 317-8
퀸트, 메리 261-2
크라우스, 로잘린트 157, 183
크라우치, 콜린 510
크러치필드, 리처드 338-40, 346
클라인, 스티븐 252
클롭퍼, 브루노 305
키아펠로, 에브 49, 204, 295, 511
키펜베르거, 마르틴 162

⟨ㅌ⟩
타케우치, 히로타카 253

⟨ㅍ⟩
파슨스, 탈코트 48, 109, 461
파울러, 로렌조 닐스 311
파울러, 오손 스콰이어 311
패커드, 밴스 257
페플스, 프리츠 325
펠드만, 모튼 157
펠트만, 한스 페터 181
포드, 헨리 370

포스터, 할 190
폴록, 잭슨 63, 155, 157-8, 195, 402
푀르스터, 하인츠 폰 349
푸리에, 샤를 234
푸코, 미셸 31-2, 51, 93, 96-8, 125, 307-8, 348-9, 368, 451-3, 523
프레슬리, 엘비스 383
프로이트, 지그문트 151, 170, 314-6, 367
프롬, 에리히 324
프리드, 마이클 178
프와레, 폴 256
플래빈, 댄 176
플로리다, 리처드 41, 444, 451
피아노, 렌조 443
피아제, 장 332
피오르, 마이클 J. 222
피카소, 파블로 195
피터스, 톰 281-2
피히테, 요한 고트리브 129

⟨ㅎ⟩
하버마스, 위르겐 33, 120
하워드, 에벤저 418
하이데거, 마르틴 45, 157
하트, 마이클 296
핸디, 찰스 281
허드슨, 록 266
호르크하이머, 위르겐 203, 360
홀라인, 한스 421
홉킨스, 클로드 266